2012年
黑龙江省社会科学学术著作出版资助项目

牟宗三思想研究

MOUZONGSAN SIXIANG YANJIU

樊志辉 主编

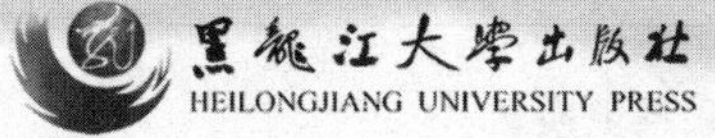

图书在版编目(CIP)数据

牟宗三思想研究 / 樊志辉主编. -- 哈尔滨 : 黑龙江大学出版社, 2012.11 (2021.8重印)
ISBN 978-7-81129-567-2

Ⅰ. ①牟… Ⅱ. ①樊… Ⅲ. ①牟宗三(1909~1995) -哲学思想-研究 Ⅳ. ①B261.5

中国版本图书馆 CIP 数据核字(2012)第 263614 号

牟宗三思想研究
MOUZONGSAN SIXIANG YANJIU
樊志辉　主编

责任编辑　张怀宇
出版发行　黑龙江大学出版社
地　　址　哈尔滨市南岗区学府三道街36号
印　　刷　三河市春园印刷有限公司
开　　本　720毫米×1000毫米　1/16
印　　张　19.5
字　　数　349千
版　　次　2012年11月第1版
印　　次　2022年1月第2次印刷
书　　号　ISBN 978-7-81129-567-2
定　　价　59.00元

本书如有印装错误请与本社联系更换。

主　编：樊志辉
副主编：王　秋　郭荣丽
作　者：（按姓氏笔画为序）
王　秋　苏　磊　李红红　汪　滢
周晓莹　赵奕英　郭荣丽　樊志辉

前　言

有论者言，中国哲学在当代能否发展关键就在于是否能够真正消化牟宗三哲学（韦政通语）。此言或有夸张，但也足见牟宗三在中国现当代哲学中的标杆地位。牟氏对自己的哲学也相当自信，言其一生做了一点“区区理解的工夫”，但也是“古今无两”的。牟氏哲学是不可绕过的吗？是真如其所自许的“古今无两”吗？此须慎重而批判性地对待之，因为这关乎中国现代哲学今后的走向与思想空间以及如何恰切地把握现代儒家哲学的历史地位与思想价值。

中国现代哲学的核心问题就在于如何在现代性语境下处理社会的合法性根基及个体身位的安置。中国现代哲学的流派分野就是基于对此问题的回答。不同于中国自由主义和中国马克思主义主要利用西方的两种不同的现代性方案来处理中国问题，作为文化保守主义的现代新儒学是利用传统思想资源来面对中国的现代性问题。需要指出的是，现代文化保守主义并不是中国传统思想的历史孑遗，而是与其他现代思想一样，处于一个现代性的思想框架和问题意识中。

现代新儒家有别于中国自由主义、中国马克思主义之处在于，他们并不试图在中国的现实处境和历史文化语境之下直接照搬西化或俄化的现代性方案，而是力图使现代性的基本精神与中国传统的文化统绪相接榫。这一工作的艰难程度是超乎想象的，需要对中西文化传统具有根源性的理解、把握与统摄。故此，如何构建一个新的思想框架以会通中西就成为现代新儒家的核心任务。如果说梁漱溟的文化哲学建构虽有创见却稍显粗陋的话，熊十力的基于唯识的架构和大易的精神所做的中西思想之论衡与沟通则已趋于体大精深，但疏于对西学入微的把握。那么，唐君毅、牟宗三的哲学则是在对中西哲学传统的精深把握的基础上所做的广度判教。此二人足以代表中国现代哲学家消化融摄中西传统的最高峰，这并不是说其二人思想在具体而微处不可以被质疑，而是说他们第一次在真正的意义上将中西思想传统熔为一炉。

唐君毅心通九境论的广度判教虽消化中西的不同哲学形态，并以儒家天德流行的道德意识涵摄之,但其思想包容有余而分析不足,略显拖泥带水。此虽或与唐氏晚年疾病缠身有关,但更主要的是唐君毅在致思进路上辩证地包容消解了分析的批判。与此不同,牟宗三的哲学则是将儒家的融摄精神建立在西方哲学的分析与批判的传统之中,进而使中国思想传统与西方哲学的言说方式得以充分融合。

统观牟氏哲学,可以发现其一生哲学工作主要在于:

第一,哲学式地重建中国思想传统。随着科举制度的废除和经学传统的衰落,经史子集作为中国传统思想的存在样态被现代学术体制和学问样态所解构。如何在现代学问体制下重建中国思想传统就是现代知识分子的首要任务。这一任务的完成不仅依赖于对现代学术传统(主要指西方传统)的把握,更依赖于对中国思想传统的深切体察。此二者的结合也就是牟宗三以自谦的语词——"区区理解的工夫"——所表达出的学术自信。牟氏在此方面的成就体现为《才性与玄理》、《佛性与般若》、《心体与性体》、《从陆象山到刘蕺山》以及其他有关中国哲学的演讲录。

第二,以康德为中介全面消化西方哲学传统。由于康德在西方哲学传统中的独特地位,牟宗三对西方哲学传统的消化是从康德入手的并进而旁及胡塞尔、海德格尔以及怀特海。在牟氏看来,理解了康德就理解了西方,消化了康德就消化了西方。牟宗三以一人之力翻译了康德的"三大批判"并以中国传统学术的方式给予疏通,并在此基础上,相应于康德哲学完成了《认识心之批判》、《现象与物自身》等康德哲学的研究著作,代表了此一时期中国学者消化康德哲学的新高度。

第三,面对中国现代性问题,基于中国思想传统提出"新外王"的构想。在牟氏看来,以儒家为代表的中国思想传统强于内圣而弱于外王,导致内圣外王之道不彰。对此解决之道不应当是照搬西方的自由主义或马克思主义的现代性方案,而应当是将作为自由主义精神成果的科学与民主精神和儒家的道德意识相贯通。牟氏的解决方案就是他所谓的"良知坎陷说"。他的新外王思想具体表现在《道德的理想主义》、《政道与治道》、《历史哲学》等著作中。所谓"良知坎陷说"乃是将《中庸》的"曲通"给予现代的学术表达,其背后的核心精神是黑格尔的绝对精神的辩证发展。新外王理论的提出标志着牟宗三试图用儒家的道德意识来开显、疏通现代性文化的理性精神。

第四,以"两层存有论"的道德的形上学完成对中西哲学传统的判释与融通。牟氏作为一个具有创造性的哲学家,其主要标志在于他完成了"两层存有论"的道德的形上学。牟氏利用天台判教的原则、《起信论》一心二门的架构、康德哲学现象与物自身的区分和对智的直觉的中国式把握,完成了他自己的哲学建构,其成就体现在《智的直觉与中国哲学》、《现象与物自身》、《圆善论》等著作中。他以哲学形而上学的方式将中西思想熔为一炉。

第五,牟宗三在逻辑学、知识论等中国传统思想薄弱之处也卓有建树。其成就主要体现在《周易的自然哲学与道德函义》、《逻辑典范》、《理则学》、《理则学简本》、《名家与荀子》等著作中,为中国哲学知性传统的建立做了历史的疏通与理论的奠基,使中国思想与西方现代思想得以在较为完整的意义上衔接。

本书对牟宗三哲学的研究主要侧重于前四个方面,有关牟氏的知识论等相关思想付之阙如。我们力图在同情理解的基础上对牟宗三的哲学给予批判性的把握,因此,我们的研究不仅尝试着对牟氏哲学的义理脉络给予较为清晰的把握,同时又力图避免现代新儒家系统内部对牟氏哲学的过度追捧和其对立面所做的缺乏同情的抹杀。面对牟宗三哲学,我们必须承认的是:

第一,牟氏哲学对中西哲学传统的消化理解和独特的体系创造都足以使之成为中国现代哲学的代表者。中国现代哲学虽或也有在哲学领悟力、学养等方面与牟氏比肩者,但终因历史机缘与个体性情而没有取得如牟氏一样的哲学成就。诸如老师辈的梁漱溟、熊十力、马一浮等虽都是极聪明且具创造力之人,但受限于他们的西学修养和个体兴趣,其成就远逊于牟宗三;同辈学者如贺麟、沈有鼎等因历史的因素也没有完成他们本应完成的哲学创造。

第二,牟宗三对中国现代性问题的思考乃是对现代性所衍生出的“价值虚无主义”、“唯科学主义”、“政治一元主义”的批判性反省。他以儒家的超越性道德和现代性问题的关联与西方思想界探求基督宗教和现代性问题的关联有异曲同工之处,表明中国思想家不仅直面现代性所具有的历史进步意义,也不回避它所蕴含的虚无主义的问题。这也是在世界范围内形上学衰落的情形下重新建构道德的形而上学所具有的思想价值。

第三,牟氏哲学所具有的另一价值在于其思想体系具有十分广博的诠释空间和学术生长点。这也是牟氏哲学最易引起争议之处,诸如他对智的直觉的理解、他对天台判教的诠释、他对朱子别子为宗的分判以及良知坎陷的外王建构,都将在中国现代哲学的历史建构中起到思想催化的作用。这也是牟氏哲学富有生命力的表现。

正如有论者指出牟宗三哲学尚未真正迈入现代哲学的门槛(刘小枫语),我们在肯定牟宗三哲学的思想价值与历史意义的同时,也须清醒地认识到牟氏哲学有其自身难以克服的限制:

第一,西方现代思想界对现代性问题的批判性反省尚没有全面地进入牟宗三的哲学视野。尽管在牟宗三的哲学著作中也曾言及一些著名的现代西方哲学家,诸如胡塞尔、海德格尔、维特根斯坦、罗素、怀特海等，但他对他们的把握依然是在康德哲学的视域内。

第二，牟宗三悬置中国的经学传统，哲学性地重建中国思想的义理结构，这固然是其思想的创造性所在，但也是其思想的限制所在。如此一来，作为为己之学和王道建构的儒家思想传统就只能体现为一种现代的学术样态。这虽然是目前学术体制下的无可奈何，却也使传统在现代的重新建构中遗失了许多最为宝贵的思想资源。儒教（学）作为教的意味被淡化了，其作为学的意味被突显了。牟氏哲学著作多而经学著作几近于无也说明了这一点。值得欣慰的是，我们在牟氏的后学中看到越来越多的人对经学的重视，使现代儒学开始从抽象思辨的形而上学回归到现代的日常生活之中。林安梧的著述、王财贵的读经皆昭示了这一点。

第三，牟氏被称为现代儒学中的智者型人物表明其作为职业哲学家无可置疑的地位，也暗示了他与传统儒者圣贤人格的疏离。这一点也是时贤对牟宗三多有诟病之处，我们以为这既有时代的原因，也有牟宗三个体性格的原因。对此，我们需要更多的同情理解，而不是毫无意义的苛责。然而，问题的严肃性在于儒者今后的身份定位是现代的职业哲学家还是回到原儒意义上的公共知识分子，对此我们需要深思。毫无疑问，牟宗三先生不是传统意义上的圣人，但他也不是一般的学院意义的学者。牟宗三一生的困惑与尴尬是中国现代学人精神困境的历史缩影。

最后需要说明的是，本书对牟宗三的研究仅仅是起步而没有完成。牟宗三一生著述庞杂，远非眼前这部小书可以全面总结的。目前呈现于读者面前的这部书，仅仅是对牟宗三思想的重要片段所做的提纲挈领式的分析。就我的思考阅读所及，有关牟宗三的研究至少还应当有以下几方面需要给予认真对待。

第一，全面理解牟宗三这个人。理解牟宗三这个人和分析他的哲学同样重要。牟宗三的思想性格、个人的历史遭遇、学思历程以及和时代文化变迁的关系，都是值得深入研究的。或许，我们可以通过对牟宗三个体心灵的遭遇，来深刻体察华夏民族文化生命的历史际遇。

第二，牟宗三的逻辑学和知识论的研究。逻辑学和知识论是中国传统学问的短板，也是中国现代哲学急需补上的一环。牟宗三在中国现代哲学家中，是于逻辑和知识论用力最多之人，也代表了中国思想传统对西文思想消化、吸收的高峰。

第三，牟宗三的早期、晚期未刊稿中哲学思想的研究。这类文献，学者平时关注较少，但对研究牟宗三思想不可或缺。

第四，牟宗三“哲学演讲录”的研究。牟宗三有大量的学术演讲，后经学术整理出版。在这一系列的演讲中，牟宗三不仅进一步发挥了他在专书中的观点，并且还有新的创发。对“演讲录”的研究,更有助于我们完整把握牟宗三的思想。

第五,牟宗三的“西学译述”研究。牟宗三以一人之力将康德的“三大批判”、维特根斯坦的《名理论》翻译成汉语。不同于一般的翻译,牟宗三作为有成就的哲学家,他的翻译是在与中国思想传统的比较、勘对中完成的。因此,这种翻译本身就是一项专门的研究。对牟氏“西学译述”的研究,可以真实地掌握牟氏消化西学所取得的成就、失误和限制。

总之,有关牟宗三哲学的研究,任务十分艰巨,我们愿为此继续努力。

目　录

第一章 中西哲学会通的中介与道德形上学建构的基石——牟宗三"智的直觉"理论疏析

作为现当代新儒家的代表,牟宗三的学问旨趣鲜明地标示着其学派的整体特点。对中西文化差异的比较与融通,对中国传统文化优越性的坚持,构成其庞大复杂的学术体系的核心内容,而"智的直觉"是作为串联其思想自身的脉络而存在的。即是说,牟氏哲学在事实上有一贯穿始终的核心理论作为其思想发展线索——"智的直觉"。兹以为牟氏哲学最终的归旨是重建儒家的道德形上学。道德形上学体系的建构完成才是他倾尽毕生心血的原动力,而牟先生建立的"道德的形上学"系统以及他在中西哲学会通方面思想能否顺畅、无滞碍,关键就在于"智的直觉"理论能否挺立得住。因此,将本书的逻辑起点置于对牟氏"智的直觉"理论的思考。

第一节 问题意识的凸显:"智的直觉"理论的缘起

牟宗三"智的直觉"理论不是一蹴而成的,是他在数十年的学术生涯中,在他关涉问题的研究过程中逐步形成的,并最终成为其整个学术体系的基础。牟宗三"智的直觉"理论的产生有着多方面的思想来源。首先,是中国传统儒释道思想孕育而成的,这是其"智的直觉"理论产生的母体;其次,牟氏关于"智的直觉"理论亦是作为熊十力先生的得意门生,对其老师"性智"思想的继承与发展;最后,"智的直觉"理论的直接提出、成熟更是在他对康德(Immanuel Kant,1724—1804)哲学进行疏解过程中,针对康德哲学的某些思想以及海德格尔(M. Heidegger,1889—1976)的一些理论而来的。首先从最后一方面内容加以阐述,以明"智的直觉"理论的缘起。

一、存有的域限及认知的界限:康德的“智的直觉”思想的提出

牟宗三“智的直觉”理论是直接针对康德哲学中“智的直觉”[①]思想提出的,是在与康德哲学中有关内容的比较中,凸显了牟氏哲学体系中的“智的直觉”(intellectural intuition)理论。

(一)“现象”(Appearance)与“物自身”(thing in itself, or chings in themselves)的区分[②]

在康德哲学体系中,始终存在着一个划分,即“现象”与“物自身”的区分。在《纯粹理性批判》中,康德对人的认知能力做了考察,最后确定,人类只能凭借时空、范畴认识现象,而对于“物之在其自己”[③]却完全不能知。康德认为:“吾人之一切直观,仅为现象之表象;凡吾人之所直观之事物,其自身决非如吾人之所直观者,而物自身所有之关系亦与其所显现于吾人者不同,且若除去主观,或仅除去普泛所谓感官之主观的性质,则空间与时间中所有对象之全部性质及一切关系,乃至空间与时间本身,皆将因而消灭。盖为现象,则不能自身独立存在,唯存在吾人心中。至对象之自身为何,及离去吾人所有感性之一切感受性,则完全非吾人之所能知者。”[④]这就是说空间与时间不是物自身的形式条件,而仅仅是现象的形式条件,康德认为现象是我们所能感觉到的、接触到的经验内容。我们经验一种事物,不仅需要凭借时间、空间这些先天直观形式,还要凭借人类“感性之一切感受性”,就是得借着我们的眼、耳、鼻、舌、身等感觉器官。没有感觉器官,没有时间与空间则不能认识事物,时间与空间不是客观存在的而是我们心灵的主观建构。撤去时间、空间及其他感觉显现的“物之在其自己”是什么样子,我们是一无所知的。

由以上,我们知“物自身”是除去时间、空间的条件后,来反显出“现象”的意义的,至于物自身是什么,我们无法知道,因为我们人类无法脱离时间与空间的条件来认识对象。当人类面对事物时,自动地运用时空形式、感触直觉和先验综合判断系统即知性去认识它。康德认为:感触直觉在先验的时空中为知性提供各种各样的表象即“杂多”,而知性则运用概念对这些“杂多”进行整理,这个过程亦是在时

---

① 这个概念,在康德著作中被译作“智性直观”或“知性直观”,在费希特、谢林和黑格尔那里被译作“理智直观”,在牟宗三哲学中被译作“智的直觉”。

② “物自身”的翻译并不统一,如郑昕译成“物如”,牟宗三译为“物自身”和“物自体”,亦有译成“理智体”、“智思体”。本书主要将其与“现象”并提,意义区分不大。

③ “物之在其自己”是牟宗三对“物自身”的另一译名。

④ 康德:《纯粹理性批判》,蓝公武译,商务印书馆2009年版,第64页。

空形式下进行的，同时受到因果关系的制约，这样形成了人们对事物的认识。这种认识显然不是关于“物之在其自己”的认识，因为，当我们运用一套模式（时空、感触直觉、知性概念）去认识事物时，已将事物纳入这个模式下，加上了主体的烙印，这时我们所知的只是当事物处于对象位置时，成为与主体相对的对象时的表现，即现象。我们所谓的知识实际上只是关于现象的认识。

康德认为抽去任何形式后呈现的“物自身”是人类无法认识的世界，但是我们人类对其可以有思考：“吾人如指一事物在其非吾人感性的直观对象，因而抽去吾人直观此事物之形相之限度内，名为本体，则此为消极的意义之本体。但若吾人以本体为非感性直观之对象，因而预想一特种之直观形相，即智性的直观，此非吾人所具有，且即其可能性吾人亦不能理解之者，则此殆为积极的意义之本体。”①（“本体”是“物自身”的另一种译法，本书皆称为“物自身”。）这就是说现象与物自身的划分事实上是对人的认知能力划界，我们人类只对感性直观之对象始能认识，认识过程中必凭借于先验时空、范畴这些主观形式，而这些主观形式不能加于物自身，所以物自身是一个消极意义的概念，因为不能为人所知；另一方面，我们可以思考一种认知能力即以非感性直观——“智的直觉”来认识物自身，以取得物自身的积极意义。由此我们知道，“智的直觉”是在对人类认识能力考察过程中，关涉于由谁来认识“物自身”而被逼显出的。但是康德认为这种“智的直觉”非我们人类所能具有，只有“第一存在者”才能具有这种认知能力，这样就使“智的直觉”的客观实在性没有真正得到证明，进而“现象”与“物自身”的二元划分亦不能挺立得住。

（二）“智的直觉”：上帝与人的认识的差异

康德区分“现象”与“物自身”是在认识论的范畴内进行的，他将“现象”规定为人类认识的对象，而对“物自身”人类则不能有一丝一毫的认识，因为“物自身”不可能在进入人类的认识领域后仍是“物之在其自己”。人类认识需要的条件是：先天的感性直观形式即时间和空间；感触直觉；先天综合判断形式即范畴。这些范畴加于事物之上，使事物成为能被人类认识的现象。那么，若要认识物自身需要什么条件呢？首先，就是要抽离一切人类认识的条件，抽离一切主观形式，这样的事物就是“在其自己”之物，这种“在其自己”之物只有一种认识能力可以认识，就是“智的直觉”，但“此种形态之直观——即智性的直观——不属于吾人之知识能力，故范畴之使用，绝不能推及经验之对象以外”②。在康德看来这样一种认识能力和方

① 康德：《纯粹理性批判》，蓝公武译，商务印书馆2009年版，第217页。
② 康德：《纯粹理性批判》，蓝公武译，商务印书馆2009年版，第218页。

式只能归属于作为第一存有者的上帝。对人类来说,直观只能是感触的,一旦借用概念范畴这种知性能力即不是直观,只有上帝才可能将二者结合在一起。这样,康德实际上将认识主体分成了两类,即人和上帝,这两种认识主体的区别差异即在于是否具有"智的直觉"。

康德认为人类作为有限的存在是不能具有"智的直觉"的。因此,人类不能认识"物自身"不是一种量的不能,而是质的不能;物自身不能为人所知,不是技术的不可知,而是质的不能知、原则上的不可知。前此提及康德认为现象与物自身的划分是主观的而不是客观的,就是"物之在其自己"不是指"事实上的原样",这样现象与物自身也就不是哪一个更接近事实的问题,人类不能认识物自身,是人类没有那种认识能力,这种不能认识是不能乞求有朝一日科技进步能为我们拉近与物自身的距离的。"物自身"根本不在知识的范围内,根本不是认识的对象。康德认为人的认识能力只及于现象领域,人类认识的只有现象。能够认识"物自身"的是智的直觉,这种"智的直觉"只有上帝才具有,只有上帝可以不依靠时空形式,不需要借助感触直觉,亦不需要借用范畴,也就是不需要任何形式,当即认识。正因为如此,上帝是无限的。上帝可以凭"智的直觉"这样的认识能力使事物呈现"在其自己"。所以,物自身标示了一个认识的界限,这也为科学知识划定了地盘,人们的认识只能限于现象界,对于物自身一无所知。能认识物自身的智的直觉又只有上帝能把握,这样,智的直觉就表示了人与上帝的认知方面的差异。

康德认为人作为有限存在永远不能拥有"智的直觉",有限就是有限,不能对物自身有些许的认识。上帝至神,拥有万能的力量,是无限的存在,只有它才可以让"物自身"呈现而不需要任何外在条件。人之有限性与上帝之无限性是截然两分的,二者永无跨越的可能。当然这种观点是西方哲学传统。在西方,人神自古两分,人就是人,神就是神,人的认识能力与神的认识能力之间的差距永不能拉近,人可以在现象界逐步获得更多的知识,但关涉于物自身仍只能是一无所知,上帝只能在本体界朗现物自身,从而亦不会牵连到现象。所以我们可以这样认为,在康德的思想中,只有同一事物面对不同的认识主体时才有现象与物自身之区别。现象与物自身是同一事物的不同表现,当此事物面对人类这个认识主体时,它将被人类用一套事先已有的模式刻上主体的烙印,从而显现为现象;同样,当此事物面对上帝时,上帝则用其"智的直觉"朗现其物自身,此时,事物就显现为"物之在其自己"。人类认识现象借用先天感性直观形式、感触直觉及先天综合判断系统去认识,使事物成为与主体相对的对象,而上帝用智的直觉认识事物时不需要任何主观的形式,事物即呈现"在其自己"者。可以这样说,人类的认识必须在能所关系中进行,而上帝则不需要。

总之，康德通过对人类认识能力的研究，最后把人的认识局限于现象界，与之相对的“物自身”界即本体界则归于上帝。上帝之所以能够认识“物自身”是因为上帝拥有“智的直觉”，若想让现象与物自身的划界清晰，让科学安分守己地待在自己的领地，就必须推设出一“智的直觉”，使之与成就科学知识的感触直觉、知性概念及时间、空间条件相对，为上帝留下一块领地，这样康德“智的直觉”思想在体系内部就被逼显出来了，牟宗三就是在逐步疏解康德思想过程中，使“智的直觉”理论渐趋成熟的。康德对现象与物自身的划界，从而对认识主体的划分，都明确地表达了对人类理性能力的一种反省，亦体现出他对人类认识能力的一种限制、束缚，他要求人类理性应谦逊一些，不要越权使用。

二、“智的直觉”的现代汉语言哲学语境：牟宗三对“智的直觉”的关注与引入

上一部分主要疏解了在康德哲学中“智的直觉”思想的提出及“智的直觉”作为与人认知能力的对比而言只是一种理论上的推设，其真实性康德没有解决。粗读牟宗三哲学的人，都知道康德哲学对牟氏哲学的影响是极大的，牟氏哲学中“智的直觉”理论正是牟宗三站在中国传统哲学的温床中，以其本身固有的传统智慧在对康德“智的直觉”思想的批判中成长起来的。

（一）逻辑的涉指格与存有论的涉指格①

牟宗三认为在《认识心之批判》中，他没有理解康德对于知性有两层性格的思想，只承认了知性具有逻辑的性格。在《智的直觉与中国哲学》一书中，他“承认知性底涉指格可分两层论。一是逻辑的涉指格”，“另一是存有论的涉指格，此即康德之所论”。② 所谓“知性底逻辑性格”就是说，只从逻辑的层面来理解知性的作用，而逻辑定律乃是“纯理自己之展开”，与事实世界、经验世界无关。所谓“知性之存有论性格”主要表现在康德的“范畴”作用上。知性之纯粹概念即范畴有存在方面的涉指，是存有论意义的概念，而非只是逻辑的概念而已。这个“存在方面”牟氏认为是指现象的存在。

为了更好地理解牟氏哲学中关于知性的两层性格思想，我们还需使传统的形

---

① 牟氏又称之为逻辑性格和存有论性格。

② 牟宗三：《智的直觉与中国哲学》，见《牟宗三先生全集》第20卷，台湾联经出版事业公司2003年版，序第3页。

式逻辑与先验逻辑所涉及的域限简单明了。康德所说的"先验逻辑"与传统的形式逻辑不同。形式逻辑是分析的,只讨论思维的一般形式,不涉及思维的内容;康德的"先验逻辑"则是综合的,它关涉到认识的内容,先验逻辑讲的是独立于经验而又使经验成为可能的思维条件。牟宗三所说的"知性底逻辑性格"与"知性之存有论性格"的区分,在某种意义上即关联了形式逻辑与先验逻辑的区分。

牟宗三通过疏解康德对知性能力之剖析,肯定了知性"可以提出两套形式概念,一套为逻辑之形式概念,此即一切,有些,是,不是,或,如果……则等,另一套即康德之范畴,为先验的纯粹概念,由西方哲学史来讲为存有论之形式概念"①。"存有论的概念由知性发,此可名曰'知性之存有论性格'(ontological character of understanding)。形式逻辑中形式概念由知性发,此可名曰知性之逻辑性格(logical character of understanding)。"②康德以逻辑中的十二个判断作为发现形式概念、先验概念的线索。逻辑中的判断有十二种,分成四类,每类又有三目,每一判断皆由逻辑字构成。例如量的判断有三种:全称、特称(偏称)和单称,逻辑字为"一切"(all)、"有些"(some)、"一个"(a、an)。"一切"、"有些"、"一个"这些都是属于量的逻辑字,不一定与存在有牵连,完全是我们逻辑思考中的运用,是虚拟不实的,与所述的对象无关。康德进而以这些逻辑字为根据,引申出知性中的先验概念,称为范畴,也即纯粹概念。仍以量的判断为例,由全称判断引申出"总体性",由特称判断引出"众多性",由单称判断引申出"单一性",这些是量的范畴,即"总体"、"众多"、"单一",简称"总"、"单"、"一"。这些量的范畴,其先验概念与逻辑字不同,一定得涉及存在,对对象有所决定,决定对象在量的方面的特征,每一个东西都有量的一面,但具体性质是实的,不能当作逻辑字,不能看成虚的。而外在对象不仅有量方面的性质,还有质、关系等方面的性质,这些性质都是由各个方面的存有论概念所决定的。

要想进一步弄清逻辑字与存有论概念的不同,通过分析可以看到条件关系命题的"如果……则"这个逻辑字对于对象方面没有什么决定,其内容是空无一物的,是思想运用的程序或方式本身构成的纯形式的推理,这就是形式逻辑。由条件"如果……则"引发的存有论概念原因和结果,与逻辑字"如果……则"不同。"如果……则……",如果有什么,则有什么,这只表示"如果……则……"是逻辑关系,

① 牟宗三:《中西哲学会通之十四讲》,见《牟宗三先生全集》第30卷,台湾联经出版事业公司2003年版,第147页。

② 牟宗三:《中西哲学会通之十四讲》,见《牟宗三先生全集》第30卷,台湾联经出版事业公司2003年版,第148页。

而如果的成立与否是另一种问题，是否有什么原因就会有什么结果，则不在这个逻辑关系中有所体现，这是与这个逻辑形式无关的内容，“如果……则”的条件关系是逻辑中的纯形式而已，只表示逻辑关系而非表示事实关系。因果关系则表示原因与结果之间的物理事实关系，例如“吃砒霜则死”，有吃砒霜的行为，砒霜就会产生致人死亡之结果，砒霜自身有致人死亡的力量。还有泼水熄火的因果关系，泼了水，水就能灭火，这两个例子都是物理关系，与逻辑的假然条件关系不同，是有事实与之相对应的，故因果关系或因果概念，不是逻辑字，而是涉及存在的存有论概念。

牟宗三认为“这些存有论的概念是知性本身所提供，不能由经验而来”①。康德认为是知性自身就具有的，是先天设置在知性本身的，而牟宗三则认为这些范畴不由经验而来，亦不是知性先天即具有，而是在认识过程中通过反省不得不逼显出的原则，因而是主观的建构。既然知性之两种涉指格都是主体的自身构造，不能应用于物自身，那么，我们可以有这样一转：既然范畴等都是主观形式，包括感性直观形式——时空也是主观形式，那么，就可以把它们统统拆掉，这并不影响物自身的存在。这在康德看来是万万不能的。前此我们大篇幅介绍知性之逻辑性格与存有论性格，为的就是这样一问，康德与牟宗三最终都认为时空、范畴、逻辑字是主体的心灵建构，并非存在于事物自身中，不能通过经验得来，那么可否把它们这种主观形式抽掉？对这一问题的回答展现了牟宗三与康德完全不同的立场。康德认为是不可以的，这是为了说明经验知识的可能性。他认为人类科学知识是离不开这些形式的，这些形式是人类认识能力所仅有的凭借，没有这些形式，人类则不能有经验知识，当然更不会有科学知识。虽然康德亦设想了不依靠任何形式条件可以有认识的能力——“智的直觉”，可这种直觉在他看来只有上帝才拥有，与人无关，所以康德为了保住现象层面的科学知识没有承认可以抽掉知性之形式概念与存有概念。牟宗三则不同，他以中国传统哲学的智慧，认为这些形式是可以拆掉的，因为人本身即可具有“智的直觉”，人类可以以“智的直觉”去认识世界，如在佛家般若智的观照下，及儒家的良知之明觉，道家之玄智都可不依这些形式直接认识物自身，当然，在这些情况下是不能产生科学知识的。

康德在西方哲学传统背景下，即便已被逼显出一种与人类感性、知性相对翻的认识方式即“智的直觉”的存在，仍只是着力于成就现象层的科学知识，所以，知性之逻辑涉指格与存有论涉指格虽与物自身无关，但不能允许拆去。而中国哲学传

① 牟宗三：《中西哲学会通之十四讲》，见《牟宗三先生全集》第30卷，台湾联经出版事业公司2003年版，第156页。

统向来侧重的就是形而上层面,承认智的直觉为人人可有之理境。所以,在牟氏看来,知性之逻辑涉指格与存有论涉指格皆可拆去,这样由“智的直觉”来朗现物自身乃是更高一层的“知识”。这里,不难看出康德与牟宗三关于“智的直觉”的思想在其根底即有差别。

(二)对海德格尔的反思与疏导

牟宗三曾指出,康德把“存有论的涉指格”视为知性本身所具有,以至于导出“知性为自然立法”这种说得太过于强硬的结论,虽然在康德哲学内部,“知性为自然立法”并没有错,然而却容易引起人们的误解。由于这一理论失误,后人在探讨形上学问题时容易离开康德原有的思路,忽略了康德的真义。这点,牟氏主要通过疏解和反思海德格尔的思想来说明。

海德格尔在考察知性的客观化活动时,建构了其所谓的“基本存有论”(fundamental ontology)。牟氏看出他的基本存有论是放在康德所谓的“内在形上学”(Immanent metaphysics)范围内来讲的,“但依康德的意向,真正的形上学仍在他所谓‘超绝形上学’(Transcendent metaphysics)之范围。今海德格[1]舍弃他的自由意志与物自身等而不讲,割截了这个领域,而把存有论置于时间所笼罩的范围内,这就叫作形上学之误置”[2]。可见牟宗三认为海德格尔最终并未充分建立起康德所谓的真正的形上学,康德所谓的真正的形上学,是“超绝形上学”,“其内容是集中于自由意志,灵魂不灭,上帝存在这三者之处理。惟他以为对于这三者,理论理性(或理性之理论的或观解的使用)是不能有所知的,要接近它们,只有靠实践理性(理性之实践的使用)。这就表示说,这三者在理论理性上是并没有实义的,只有在实践理性上始有其客观妥实性(实义)。我们依据这个意思,把‘超绝形上学’转为一个‘道德的形上学’(Moral metaphysics)”。[3] 但是海德格尔不从康德所说的“超绝形上学”处建立他的存有论,却从康德所说的“内在形上学”处来建立他的存有论。在他的《康德与形而上学疑难》中,他视康德的《纯粹理性批判》为“形上学之奠基”,认为形上学问题就是基本存有论的问题,所谓“基本存有论”意即对于“人之有限本质”作一存有论的分析,就是海德格尔认为基本存有论为“人的存在之形上学”。牟氏认为海德格尔的这一想法是对康德思想的曲解。

---

① “海德格”即“海德格尔”,牟宗三译为“海德格”。引文照录,后不赘述。

② 牟宗三:《智的直觉与中国哲学》,见《牟宗三先生全集》第20卷,台湾联经出版事业公司2003年版,序第7页。

③ 牟宗三:《智的直觉与中国哲学》,见《牟宗三先生全集》第20卷,台湾联经出版事业公司2003年版,第449页。

康德曾说:“我之所谓批判非指批判书籍及体系而言,乃指就理性离一切经验所努力寻求之一切知识,以批判普泛所谓理性之能力而言,故此种批判乃决定普泛所谓玄学之可能与否、及规定其源流、范围及限界者——凡此种种皆使之与原理相合。”[①](玄学即为形上学。)由此可以看出,在《纯粹理性批判》中,康德通过对人类理性能力的考察,划定理性适用的范围,从而为形上学的可能不可能奠下一可靠的基础。这就是康德所谓的“形上学作为一学问如何可能”的问题。但是,海德格尔却不顺这个问题来把《纯粹理性批判》看成形上学的奠基,却顺“纯粹数学如何可能”以及“纯粹自然科学如何可能”这两个问题来看《纯粹理性批判》为形上学的奠基,他的基本存有论就在这个范围内建立。牟宗三认为这与康德的意图是相违反的。因为康德是要批判地考察我们理性认知能力有多大,认知能力有效的范围是怎样的,认定理性在经验范围内是有客观妥实性的,解答了“纯粹自然科学”与“纯粹数学”二者如何可能的问题,在这个范围内康德并未想奠基形上学,康德所谓的为形上学之可能做一奠基恰恰是突破了经验范围,预设了一实践理性伸展向物自体及超越理念的范围,这个范围是纯粹理性不能企及的。从这里不难看出,康德所说的形上学是超绝形上学,而不是现象范围内的形上学。所以牟宗三认为海德格尔犯了“形上学误置”的错误。当然,海德格尔自身不认为这是误置,他是自觉地在经验范围内构建他的“基本存有论”。牟氏认为海德格尔这样做主要有两个原因:第一,“是由于他想拆毁西方哲学传统中的存有论史”[②](这是符合现代西方哲学思潮中反本体主义潮流的),在海德格尔看来,柏拉图所开创的传统以及康德理想主义所注重的上帝、自由、不灭的灵魂都丧失了实有的意义;第二,“由于他复想与康德拉关系”[③],他从康德《纯粹理性批判》中注意到康德明晰地表达人是有限的思想,所以,他说基本存有论就是对人的有限本质做存有论的分析。海德格尔就人的有限性了解实有,用现实人的有限性存在现象学地显露人的实有性、真实性。他所采取的现象学的方法,其实就是“诚中形外”的方法,有诸中者必显现于外。牟氏认为,海德格尔只是现象学地描述这人的真实性为实有,所谓“无家性”、存在的虚无、存在的痛苦、怖栗之感等等,都是依存在的入路描述人获得真实性显现其实有过程中的种种表象。

---

① 康德:《纯粹理性批判》,蓝公武译,商务印书馆 2002 年版,第一版序文第 5 页。

② 牟宗三:《智的直觉与中国哲学》,见《牟宗三先生全集》第 20 卷,台湾联经出版事业公司 2003 年版,第 452 页。

③ 牟宗三:《智的直觉与中国哲学》,见《牟宗三先生全集》第 20 卷,台湾联经出版事业公司 2003 年版,第 452 页。

海德格尔认为人是"实有"的守护者，即就人的存在来显露其实存性，这既是实有也是基本存有论之所在。除此之外，再无别样实有，也没有泛论万物实有的那种观解的（非存在的）存有论。可是，牟氏认为这种"诚中形外"的存有论，由于不肯认一个超越的实体（无限性的心体、性体、诚等）为人之真实性的根据，只能成为无本之论，其所言的真实性、实有性只能是虚荡的、不落实的。在牟氏看来，人虽然是不安定的、无家性的，但绝不能以习气、堕性为家。人能勇于接受无家、虚无、焦虑等这样的事实，不蒙蔽自己，能显露一真实性，亦能显示其实有性，但这样的真实性、实有性却是消极的、虚荡的，并没有真正获得一真实性与实在性，这样的人只能永远处在无家、不安的状态中。牟氏对这种真实性是持否定态度的。他认为，海德格尔自始至终都将其形上学困于人的现实当中，未能在现实生活中显出人之超越性的一面，人之拥有无限性的一面。在他看来，人之为人的本质在于能基于其现实存在豁显一"智的直觉"之超越实体，或心体、性体、仁体，或道心，或如来藏自性清净心，正是由于有这样的超越性人才可以成为真实的人。

此外，我们知道康德是不承认人可有"智的直觉"的，他把这种"智的直觉"归于上帝，归于上帝的神心，但他毕竟提出了"道德的神学"，提出了自由意志、上帝存在、灵魂不灭三个设拟，讲出了一个"超绝形上学"以对翻人的有限性存在，相较于海德格尔对于超越实体的不关注、不论及，只在现实层面人的有限性本质中旋转，康德还是高明的。所以，牟宗三认为海德格尔重建形上学的"存在的入路是可取的，但现象学的方法则不相应"①。现象学的方法无法透显一个超越的东西作为现实人的本体，只能对现实的存在状态进行一种描述，这样的人是缺乏精神乐园的，这样建立的基本存有论只是现象界的存有论，只属于康德所说的"内在形上学"，这既不是康德所认为的"超绝形上学"，当然也更不是牟宗三所着力建构的"道德的形上学"。海德格尔最终"是既挂搭不上现象学，亦挂搭不上理想主义底大路"。②

牟氏通过对康德及海德格尔思想的疏析，显现出其"智的直觉"思想的底蕴。牟氏始终抱着人可有智的直觉这个观念，这一方面使他得以站在超越层面将知性之存有论性格完全拆去，即将康德的十二范畴完全消解，并且亦可以将康德视为成就知识的其他条件如时间、空间等统统拆去，从而显出一个非科学知识的领域。另

① 牟宗三：《智的直觉与中国哲学》，见《牟宗三先生全集》第20卷，台湾联经出版事业公司2003年版，序第7页。

② 牟宗三：《智的直觉与中国哲学》，见《牟宗三先生全集》第20卷，台湾联经出版事业公司2003年版，第472页。

一方面使牟氏亦不同于海德格尔，他从人的现实有限性透视出人的无限性、超越性一面，从而为人的有限存在找到一个超越实体，使人脱离虚无、痛苦的深渊，为人之为人树立起一盏明灯。这都是因为他对“智的直觉”的关注与引入，使其思想体认有了特殊的内涵。

第二节　它山之石：智的直觉与中国哲学的现代诠释

中国自近代以来，在社会生活的各个层面都经历着“西学东渐”的影响，哲学领域亦不能例外。其中德国哲学对中国思想界的影响是极大的，例如：康德、黑格尔、马克思、尼采、弗洛伊德、胡塞尔、海德格尔等等，他们的思想都曾起到或显赫或隐伏的作用。中国近现代的大多数哲人都试图借助于西方哲学的某些范畴和思想架构来完成自己的哲学体系。众所周知的如唐君毅借助黑格尔哲学构筑超越唯心论系统，牟宗三主要通过对康德哲学的批判、扭转建立了“道德形上学”的大厦。还有其他范例，这里不再赘述。还有的哲学家则借用西方哲学的某些概念来阐释自己的思想，例如谭嗣同用“以太”论述自己的“仁学”思想；牟宗三则从康德那里引入了“智的直觉”概念。我们知道“智的直觉”这个概念是中国传统哲学中没有的，但牟先生却认为“智的直觉”思想是中国传统哲学中早已有的，于是牟先生使以“智的直觉”这个西方的“石头”来疏析中国传统哲学这块“璞玉”，使中国传统哲学展现出现代哲学之生命力。

一、“德性所知”与“见闻之知”：智的直觉与儒家

牟氏认为中国传统哲学的主流——儒释道三家没有“智的直觉”这个概念形式，但是就中国传统哲学的内容而言却从未缺乏“智的直觉”思想，在儒家，“智的直觉”是用“心体”、“性体”、“良知”、“本心”、“德性所知”等概念来表示的。我们首先将牟氏对儒家“智的直觉”思想的阐释予以展现。

张横渠在《正蒙·大心》篇有云：“天之明莫大于日，故有目接之，不知其几万里之高也；天之声莫大于雷霆，故有耳属之，莫知其几万里之远也；天之不御莫大于太虚，故心知廓之，莫究其极也。”[①]牟宗三认为这段话已经很明确地表示了两种不同的认知方式。“耳属目接”是感触直觉，“心知廓之”是智的直觉，这不但为认知的呈现原则，且同时亦即创造的实现原则。在牟氏看来，日光，是天地间最大的物

① 张载：《张载集》，中华书局1978年版，第25页。

理光明,是“天之明”,自然天地之间一切有限存在所放的光明没有比日光更明亮的,但日光毕竟是个客观事物,对它的光明,你可以通过眼睛的感触直觉加以描绘。日光虽是最大的光明,但最终还是有限的,可以感触到的。无论“天之明”多么高远,始终只是有形物之光,是有限的。同样,“耳属雷霆”也是这个道理,雷霆之声无论如何振聋发聩,毕竟是有限物之声,可以描绘,可以认识,可以感觉,可以听到。但“天之不御莫大于太虚,故心知廓之。莫究其极也”,这里的“莫究其极也”却表示无限。这句话的意思说:天道生德之所以无穷尽地创生万物,其原因在于自体之至虚而神,这种无穷无尽的创生只有“心知廓之”能明了,而不是耳朵、眼睛、感触直觉所能知,天道生德的创生之所以无穷尽,是因为太虚这个本体至虚而神,这只是思虑的事。客观地如此思之,其不御只是形式的意义并无具体而真实的意义。“心知廓之,莫究其极”,就是主观地说,以“心知”之诚明证明此“不御”,使其具体而真实。“廓之”即如如相应而印定“不御”的真实。此种如如相应而印定之的“心知廓之”即是一种智的直觉。由此牟氏认为“心知廓之”的“心知”既不是感触直觉之知,也不是用概念范畴去思考的知性之知,“乃是遍、常、一而无限的道德本心之诚明所发的圆照之知”①。又说这种“心知”是根据孟子的本心而说,不是认知心,即心并不是认识意义上的而是道德创生之心,也就是说这种心知是周运无外、无一遗漏的,那么这种“心知”实际上是创生意义的,它的创生是这圆照心的创生,这种创生不是在能所对立中来知之,而是它要知即是其创生,没有能所关系,知之即创生之。故张横渠有云:“人病其以耳目见闻累其心而不务尽其心,故思尽其心者,必知心所从来而后能。耳目虽为性累,然合内外之德,知其为启之之要也。”②这就是说要想充分发挥心的作用得心知,必须不受耳目感官的束缚,能摆脱耳目感官的限制,才能避免内外相接所产生的感触之知、知性之知,因而张横渠又说:“人谓己有知,由耳目有受也;人之有受,由内外之合也。知合内外于耳目之外,则其知也过人远矣。”③牟氏认为耳目见闻之知是被动接受的,这就是“合内外”,但这种合内外是感触的、有限的,有能所关系的,这种知是在合内外之中的知。在合内外之外还有一种知,这种知不是远近程度的问题,乃根本是另一种知,这种知张横渠称之曰“德

① 牟宗三:《智的直觉与中国哲学》,见《牟宗三先生全集》第20卷,台湾联经出版事业公司2003年版,第239页。

② 张载:《张载集》,中华书局1978年版,第25页。

③ 张载:《张载集》,中华书局1978年版,第25页。

性所知”(“德性之知”),牟氏则随康德称之为“智的直觉”之知。[①]

“心知廓之”、“德性之知”这种“合内外”不是能所关系中的“合”,是超越的道德本心的圆照,把万物都收于心,成为绝对的、立体的、无外的“合”,这种“合”在实际意义上严格地讲也无所谓“合”,是超越的仁心之感通无隔,没有认识意义上的主体与客体,这种合只是一种虚义,并无两端关系和合的实义。而“只是一体遍润而无外之一。德性之知即随本心仁体之如是润而如是知,亦即此本心仁体之遍润而常照。遍润一切而无遗,即圆照一切而无外。此圆照之知不是在主客关系中呈现,它无特定之物为其对象(object),因而其心知主体亦不为特定之物所限,故既非感性主体,亦非知性主体,而乃是圆照主体。它超越了主客关系之模式而消化了主客相对之主体相与客体相,它是朗现无对的心体大主之圆照与遍润”[②]。在这种圆照之知中牟氏认为,万物都不是以认知的对象这种形态出现的,而是以“自在物”的姿态出现,万物都在圆照之知的明澈中以自在物的形式出现,既不需通过感触直觉经验地认识它,也不需用范畴的形式去理解它,圆照之知使事物朗现为“物之在其自己”,不是借助概念思考、感触直觉提供的杂多所形成的现象,“圆照之知”、“德性之知”其知之即创生之,就是康德所谓“其自身就能给出这杂多”,“其自身就能给出其对象(实非对象)之存在”。[③] 显然这种“德性之知”已经没有普通所说的认知意义了。

牟氏又引用张横渠的话来说明德性之知的特性,证明这种知不是被动的、接受的,不是由见闻所引发的,它不是感触直觉,而是纯智的,这就是康德所谓的“理智直观”,即“智的直觉”。张横渠《大心》篇:“见闻之知乃物交而知,非德性所知;德性所知,不萌于见闻。”[④]

牟氏根据中国的学术背景阐释了“智的直觉”在儒家哲学中的含义。“诚明所知乃天德良知,非闻见小知而已。天人异用,不足以言诚。天人异知,不足以尽明。所谓诚明者,性与天道不见乎小大之别也。”[⑤]牟宗三在中国哲学的传统中认为虽然“天德良知”是智的直觉,与“见闻之知”完全不同,不依赖见闻,不是被动产生

---

① 牟宗三:《智的直觉与中国哲学》,见《牟宗三先生全集》第20卷,台湾联经出版事业公司2003年版,第240页。

② 牟宗三:《智的直觉与中国哲学》,见《牟宗三先生全集》第20卷,台湾联经出版事业公司2003年版,第241页。

③ 牟宗三:《智的直觉与中国哲学》,见《牟宗三先生全集》第20卷,台湾联经出版事业公司2003年版,第242页。

④ 张载:《张载集》,中华书局1978年版,第24页。

⑤ 张载:《张载集》,中华书局1978年版,第24页。

的，但亦认为天德良知不是抽象的虚玄的东西，它虽不被见闻所囿，也不离见闻。天德良知是“通天人，合内外，一小大，而见其为具体而真实的诚明之知用”[①]，闻见之知是天德良知的运用，因为它不能同天德良知一样通天地人我于一身，而称其为小，是因为它是人所有，而不能通于天，天德良知却是天人合一的，贯通无碍后的。牟氏认为如果认为天德良知与闻见之知是完全隔绝的，那这种看法是在西方学术传统下的理解，难以至诚至明，“天是天，人是人，如是则诚体即隔绝而为抽象体，而非具体而真实之真诚也”[②]。又说：“天是天，人是人，如是，则诚体之明即是孤明，而不能尽其具体而真实之全体大用矣。”“性与天道不外一诚明之体，自其浑然一体而言（所谓体用不二），则不见有小大之别，有天人之别。”[③]这即是说，天与人是可以沟通的，只有体悟到性与天道，天与人是浑然一体而不可分的，才能真正地现出“智的直觉”的含义。人是可以通晓天德良知而与大道齐一的，这也就是孟子所谓的“尽心知性知天”。

由以上可知，虽然传统儒家的学术体系中从未明确指出“智的直觉”的概念，但牟氏认为张横渠等所言的“心知廓之”、“诚明之知”、“天德良知”、“德性之知”都是一种智的直觉，并且道体、性体、心体、仁体、诚体、神体皆有此义。另外周廉溪所说之言诚言神、言寂感、言“无思而无不通”，陆象山的本心，王阳明的良知，等等，都有智的直觉的含义。但同时，牟氏强调宋儒朱子所言的德性之知不是此义，认为朱子之学始终是天人相离，心性不能一的。

二、无知之知与有知之知：智的直觉与道家

牟氏对道家思想中“智的直觉”的疏理与儒家所取方法不同，并不是直接由道家典籍的概念中挖掘出此义，而是先从道家的精神意旨出发，层层推演。牟氏认为道家自古崇尚无为，认为有为是有限定、有对待、有造作、不自然的，不能自由，而到了无为的境界就达到了无限定，绝对自然的境界。牟氏认为在道家看来有为是对于人心的束缚，最显著的就是“知”与“名”给人心带来的负累，并借用庄子的话说：“且若知夫德之所荡，而知之所为（以）出乎哉？德荡乎名，知出乎争。名也者，相

① 牟宗三：《智的直觉与中国哲学》，见《牟宗三先生全集》第20卷，台湾联经出版事业公司2003年版，第244页。

② 牟宗三：《智的直觉与中国哲学》，见《牟宗三先生全集》第20卷，台湾联经出版事业公司2003年版，第244页。

③ 牟宗三：《智的直觉与中国哲学》，见《牟宗三先生全集》第20卷，台湾联经出版事业公司2003年版，第244页。

轧也。亦知也者,争之器也。二者凶器,非所以尽行也。"[①]这就是说名利与知识乃礼文社会所崇尚的,崇尚到了极致之后,则一切就会流于表面形式,虚伪造作,而人世间的相轧相争也会由于争名争知而产生,显然这里道家是有感于周文的虚伪而发,牟氏从这里断言道家一方面有显著反知的意思,另一方面也由此浮现了智的直觉的含义。

牟氏首先阐释了老子所透射出的智的直觉思想。老子向来是主张"绝圣弃智"、"绝仁弃义"、"绝巧弃利"、"绝学无忧"的。圣智、仁义、巧利与学在老子看来是知与名方面的事,是造成人世纷扰的祸根。求知与名都可以归于"为学","为学"与"为道"是相反的,老子云:"为学日益,为道日损,损之又损,以至于无为,无为而无不为。"[②]牟氏认为:"'为学'底目的是在获得经验知识,故一天多其一天,每天皆有所增益。此将陷于无穷的追逐而无止境。"[③]在牟氏看来,"为学"的过程是取得经验知识的过程,这要求人们每天都要不停地学习、认识,才能积累起越来越多的知识,但这也使人陷于永无止境的追名逐利之中,使人身心俱疲,这与"为道"的根本精神是相反的。"'为道'底目的是在反身自证自知自明以求洒然自适,所谓'自然'。"[④]在牟氏看来,"为学"是向外取,向前追,"为道"则是向内归,向后返,反身而向内求的是自在自然,并不得经验知识增加。为道向内返,即不倾注于对象,即没有对象,向后返则不疲于奔命而潇洒自在,这也就是"为道日损"。这是个减的精神,是只求减损不求增益的。减损就是消除那些向外取、向前追中的矢向而一起把它们消化掉,也就是把它们"无"掉。在牟氏看来:"无(作动词看)就是无那些矢向,有矢向即是有,有有即是有所倾注,有所倾注即是有所住,有所住即是有所得,有所得即有所不得,而不能无得无不得。"[⑤]也就是说,当你意欲有所求之的时候,就会有所期待,那你能得到一些,同时也即意味着会有你得不到的东西,得的同时也会有失,即不能"无得无不得"。但如果你能把那些矢向追求都化掉,无掉,无到一定程度即干干净净,就是"无为",这种无为就是"无为而无不为",所以"为道"就是要用一种减损的精神,至"无为而无不为",才可得到对于道的认识。这种

① 方勇,陆永品:《庄子诠评:全本庄子汇注汇评》,巴蜀书社 1998 年版,第 109 页。

② 老子:《道德经》,江苏古籍出版社 2001 年版,第 132 页。

③ 牟宗三:《智的直觉与中国哲学》,见《牟宗三先生全集》第 20 卷,台湾联经出版事业公司 2003 年版,第 262 页。

④ 牟宗三:《智的直觉与中国哲学》,见《牟宗三先生全集》第 20 卷,台湾联经出版事业公司 2003 年版,第 262 页。

⑤ 牟宗三:《智的直觉与中国哲学》,见《牟宗三先生全集》第 20 卷,台湾联经出版事业公司 2003 年版,第 262 页。

与“为学”所得之经验知识是完全不同的，“是以圣人不行而知，不见而名，不为而成”①，必即“无为而无不为”，“无见而无不见”，“无行而无不行”，即“无知而无不知”。“为道”之知没有特定对象，因而不能获得一些经验知识，从这个角度说是无知。无知也即没有知相。“无知而又无不知，此无知之知即智的直觉之知，即泯化一切而一无所有之道心之寂照，即寂即照，寂照为一。在道心底寂照下，一切皆在其自己，如其为一自在物而一起朗照而朗现之。”②由为道的减损之精神提至无为而无不为，即得这种对道之知是一种“无知之知”，是没有固定对象、反身向内、摄物归心的知，不在能所关系中，是清静道心的寂照。在空灵道心的寂照下，一切物都以在其自己的方式而在，而一并朗现，这种无知之知显出了智的直觉的理境。在道心的寂照下，万物洒然自适，自在自化，无所依待，都是以在其自己之方式存在。

因此，牟氏认为道家“智的直觉”思想的浮现是在泯除外取前逐之知而归于自己时的无所住无所得之“无”上出现的，这在于人并不是不可能的，而康德却无法理解，只空想了“智的直觉”的概念，把所有者归于上帝。牟氏用“智的直觉”理论疏理完老子思想后，又进一步对郭象注《庄子》“吾生也有涯，而知也无涯”的语句“知之为名生于失当，而灭于冥极”进行疏析。③ 牟氏认为“失当”是指无穷追逐而永无止境来说的，这种追求知的方式对于经验知识即有知之知来说是得当的，但就“为道”这种无知之知而言则是“失当”的，只有“灭于冥极”之时“为道”之知才朗现。“灭于冥极”是指泯除向外取向前逐永无满足的状态，而归于自己时的一种境界。“灭于冥极而无知相，则自适自在自然自足而道心呈现，道亦在此。此无知相之道心同时亦即玄照一切而无不知。此无不知之知是无知之知，非有知之知。无知之知玄照一切即玄冥一切。在无知之知之玄照下，一切皆在其自己。”④灭于冥极之时，道心会自然而然呈现，道心玄照一切，没有特定对象为其所关注，一切都以在其自己的方式在道心的玄照下朗现，这种无知之知是不同于经验知识的，也即是“智的直觉”认识万物得来的。

庄子《人间世》篇云：“瞻彼阕者，虚室生白，吉祥止止。夫且不止，是之谓坐驰。夫循耳目内通而外于心知，鬼神将来舍，而况人乎？是万物之化也，禹、舜之所

① 老子：《道德经》，江苏古籍出版社2001年版，第129页。

② 牟宗三：《智的直觉与中国哲学》，见《牟宗三先生全集》第20卷，台湾联经出版事业公司2003年版，第262～263页。

③ 牟宗三：《智的直觉与中国哲学》，见《牟宗三先生全集》第20卷，台湾联经出版事业公司2003年版，第263页。

④ 牟宗三：《智的直觉与中国哲学》，见《牟宗三先生全集》第20卷，台湾联经出版事业公司2003年版，第263～264页。

纽也,伏戏几蘧之所行终,而况教焉者乎?”[①]“以无知知”即是虚,虚则一切吉祥皆聚集于此,这里的虚实际即“无为而无不为”之意,“虚”是万物之所以化,禹舜,伏戏几蘧成圣成王的途径,那么这“虚”,“此即智的直觉玄照一切,玄冥一切,亦即玄成一切”[②]。庄子原文“循耳目内通而外于心知”是停止意,使耳目停止感受外界的刺激而不向外用功,此之谓“内通”,耳目内通也就是庄子所谓之“心斋”之所,也就是:“无听之以耳而听之以心,无听之以心而听之以气。听止于耳,心止于符。气也者,虚而待物者也。唯道集虚,虚者心斋也。”[③]耳是生理器官,这种用耳之听是被动、有条件的听,是为外物所束缚的。用心去听,此心亦是指自然生理之物,是造作之心,此心之听亦受制于物,为能所关系中之知。气则自然流通,“听之以气”则不用心意造作,亦不需要感官去接触,只是一气自然流通,这就是所谓虚,“即心斋之听。从心斋之心说,即寂照之听”,是不与物相对待的。听之以心斋实际即是听之以“无”,这就是“耳目内通”。[④]

牟氏认为耳日作为生理器官,是自然界的东西,它的闻见都有一定的模式,就是康德所说之感性,心知造作亦是自然之明,即康德所谓之知性。若能“顺其自然之明而冥之,化除其能所对待中之追逐,以及使用概念之模式”[⑤],则会做到“自知”,即不为见而见不为知而知,顺此类推可得不为生而生,即“自生”。自见、自知、自生都是指不依待条件自然而然地进行,此之谓“虚室生白,吉祥止止”,亦即郭象所说之“冥极”。牟氏认为庄子所谓的玄冥、心斋、坐忘都透射出了“智的直觉”思想。此智的直觉思想就是寂虚之心斋之自我的活动。

自此,牟氏疏理出道家思想中固有“智的直觉”义,并且他亦表明道家的智的直觉的创生义与儒家的创生义的表现不同。其一,儒家智的直觉之创生义是就本心仁体之道德创生而言的,是道德行为的先验根据,而在道家则无此道德义。道家只从消化学知之依待与追逐后,求止、求寂虚、求无,这没有道德的内容,并不为道德的建立确立一可能之根据,甚至认为“大道废有仁义”,有“绝仁弃义”的主张。道家追逐的境界一字概括即是“无”。求“无为”最后却是为了“无不为”,那这种无

① 方勇,陆永品:《庄子诠评:全本庄子汇注汇评》,巴蜀书社1998年版,第111页。

② 牟宗三:《智的直觉与中国哲学》,见《牟宗三先生全集》第20卷,台湾联经出版事业公司2003年版,第265页。

③ 方勇,陆永品:《庄子诠评:全本庄子汇注汇评》,巴蜀书社1998年版,第110~111页。

④ 牟宗三:《智的直觉与中国哲学》,见《牟宗三先生全集》第20卷,台湾联经出版事业公司2003年版,第266页。

⑤ 牟宗三:《智的直觉与中国哲学》,见《牟宗三先生全集》第20卷,台湾联经出版事业公司2003年版,第266页。

不为就有了一种别致的创生性，这种创生性牟氏称之为“消极意义的创生”。这种创生性是不生之生，我无为，则万物自化，万物自生，自己自然而然地独化，这又是无不为。因此由无为开出无不为，创生之义可以显现。其二，由道心之圆照说智的直觉来说明道家意义的创生。道心之虚寂圆照得在学、知灭于冥极时才能显现，此时道心之虚寂圆照事实上已没有外物与之相对，圆照实际就是自照，道心的“自照就是它的智的直觉之反而直觉其自己。它的智的直觉就是它的圆照之自我活动（动而无动之动），固非如感触的直觉之为被动的接受”①。这就是说道心的自照是直觉其自己，此时它并无对象可与道心相对，自照就是道心自己的具体呈现，并无“杂多”可言，因为道心圆照本身就是常，就是一，并没有认识主体与认识客体的对偶之格局。但因道心圆照是自我活动的呈现，那么这个自我的活动即可称之为杂多，由道心圆照所引出的自我活动之杂多，并非创生义，也非被动的接受义，是具体圆照中物物“在其自己”的理境。物物在其自己实非对象，而只是一理境。圆照所照即只是此理境而已，除此之外，别无所知，这就是“无知而无不知”，也就是智的直觉。此无知而无不知的智的直觉并不创生此“物物在其自己”之杂多，牟氏称之为“静态的智的直觉”，这种独特形态的智的直觉是随其道心之创生性的独特性而来的，与儒家的“智的直觉”不同。

三、智知与识知：智的直觉与佛家

牟氏认为佛家向来努力的方向是成佛，而成佛的条件就是一切众生都能够脱离苦难，即一切众生都能成佛，所以在这个佛心中包含着无限性的内容，既是无限的，必含有“智的直觉”在内。牟氏认为，佛教的智的直觉思想是寄托在圆教之般若智中的。

佛教历来是尚空之学，空是指“诸行无常，诸法无我，缘起无性之空，即一切现象（法）并无‘在其自己’之自体”②。这就是说佛家认为尘世间的种种现象都是没有自体的，都是变动不居的，没有自性，一切都是空的，没有实体。如果能以这样的智慧看待世间百态而不执着便可以称之为般若智，执是识，般若与识相对比称为智。由此我们可以用智知与识知来显现佛学中智的直觉所起的作用，般若智即智的直觉。在佛家看来纷纭复杂的种种世间现象，其真实的面目是空，即一切都是识

① 牟宗三：《智的直觉与中国哲学》，见《牟宗三先生全集》第20卷，台湾联经出版事业公司2003年版，第269～270页。

② 牟宗三：《智的直觉与中国哲学》，见《牟宗三先生全集》第20卷，台湾联经出版事业公司2003年版，第271页。

心执着所形成的假象，般若智就能在种种现象（法）中直观到这个实相，能够体认到从现象的假与虚中透出的空，即能将世间诸法看成是即空即假的，而不是只看到现象是空，不做偏执的了解，“不能离缘生之假外别求一空，亦不能离缘生无性之空外别求一假”①。就是说假与空是相即在一起的，这个空是个意会的东西，并不是真有一个叫做空的东西在现行诸法后面隐藏着，这种体认只有般若智才能做到，只有般若智能透彻真实地了解假与空的关系。

识的认知是取相的，它有固定的对象，有能取所取之分，有能所对待，因为识的对象是现行的诸法，在识看来这些法都是真实的，所以识可以有所知，有所不知，因为它要受经验知识的限制。这种知就是有知相的，所以识知是对现象的认识，是有知有不知的，是普通人的经验知识；而般若智则相反，它是无知的，没有固定对象与之相对，也不在能所关系中出现，是智的直觉。

般若智它认识的（或者用佛家的语言应是观照）是即空即假之实相，这个实相并不是由具体事物表现出来的，而是指这种即空即假的状态，所以不是具体事物，当然也就不会有具体事物的相，如此则般若智（亦称圆智、活智）便无相可取，所以它所观照的实相就不能对象化，亦没有对象与之相对。如果般若智取相而观，则有对象化，也就变成识知而非般若智。圆智观照即空即假的状态，并不是单观空，如果只看到空的一面，那么空即成为对象化的非空；也不是只观假，若如此则般若智之观就成了识知，假亦成了对象而为真实，即不再是假。即空即假其实是一个虚说，并不能对象化或实体化为真实，所以这个实相在般若智的观照下如如呈现。由此，可知般若智“既不是被动的（感性的），亦无待于概念（即不是辩解的）”②，而是纯智的、直觉的，即是智的直觉。

牟氏进而具体分析了般若智为何就是智的直觉。他认为实相既然不是对象，那么般若智即无客体与它相对，没有客体与它相对，它本身也就没主体的意义，也就是般若智的观照中没有一个所能对待的客观架构，即没有知相。没有这个客观的架构，它也就不能有所知，因而不能有具体的、关于客体的知识，即“无知”。但是这种无知“又朗照一切假名法之实相”③，在此朗照中，空的意义在缘起法中即在

① 牟宗三：《智的直觉与中国哲学》，见《牟宗三先生全集》第20卷，台湾联经出版事业公司2003年版，第272页。

② 牟宗三：《智的直觉与中国哲学》，见《牟宗三先生全集》第20卷，台湾联经出版事业公司2003年版，第273页。

③ 牟宗三：《智的直觉与中国哲学》，见《牟宗三先生全集》第20卷，台湾联经出版事业公司2003年版，第273页。

种种现象中呈现出来,在此圆照中,一切法(现象)都是没有自性的,没有生相,亦没有灭相,没有常、断、一、异、来、去等具体事物具有的相。“一切法皆在如中宛尔呈现,此之谓无知无不知。”①此无知无不知即是智的直觉。

牟氏认为,般若智的本性“无知而无不知”与道家的玄智大体是相同的,但实质上仍有些不同。道家从学、知之“灭于冥极”说道心之虚寂圆照,在道心的圆照下,一切皆是“在其自己”之自尔独化,对于万物并没有认为其无自性是空的理解。但佛家认为“诸行无常”,“诸法无我”,万物并没有“在其自己”者,而且是缘起无性之现象,这个现象是幻相假名,是没有自体的,般若就是以即空即假这种状态如实理解,这种智虽然同道家一样消化掉了学知或识知,并且更彻底地否定了万物的真实存在,认为一切只是假名法,是幻相,所以从对万物的本性的理解上看,般若智的“无知而无不知”与道家的“玄智”是不同的。道家只有化掉学知意义,没有认为万物缘起性空的意思,所以万物在道家那里有“在其自己”的意义;佛家既有缘起性空的理解,故万物皆空是假,没有“在其自己”的意义,在般若智的圆照下,一切皆“如”,此“如”不是在其自己,因而万物无自性即无自己,只是指不执不取,一切皆是即空即假宛尔呈现的“如”相,而“如”相也就是无相,即无生相,无灭相,无常、断、一、异、来去相。所以,牟氏认为佛家的般若智是“灭度的智的直觉”,而不是带有艺术性的“智的直觉”。在牟氏看来佛家的无相之如相也可以说是无自己的“在其自己”,这就是虚意的在其自己。因为性空,所以无自己;可以有如相,又可说无自己之“在其自己”。

通过以上疏理,牟认为般若智即是圆照,本身就已含有一种无限性。由于圆照不能有外,因此可以认为一切缘起性空之假名法皆收归于般若智心的圆照,由此这个般若智心似乎也有了一种创生意义,虽然这种创生与儒家的道德创生和道家的自在自化的创生不同,但由于般若智的圆照无外的无限性,因而具有一种创生意义。

四、牟氏对智的直觉的现代证成

牟氏以“智的直觉”作为切入点梳理儒释道三家的思想,挖掘出儒释道三派学思中的“智的直觉”意蕴,但这仍不能使人完全认同人可有“智的直觉”这种看法,因此牟又依中国哲学的传统对智的直觉的真实性进行了论证,这个工作主要从两

① 牟宗三:《智的直觉与中国哲学》,见《牟宗三先生全集》第20卷,台湾联经出版事业公司2003年版,第274页。

方面进行:一是说明儒家哲学所讲的本心性体的“逆觉体证”就是康德所谓的智的直觉,这是工夫论的证明,此智的直觉何以可能的根据即在于本心性体所具有的能动性、创造性;二是针对康德关于“人是有限的存在”的预设,用思辨的方法说明人虽有限而可无限,由此证明人可以有在康德那里只能归属于无限的存在(上帝)的智的直觉。

(一)由工夫进入本体:以传统智慧对智的直觉的证成

牟认为儒家哲学所讲的本心性体的“逆觉体证”就是康德所谓的智的直觉,论证的方式有以下三点:首先,“逆觉体证”乃是本心性体的“自我之活动”,此“自我之活动”的目的和结果也无非是实现“自身之反照”,也就是熊十力所说的“自觉自证”,“自己认识自己”。从这一意义上说,本心性体的自我活动不是表象任何外在的、给予的对象,而是“只表象它自己”,“只判断它自己”。所以说“它是纯智的,而非被动的感性的”①。其次,本心性体是自我呈现的过程,也就是道德创生的过程,创造是“具体而真实的”,它是不容已地发布命令,亦不容已地见诸行事。就人的道德创造而言,真觉之即呈现之,呈现之即实现之,实现之亦即实践之,这其中没有任何曲折。本心性体自我之活动即可给予“杂多”,实现“杂多”,此“杂多”在直接意义上讲就是人的道德行为(“德行即杂多”②)。最后,本心性体是无限的,具有绝对普遍性。这表现为本心仁体不仅是道德意义上的创造原则,同时也是存有论意义上的实现原则,因为在道德的形上学中,“成就个人道德创造的本心仁体总是连带着其宇宙生化而为一的”③,“它不但特显于道德行为之成就,它亦遍润一切存在而为其体”④。就“仁心感通之无外”而言,本心性体必能“自觉觉他”:“自觉”是指“自知自证”;“觉他”不是以事物作为现象而知之,而是以其为一“在其自己”者(物自身)而朗现之,实现之。

通过以上内容,牟氏确证儒家哲学本心性体的“逆觉体证”就是康德所谓的“智的直觉”,而本心性体在中国的传统看来是人秉天道而来,是人的内在本质,亦是人人具有的善。由此人拥有秉承天道而来之“本心仁体”作为人之性,那“本心

---

①　牟宗三:《智的直觉与中国哲学》,见《牟宗三先生全集》第20卷,台湾联经出版事业公司2003年版,第255页。

②　牟宗三:《智的直觉与中国哲学》,见《牟宗三先生全集》第20卷,台湾联经出版事业公司2003年版,第254页。

③　牟宗三:《智的直觉与中国哲学》,见《牟宗三先生全集》第20卷,台湾联经出版事业公司2003年版,第256页。

④　牟宗三:《智的直觉与中国哲学》,见《牟宗三先生全集》第20卷,台湾联经出版事业公司2003年版,第256页。

仁体"之"逆觉体证"又岂不可为人所有,即人人可有"智的直觉",这在儒学传统中乃至整个中国哲学的传统中都是毋庸置疑的。

(二)由思辨入本体:对智的直觉的现代证成

牟氏认为单从认识能力方面讲,人是有限的存在,因为"人的知解能力有限",感性和知性作为人认识能力和把握事物的方式,是"有能有不能"。但是,从实践方面(道德方面)讲,问题就大不相同了,可以说"人虽有限而可无限"。这得首先从道德讲起。在康德看来,所谓道德行为也就是依无条件的绝对命令而行者,"发此无条件的定然命令者,康德名曰自由意志,即自发自律的意志,而在中国的儒者则名曰本心,仁体,或良知,而此即吾人之性体"①。牟认为此本心仁体、良知其实是指谓一绝对无限者,如果"其本身既受限制而为有限的,则其发布命令不能不受制约,因而无条件的定然命令便不可能"②,真正的道德行为亦不可能。说本心仁体是绝对无限者,即蕴含着"它虽特显于人类,而却不为人类所限,不只限于人类而为一类概念,它虽特彰显于成吾人之道德行为,而却不为道德界所限,只封于道德界而无涉于存在界"③。就是说它不仅是道德创造之源,而且"涵盖乾坤,为一切存在之源"④。牟宗三力图思辨地证成这一点。他说当我们就无条件的绝对命令而说自身自律的自由意志时,此自身自律的自由意志只能为因,只能制约别的,而不为别的所制约。"而当吾人由条件串的绝对综合以提供'第一因'这宇宙论理念时,第一因亦表示只为因而不为果,只制约别的而不为别的所制约。如是,这第一因与发布无条件的定然命令的自由意志其性质完全相同。"⑤因此,"如果第一因是绝对而无限的(隐指上帝言),则自由意志亦必是绝对而无限的。天地间不能有两个绝对而无限的实体,如是,两者必同一"⑥。所以,本心性体便是绝对而无限的宇宙实体,则其所发的知体明觉就是智的直觉,本心性体为人所拥有,是人道德行为

① 牟宗三:《智的直觉与中国哲学》,见《牟宗三先生全集》第20卷,台湾联经出版事业公司2003年版,第245页。

② 牟宗三:《智的直觉与中国哲学》,见《牟宗三先生全集》第20卷,台湾联经出版事业公司2003年版,第246页。

③ 牟宗三:《智的直觉与中国哲学》,见《牟宗三先生全集》第20卷,台湾联经出版事业公司2003年版,第246页。

④ 牟宗三:《智的直觉与中国哲学》,见《牟宗三先生全集》第20卷,台湾联经出版事业公司2003年版,第246页。

⑤ 牟宗三:《智的直觉与中国哲学》,见《牟宗三先生全集》第20卷,台湾联经出版事业公司2003年版,第247页。

⑥ 牟宗三:《智的直觉与中国哲学》,见《牟宗三先生全集》第20卷,台湾联经出版事业公司2003年版,第247~248页。

的内在根据，因而人亦可拥有智的直觉。

（三）牟氏对"智的直觉"理论的证成

牟氏的分析是承继康德的理路而来。康德通过概念的解析从道德法则的普遍性与必然性分析出意志自由是真正的道德行为之所以可能的先决条件，牟由此推进一步，认定意志自由必然包含了存在界的宇宙实体的性质，否则此自由仍受限制。由此，他把康德的自由意志改造为儒家与天道通而为一的心性本体，并以此否定了康德哲学中那个在自由意志之外作为宇宙存在之最高根据的上帝。

牟氏由于跨越了自然世界与应然世界的界限，他的有关思想已与康德相去甚远。就实质而言，他有关道德实体与宇宙实体之同一性的思辨证明，正是康德着力批判的中世纪经院哲学关于上帝存在的本体论证明的翻版。牟由自由意志（心体性体）不受限制的属性推论其必是最根源的存在犯了康德所批判的把概念等同于存在，把逻辑的必然性当作客观的必然性，把概念分析得来的东西当成经验综合的结果的错误。

第三节　在比较哲学的架构中：智的直觉与中西哲学的会通

当今世界正逐步走向一体化，这个一体化进程包括文化、政治、经济等各个方面。政治、经济的一体化大家都是很好理解的，而文化是否能一体化为一个世界文化却有待研究，但是各种文化可以互相交流借鉴却毋庸置疑，中西方文化的会通早已产生。但牟氏认为言文化的会通范围太大，核心地看中西文化会通即是中西哲学之会通。牟氏在构建哲学体系过程中，现出"智的直觉"是中西哲学会通的中介，他认为康德哲学是沟通中西哲学的最佳桥梁："若要与西方哲学发生关联，只有和康德哲学可以接头。"[①]而笔者认为康德哲学中能与中国传统哲学相会通的一个核心概念或理论即是"智的直觉"，正是以"智的直觉"思想为根底，现出了中西哲学对话的桥梁及对话的内容。

一、牟氏对中西哲学会通可能性的论证

现当代哲学家们都在将中西哲学的"会通"当作当然的学问而作，却鲜有人对

① 牟宗三：《中国哲学十九讲》，见《牟宗三先生全集》第29卷，台湾联经出版事业公司2003年版，第436～437页。

“会通”是如何可能的进行过深入讨论，牟氏则正视此“会通”之可能性问题，对其有一正面的哲学说明。在牟氏看来，中西哲学会通问题首先要处理的就是“会通之可能性”问题。牟认为“中西哲学之会通”这个题目有双重性格：“一方面要通学术性，一方面要通时代性，要关联着时代。”①“中西哲学之会通”之通学术性“就要了解哲学及其传统，西方哲学及其传统，而中西哲学能不能会通，会通的根据在那（哪）里？会通的限度在那（哪）里？这就是所谓的通学术性。”②牟认为中西哲学会通的根据就在于哲学之普遍性与特殊性。

牟断言，首先，哲学是普遍的，只有一个哲学，没有中国哲学与西方哲学之分。哲学讲的都是普遍真理，就哲学所讲的道理或概念都是普遍的来看，就只有一个普遍哲学。其次，哲学也是特殊的。哲学关联着文化讲，“就是指导文化发展的一个方向或智慧，也即指导一个民族文化发展的方向与智慧”③。这就是说由于民族不同，那么，这些民族、国家或个人的哲学会在具体的文化生命中有不同的表现，显示出哲学的特殊性一面。通过以上论述我们可知哲学既具有普遍性又具有特殊性，只肯定其中的一面是不正确的。普遍性是由观念、概念来了解的，但观念与概念是通过具体生命表现出来的，关联到生命，就有了特殊性。同样一个观念，不同的民族生命、不同的文化生命或不同的个人生命表现得都会不同。牟氏举例说，同样的儒家道理，孟子与孔子的表现不同；同样的陆王一系，象山与阳明的学说亦有不同。所以哲学真理的表现依据人的特殊生命主体有特殊的表现。因而，我们知道，哲学虽然是普遍真理，又有特殊性，故有中国哲学也有西方哲学，普遍性与特殊性均要承认才是正确的态度。因哲学具有普遍性，所以无论是由中华民族来表现还是由希腊罗马民族来表现都可以相互沟通，可以相沟通就有普遍性，就可以谈到会通，反之，没有普遍性就不能言及会通。牟氏又强调，中西哲学可以会通，但也不会成为一个哲学，两者都可保持其本来的特性，中国有中国的特色，西方亦有西方的特点，而不会变成一个样子，原因在于中华民族与希腊罗马民族的具体生命不同，那么各自显现的哲学传统就有特殊性。故牟氏认为：“由普遍性可以言会通，由特殊

① 牟宗三：《中西哲学之会通十四讲》，见《牟宗三先生全集》第30卷，台湾联经出版事业公司2003年版，第1页。

② 牟宗三：《中西哲学之会通十四讲》，见《牟宗三先生全集》第30卷，台湾联经出版事业公司2003年版，第5页。

③ 牟宗三：《中西哲学之会通十四讲》，见《牟宗三先生全集》第30卷，台湾联经出版事业公司2003年版，第1页。

性可以言限制、多姿多彩、讲个性。”①

中西哲学各自的差异、特殊性表现了对“会通”问题的一种限制，中西哲学的历史长久而内容丰富，在这浩瀚的学术海洋中并不是笼统地、凭空地说中西哲学之会通，牟氏认为：“并不是笼统地什么问题都可以会通，有些是不相干的。会通能会通到什么程度？这其中还有限度的问题。”②这就是说，中西哲学的会通不是凭空的什么都可以会通，有个会通的切入点在哪儿的问题。牟氏多次将中国哲学传统的重点归于生命，西方哲学传统的重点则在自然。（事实上西方的哲学传统亦非不重视生命的，西方的宗教精神关注着人的现实生存状态，这岂不是重视生命？）在牟看来，中西方哲学传统的侧重点不同，那么谈及它们可以会通的方面必须找寻领导综纲性的东西才可以，简单地只将中国与西方现实层面的一些事例进行比较并不是会通。

牟氏又说中西哲学之会通还要关联着时代来讲。前文提及哲学真理是依于主体而表现的，是润泽于特殊生命的，实际上各个民族、国家及个人生命都还是不能脱离时代背景而存在的，所以，哲学应与时代相关联，应自觉地、主动地去关心与承担时代的问题、文化的问题。若哲学拒绝与时代相关联或不能自觉地与时代相接触，这种哲学即成为纯理智的游戏，成为无生命的机械教条，这样就不能称为哲学真理，也就不会涉及中西哲学会通的问题。牟氏这样一番理论，实际上对中西哲学会通的必要性给予了说明。另外，中西哲学会通本身即烙上了时代与文化的印记，因为这个时代发生了文化问题，这个文化问题的实质就是哲学问题。当今世界普遍笼罩着一种信仰危机，人文价值丧失，人类在与虚无、彷徨做斗争，这只靠一种文化或哲学系统是无从解决的。中西哲学、文化有各自的辉煌成就，将两者会通起来，会起到取长补短的作用，有利于挽救科技理性膨胀所带来的价值世界的失落，也有助于中国重视生命的传统转而投向科学真理，以发展物质层面的现代化。

总而言之，牟氏根据哲学真理的普遍性，哲学地说明中西哲学会通的可能性，又根据中西哲学的特殊性，阐明中西哲学会通的限度及其必要性。此处不言牟氏所论内容是否完全符合现当代哲人的思想，是否是充分的、无误的，但就牟氏能在人们当作既成事实的问题中反思这个问题存在的前提，并且给予哲学证明来说，就已经是值得深思的了。

---

① 牟宗三：《中西哲学之会通十四讲》，见《牟宗三先生全集》第30卷，台湾联经出版事业公司2003年版，第12页。

② 牟宗三：《中西哲学之会通十四讲》，见《牟宗三先生全集》第30卷，台湾联经出版事业公司2003年版，第33页。

二、中西哲学会通之几方面

牟氏对中西哲学之会通做了正面论述，阐明中西哲学会通是具体的而非笼统的什么都可以会通。牟氏在其哲学思想的阐释过程中，多次表明中西哲学沟通的最佳桥梁是康德哲学，但对中西哲学会通的内容却没有集中的论述，只散见在不同的著作之中。“智的直觉”是牟氏对康德哲学批判扭转过程中形成的核心概念，今以“智的直觉”为中介具体阐释中西会通的几个方面。这里要明确的是，牟氏哲学提及的会通并不是具体的实物层面的举例对比，而是在哲学层面的思考。

（一）现象与物自身的事实划分与超越划分

“物自身”是西方哲学中一个重要的概念，它在康德哲学中随处可见，康德以此概念将世界分成现象界与本体界（物自身界）。在西方哲学史上对世界的二元划分思想由来久矣，牟氏以近代著名的哲学家洛克（John. Lock，1632—1704）和莱布尼茨（Gottfried. Wilhelm. Leibniz，1646—1716）学说来分析康德现象与物自身的超越区分。洛克有“第一性质”和“第二性质”（牟氏称为“初性、次性”）的划分[①]，莱布尼茨有“清明知觉”与“混浊知觉”的分别[②]。但是，康德明确地表示过“现象与物自身”的划分是不同于洛克与莱布尼茨的。康德认为莱布尼茨的划分“只是逻辑的并无关于内容”，这两种知觉都是表象事物之在其自身，只是理解程度不同，所以，这种划分是逻辑的，不同于现象与物自身的划分。牟宗三认为这里是康德对莱布尼茨的误解。依莱布尼茨这种划分亦有关于内容，混浊知觉表象世界，清明知觉表象上帝，混浊知觉套在时空联系中与物质性、广延性相关，所以是经验知识，也就是自然科学知识。清明知觉是纯理智的知识，是纯形式的知识，就是说完全可以符号化、数学化，自然是没有物质性与广延性的，所以可以用来表象上帝（神性）。在牟氏看来，康德把莱布尼茨“混浊知觉”与“清明知觉”的区分视为只是“逻辑的差异”实有不妥，但这种区分与康德的现象与物自身的区分确实不同。康德认为洛克的第一性质与第二性质的划分只是“经验”的，将物体的广延、形相、运动、静止、数

① 洛克认为外界可被感知的物体具有两类性质：“第一性质”与“第二性质”。前者指“广延、形相、运动、静止、数目”之列，这种性质与物体完全不能分离。后者指，当物体“微细部分”作用于人的感官，使人产生颜色、声音、滋味等方面的观念时，物体所具有的各种有关“能力”，有时他将颜色、声音、滋味等直接称为“第二性质”，这不是物体本身所具有的性质。

② 莱布尼茨的“单子论”是其哲学思想的核心内容。他认为“单子”是构成世界上一切事物的最基本成分，是不可分割的精神实体。单子都具有知觉与表象能力，但有等级差别，不同的单子具有不同程度的知觉和表象能力。最低级的只具有“微知觉”这样的表象，模糊混乱，构成无生命的物质。最高级的单子是上帝，具有完满的知觉和智慧，有纯粹的主动性和无限性。

目等属性列为“第一性质”,将作用于人的感官时使人产生的有关颜色、声音、滋味等方面的感觉和观念称为“第二性质”,认为前者表象“对象在其自身”者,后者表象“对象的现象”,康德断言这种区分只是“经验的”,实际只牵连到现象一面,与物自身无关。康德清楚地再三强调现象与物自身的划分,既不同于莱布尼茨的“逻辑区分”,亦不是洛克的“经验区分”,而是一种超越的区分。

康德说现象与物自身的区分是超越的,就是说不是一种事实划分。他认为现象与物自身不是具有两种不同的对象,只是同一对象有两种不同的表象,就是同一物,有两种不同的身份,一个作现象看,另一个是“在其自己”,即物自身,而是一物,而不是客观地摆着两物。当康德认为“现象与物自身”的区分是主观的区分时,就更加清楚地表明现象与物自身不是两个客观的对象,只是一个,这个区分是依待于主体的。若认为现象与物自身的区别是客观方面摆着两种不同的东西,那么这种分别就是客观的,不依赖于客体的。由以上可知,在康德看来现象与物自身的区分不是客观事实的划分,而是主观超越的划分,现象不是天造地设的,是一物对人的这种主体的显现,而当此物不对人而现,就回归到自身,成为物自身,物之在其自己。

“现象与物自身”的超越区分此处即可契接中国传统哲学。这里单以佛学为例。康德认为感性使对象在眼前呈现成为现象,知性使现象成为决定的现象,感性、知性以至于理性在佛家那里都只是识,感性、知性、理性使现象呈现,并被决定成了定相,这在佛家则相当于《法华经》所言的如是相、如是性、如是体、如是力、如是作、如是因、如是缘、如是果、如是报这九如,实际上就是康德称为现象的决定相,而《法华经》除了这九如,还有第十如,即如是本末究竟等,这第十如可会通于康德的物自身来理解。佛家历来认为缘起性空,认为法无自性,就是说一切事物、一切现象都是因缘凑合成的,没有自性。之所以成为事物,成为有,相当于《法华经》所言之前九如,是因为识的执着,这九如都是依识而起的,执着就是执着识上的那个相。识上的执着被佛教称为遍计执相,其所执着的东西就是“相”,这个相即是康德说的“现象之定相”,即由十二范畴对感性所提供的杂多进行整理,在时空条件下决定成的“现象之定相”。唯识宗讲的识所执成的相,靠什么东西来执成?靠“不相应行法”。“不相应行”指由心所发生,但发出来以后不能与心建立起或同或异的关系,它自己有独立的意义,跟心是分离的。反过来看,由心所发,并与心合一就是“相应行”。知性所发的十二个范畴是主观的,感性直观形式时空也是主观的,它们虽由心发出,但却不能与心完全合一,既不能说与心不同,也不能说与心相同,就是说在它们产生后与心已不相干,有自己独立的意义作用。所以,范畴、时空等主观形式都是不相应行法,可与佛教相沟通。佛教讲识之执着成相,这是带着颜色而讲的,因为佛家从来都是把“智”与“识”相对提的。西方人不讲执着,而说综合、定相、决定,意思相同,因为西方讲客观知识,所以用没有主观色彩的综合、定相、决定来表达与佛家“执着”相同的意蕴。

佛教由识之执着成定相,这样成就了康德现象界的含义,而物自身就是《法华经》所说的第十如“如是本未究竟等”,《般若经》中“实相一相所谓无相,即是如相”①。这个如相,就是康德讲的“物之在其自己”。佛家讲识之执着是带着一个自上向下的心态来谈的,因为在佛家的义理系统中有一更高的智慧“智”,它与“识”相对。从“智”的角度看,没有执着,没有定相,即没有综合,万物收归于自己,如如朗现,成为“如相”,即物之在其自己,这个智是般若智,在康德称为“智的直觉”。在大多数西方人的传统中,人类只有感性、知性、理性(在佛家看来都是识),没有其他的认知能力和方式与之相对比,康德虽提出了“智的直觉”与之对翻,但这只是神的直觉、神的知性、神的理性,人类本身是没有这种“智的直觉”的,因而物自身永无可能被人类所知。此处,我们可以这样想,既然说物自身无法被人所知,那么康德所设想的现象与物自身的划分该怎样予以证明?论神可以知物自身,究竟是与人无关的,这样的划分便站立不稳。这与中国的哲学传统是不同的,儒释道三家都承认人可有“智的直觉”,认为人人可成圣成佛成真人,不这样讲则中国的传统将不能有客观妥实性,因为认为人可有“智的直觉”,这样现象与物自身的显现全依赖于人自身这个主体是以什么方式认知事物,由此即可安立“现象与物自身”的超越区分而不是事实的划分。

(二)无执的存有论与执的存有论

牟宗三依据佛教《大乘起信论》中“一心开二门”的思想,将自己哲学体系的架构称为“两层存有论”,即“无执的存有论”和“执的存有论”(亦称本体界的存有论与现象界的存有论)。依佛家本身的讲法,所谓二门,一是真如门,一是生灭门。真如门相当于康德所说的智思界、本体界,即物自身界,依此而来的存有论被牟氏称为无执的存有论。生灭门相当于康德所说的感触界,即现象界,此领域的存有论是执的存有论。牟先生认为中西哲学实际上都存在着一心开二门的架构,只是这两门是否都能充分建成有所不同。他认为,因中国传统哲学义理中都肯认人具无限心,有智的直觉,使无执的存有论得以充分建立,而西方的哲学传统认为人是有限

① 牟宗三:《中西哲学之会通十四讲》,见《牟宗三先生全集》第30卷,台湾联经出版事业公司2003年版,第227页。

的，不具有智的直觉，所以着力于现象层面，使执的存有论充分展开。这里要提及的是，在西方的哲学传统中，实际上本体论建构在宗教神学中体现得尤为明显，那个无限存有者上帝被一套几近于完美的神学体系供奉着，怎能说西方在无执的存有论方面做得不足？我想牟氏之所以这样强调中西哲学传统各自擅长的领域，认为西方无执的存有论没有充分做成，原因在于那个无限存有者上帝，人是无法给以证明的，那个上帝是摇摇欲坠的。从这一方面讲，牟氏说西方哲学传统中无执的存有论并非积极有为是可以理解的，这样，我们知道，无执的存有论与执的存有论是否能充分做成，在牟氏看来是对人是否具有智的直觉的一种回答。

牟氏在疏析了康德对形上学系统的划分之后，将形上学系统分成两层存有论：对物自身而言本体界的存有论，对现象而言现象界的存有论。前者牟氏称为无执的存有论，认为“无执”是与“自由无限的心”相应的。将康德的超绝形上学（超越的神学、超越的宇宙学、超越的灵魂论）收摄于无执的存有论。现象界的存有论被牟氏称为执的存有论，“执”相应于“识心之执”而言。将康德所说的“内在形上学”（现象界的理性物理学与理性心灵学或现象界的自然学）收摄于“执的存有论”之下。[①] 牟宗三认为康德充分开出的是现象界的存有论，由于他不承认人可有智的直觉，本体界的存有论始终没有建立起来。

“执”与“无执”都是佛家用语，执是指执着、僵执、停滞之意，牟先生用“执”主要指“识心之执”，“无执”就是指无限心，执就是识心。牟氏认为：“执着性由于与不执着的主体（即无限心）相对反而被规定。同一心也，如何由不执着转而为执着，这需要说明。不执着者，我们名之曰无执的无限心，此在中国哲学中有种种名，如智心（佛家），道心（道家），良知之明觉（儒家）等皆是。执着者，我们名之曰执的有限心，即认知心，此在西方哲学中，名曰感性、知性，在中国哲学中，名曰识心（佛家）、成心（道家），见闻之知底知觉运动即气之灵之心（儒家）。”[②]这就是说执与无执是就同一主体来说的。无执的心可以转成执着的心，即牟氏认为智心、道心，良知之明觉可以转成认知心。这是牟氏本着中国哲学的传统而有的体认。在牟宗三看来，物自身、上帝、不灭的灵魂、自由意志都是不能被感性主体反映的，然而可以思考的事物（康德称为智思物），它们都属于本体界，属于无执的存有论，对于它们的认识只能由智的直觉来完成。而康德把人的认识能力局限于感性、知性，认为智

---

① 牟宗三：《现象与物自身》，见《牟宗三先生全集》第 21 卷，台湾联经出版事业公司 2003 年版，第 40 页。

② 牟宗三：《现象与物自身》，见《牟宗三先生全集》第 21 卷，台湾联经出版事业公司 2003 年版，第 17 页。

的直觉属于上帝的神心,因而上帝、不灭的灵魂、自由意志及物自身完全是在人的认识能力所能达到的界限之外而存在。道家的玄智也是自由无限心的妙用,都是智的直觉,人可依此智的直觉使本体界中者能够在自由无限心的明觉活动中朗现。这样来看,按照牟氏的观点,由于中国的哲学传统承认人可以拥有智的直觉,可以使无执存有论中的本体界者(上帝、不灭的灵魂、自由意志,物自身)在实践中呈现,而不是康德所认为的只是实践理性上的"公设"①。

由此看来,依中国哲学传统,无执的存有论所包含的内容可以在实践中呈现,因而无执的存有论得以挺立;相反,依康德哲学,在本体界中者实际上只是一种"理论公设",对它们的证明,完全在人类的理性能力之外,因而无执的存有论虚而不实,难以充分展开。

执的存有论(现象界的存有论)是对现象做形上学的思考、说明,包括见闻之知、经验之知。前文已提及,牟认为执的存有论是由知体明觉的自我坎陷而开出"识心之执"来建成。识心之执有两层含义:"(1)'识心之执'底逻辑意义,由此说明逻辑、数学与几何。并说明在知性底统思中只有'超越的运用'而无'超越的决定'的那些逻辑概念。(2)'识心之执'之存有论的意义(存有论是现象界的存有论),此即康德所说的'超越哲学','纯粹知性之超越的分解'。"②这就是说,执的存有论是包括科学知识在内的,包括耳闻目见等经验、见闻之知,同时亦是经验知识可能的形式条件、超越的根据。科学知识在中国传统哲学儒释道三家看来都不是最高的智慧,属见闻之知(儒家)、识心之知(佛家)、为学之知(道家),这些是可以不需要的,最通透光明的知乃是知体明觉、道心、般若智所成之知,即是智的直觉所成者。在中国的哲学传统里,一说到知,首先令人想起的就是能使人成圣成佛成真人的知,这种知是超越于科学知识之上的,是最大的智慧。在国人看来,这样的知才是真知,而科学与成圣成佛成真人无关,因而是不被重视的,是可以不需要的。但在西方的哲学传统中,向来重视对自然的探求,提起知就是指客观知识。西方哲学传统认为人的认知能力只有感性、知性、理性,它们所成的知识是客观的,没有无执和执的区别,同时人自身也没有别种神圣的能力能与感性、知性等这种认知能力

① 亦称"公设"、"设准"。牟氏认为"设准"的译法最贴切,有假设或设定的意义,又与科学中的假设不同。牟氏认为"设准"有主观的必然性而不是客观的必然性。此处涉及到牟氏屡次提及的熊十力先生和冯友兰先生关于良知是"呈现"还是"假设"的争论。1934 年的一日,熊十力与冯友兰讨论中国哲学问题时,熊先生反驳冯先生说:"你说良知是个假定。这怎么可以说是假定。良知是真真实实的,而且是个呈现,这须要直下肯定。"牟氏因"熊先生的霹雳一声,直复活了中国血脉"。

② 牟宗三:《现象与物自身》,见《牟宗三先生全集》第 21 卷,台湾联经出版事业公司 2003 年版,第 40 页。

相对比，所以西方传统更多地着力于科学知识，除了这种知，便无别的知了。因此就科学知识而言的执的存有论，西方较中国的哲学传统表现得更充分，此处则显出了中国哲学传统在这方面的欠缺。

我们可以看出来，牟宗三用“执”与“无执”这样的词语来指称其哲学架构，是带有极强的主观色彩的，这里面包含了一种价值判断。他认为中国的哲学传统虽未能成就执的存有论，使科学知识不能得到很好的安排，但这不是一种不及的不能，而是一种超过的不能，是由于对成圣成佛成真人过于重视，而导致的对于客观知识的下开不足。牟氏认为只要知体明觉“自我坎陷”即可开显认知主体，成就科学知识，他说：“知体明觉之自觉地自我坎陷即是其自觉地从无执转为执。自我坎陷就是执。坎陷者下落而陷于执也。不这样地坎陷，则永无执，亦不能成为知性（认知的主体）。它自觉地要坎陷其自己即是自觉地要这一执。这不是无始无明的执，而是自觉地要执，所以也就是‘难得糊涂’的执，因而也就是明的执，是‘莫逆于心相视而笑’的执。”①这就是说，只要知体明觉“自我坎陷”，无执即可转成执，推出认知主体，形成对列格局，可以形成客观的知识，虽然成圣成佛成真人不需科学知识及政治、法律等现象界的东西，但人在现实的生活中却不能没有这些。所以，我们的知体明觉必须自觉下陷，开显认知主体，成就客观知识。这样也即由无执的存有论下开出有执的存有论，实际上则是由智的直觉沟通了中国之无执存有论与西方哲学的执的存有论。

（三）理性的运用表现与理性的架构表现

牟氏认为中国文化与西方文化源头之一的希腊文化不同，是一个独特的文化系统，有着特有的文化生命，正是因为中国文化这特有的生命，才在这样悠久的历史长河中，在这样广大的土地上保持着中华民族的气象。他认为这个文化生命与西方文化的不同表现在：“中国文化之开端，哲学观念之呈现，着眼点在生命，故中国文化所关心的是‘生命’，而西方文化的重点，其所关心的是‘自然’或‘外在的对象’。”②由于核心是生命的学问与西方之重视自然的学问不同，从而使中西文化表现出一系列的可比性，诸如“西方的分解的尽理之精神”与“中国的综合的尽理之精神”，西方的“以气尽理”与中国的“以理尽气”，“西方的理性之架构表现”与“中

① 牟宗三：《现象与物自身》，见《牟宗三先生全集》第21卷，台湾联经出版事业公司2003年版，第127页。

② 牟宗三：《中西哲学之会通十四讲》，见《牟宗三先生全集》第30卷，台湾联经出版事业公司2003年版，第18页。

国的理性之运用表现”,“西方的理性之外延表现”与“中国的理性之内容表现”等等。这些比较根源于中西文化所关心的重点不同,中国文化关心生命,生命不能以外在的、研究的方式去理解,因而在中国哲学与文化中认知主体的意义不明显,而知体明觉之妙用却无处不在,智的直觉提升个人的生命,人们期望成圣成佛成真人。西方则相反,重视自然,认知主体的意义明显,成就了悠长的科学传统,以及政治、法律、国家等一系列中间架构性的东西。但在西方文化传统中把智的直觉归了上帝,上帝掌管着人们的精神生命。牟氏认为智的直觉可否为人类所有是中西文化特征的根源性差异。这里仅就“理性之运用表现”与“理性之架构表现”做一阐释(其他比较与此本质上是相通的),以明智的直觉在中西哲学会通中之中介作用。

“理性之运用表现”之理性,牟氏是指在具体生活中牵连着“事”说的实践理性,“运用”也称为“作用”或“功能”,这三个词是同义语。运用表现就是禅宗所谓的“作用见性”,宋明儒者指的是“即用见体”,在《易经》则为“于变易中见不易”。“理性之运用表现”即是人格中的“德性之感召,或德性之智慧妙用”①。实际上就是“智的直觉”在现实生活中的随时呈现,体现的是一种生活、一种境界,亦是一种智慧。理性之运用的表现可以从三个方面来了解:

1.“从人格方面说,圣贤人格之感召是理性之运用表现。”②圣贤人格的感召作用是直接感化之,不需要媒介、桥梁。受圣人德行之感召也不需要媒介和桥梁,牟氏认为这媒介和桥梁本身是一个架构性的东西,圣人德性之润泽生命不需要中间架构性东西,是完全超越架构之上的表现。

2.“从政治方面说,则理性之运用表现便是儒家德化的治道。”③中国以往是君主专制的政治形态,政权在皇帝一个人手中,这就是牟常说的中国传统只有治道而无政道,由于政权集于皇帝一人身上,其权限无任何限制,因而要使他的权力有所收敛,只能求之于对上天的敬畏,另一途径就是用德性感化君主,使皇帝成为圣君,使臣子成为贤相,这也就是圣贤人格在政治领域上的应用。牟认为这种治理国家的方式在境界上是很高的,是超政治的德化或道化的表现,与“神治”的形态相类似。治理人民靠的是圣君贤相,因而,近代意义的国家、政治、法律不能出现。在中国传统中,理想社会环境是需要靠圣君贤相的个人作为达到“各正性命”的天下太平,所以不需要国家、政治、法律等架构亦可达到安稳天下,这是“神治境界”。就

① 牟宗三:《政道与治道》,见《牟宗三先生全集》第10卷,台湾联经出版事业公司2003年版,第52页。

② 牟宗三:《政道与治道》,见《牟宗三先生全集》第10卷,台湾联经出版事业公司2003年版,第52页。

③ 牟宗三:《政道与治道》,见《牟宗三先生全集》第10卷,台湾联经出版事业公司2003年版,第53页。

西方言，只有上帝治理宇宙才不需要国家、政治、法律，但人世间的治理是不同于上帝之神治的，所以牟氏认为“理性之作用表现，在圣贤人格方面是恰当的、正直的，而在政治方面，则不恰当，而系委曲”①。

3. 从知识方面说，则理性之作用表现便要“道德心灵之‘智’一面收摄于仁而成为道心之观照或寂照，此则为智的直觉形态，而非知性形态”②。理性之运用表现在成就知识方面由于是以智的直觉去知，所以得到的知识是非经验的，不受耳目等感官的限制，不是逻辑数字的，不需要通过辩解的推理过程，不需要逻辑的程序与数学的量度，因而理性之运用表现不能成就科学知识，对此，牟氏认为这在现实生活中是有欠缺的。

牟认为理性之架构表现的方面有很多，但就现代的社会来说，架构表现的内容概括起来就是指科学与民主政治两项。运用表现之理性是实践理性，实际上是智的直觉在具体生活中的呈现朗照，因而运用表现无法成为对列的格局，因为智的直觉是创生原则，是呈现之即创生之，因而无主客体之分。架构表现是由对待关系而成的一“对列之格局”，其理性是非道德意义的“观解理性”或“理论理性”，即属于知性层上的事。民主政治与科学正是知性层上的“理性之架构表现”的成就。牟宗三从五个方面来阐明“理性之架构表现”。

1. 政道：就是安排政权之道。这要求“把寄托在个人身上的政权拖下来使之成为全民族所共有即总持地有（而非个别地有）而以一制度固定之”③。这就是将政权由寄托在具体的个人身上转为寄托在抽象的制度上。中国自古政权就在皇帝一人身上，人民与君主不能成为一对列的共同体，没有政治上的独立性，由于对待的关系不能形成，不能形成政权的更替制度，民主政治显现不出来，使政权之更替没有一定之规，只能由马上取得，在现实生活中则表现为社会的一治一乱。没有政道，民主政体就不能出现，政道是民主政体成立的关键，所以牟氏认为，政道亦属于理性架构之具体表现。

2. 政治：牟氏强调这里政治的含义不是中国传统中，圣君贤相统治下吏治的含义，而是“随民主政体下来的民主政治”④。民主政治要求国民必须有自觉的政治意识，即能意识到自身是政治上的独立个体，能自觉将自身与政府看成对立的格

① 牟宗三：《政道与治道》，见《牟宗三先生全集》第10卷，台湾联经出版事业公司2003年版，第55页。

② 牟宗三：《政道与治道》，见《牟宗三先生全集》第10卷，台湾联经出版事业公司2003年版，第52页。

③ 牟宗三：《政道与治道》，见《牟宗三先生全集》第10卷，台湾联经出版事业公司2003年版，第58～59页。

④ 牟宗三：《政道与治道》，见《牟宗三先生全集》第10卷，台湾联经出版事业公司2003年版，第59页。

局,能自觉地行使选举与被选举的权利,因此,“民主政体下的政治运用也是理性之架构表现”①。

3. 国家:“国家是因人民有政治上的独立个性而在一制度下(政权的与治权的)重新组织起来的一个统一体。故亦是理性之架构表现。”②这也就是说,在牟氏看来,近代意义的国家是以人民有政治上的独立性为前提的。中国古时的政权靠武力取得,国家是靠武力硬打来的统一,人民无政治上的独立个性,只是被动的,因此,牟认为中国以前只是一个文化单位,而不是近代意义上的国家。真正的、近代的国家是要求人民与政权的组织者形成对列的格局,因此,牟氏认为国家也是理性之架构表现。

4. 法律:牟氏认为法律是与政权的、治权的以及权利义务的订立紧密联系在一起的,这是近代意义上的法律,即随着政道的出现而来的法律。这种法律依靠人民有政治上的独立个性,有客观实效性,也就是说一旦制定,就不以个别人的意志为改变,因而是有客观实效性的。不是一面倒所订立的。中国以前维持五伦的法律全由皇帝或统治阶级而定,人民不能参与立法,只有被动遵守,牟氏以为这种法是伦常法,而不是近代意义上的法律,不是政治法,没有独立的意义。牟氏将此种法列入理性之架构表现。

5. 科学知识:成就科学知识需要预设主客体之间的对偶关系才可以。理性的架构表现即是把外界推出去为一对象,使对象成为一个知识的对象,成为一个认知的客体,则主体就成为认识主体,于是形成对列格局,因此,牟氏认为科学知识是理性之架构表现。这种知识与中国传统所重视的“摄物归心”、“全心即物”的认知方式不同。中国传统的认知方式是一种道德宗教境界,不需要借助抽象概念、分解思维,因而,中国自古就缺少科学知识这种中间架构性的东西。

因在中国传统中认为人可以具有“智的直觉”这种知体明觉之妙用,因而一提起知,大都只重视上达,这也就成为中国文化特征是理性之运用表现,境界很高,而西方传统中大都认为人无智的直觉,因而自古就使主体成为认知主体的意义。使外物与认知主体对立,成就其文化方面的“理性之架构表现”,近代意义的国家、政治、法律以及科学知识这种架构表现全在西方发扬光大。但牟氏认为“理性之运用表现”论境界高于“理性之架构表现,所以中国不出现科学与民主,不能近代化,乃是超过不能,不是不及的不能。这很明确地显示了牟氏儒家哲学的立场,他始终站

① 牟宗三:《政道与治道》,见《牟宗三先生全集》第10卷,台湾联经出版事业公司2003年版,第59页。

② 牟宗三:《政道与治道》,见《牟宗三先生全集》第10卷,台湾联经出版事业公司2003年版,第59页。

在儒家本位主义的立场上看待西方哲学传统以及由其衍生的一套“理性之架构表现”，但同时，他也不得不承认，没有理性之架构表现，近代意义的国家、政治、法律不可能产生，科学知识不可能昌明，这导致了中国文化虽境界智慧气象高，可又令人觉得空空荡荡，没有可列举的地方。牟氏认为政治与科学虽不是最高境界中的事情，但是在现当代社会有很重要的价值，没有民主与科学，一切道德理性皆为空谈，因此必须在现实上由理性之运用表现转出架构表现，也就是需由道德主体转知性主体，使知体明觉否定自身，从而一下陷于知性的层面，这样才可以使智的直觉朗照下的物自身转成现象被推出去，形成主客体对列的局面，补上中国传统文化所缺失的架构性内容，开出现代意义的民主与科学发展的途径。

（四）圆教与离教，圆善与至善

1. 圆教与离教

牟宗三认为是否承认人可有智的直觉，是中西两方哲学间最大的差异，基于这种差异，他将西方的基督教称为“离教”，将中国的儒学称为“圆教”。“圆教”、“离教”是牟宗三判教[①]思想的体现，他的判教以圆教为最高的境界。“凡圣人之所说为教，一般言之，凡能启发人之理性使人运用其理性从事于道德的实践，或解脱的实践，或纯净化或圣洁化其生命之实践，以达至最高的理想之境者为教。”[②]就是说只要可以启发、提升个人生命的实践都是“教”，牟氏依于儒家的智慧，借鉴天台宗的判教理论将儒释道、耶教等重新分判定位。牟氏基于是否承认人可有智的直觉，首先将各种教分成两大类——“离教”和“盈教”。他将西方的教称为“离教”，而中国的儒释道则为“盈教”。耶教认为上帝是无限的存在，认为人是有限的存在，人不能拥有智的直觉，有限是有限，无限是无限，人只能信仰那超越而外在的人格神——上帝，而不能成为上帝，这样就隔绝了人成为神之路，致使天国与人世成为隔离的状态，这是离教之含义。在离教中，人只能囿于现实的有限存在里辗转颠倒不已，始终不能以无限心为体以条畅生命而上达天德。在耶教里，人并不是以人的身份体现无限心而成为无限者，乃是以人的身份见上帝。因此：“众生无可以通过自己的实践，以与于上达天德之份，此即隔绝了众生底生命之无限性；而上帝只成

---

① 判教详称“教相判释”，即判别或判定佛教各类经典的地位和意义。各宗派为调和佛教内部的不同说法，树立本派正统和权威地位，对先后所出佛经从形式到内容给予重新安排和估计。因此不同教派有不同的判教内容。牟氏的判教内容是依据天台宗的理论而来。天台宗的判教学说称为“五时八教”，天台宗认为《法华经》教义最圆融、圆满，故天台宗是圆教。牟氏依据天台宗的判教理论最后认定儒学是最圆融、圆满的圆教。

② 牟宗三：《圆善论》，见《牟宗三先生全集》第22卷，台湾联经出版事业公司2003年版，第260页。

了一客观的存在，遂亦不能彰其具体而真实的作用，在吾生命中彰其成德之作用。"①耶教认为人神之间暌隔不通，遂成离教。

在中国，儒释道三家都把握住了"慎独"这一枢纽，认为人可以通过自己的实践朗现无限心，所以都是盈教。盈为圆盈。在中国传统中，人人可具有智的直觉，智的直觉由一无限智心而发，这一无限智心在儒家为知体明觉，在道家是道心玄智，在佛家又是般若智心或如来藏自性清静心，这都是同一无限心的不同说法。儒释道三家皆认为人不仅有肉身同时有无限心为其体，因此人人可以通过道德的实践、解脱的实践而成圣成佛成真人，这样与离教之人神隔离论不同，人是可以上达天德的，牟氏称遂为圆盈之教，即圆教（或盈教）。

进而，牟氏又将盈教分成偏盈和正盈，儒家是正盈，佛老是偏盈，无论偏盈还是正盈都是圆教。"正盈者，能独显道德意识以成己成物也。偏盈者，只遮显空无以求灭度或求自得也。"②根据教使人达到的境界，牟氏将正盈按照心与理能否一致分成圆与不圆两类：周、张、明道、五峰、蕺山以及陆王为圆；伊川与朱子是不圆之圆。同时牟氏亦认为偏盈中也有圆与不圆之别：空宗、有宗是通教，华严是别教，只有天台宗是圆教。在牟氏看来老庄都可至于圆，相对于离教而言康德近于正盈而没有完全达到，因为他不能承认人可以具有智的直觉，使意志自由，灵魂不灭，上帝存在都成了设准，又不能将三者融通而为一。经过牟氏的一番分判，儒学取得了至高无上的地位。牟氏认为盈教、离教是可以会通的，离教与圆教可以通过无限心的上下贯通而互相转化。如此只是一无限心的如如流行，不需再分儒释道与耶教。③

2. 圆善与至善

牟宗三认为圆善问题的提出来自西方，而对这个问题给予正式解答的是康德，但同时牟氏亦认为康德依西方基督教的传统，对这一问题的解决实际并未完成。在康德看来向往最高善是西方"哲学"一词的古义，这种古义的哲学在中国称为"教"。古希腊哲学的原意是"爱智慧"，此"智慧"指的是见到"最高善"（大陆的译法一般是"至善"），向往最高善，衷心对之感兴趣，即为"爱智慧"。因此哲学作为一门学问是不能离开"最高善"的。因此，"哲学，依古义而言，亦可径直名曰'最高

① 牟宗三：《现象与物自身》，见《牟宗三先生全集》第21卷，台湾联经出版事业公司2003年版，第469～470页。

② 牟宗三：《现象与物自身》，见《牟宗三先生全集》第21卷，台湾联经出版事业公司2003年版，第471页。

③ 牟宗三：《现象与物自身》，见《牟宗三先生全集》第21卷，台湾联经出版事业公司2003年版，第471页。

善论'"[①]。康德所谓的最高善即是圆满的善,牟译之为圆善。圆善即整全圆满之善,包括两个方面,一是德,二是幸福,德与幸福的谐和即是康德所谓之最高善,即圆善。圆善是实践理性之对象,包括了幸福在内。德是为我之事,成德由己,求则得之,舍则失之。但是,成德是否即能改变实际存在,即是否可得幸福这是没有必然性的。现实中,有德之人未必有福,有福之人未必有德,但人们总是期望着德与福能够谐和一致。圆善的问题就是为了解决此问题。

古希腊,"德福一致"问题早已被提出,并试图解决。康德说:"斯多亚派主张,德行是整个至善,幸福仅仅是意识到拥有德行属于主体的状态。伊壁鸠鲁派主张,幸福是整个至善,德行仅仅是谋求幸福的准则形式,亦即合理地应用幸福的手段的准则形式。"[②]就是说斯多亚学派认为德之所在即是福之所在,伊壁鸠鲁学派认为有福就有德,二派都只肯定了一面,放弃了另一面,都不是康德所谓的圆善。牟氏认为德与福之间的配称关系,在中国哲学中从未被当作问题加以研究,但是孟子的天爵、人爵问题和所性与所欲、所乐问题,与圆善问题相类似,但中国自古以来的传统只重视成德一面,正如董仲舒所说:"正其谊不谋其利,明其道不计其功。"道德哪里还需顾及幸福?求之有道,得之有命,是否得幸福,一切顺其自然,但修己成德却是必须做的。这种依道德法则,无条件定然命令,即依康德所谓自由意志,依儒家本心性体而行的善是纯德之善,这种善无丝毫私利夹杂其中,无任何目的,只是遵循无条件的定然命令而行,是否得幸福是不在考虑之中的,这种善即是牟氏所谓的纯善、极善、至善,也就是绝对善(以下称至善)。这种善与圆善是不同的。至善只重视成德一面,虽没有抹杀幸福的独立意义,然而在现实中却不予关注,圆善则强调德与幸福这两个独立的部分能够谐和一致,"德福一致是圆善"[③]。西方在古时已经将德行与幸福问题作为一哲学问题提出并试图解决,中国的哲学传统却未将德与幸福作为一问题正式提出并解决,故中国哲学中无"圆善"问题只有"至善"问题。但牟宗三认为孟子的"天爵"与"人爵","所性"与"所欲"、"所乐"可与此圆善问题相契接。

牟认为:"最高善一定包含德行和幸福两面,两者有隶属关系,但不能以一者化掉另一者。"[④]因此,古希腊所认为的"最高善"都不是康德所谓的最高善,即不是真

① 牟宗三:《圆善论》,见《牟宗三先生全集》第22卷,台湾联经出版事业公司2003年版,序言第6页。

② 康德:《实践理性批判》,韩水法译,商务印书馆1999年版,第123页。

③ 牟宗三:《圆善论》,见《牟宗三先生全集》第22卷,台湾联经出版事业公司2003年版,第264页。

④ 牟宗三:《中国哲学十九讲》,见《牟宗三先生全集》第29卷,台湾联经出版事业公司2003年版,第374页。

正的圆善,因为都化掉了两者中之一。在现实中,人们在成德以外都有独立意义的"改善存在"的期望,即得到"幸福"的期望,但这"存在"并不是我们所能掌握的,于是怎样保证"德福一致"即圆善成为问题。康德对此的解决依据基督教传统,认为圆善之可能必须肯定上帝存在,"上帝是圆善可能底根据,因为圆善中福一面有关于'存在'——我的存在以及一切自然的存在,而上帝是此存在的创造者。上帝创造了自然——使自然存在,故能使自然与德相谐和,而保障了人在现实上所不能得的德福一致"①。上帝是一个体化的无限存在,世间万物均由他所创造,因为他的无限,所以世界中每个人的德与幸福的配称关系上帝自会掌握,人只要相信上帝就可得到幸福,即使今生得不到,来世也会得到,总之,人是不用操心的。按康德的这种解决,圆善是靠上帝来保证的,因为上帝有"智的直觉",在上帝的"神心"中,德福一致是分析命题有德必有福,而人不能。牟氏认为康德的解决并不是真正圆满的解决,因为他所依靠的上帝是一个具有虚幻性的概念,上帝是无限智心人格化后形成的个体存在之概念,这是人情识作用的结果,所以具有虚幻性。在牟氏的思想中,圆善可能的根据根本不需要由这样一个虚构成的神来保证,只需要一无限智心即可。无限智心,在西方哲学传统中,只有无限存在者上帝才具有,而在中国儒释道三家,此无限智心是人人可有的,由之以发的智的直觉是直接创生存在的,所谓直觉之即创生之,则德与福都是人自身的事,由此,无限智心开启德福一致之门。

由此前的论述可知,由一无限智心可达至圆教,而无限智心可以使德福一致朗然在目,于是圆教就是能在其自身系统中保证使德福一致真实可能的圆满之教。圆教成就圆善。牟氏认为中国儒释道三家在整体上皆是圆教,皆肯定无限智心的存在,都是圆善之所以可能的最终保证。在牟宗三看来,圆善是与圆教是相应的,只有达至圆教,圆善才有确切的实现。耶教是离教,人神两隔,由于上帝等概念形成虚幻性,所以耶教并不能保证现实世界的德福一致。所以牟氏断言圆善问题的提出在西方,但其后解决却只有在中国的圆教才可能。中国传统始终肯定人可有智的直觉,因此事事崇尚至善,由此成就无执的存有论与圆教相接;西方不承认人可有智的直觉,将之归于上帝,因而圆教不能成立,圆善问题不能真正得到解决。至此,我们可知,圆教与离教,圆善与至善实是中西哲学会通之又一内容。

三、人之有限与无限

牟氏认为对于人是有限还是无限这个问题中西哲学的观点是不同的,而是否

① 牟宗三:《圆善论》,见《牟宗三先生全集》第22卷,台湾联经出版事业公司2003年版,第237页。

承认智的直觉可为人所有,是对此问题回答得根本不同的关键。正因对于"人之有限与无限"问题的不同回答,才对"现象与物自身"、"无执的存有论"与"执的存有论"、"理性之运用表现与理性之架构表现"、"圆教与离教"、"圆善与至善"等一些较具体的问题有不同的见解。中西哲学在这几个角度有了会通(当然不是只有这几个方面可能会通),会通之桥梁在于康德,更进一步讲是对"智的直觉"的不同理解。

牟认为在西方的传统下人不能具有智的直觉,人只能有感性、知性、理性(佛家都看成"识")的认知能力,例如康德与海德格尔均如此。故在西方的哲学传统下,有限是有限,无限是无限,人因为不能具有智的直觉而成为有限的存在。智的直觉只属于上帝的神心具有,上帝是无限,人有限,不能无限,人永远也不能成为上帝。牟认为:"此则便成无限归无限,有限归有限,有限成定有限,而人亦成无体的徒然的存在,人只能信仰那超越而外在的上帝,而不能以上帝为体,因而遂杜绝了'人之可以无限心为体而可成为无限者'之路。"①

在中国的哲学传统下,儒释道三家都承认人人可有智的直觉,人人可以为尧舜,人人可成圣成佛成真人,人虽有限而可无限,人与神之间并非隔绝不通。人人可以用无限智心来掌握慎独(儒家)这一枢纽(在佛家为修止观,道家为致虚守静),即可在有限的生命中取得一无限永恒的意义,当然对于具有这种无限性的人与上帝这种无限存有是根本不同的,即使在转出智的直觉的情况下,成圣成佛成真人,圣、佛、真人这种无限存在亦不同于上帝。因为在此是有限可有无限的意义,无限可内在于有限之中,圣、佛、真人不离常人而独立存在,依佛家所言是具九法界而成佛,而不是"缘理断九"。正如牟先生所言:"有限不碍无限,有限即融化于无限之中;无限不碍于有限,无限即通彻于有限中。"②这样的具有无限性的有限存在显然与人世隔离的上帝之为无限存在根本不同。

顺着牟氏的理论线索来看,他的理论疏析是可以成立的,但关键是牟氏在会通中西哲学的根本点上有无反省的必要。到此可以知道,牟氏会通的出发点是首先确认了中国哲学传统承认"智的直觉"可以为人所有,而西方哲学传统认为人不可以拥有"智的直觉"。事实上是否如此,或者说是否他的判定为世人所普遍接受呢? 在这里是有争议的。倪梁康在《牟宗三与现象学》(《哲学研究》2002 年第 10

① 牟宗三:《现象与物自身》,见《牟宗三先生全集》第 21 卷,台湾联经出版事业公司 2003 年版,第 468 页。

② 牟宗三:《现象与物自身》,见《牟宗三先生全集》第 21 卷,台湾联经出版事业公司 2003 年版,第 28 页。

期）一文中曾提及，牟氏的“智的直觉”有类于胡塞尔的“本质直观”和舍勒的“伦常明察”，据此点认识来看，智的直觉在西方哲学中是可以为人所有的，这样牟氏在以上一些会通方面的观点即不能完全站稳。

再者，牟氏在判教过程中，将儒学定为正盈，佛道定为偏盈，肯定了道德意识的优先地位，这种优先地位实际上是出于其主观预设而不是方法论上的证明，缺乏一些说服力。另外，牟氏认为在圆教的状态下，圆善可以保证，然而透过仔细分析可知，他所意味的幸福仍只是主观的心理感受，与我们所期待的现实存在的幸福不同，那么，又如何能说圆善问题在圆教中得到了解决呢？

第四节　道德形上学的内在奠基：智的直觉与人的超越性

“道德形上学”是现代儒家共同的宗旨，而现代的新儒学发展到牟宗三，完整的道德的形上学体系终于建成。（关于此论点，杜保瑞在其《对牟宗三宋明儒学诠释体系的方法论反省》中认为：牟氏没有能够证成道德意识与整体世界的必然联系，不能算是儒学理论建构的终极完成。见《世界弘明哲学季刊》2000 年第 9 期。）牟宗三着力最久的就是他对中国哲学的重建工作，他以几十年的心血，立足于中国哲学传统，融摄康德、黑格尔等西方哲学大家的思想，圆融会通，建立起庞大严密的道德的形上学体系。牟宗三道德的形上学体系实质上就是传统儒家心性论的发展，其最终的架构是两层存有论，这一哲学体系的建构是其哲学思想之充分发展，是其一生哲学理路的最终完成，而其耗费心血所成的“道德的形上学”是否能够最终挺立得住，关键即是智的直觉，智的直觉是其道德形上学的内在奠基。下文将首先探究牟氏道德形上学建构的时代及学术背景。

一、与虚无抗争：道德理想主义的现代张扬与道德形上学的建构

19 世纪中期到 20 世纪中期，对中国人来说是一段极其痛苦的历程，帝国主义入侵，民族危亡，西学随着帝国主义的大炮涌入国门，传统文化面临着土崩瓦解的危机，怎样永保民族生命之不坠是当时大多数文人的共同企盼，于是就有了各种各样的救国方案，有武力救国者，有文化救国者。现代新儒学的萌芽是出于文化救国者的心愿。民族历史的多变、旧文化的转型，致使思想多元化，梁漱溟、熊十力、冯友兰等现代儒学代表力倡恢复儒家的本体和主导地位，并以此为基础来吸纳、融合、会通西学，以谋求中国文化和中国社会的现实出路，也就是与倡导全盘西化的

民族虚无抗争，与科技理性膨胀导致的精神虚无抗争，牟氏道德形上学的建构亦是这种抗争之成果。

（一）与民族虚无抗争

中国有着悠远漫长的文化历程，而几千年来蕴蓄的文化传统在很长一段时间是世界上所不可忽视的先进文化成果。虽然，几千年来，中国曾多次遭受外族的入侵，但中国的文化传统从未被战胜过，相反更多的是外族被这个文化传统同化，这里的中国文化传统牟氏主要是指以儒释道三家为主流的，特别是以儒家传统为主的。历史上蒙古族与满族都曾统治着中国这个辽阔的疆土，但文化上却仍是以儒释道三家为主，在日常生活中乃至朝廷政府中起着主导地位的都是古老的文化传统，因此可以说在近代以前，中国文化从未被真正打败过，作为民族存在的内在基础，文化未败，则民族屹立不倒。然而，近代以来，鸦片战争、中法战争、八国联军入侵等战争失败却彻底摧毁了中华民族素来的民族自信，西方人在军事上的强大威力，不仅在物质层面显示出了他们的优越性，更重要的，透显出他们在政治上与文化上亦有过人之处，于是国人纷纷向西方学习，以求改革振兴中华民族之路径。随着西学东渐之风愈演愈烈，传统价值不断解体，19 世纪末 20 世纪初“打倒孔家店”的口号击毁了中华民族生命之根，于是在为中国的未来寻找出路的过程中出现了“全盘西化”的主张，在他们看来，中国一定要全盘接受西方的先进文化，才可使中国强起来。他们强调文化的中西之争就等于古今之争，中国文化是落后保守的文化，而西方文化则是代表着先进方向的现代文化，这也就是说中国的落后挨打全因文化的落伍。而现代新儒家则反对这样的一种文化取向，认为中西文化之争并非就是古今之争，中国的现代化不能等同于西方化，若认为中西文化的差异在于中国文化是落后的文化形态，而西方文化是进步的文化形态的话，那必然会导致民族虚无主义，这样，中华民族之精神生命将丧失，则民族势必会被历史淘汰，那时还谈什么中国的出路问题，民族不存，国家夫复何有呢？

牟宗三作为现代新儒家的代表，他亦认为文化传统不能互相替代，“每一个文化系统皆有其双重性，一个是普遍性，一个是特殊性，每一个民族都该如此反省其自身的文化”①。就是说每一种文化形态都具有世界性与民族性两种性质，每一个民族都有其特有的民族气质，因而表现真、善、美这种普遍性真理的方式就会不同，由此显出其文化的特殊性、民族性。他认为，这在中国表现为首先把握生命，表现

① 牟宗三：《时代与感受》，见《牟宗三先生全集》第 23 卷，台湾联经出版事业公司 2003 年版，第355 页。

仁义之心性，而形成礼乐型的文化传统，而西方文化的传统中则首先把握自然，表现理智，因而产生逻辑、数学和科学。中西文化的不同选择是无逻辑可言的，无论哪一种都是真实的、有价值的。所以“若是自毁自己之历史文化，而甘心堕落，则固对不起祖宗，而在真理价值面前，上帝面前，更是有罪的。而其民族国家亦决定要腐烂而被淘汰的”①。这也就是说，民族、国家的存在，必以文化立根，否则，一切救国救民族的言论行动都是无意义的。

牟宗三认为“今日中国的问题，乃是世界的问题，其最内在的本质是一个文化问题，是文化生命之郁结，是文化理想之背驰”②。在牟宗三看来近代以来中国所发生的民族危机本质上是一场文化危机，因为西方入侵导致的物质政治层面的失败，使中华民族丧失了民族自信，进而怀疑延续了几千年的文化传统的价值，尤其是“全盘西化论”者全盘抛弃自己的文化传统，这种民族虚无主义导致了中国“文化生命之郁结”，是“文化理想之背驰”，长此以往不但不能实现中国的现代化，民族国家也将不能存在，所以他大力宣扬中国传统文化中的恒常价值，从传统文化中，主要是从儒释道三家（尤其是儒家）中发掘出中国文化独有的义理精神，以重振民族自信、民族尊严，以抵抗民族虚无主义带来的“花果飘零”之无限悲哀。

牟宗三认为，哲学是文化体系的核心，中西文化表现的不同，核心地看在于中西哲学的不同。中西哲学，由于民族气质、地理环境与社会形态不同从其开始即已选取不同的方向，经过数千年的发展，各有其不同的“胜场”。逻辑知识论式的哲学，中国极其贫乏，中国哲学注重的是“主体性”与“道德内在性”，它是以“生命”为中心的，智慧、学问与修行，这是独立的一套，与西方不同。牟氏认为中国思想的三大主流，即儒释道三家都重主体性，尤其是儒家思想，把主体性加以特殊的规定，成为“内在的道德性”，即成为道德的主体性，这一套发展成后来绵延千年的“内圣成德”之教；着眼于如何“正德利用厚生”，如何调护安顿我们的生命的问题，在这里即开辟出精神领域，即心灵世界、价值世界，这种观念开启了儒家所谓内圣外王之学，尤其是“内圣”一面，即“心性之学”，后来被牟氏称为道德的形上学。在牟宗三看来，中国的圣哲们由于对如何调护安顿我们形而下的自然生命问题的实践而显出一个道德生命、理性生命，认为人不只是自然生命，而且更重要的是一个理性生命，由此确立仁义内在，性善成立，由这个主善的道德心性即可以做到上通天、下通

① 牟宗三：《道德的理想主义》，见《牟宗三先生全集》第9卷，台湾联经出版事业公司2003年版，第321页。

② 牟宗三：《道德的理想主义》，见《牟宗三先生全集》第9卷，台湾联经出版事业公司2003年版，第318页。

人，透显出精神价值之源。

西方文化生命源头之一的希腊哲学，首先把握"自然"，他们注重的是外在地观解自然，由外而向上说本体论，不似中国由内而向上说心性，由外在观解地说所以形成的是知性主体而不是道德主体，遂成就逻辑、数学等科学，中国由内向上说从而挺立道德主体，成就的是人生哲学，生命境界中之事，因此牟氏以为中国哲学的长处在于说道德，在于如何安排我们的生命、心灵，这是西方之所不及。中国哲学未发展出民主与科学，原因即在于此，并不是中国哲学本质上与其不相融，因此中国的现代化与打倒孔家店和反对传统文化无必然联系，在牟氏看来儒家哲学并不与现代化冲突，并且能在现代化的过程中积极要求科学民主，由内圣可以开出"新外王"。在现时代，国人势必首先肯定自己民族生命的内在基础，即文化之独特价值，才能够在世界民族之林中屹立不倒，在中国则需抛弃成见，重新审视传统文化，尤其是要肯定儒家思想中的具有恒常价值的东西，即道德的形上学，建立民族挺立之内在根基。

（二）与价值虚无抗争

近代的西方文化通过文艺复兴、宗教改革运动从中世纪过渡而来，随着近代科学的发展，带来了理性的萌生与发展。这里的理性，不仅指科技理性，在西方近代思想家那里这种理性是一种对抗中世纪愚昧的力量，人们可以借由它走出思想受奴役的地位。理性的权威在一系列的成就中逐渐地确立起来，但随着科学技术的发展，科学知识的普适性确立了科技理性的至上权威，这样的理性已不再是启蒙思想家们否定宗教权威和打倒王权的力量，而是成了一种片面的理性。这种科技理性变成了一种新的信仰与偶像，一切以理性为尺度、为标准，把理性推到了上帝的地位。当理性成为衡量一切价值的尺度与标准时，科技理性终于成了上帝。理性主义思潮发展到19世纪末20世纪初的时候，带给人们的再也不仅仅是快乐的物质享受，资本主义社会经济危机的再三出现，尤其是第一次世界大战的爆发，使西方人认识到科技理性带来的负面效应，于是掀起了非理主义思潮。最著名的代表是叔本华和尼采，他们鄙视一切文明，认为文明（主要指物质文明）带给人的快乐是短暂的、虚幻的，人生就是一个痛苦过程。不同的是叔本华认为人生即痛苦，别无出路，而尼采却在悲苦的人生中找到了出路——酒神精神，即一种彻底的放纵、无拘无束的状态，只有在这种状态下，在没有科技理性的地方，人才可以超越现实的痛苦，超越上帝，超越现有的一切，为自己确立存在的意义，于是尼采宣告"上帝死了"。人们被驱离了精神家园，面对着科技理性带来的种种社会问题，西方人不知何去何从,他们开始重新找寻人生价值的意义,找寻摆脱价值虚无的路径,重建精神家园,重新考量科学的意义,寻求着终极关怀。现代新儒学的产生迎合着这种时代背景,向来主张区分事实世界与意义世界,这是儒家哲学在西方哲学的冲击下的回应方式,认为这种两分的世界模式可以解决人生问题与科学发展之间的尖锐冲突,其在20世纪20年代的中国思想界表现为"科玄论战"①。对意义世界的肯定、强调和追求,是现代新儒家的一个共同特征,它所肯定的是精神境界的自我超越和对理想人格的不懈追求,是一种道德的理想主义。

牟氏不否认科学是可贵的,可以增加我们的知识,但他认为那种主张凡不是科学就都是迷信、都是无意义无价值的观点是错误的。科学虽然可以破除一切虚妄和迷信,但是道德、宗教的真理与境界是属于价值世界的,既不是迷信,亦不是科学,但是不能说它们全无价值,这是"科学一层论"、"理智一元论"的风气,要抛弃这种观点。牟宗三建构道德的形而上学与张扬道德的理想主义,就是对这科学主义思想的一种反驳,他反对科学一层论、理智一元论,科学主义的泛理智的态度是未能真正地了解科学适用的限度与范围,科学"只知平铺事实,只以平铺事实为对象,这其中并没有'意义'与'价值'。这就显出了科学的限度与范围。是以在科学的'事实世界'以外,必有一个'价值世界','意义世界',这不是科学的对象,这就是道德宗教的根源,事实世界以上或以外的真善美之根源"。"这个意义世界或价值世界决不能抹杀。真正懂得科学的人必懂得科学的限度与范围,必懂得这两个世界的不同而不能混一。"②所以,在牟宗三看来,一个人专心于科学研究,献身于科学研究,这是值得赞赏的,错在于不应该把科学"理智分析性"与"事实一层性"从科学本身提出来,成为科学一层论、理智一元论,从而应用到其他领域,认为科学以外的明德、孝悌、人伦、人性、仁义之心不是学问的对象,这种态度是极其有害的,最大的害处就是抹掉意义与价值,否认了事实世界之外另有更高的价值世界和意义世界的存在。唯科学主义就整个人生来说,只知物,不知人。实际上,明德,人性,人伦,仁义也是学问的对象,而且是科学以上的学问,得承认科学的事实世界以外必有一个意义或价值世界,否则就会流于虚无主义。

牟宗三认为要抵御科学主义所带来的人文价值的丧失,当务之急就是要重建儒家的"道德的形而上学",这既是对科学主义思潮取消形而上学、消解价值世界

① 郑家栋:《现代新儒学概论》,广西人民出版社1990年版,第44~45页。

② 牟宗三:《道德的理想主义》,见《牟宗三先生全集》第9卷,台湾联经出版事业公司2003年版,第328页。

的反应，亦是对西方建构传统形而上学方法的一种批判。西方传统形而上学是自然本体论。在儒家看来，西方传统哲学把自然与人完全对立开来，把自然宇宙看成与人对立的外在的服从某种必然性的实体，形而上学只是寻求构成这一不变实体的基本要素，例如，泰勒斯的水，德谟克利特的原子，恩培多格勒的水、火、土、气四元素，等等，这样真与善、存在与价值的关系就被割裂了，这就偏离了哲学应具有的道德的、人本的立场，牟宗三认为“凡是对人性的活动所及，以理智及观念加以反省说明的，便是哲学”①。即是说哲学与人是不分的，形而上学的价值在牟氏看来是能引导人们追寻物我一如、天人合一的形上境界。牟认为形上学的问题就是基本存有论的问题，康德未能建立起他所谓的真正的形上学，即超绝形上学，只建成了道德的神学，而海德格尔只在康德所说的内在形上学处建构他的基本存有论，因而是形上学的误置，而且牟氏认为现象学的方法是不能真正建立起哲学形而上学的，牟认为，只有从道德的进路入才可以建成超绝形上学，即只有道德形而上学才可以真正完成哲学形而上学的建构。

面对民族危机、现时代的人们意义世界的迷失，牟宗三奋起重扬中国传统文化尤其是儒家思想以反抗民族虚无与价值虚无具有重要的意义。在此等情况下，道德理想主义的张扬与道德形上学的建构是对治时代种种问题的尝试，是长时间思考之后而成的理性成果。对于牟氏来说这不仅仅是一种情感上的皈依，其哲学体系的建构最终是道德的理想的主义，而非浪漫的理性主义，亦不是非理性主义。

二、道德的形上学(Moral metaphysics)与道德底形上学(Metaphysics of moral):对康德哲学的批判性扭转

前文已提及重建儒家的形而上学系统是现代新儒家全部理论的核心。形而上学亦称本体论、存有论或存在论，它探讨宇宙最高存在及其与人的关系问题。对形上学问题的研究，是牟宗三思想理论的核心内容，牟主要是借用康德哲学的概念和分析方法来诠释儒家形上学的基本精神和义理架构，以此为基点建构自己的形上学体系。牟宗三使用“道德的形上学”来概括儒家关于最终存在的认识，认为这是儒家全部思想的基础与核心。西方现代哲学的共同特征是批判传统的形而上学，其中科学主义者、实证论者认为一切有关于形而上学的研究都是无意义的，主张取消形而上学；人本主义者认为应抛弃的是传统形而上学的方法，而不是形而上学本

① 牟宗三:《中国哲学的特质》，见《牟宗三先生全集》第 28 卷，台湾联经出版事业公司 2003 年版，第 3 页。

身。牟宗三认为:西方哲学言本体“大体或自知识之路入,如罗素与柏拉图;或自宇宙论之路入,如怀特海与亚里士多德;或自本体论(存有论)之路入,如海德格尔与胡塞尔(E. Husseal);或自生物学之路入,如柏格森与摩根(L. Moygan);或自实用论(Pragmatism)之路入,如杜威(L. Dewey)与席勒(F. C. S. Schiller);或自独断的,纯分析形上学之路入,如斯宾诺莎(Spinoza)与莱布尼兹(Leibniz)及笛卡尔(Descartes)。……无论自何路入,皆非自道德的进路入,故其所讲之实体、存有或本体皆只是一说明现象之哲学(形上学)概念,而不能与道德实践使人成一道德的存在生关系者。……其中唯一例外者是康德。彼自道德的进路接近本体界,建立‘道德神的学’”①。

(一)道德的形上学和道德底形上学

在牟宗三看来,就儒家的义理归旨来看,儒学的主要内容可称之为“心性之学”或者“内圣之学”,亦可曰“成德之教”。成德的最高目标是圣,是仁者、大人,其真实意义是在个人有限之生命中取得一无限而圆满的意义,此“成德之教”,就其为学说,用今天的语言称之是“道德哲学”。道德哲学即讨论道德的哲学,或曰道德之哲学讨论,牟氏称为“道德底哲学”。“道德哲学”所处理的问题是多方面的,但以儒学的传统来看,其中心问题首先是讨论道德实践所以可能之先验根据(或超越的根据),牟称之为心性问题,由此进而讨论实践之下手问题,即工夫入路问题。前者是本体问题,后者是工夫问题,儒学尤其宋明儒学的全部就是这两个问题。就前者说,此“道德哲学”相当于康德所讲的“道德底形上学”(Metaphysics of Morals),但康德没有提及工夫问题。牟氏认为,在众多建构形上学的方法中,只有康德哲学与儒学相似,主张由“道德接近本体界”,但是康德建构成的是“道德底形上学”,是“道德之形上的解析”,或曰“道德之形上的推述”,其含义是“通过道德之形上的解析而见的道德之基本原理”。②

牟宗三具体而明确地解释了“道德底形上学”与“道德的形上学”之不同。前者是关于“道德”的一种形上学的研究,以形上地讨论道德本身之基本原理为主,其所研究的题材是道德而不是“形上学”本身,形上学是借用。实际是“道德之形上的解析”(康德的《道德底形上学之基本原理》阐述的是此种内容)。后者则是以形上学本身为主(包含本体论与宇宙论),而从“道德的进路入”,由“道德性当身”

---

① 牟宗三:《心体与性体》上,见《牟宗三先生全集》第5卷,台湾联经出版事业公司2003年版,第41页。

② 牟宗三:《心体与性体》上,见《牟宗三先生全集》第5卷,台湾联经出版事业公司2003年版,第141页。

所见的本源渗透至宇宙之本体,这就是由道德进至形上学了,但却是由"道德的进路"入,所以称为"道德的形上学"。这个思路与康德由实践理性而接近上帝与灵魂不灭相似,因而康德哲学从神学角度讲,名"道德的神学",这是由道德而进至神学,康德只就其西方的宗教传统建立了"道德的神学",没能使"实践理性充其极"展显出"道德的形上学"。

牟宗三论道德理性时,认为它包含三层内涵:第一,它必须有严整而纯粹的意义,即具有必然性和普遍性,它的存在及其性质是不受任何外在条件限制的。只有这样,才能显出意志自律,照儒家说法就是才能显出性体心体的主宰性。第二,"这为定然地真实的性体不只是人性,不只是成就严整而纯粹的道德行为,而直透至其形而上学宇宙论的意义,而为天地之性,而为宇宙万物实体本体"。第三,道德性的性体心体不仅表现为某种纯形式的"定然命令",而且能够在道德实践中具体而真实地呈现自身。[①] 牟认为这三义中,第一义已经能融摄康德《道德底形上学之基本原理》中所说的一切。但儒家不仅接触到了第一义,同时达到了第二义与第三义。这境界已超过了康德而为康德所不能及。康德之所以没有达到儒家这种境界是因为:"他那步步分解建构的思考方式限制住了他,他缺乏那原始而通透的具体智慧";还因为"他无一个具体清澈、精诚恻怛的浑沦表现之圆而神的圣人生命为其先在之矩矱"。[②] 因此,牟氏认为康德虽找到了接近形上学的方法,但却局限于他固有的西方传统而最终只建构了"道德底形上学"与"道德的神学","道德的形上学"始终没能展现。那究竟在什么环节上,使康德最终只建立起"道德的神学"而无"道德的形上学"呢?

(二)由道德的真实性推至道德理性之无限性

康德认为,道德法则不能从经验中引申出来;不能从"范例"中引申出来,不能从"人性底特殊属性"、"人类之特殊的自然特征"、"脾性性癖性好,以及自然的性向推演";亦不能从"上帝底意志"来建立。由以上方面出发建立的道德法则决定我们的意志,康德都称为"意志之他律"。[③] 牟氏认为在西方哲学家中只有康德认真地组织了这彻底而严正的道德意识。牟认为康德的上述思想,同样为儒学传统

---

① 牟宗三:《心体与性体》上,见《牟宗三先生全集》第5卷,台湾联经出版事业公司2003年版,第142~143页。

② 牟宗三:《心体与性体》上,见《牟宗三先生全集》第5卷,台湾联经出版事业公司2003年版,第144页。

③ 牟宗三:《心体与性体》上,见《牟宗三先生全集》第5卷,台湾联经出版事业公司2003年版,第128页。

所赞成:因为经验中,一切都不是必然的,一切都没有绝对的普遍性;现实的范例,在我们认定它是榜样之前,心中已有道德规范加以衡量了,并没有先验性;“人性中的特殊构造”等都是因人而异的,道德法则由此出就没有绝对的普遍性,总之从以上这些地方建立起的道德法则都不是先验的、普遍的。这样由道德法则决定道德行为,道德人格就不能毫无杂念、毫无歧出地直立于这道德法则之上,这样的道德人格就夹杂了私与利,这样亦不再是真正的道德行为。真正的道德行为是完全为义务而行的。儒学传统中自古就有关于道德法则之先验与普遍性的论述,向来肯定道德的崇高与纯粹,但只是未采取康德那种方式与词汇罢了。例如孔子曰:“无求生以害仁,有杀身以成仁。”[①]孟子又说:“所欲有甚于生”,“所恶有甚于死者”,“乡为身死而不受,今为宫室之美而为之;乡为身死而不受,今为妻妾之奉而为之;乡为身死而不受,今为所识穷乏者得我而为之;是亦不可以已乎?此之谓失其本心”。[②] 牟氏认为“凡这些话俱表示在现实自然生命以上,种种外在的利害关系以外,有一超越的道德理性之标准,此即仁义、礼义、本心等字之所示。人的道德行为、道德人格只有毫无杂念、豪无歧出地直立于这超越的标准上始能是纯粹的,始能是真正地站立起。这超越的标准如展为道德法则,其命于人而为人所必须依之以行,不是先验的,普遍的,是什么?这层意思,凡是正宗而透澈的儒者没有不认识而断然肯定的”[③]。在此可以看出关于道德法则的先验性、普遍性、绝对性是康德与中国传统共同承认的,这成就了道德理性中的第一义。此后,康德与中国传统的不同逐渐显现进来。

在康德看来,道德法则的建立排除由幸福原则而引出者和由圆满原则而引出者,就是排除这些属于他律性的道德,那么只有从意志之自律来看道德法则,才能显露道德法则的纯粹意义。凡是涉及任何对象,由对象的特性来决定意志,这样形成的道德法则不是真原则,是意志之他律,这样意志决意做某事便是有条件的,是为要得到什么别的事而做的,此时意志就变得不真不纯,是被外来的东西决定支配的意志,不是自主自律而直立得起的意志,不是道德的绝对善的意志,而它的法则也不能成为普遍的与必然的。这样康德由道德法则底普遍性与必然性逼现意志的自律,由意志的自律逼至意志自由的假定。不幸的是他视“意志自由”为一假定,为一“设准”,认为这设准本身如何可能,它的“绝对必然性”如何可能,这不是人类

① 《论语》,杨伯峻注,中华书局 1980 年版,第 163 页。

② 《孟子》,杜玉俭,刘美嫦注,广州出版社 2001 年版,第 209 页。

③ 牟宗三:《心体与性体》上,见《牟宗三先生全集》第 5 卷,台湾联经出版事业公司 2003 年版,第 124 页。

理性所能回答的，也不是我的理性知识所能涉及的，这样意志自律便成了空说，只是理上如此。康德步步分解建立，就道德言道德，只是讲到理上应该如此，事实是否真的如此则非人所能知，只是因为要成就真正的道德，所以必须在理上如此讲，否则真正的道德就不可能存在。“至于这样的意志是否是一真实，是一‘呈现’，康德根本不能答复这问题。但如果不能答复这问题，则空讲一套道德理论亦无用。”①牟宗三依中国传统认为：“道德是真实，道德生活亦是真实，不是虚构的空理论。所以这样的意志也必须是真实，是呈现（尽管在感觉经验内不能呈现）。”②照儒家的义理说，这样的意志自始就必须被肯定是真实的，是呈现。在儒家看来，意志是我们性体心体之一德一用，性体心体就成圣成德来讲是人人俱有的，人在道德实践中，在完成其德性人格的发展上性体心体皆是真实地呈现，即意志亦是真实的，是人人所固有的“性”，既是人人固有的本性，那么意志岂能只是一假定？但康德所说的人性只是人类所具有自然机能，如感性、知性、理性，即他所说的“人性底特殊属性”、“人性底特殊构造”、“人类之特殊的自然特征”、“脾性、性好、性向”等所表示的人性，没有把他由讲道德所逼至的自律、自由的意志看成人的性，把它视为假设而落了空，成为人类理性所不能及、知识所不能达的隔绝领域。儒家肯定性体心体为定然的真实，肯定康德所讲的自由自律的意志即为性体心体之一德，所以它逼显出的自律的道德法则有普遍性与必然性，自然折断同外在的一切牵连而成为定然的、无条件的，这样也才能显出性体心体的主宰性。这是圆满的道德理性所具有的第一义。不仅如此，在儒家这里，这定然真实的性体心体不只是人的性，不只能成就严整而纯正的道德行为，而且直透显出形而上的宇宙论的意义，从而成为天地之性，成为宇宙万物的实体本体，这是道德理性的第二个含义，并且这道德性的性体心体在具体生活中通过实践，能具体而真实地表现出来，这是道德理性的第三义，这就是说儒家的道德理性充其极成为最完整的一个圆融的整体，这是康德所不及的。道德的形上学的彻底完成必须使道德理性这三义都彻底彰显才可能，所以康德于此未能完成自道德显露本体的宏愿。

儒释道三家都肯定智的直觉。智的直觉在道家，是泯除“外取前逐”之知而归于自己，此时是无所住，无所得，这就是“无”，道家之智正是从“无”上显现。在佛家是般若圆智，是“一念三千”而透出的“智具三千”。牟氏认为智的直觉在儒家最

① 牟宗三：《心体与性体》上，见《牟宗三先生全集》第5卷，台湾联经出版事业公司2003年版，第138页。

② 牟宗三：《心体与性体》上，见《牟宗三先生全集》第5卷，台湾联经出版事业公司2003年版，第138页。

为正大而充实。儒家是直接从道德意义上透显出智的直觉义。在牟宗三看来,真正的道德是一种心灵感应的直觉能力。就像孟子说的见父自然知孝,见兄自然知悌等,关键在于它们是自然而然的,当恻隐则恻隐,当羞恶则羞恶,这中间没有任何曲折,全是浑然的明觉。见善如好色,道德的觉知像本能般地感应外物,不容已地知好知歹,这都表示本心是随时呈现跃动的。本心仁性的跃动呈现在中国儒者这里是自然而然的,但康德却不能有这样的认知,西方的学问传统、思考道德问题的方式束缚了他的思想。当康德说自由意志是一"设准"时,他是把自由意志只看成了一个理性体,看不见意志活动本身就是一种心能,就是本心明觉的活动,道德感就是本心仁体的具体表现,道德感本身就是意志活动的呈现,而康德把道德感看成是形而下的,感性的、纯主观的,不能作为道德的基础,这就是把心之"明觉义"与"活动义"完全从意志上剥落了,这样的意志就成了一个干枯抽象的"理性体"。意志失去了活动义、明觉义,所以自由意志本身即不能呈现,而只能成为一个"设准"。

牟宗三认为康德把道德感视为感性的层面,所以他对"人何以能直接感兴趣于道德法则"、"纯粹理性如何能是实践的"等问题不能达成透彻的理解,但在儒家看来,道德感是意志活动之呈现,自由自主自律的意志是本心仁体本质的功能,当它自己给自己确立一个具体法则时,它会乐于遵守这一法则,即它感兴趣于此法则,"它给"就是"它悦",这就是本心仁体之悦。它直接悦于此,这就是道德发生的力量,这就救住了道德,使道德成为一真实,本心仁体"自给"法则即是"自悦"其法则,纯粹理性其自身如何能是实践的,则成了完全可以解明的事。自己为自己立法,并自悦其法则,依靠的是"智的直觉"。按牟氏的理解,它给它悦,它自身就是发生道德行为的力量,这就是它的创造性。在牟氏看来康德对于"纯粹理性如何能是实践的"、"自由如何是可能的"、"道德法则如何能使我们感兴趣"这些问题之不当的理解,是因为他把经验知识的思辨理性的局限错误地当作实践理性的极限,妨碍了对于实践理性领域之真实性的思考,最终使道德落于空悬之境地。

牟氏通过用"道德的形上学"批判扭转康德的"道德底形上学",最终将心体性体这样的道德理性(自由意志)在理论上扩充到了极至,上通天,下通人世。但对于这样一个道德理性的证明,他采取工夫论的路径,实际上是以经验事实来证明,似乎与康德所反对的"范例"有相似之处,因为在确认经验事实为一"道德行为"时,已预设了"道德理性"的存在,这样似乎是一循环,理论上的反复强调仍无法让人信服这个"自由意志"的绝对真实。再者,牟氏并没有对道德理性与经验世界之关系论说透彻,一味强调这个道德理性可以下开现象界,究竟是怎样的一种创生则似乎仍未明确。

三、智的直觉——道德形上学的内在奠基

依照牟氏的思路,道德以及道德的形上学之可能关键在“智的直觉”。在西方传统中,智的直觉并未在人的身上彰显出来,所以康德的道德以及道德的形上学最终都是“镜花水月”一场空而已,但在中国的哲学传统中,智的直觉却是自然为人所有的,若要道德不是一个观念,必须承认一个能发布定然命令的道德本心(在康德为自然意志),在儒家看来,这道德本心不是一设准,其本身即能呈现。本心呈现,智的直觉即呈现,因智的直觉是本心之心能。智的直觉出现,道德的形上学才可能。

在康德看来,真正的形上学是他所谓的“超绝形上学”,其内容是集中于自由意志、灵魂不灭、上帝存在这三者,但对于这三种理论理性无能为力,接近它们只能靠实践理性(此在儒家为本心、仁体、心体等),即这三者只有在实践理性上才有实义。牟宗三认为,由此可建立道德的形上学,但因为康局限于西方传统,把智的直觉送给了上帝,遂使这三者成为设准,成了道德的神学。牟氏就中国哲学的传统讲出智的直觉之可能,来充分实现道德的形上学。牟宗三“道德的形上学”旨在说儒家思想中内在性(道德)与超越性(形上学)之关系,其核心则在于说明如何由内在达于超越,由有限通于无限。道德的形上学之基本精神可用“即内在即超越”、“即存有即活动”、“即道德即宗教”①来概括,在此基本精神中即透显“智的直觉”对于“道德形上学”之内在奠基作用。

(一)即内在即超越

前文提及,智的直觉就是无限心底明觉作用,智的直觉可使自由无限心呈现,即无限心的作用反照其自己从而使自己如如朗现,此是“逆觉”。智的直觉之作用是主观活动与客观对象为一的,实际上无对象与自由无限心相对,没有能所关系,直觉之即创生之,“智的直觉”用于某事物亦即创生出某事物,此事物为物自身义之存在而非现象义之存在。无限心在中国哲学中则为本心仁体、道体、如来藏自性清静心等语,在儒家这里,本心仁体、良知、心体皆为无限心之义。此本心仁体是人人具有的本性,是“天命之谓性”、“性善”之性,是内在于个人的生命中的,而智的直觉即是此本心仁体之妙用。性体心体不只在实践中呈现,亦在此呈现中才可理解,此是道德的性体心体之创造。依儒家只有这道德的性体心体之创造才是真实

---

① 郑家栋:《本体与方法——从熊十力到牟宗三》,辽宁大学出版社1992年版,第235页。

而真正的创造,代表着吾人真实而真正的创造不已之生命,它既不是生物学的生命之创造,亦不是宗教信仰的上帝之创造,更不是文学家所歌颂的天才生命之创造。因为生物学的生命之创造是实然的自然生命之本能,天才生命之创造是天才生命之个人情感生命的光彩,实质上是自然而自然的生命,这都不是经过逆觉而翻上去的道德生命,不是真正的精神生命之创造。牟认为宗教信仰中上帝之创造落实下来还是道德的性体心体之创造。

性体心体在道德方面是道德之绝对普遍的先验根据,它是道德行为定然实现的根据,它不局限于人类单为人类之性体,亦不局限于康德所说的一切理性的存在,而是"天地之性"是宇宙万物之性体,是宇宙万物的本体、实体,所以性体心体是超越的生化之理、实现之理,只有通过肯定道德的性体心体之创造义,才能打通道德界与自然界之隔绝,只有打通道德界与存在界之隔绝,儒家"道德的形上学"才能彻底完成,但其打通道德界与存在界之隔绝靠的只能是"具体清澈精诚恻怛之圆而神"的智的直觉。性体一方面是道德实践的内在根据,是天命、天道之下落于人身,另一方面又是超越的宇宙实体,亦可由人性上提而至天道天命。性体即超越即内在全在于智的直觉。在儒家看来"德性之知"、"知体之明觉"等等(智的直觉)是每个人固有的,是人之所以为之人之根据,是精神生命与物质生命的划界根据,它成就人们之纯亦不已的道德行为,使真正的道德行为成为可能。而这智的直觉是可"认识"本体界者,它是不同于感触直觉与知性的,它的根本特征即在于创造性,因此"智的直觉"是性体心体创造性之内在根据。由于人人具有此"智的直觉",所以人人可以用此来尽心,即可知性知天,人才有成圣成佛成真人之可能。

"智的直觉"是沟通内在与超越之桥梁,人具有此智的直觉才可上提性体达于天道,才有可能修到那圆而神之境界。"智的直觉"之创造即是本心仁体的创造,智的直觉既非感触的、接受的,则其自身即给出对象之存在,所以其自身即为创造的。在西方这种创造性的智的直觉只为上帝之神心所有,所以人无创造性,这样就与宇宙生化成为两层,中间隔绝。牟将智的直觉归于人之本心仁体,于是人于有限的生命中亦拥有了无限之创造义,于是个人之道德行为遂与宇宙生化之理打通为一。没有智的直觉,则本心仁体无创造性可言,本心仁体只能为感性知性所控制,这无法凸显人的超越意义,亦无法保证自律道德之可能,若如此,则依中国哲学之传统是万万不能的。

(二)即存有即活动

牟宗三在对儒家义理进行疏解过程中,曾将宋明儒学之主要代表分成三系。

“由濂溪、横渠而至明道，此为一组，此时犹未分系也”①，之后的儒学发展分成三系：（一）“五峰、蕺山系：此承由濂溪，横渠而至明道之圆教模型（一本义）而开出。”（二）“象山、阳明系”。（三）“伊川、朱子系”②。牟认为前两系会通为一大系，都以《论语》、《孟子》、《易》为主，于工夫都是“逆觉体证”为主。伊川、朱子为一系，以《大学》为主，于工夫为顺取之路，即通过“格物致知”达至本体。牟认为前两系都能证成自律道德，因其认为心即理，此心为本心，与天理不违，而伊川、朱子系因认为心与理为二，所以只能成就他律道德，前者之本体为即存有即活动的，后者所证之本体为只存有不活动之纯理，因活动义由心生，脱离心之理只能成为虚悬至静之呆板之理。两大系，陆、王、五峰、蕺山为儒学之正宗，而伊川、朱子为儒家义理之歧出，是为“别子为宗”。这与传统的将宋明儒学分成陆王、程朱两系不同，亦与把程朱列为儒学之正宗不同。③

宋明儒之大宗认为心体与性体不能分离，所以性体即存有即活动，能起道德创生之作用，因智的直觉之特性即是创造性，所以本心仁体所发之智的直觉成就了性体之存有与活动义，因性体与心体不离，所以本心之妙用亦与性体不离，心体能创生，则性体能创生，心体之创生因其妙用为“智的直觉”。伊川、朱子认为心体与性体分离，理只是纯客观静态之理，此理怎能活动？怎能起道德创生之用？失去其活动义，则道德修养的意义只是如理而行，这样，理对于心仍然是外在的规范，心对于理只有被动服从，这成了他律的道德。真正的道德是依心之自主、自律、自决、自定方向，这都依智的直觉之活动创生义始能成就，没有智的直觉，则本心之妙用即谈不上，心体无此活动怎能显出自主自律自觉之功能？若心体不能自做主宰，则其与性体终将为二，主观与客观不能为一，真正的道德即落空。正是在这种意义上，牟宗三认为伊川、朱子比康德之境界仍稍逊一些。

有关本体“即存有即活动”与“只存有不活动”的区别，表现在工夫论上则分别有“逆觉体证”与“顺取之路”的不同。伊川、朱子走的是“顺取之路”，周濂溪、张横渠、程明道、胡五峰、陆象山、王阳明、刘蕺山走的是“逆觉之路”。伊川、朱子根据《大学》“格物致知”的思想主张“即物而穷其理”，他们主张通过接触外在事物达到道德修养的目的。牟认为，这是混淆了知识与道德的界限，因为他们的原意是成就人的道德行为，可采用的却是“向外顺取”的知识进路，其结果只能是既达不到道

① 牟宗三：《心体与性体》上，见《牟宗三先生全集》第5卷，台湾联经出版事业公司2003年版，第48页。

② 牟宗三：《心体与性体》上，见《牟宗三先生全集》第5卷，台湾联经出版事业公司2003年版，第43页。

③ 中国哲学史传统上将宋明儒学分成理学与心学两系，劳思光认为是一系，周张、程朱、陆王的学说是一贯通的序列，分别侧重于天道观、本性论、心性论来讲。

德修养，同时亦不能发展出科学知识（这种观点与王阳明对程朱的批评相似）。他认为宋明儒之大宗教走的是"逆觉体证"之路，所谓"逆觉"即是指反求内省，它不是依靠抽象的认知，而是依靠与人的道德实践融为一体的体认、体证、直觉。可见逆觉是泯灭能所主客之分的，是一种不同于感触直觉与知性的实践能力，"此种逆觉即是智的直觉"①。此种智的直觉只判断它自己，是本心仁体（主体）之明觉活动之自知自证，事实上即是本心仁体之随时呈现，"呈现"之即是道德行为之进行。若没有智的直觉则本心仁体就不能如如呈现，道德行为亦将不存在。

在牟看来，道德的形上学所证成之本体必须是即存有即活动的，由此才能发纯亦不已的道德行为，而本体之活动只能由本心上说，本心之能即是智的直觉，若智的直觉不能完全肯定得住，则本心不能为本心，失去其自做主宰之能动义，则本体成了只存有不活动的静态纯理，令真正的道德成为空谈，如此道德的形上学岂能建立得起？

（三）即道德即宗教

牟宗三认为："一个文化不能没有它的最基本的内在心灵。这是创造文化的动力，也是使文化有独特性的所在"，而"这动力即是宗教，不管它是什么形态"。② 牟氏进一步说此动力在西方文化来看是基督教，而在中国文化其动力是来自儒教。儒学是"即道德即宗教"的，这得从宗教之为宗教的义理方面看。牟认为宗教的责任有二：第一，"它须尽日常生活轨道的责任"③；第二"宗教能启发人的精神向上之机，指导精神生活的途径"④。牟氏以此出发认为儒学亦是宗教，是特殊形态的宗教。在中国，儒教作为日常生活之轨道落实在礼乐、五伦等方面。礼乐、伦常作为日常生活之轨由圣人立，又"化民成俗"或"为生民立命"，这在中国传统看来是郑重严肃的，此中有永恒的真理与意义。儒教指导精神生活的途径方面的表现是中国文化的特殊性之所在，在个人方面，也给人们确立了成圣成贤的个人人格的创造目标，就宗教的责任来讲儒学可以是宗教，儒学是即道德即宗教的。虽然在仪式方面与其他宗教不同，或者说无独特的宗教仪式，因为都表现在日常生活中，这是儒

① 牟宗三：《智的直觉与中国哲学》，见《牟宗三先生全集》第20卷，台湾联经出版事业公司2003年版，第252页。

② 牟宗三：《中国哲学的特质》，见《牟宗三先生全集》第28卷，台湾联经出版事业公司2003年版，第97页。

③ 牟宗三：《中国哲学的特质》，见《牟宗三先生全集》第28卷，台湾联经出版事业公司2003年版，第97页。

④ 牟宗三：《中国哲学的特质》，见《牟宗三先生全集》第28卷，台湾联经出版事业公司2003年版，第99页。

教表现形态之特点，但并不妨碍其内在的宗教意义，尤其是指导精神生活途径方面，儒教是有其独特之处的。

在儒教中，超越的理念是天或天道，要想了解天或天道得从“仁”说起。牟认为孔子的仁就是“创造性本身”，孔子看仁为宇宙万物的最后本体。此本体是精神本体，落于人处为人之性，成为人之本体，若从宇宙生化流行那里看就是天或天道。性从主观讲仁，天道是客观地讲仁，所以性与天道是贯通无碍的，所以孟子讲尽仁知性知天。“践仁尽性知天”，这个过程该如何能实现呢？若真能够切实做到尽性知天，你已经就成为圣人贤人，在佛家为成佛，在道家看则成为仙人。如何能达到此境界？这个践仁尽性知天不是认知意义上的了解，而是一个实践问题，要人们亲身而行，即是人本身怎样做才能体现天道的问题。在儒家看来如何体现天道就是一个道德实践的过程，这又归结于真正的道德行为如何可能的问题，真正的道德成立必须依由本心仁体自做主宰，即承认完全脱离感性的智的直觉是人人可有的。若无此智的直觉，则真正的道德无从建立，人也不能体现天道，人不能体现天道，则亦不可能成圣成贤，如此精神之导向作用如何能体现出来？则道德义与宗教义皆空。

儒家的重点落在人如何体现天道，视人生为一成德之过程，其终极目的在成圣成贤，所以儒家不以神为中心，但儒亦不以现实有限的人为本，导致隔绝了天。在儒家看来，人可以通过觉悟而体现天道，这是人之本性所决定，因人以创造性本身为体，故尽人的性可知天，实则此创造性即智的直觉之作用。人力有限儒家亦知，天道茫茫，天命难测，天意难知，这是孔孟皆知的，但人可依智的直觉与天道相遥契，于是则人人可以成圣成贤，全看智的直觉能否全幅展现，为人确立一精神生命，这与西方基督教中之上帝与人的关系不同。在西方，大都认为智的直觉上帝才有，所以人本身不能与上帝相同，但在中国则人人可成圣成贤，人可以达到与天地万物浑然同体，此是极其乐观的宗教精神，与西方之宗教启示不同。

所以，智的直觉之有无，亦成为儒家思想能否兼道德与宗教义之关键，道德的形上学的成立必须通着性与天道，通而为一、毫不间隔始可能，否则道德主体与宇宙本体不能打通为一，则道德的形上学不立。性与天道之相通由尽性知天的践履工夫来证成，其内在可能在于人有智的直觉，“智的直觉”使人可与天道相呼应，开辟一修养之途径，指点精神生活之方向。智的直觉使天道可为人所知而成为内在的人性，因此，我们可以用康德喜用的字眼说：“天道既超越又内在，此时可兼具宗教与道德的意味。”①通过对以上三方面基本精神的分析，可知智的直觉是贯穿其中的，是道德形上学基本精神的共有线索，亦成为道德形上学内在之奠基。

道德的形上学建构以熊十力先生为先驱，牟宗三为其最终完成者。牟宗三对康德哲学的批判性扭转，将康德视为“设准”的自由意志转成人之所以为人的、内在于人的心性本体，由康德最终归于“上帝存在”、“灵魂不朽”的道德神学中开出“道德的形上学”。牟宗三认为，在儒家哲学中，此内在的心性本体同时就是超越的“天道”、“天命之性”，是宇宙万物的实体。把儒学的心性本体进一步实体化是牟宗三继熊十力之后对新儒家哲学的道德的形上学的发展、完成。在他的理论体系中证成心性本体即内在即超越，即存有即活动，即道德即宗教，而其真实性，则由“智的直觉”使之朗现来保证，使心性本体免于成为一“设准”之命运，同时亦即奠定了道德形上学体系的基石。

第五节　理想与现实之间

牟宗三先生借用康德的“智性直观”的概念并且将其改造成了“智的直觉”。他用“智的直觉”疏解中国传统哲学，以思辨方式阐释传统哲学而又不失传统哲学的精义，以“智的直觉”为桥梁会通中西哲学，以“智的直觉”为基石构筑“道德的形上学”体系，其哲学体系的庞大是众人皆知的，但对其理论体系有关问题的争论亦多了起来。其中他对“直觉”的理解就与其他人的不同，更主要的争论是关于牟氏哲学之于现实有多大的意义，这个意义集中表现在哪个方面的问题。

一、本体与方法：智的直觉与直觉

“直觉”这个概念形式来源于西方的哲学传统，中国的哲学传统中虽然没有这个词的形式，但有许多与“直觉”含义相通、相关甚至相同的概念，例如玄览、体悟、体认、悟、顿悟，尽心明心等等。这些概念指的是一种自我修养的方法、心态和境界。中国古代哲学中的直觉是与道德实践联系在一起的，这与西方哲学传统中把直觉首先作为一种认识世界的方法显然不同。在中国的传统哲学中，直觉与如何实现对“天道”的体悟，如何达到天人合一、物我合一这样的境界是紧密联系在一起的，是一种道德实践、道德修养的方式，而不是一种认知世界的方式。通过直觉

① 牟宗三：《中国哲学的特质》，见《牟宗三先生全集》第28卷，台湾联经出版事业公司2003年版，第22页。

这样的方式，人们得不到关于现实世界的任何积极的、经验的知识，只能达到一种人生境界。[①] 牟氏关于直觉的探讨在这个层面上与传统哲学相同，首先都是关联着道德实践来讲的，但也正是从这个角度牟氏对直觉的理解现出了与传统儒家哲学的某些不同。牟氏的直觉主要指“智的直觉”，按照牟宗三的解释，“智的直觉”即“直觉形态的智”，用西方哲学术语来理解就是：这种直觉是理智的，不是感觉的，这种理智是直觉的，不是辩解的，不需要概念范畴，即不是逻辑的。可是这种智的直觉在西方哲学家那里，大都以为只属于神心，就是以为只有上帝的心灵才可以拥有。而人心之直觉必是感觉的，其理智必是辩解的。牟氏的智的直觉是与西方的感触直觉相比较的，牟氏的智的直觉用思辨的语言加以描述，这与传统哲学形象的生动语言风格完全不同，因而更加具有哲学的思辨性、抽象性，但是“智的直觉”就其内在义理而言仍是道德性的。然而，最主要的是牟氏的“智的直觉”已不仅仅是一种道德修养、道德实践的方法，不再是心体性体的显发妙用而已，其本身亦成为德性主体，因为德性主体的最本质的规定就是“智的直觉”，没有智的直觉则德性主体亦不能存在。当牟氏将智的直觉描绘成真正的道德行为存在的内在根据时，“智的直觉”在传统哲学中本来就淡薄的认知意义更是虚无缥缈了，道德修养、道德实践笼罩了认识论，这点与中国传统哲学是相同的，但在程度上则有过之而无不及。

牟氏“智的直觉”与其他现代新儒学的其他代表关于“直觉”的论述亦有差别。

我们知道牟氏智的直觉理论是对其师熊十力先生“性智”学说的继承与发展，但是在熊十力的哲学思想中，“性智”与“量智”是并提的，性智与量智提供两种完全不同的知识，并且熊氏将二者的关系表述为一种体用关系，按照牟宗三的说法就是：“于无执的存有论处，说经用(体用之用是经用)。”[②]量智是性智的功用。性智蕴含了无限的潜能和功用，其中包括量智这种理智的活动。牟氏虽亦主张智的直觉与感性、知性所提供的知识全不相同，前者是关于物自身的知识，而后者是关于现象的知识，但是智的直觉与感性知性并不是一种体用关系，按照牟氏的意思是：“于执的存有论处，说权用，此是有而能无，无而能有的。”[③]牟氏开两层存有论，认为由智的直觉这种德性主体可以经由自觉地坎陷而转出知性主体，转出的知性主

① 郑家栋：《现代新儒学概论》，广西人民出版社 1990 年版，第 86 ~ 87 页。

② 牟宗三：《现象与物自身》，见《牟宗三先生全集》第 21 卷，台湾联经出版事业公司 2003 年版，序第 17 页。

③ 牟宗三：《现象与物自身》，见《牟宗三先生全集》第 21 卷，台湾联经出版事业公司 2003 年版，序第 17 页。

体即取得独立的意义,这样牟氏智的直觉已突破了传统体用关系的框架,对知性主体的独立性给予更合理的说明。

现代新儒家学的另一个代表冯友兰的思想中亦有关于直觉的思想,在冯氏那里,直觉主要是指与逻辑分析方法相互补充的“负的方法”,即“直觉方法”。冯氏看来建构真正的形上学有两种方法,一种是形式主义底方法,一种是直觉主义底方法,即逻辑分析方法和直觉方法。前者属于正的方法,后者属于负的方法。认为两种方法可以互补,但建构真正的形而上学只能用负的方法,用超越于世俗语言、思维之外的直觉体悟。牟氏同样认为第一义的本体如心体、性体、诚体,亦或是道、无、空等等都只能用“智的直觉”来认识,但不同的,智的直觉不仅仅只是一种建构形而上学的方法,最主要的是它本身即是一种境界、一种主体,方法意义根本不在牟氏所关注的视野内。再者,就方法言牟氏智的直觉主要是指道德实践、道德修养的路径,而冯氏直觉的方法所要达到的是在道德境界之上的天地境界。在牟氏看来道德境界是与天地境界相同的,不能在道德境界之上另设一天地境界,若如此则不能有真正的道德,这在牟氏哲学的体系内部是万万不能的。而冯氏则在道德境界之上又另设一天地境界为最高层次,可见智的直觉在牟氏思想当中道德伦理性质是与冯氏的直觉方法不同的。

至于现代新儒学中其他的代表亦有关于直觉的思想,如梁漱溟、张君励等,则不一一提及了。

二、理想与现实:对牟氏理论的反省

作为一位颇有建树的新儒家学者,牟宗三努力的方向就是重建儒家道德的理想主义,其主要是站在儒家哲学的立场上批判、吸收、融合西方哲学,尤其是康德哲学、黑格尔哲学来完成其学术意愿的。道德的理想主义对于我国民族自尊、自信,对重新确立终极关怀、价值目标有其积极的作用,但就理论本身而言,学术界的争论从未停息过,基于此,略论一二。

(一)内圣与新外王

新儒家共有的学术初衷都有着极强的民族责任感,他们既关心人生问题,又关心中国问题,深为中国的前途与命运而忧心,这是令人敬佩的,他们的学术思想大都针对着中国所面临的现实而发。中国现今最主要的问题即是实现现代化,现代化的主要内容在牟氏看来就是其称为新外王的科学与民主。牟氏设计的解决儒家传统与现代化问题的方案是“本内圣之学解决外王问题”,即由良知这道德主体的自我坎陷下落而转出知性主体，以此来安排科学与民主，其与传统儒学之不同是改“直通”外王为“曲通”外王。在牟氏看来，一旦知性主体由良知坎陷而出就取得了独立的意义，此处牟氏的用意在于克服传统“以仁为笼罩，以智为隶属”，忽视知识与知性的缺陷，想为科学与民主在儒学内部提供一个根据。但是牟氏已经意识到了儒家的内圣心性之学并不能直接作为科学与民主的根据，因此牟氏极其精巧地设想了一个曲线救国的方法，由道德主体的“曲折”来开出知性主体，再由此确立科学与民主的根据。由此我们知道“良知坎陷”是内圣开出新外王的纽带，而良知为什么能够自我坎陷，牟氏的理论依据是黑格尔的精神内在发展的“辩证必然性”，就是在牟氏那里道德主体（良知、心体性体、智的直觉等等）是一个圆满无缺的存在，它会自觉地要求对自身有益但却与其本性相反的东西，它可以随心所欲地“坎陷”，这样牟氏以几近于玄想的方式论证了“良知坎陷”，以此证成内圣与外王之间的必然联系。是否能够讲得通？若从牟氏哲学体系内部出发，智的直觉有真实性、圆满性，这保证了道德主体的无限性，使其有可能上通下开。这是以道德意识的绝对优先为前提的，关键即在于道德意识的优先性是一个可以反省的前提，牟氏道德意识的优先性是因为它在吾人心中，这种证明是源于孟子的。然而，吾人心中岂是只有道德意识？按照佛家与道家的理论，空与无的智慧也是人心中固有的，那么又怎能说道德意识是最优先的呢？虽然从牟氏理论本身着手，不考虑智的直觉或者不追问使良知可以要求一个与其本性相反的东西，内圣开出新外王也可以讲，但理论上的成立并不能代替现实的实现。正如人们可以在思想中设想一个“零”的概念，可以用其进行种种理论推衍，可是在现实生活中并不存在一个真实的东西——“零”。“内圣开出新外王”或“返本开新”无论理论构思如何的精巧，并不意味着现实。于此，这种理论仍不能使人完全信服，终究牟氏没有摆脱宋明理学的“内圣强、外王弱”的境地，或者说牟氏不能从现实层面对内圣与外王的关系给予说明。

（二）内在与超越

牟氏哲学中的心体性体（就其本质而言即智的直觉），这样的道德理性是一个圆满完美的实体，它是人的内在本性，并且同时可以经过人的道德实践、道德修养上提而成为天道，成为宇宙本体。于是作为人之性的心体性体既是道德主体又是宇宙本体，这个理论的证成是以智的直觉或者心体性体的无限性为前提的。按照牟氏的理解人心即神心，人性即神性，人的性是一个虽内在亦超越的本体，由于人人具有智的直觉，而这个智的直觉是至诚至明的，所以可以上通天，使人与天道浑然一体,人可以在有限的生命中取得一无限的意义,这对于为人确立价值目标、树立终极关怀有积极的作用,可是我们仍不免有为什么人性可以既内在又超越的疑问。

我们知道超越的宇宙本体应是与经验和现实脱离的,能对世俗的生活加以主宰、安排。然而内在的人性却是不能脱离经验的,不管怎样强调人性的纯善,怎样地将它规定成理性的、形而上的实体,但在现实中它是不可能脱离人的自然生命而独立存在的,如此它又怎能与感性、生理欲望等形而下的东西了无干系?进而牟氏推崇的可以上提成为宇宙本体的道德主体便不可能是超越的、无经验内容的,超越既值得怀疑,那么,由道德主体则不必然能推出宇宙本体,于是,内在与超越之间没有一必然的连接。牟氏试图由道德主体推至宇宙实体,打通天人分界,建构道德的形上学体系,而事实上,其由道德实体向这宇宙实体之推论是有其缺陷的,郑家栋认为这个推论正是康德所着力批判的、关于上帝存在的本体论证明之翻版,不同的是关于上帝存在的本体论证明是由上帝具有最完满的属性来推论上帝的存在,而牟氏则由道德理性的圆满无限来证明它本身即是宇宙实体,但他们都犯了康德所着力批判的将概念等同于存在、把逻辑的必然性当作客观的必然性、把概念分析得来的东西当成经验综合的结果的错误。[①] 在牟氏的理论内部,心性本体即内在即超越,然而跳出其理论体系外观,就会发现在牟氏的哲学系统中关于道德意识与存在界之间的必然性的证明终究是理论上的思辨,这一步的工作牟氏在现实上并不成功。

(三)德性与幸福

牟氏哲学中探讨了"德性与幸福配称"的问题,即圆善的问题。牟氏同康德一样认为在现实生活中德性与幸福应是一致的,并且他把这个问题的解决放在"圆教"中。但是我们沉入其义理脉络中认真体会就不难发现,牟氏最终保证的只是理论上的幸福。"圆教"中德性与幸福的和谐由一无限心给予以保证。牟氏认为,在无限心的朗照下德与福浑然一体,不分彼此,人们的期望是在现实生活中有德之人必能得到幸福,我们期待的亦是在牟氏的理论中看到现实的幸福可以由个人之德来推出。但是,最后,看到的"德福一致"却不是经验生活中的幸福,而只是个人的主观感受,并不真正涉及到人的现实生存状态,那么,我们不禁有这样一问:牟先生的这种德与福统一能给现实生活带来怎样的改变?

---

① 郑家栋:《本体与方法——从熊十力到牟宗三》,辽宁大学出版社 1992 年版,第 343 页。

牟宗三高扬人的道德理性，认为人人应成为一价值之人，而不是物质之人，而事实是现实的人生是内容丰富的，人生的价值亦是多种多样的，人的自我价值的实现并不等同于道德上的完满。在实际的生活中人们都有追求美好生活的向往，都希望吃好住好，这物质层面的东西怎能不去注重？若现代人仍崇尚“孔颜乐处”，则社会的进步无从谈起。安贫乐道可以是一种境界，但不能成为现实社会中的不思进取。我们高扬人的道德理性在现当代社会中的积极作用，然在现实生活层面将一切都纳入道德的笼罩下却有泛道德主义的嫌疑，尽管牟氏自己亦不赞同这点。牟氏极成道德理性的“智的直觉”是人人可有的，人人只要听从本心的命令，就可以做出道德行为。若如此则难以避免人人可自做主宰这样的观点产生，有类于王氏后学流于狂禅，若放任开来，难免由道德出发产生不道德的行为。“智的直觉”是人本心的内在规定性，人人都可以具有，我之智的直觉与其他人的智的直觉究竟谁之“智的直觉”可以成为超越于个人意志之上的统一标准？虽然，牟氏所肯认的“智的直觉”按其义理应是同心同理，但实际上人人会有不同的想法，这是不能否认的，至此，又有滑入价值相对主义的危险。我们可以这样认为，牟氏将德福问题消解在圆教中，使物与心、德与福成为一事，实际牟氏仍过度关注德性从而忽视了对世俗生活的关注，这与其关注现实、关注中国的未来发展的理论初衷是相违背的。

（四）道德与宗教

牟氏关于宗教的理论前文已提及，他认为只要能规范人们的日常生活，能指导人们的精神世界都可以称作宗教，据此牟氏认为儒学是一种特殊的宗教，肯定儒学的宗教性，认为儒学是即道德即宗教的。牟氏从儒学理论本身发掘出儒学的宗教性，在牟氏看来儒家的道德可以超越现实世界，向无限的宗教境界伸展，因为道德实体本身即是无限的，虽是道德界但亦关涉于存在界，将道德与宇宙生化合二为一。正是从这个意义上牟氏认为儒家思想即道德即宗教，既可以在日常生活人伦日用中规范人们的行为，又为人们树立成圣成贤、与万物一体的精神方向。此处需明确的是，牟氏所默认的儒学是传统的，表现为道德实践、道德修养的儒学。在儒学两千多年的发展中，它在人们的日常生活、社会政治领域的作用是极其深远的。纵观历史，儒家学者们本身的行为是与其思想相一致的，他们的学说、理论就贯彻在其日常生活中。但是，近代以来，康有为、梁启超、梁漱溟等用儒家思想改变现实苦难的尝试失败后，儒家思想对现实生活的影响总体上是日渐衰微的。如今的新儒家学者们更多的是在书斋中做学问，在学院中讲解理论化、系统化的儒学，语言风格亦从生动的、活泼的、随机点拨式的变成逻辑的、抽象的、思辨的。牟氏哲学就是典型的代表。

我们知道传统儒学是一个实践的哲学,是与道德实践、道德修养紧密联系在一起的。儒者们注重的是将学识与自身的修养、实践统一起来,成圣成贤是他们孜孜以求的方向。在现当代的教育体制下,人们期许的是成为某一方面的专家,这个专家是指具有某一领域专业知识的人,而不是圣人贤人,所以,在某种意义上传统的儒者已不存在。对此郑家栋在《当代新儒学史论》中对于"新儒家"与"新儒学"的说明可以帮助理解。郑氏认为:"'新儒家'是指谓一个学派,'新儒学'则只是指谓一个大致的学术方向,或者是说指谓一种广义的学术思潮;'新儒家'更多地关涉到价值层面的选择、取舍和认同,'新儒学'则更侧重于理性的探求与客观的研究;'家'是实践的、主观的、排他的,'学'则是理性的、知识的,多元展开的,必然表现出各自的差异性。"①从这里可以知道"家"是行动的,"学"则是知识。现今,儒家学者们大多是专业的从事儒学研究的人,与古时那种言传身教的儒者不同,虽然不能否定某些新儒家的代表人物的气质仍然具有"某种不容忽视的象征意义和人格魅力。但是,严格地讲,此所谓人格魅力与其说是来自传统儒家的圣贤修养,不如说是来自某些新儒家人物不媚俗、不苟且、愤世嫉俗、特立独行的'狂者'性情"②。

儒家学者们在当今社会已经越来越成为一个纯粹的学问者,儒学更多的是指一种知识、学问而不再是一种实践、生命体认之学。这使儒学逐渐淡出人们的日常生活,成为只在狭窄的学术领域里讨论的知识。据此,可以预见儒学的知识化已使儒学日渐偏离道德、宗教的领域,虽然牟氏极力论证儒学是"即道德即宗教"的,可是理想与现实的距离不是理论上的说明可以拉近的。

综上所述,牟氏哲学并不是一个尽善尽美的理论体系,其理论有着值得商榷之处。在现今汉语学术界,许多学者认为牟宗三对康德、海德格尔都存在着相当大的误读,亦有学者对牟氏关于传统哲学的理解提出质疑。在我看来,每位哲学家都有自己契入问题的独特视角,有对问题特有的敏感度,更重要的是有自己先在的哲学底蕴。牟氏立足于中国传统哲学这样的大温床中,他看问题及诠释哲学的思路怎会与西方相同?牟氏有自己特殊的生命旅程,怎么可以苛求他与其他学者的看法完全相同?不独对康德、海德格尔,即便是对中国传统哲学的理解,亦不是人人相同的,所谓"仁者见仁,智者见智",误读也许是创新的方式。任何一种理论学说都

---

① 郑家栋:《当代新儒学史论》,广西教育出版社 1997 年版,第 94 页。

② 郑家栋:《当代新儒学史论》,广西教育出版社 1997 年版,第 8 页。

不应是一个封闭的体系，都有其后续发展的必要，否则理论本身即会失去生命力，牟氏的“道德形上学”亦如此。无论对牟氏哲学持怎样的态度，不能否认的是，牟宗三是现当代汉语学术界不能忽略的大哲，在学术实践中像牟宗三这样“学养深厚、知识渊博、通古今中西，融贯儒释道，能够自由出入形而上、知识论、逻辑学、伦理学、美学等各个领域的大师级的哲学家为数不多；能够在各个领域都提出许多深刻的、原创的哲学思想，并且坚持一以贯之的哲学立场，建构一个真、善、美统一的自身圆融的哲学体系的哲学家为数更少”①。

① 李翔海：《后现代背景下的牟宗三新儒学思想》，载《人文杂志》1999 年第 5 期，第 32 页。

第二章 《才性与玄理》中的身体意识探微

牟宗三对中国传统思想的哲学化、专门化的把握是从魏晋玄学入手的，这突出体现在他所著的《才性与玄理》一书中。在此书中，牟宗三对中国思想传统中的身体意识——才性意识给予深度阐发。在他看来，魏晋玄学家的思想贡献就在于对才性及其义理规模——玄理所做的探讨，以及对与此相关的才性与德性的关系问题所做的探讨。

第一节 偶与逢：王充思想所彰显的身体对德性的颠覆

牟宗三对玄学的思想探讨是从汉代的王充思想入手的。通过对王充的气性论的研究，牟宗三试图揭示人的才性之偶性与人的德性的内在紧张关系，进而揭示王充哲学的真正价值所在。

一、牟宗三对王充之气性论的分析

牟宗三对玄学的思想探讨是从汉代的王充思想入手的。通过对王充的气性论的研究，牟宗三试图揭示人的才性之 XX 与人的德性的内在紧张关系，进而揭示王充哲学的真正价值所在。

（一）王充之才性与德性

两汉以往的儒家理论系统中，存在着一个致命的缺欠，即它的本体论无立足之处，这也是它最易受到别家攻击又难自圆其说之处。自孔子始，儒家关注的焦点就集中在如何积极地入世把握、处理现实社会中的伦理、道德及政治中出现的诸多矛盾。以宗族、血缘为纽带，以群体为本位的价值观念早已根深蒂固、毋庸置疑。但党锢之祸覆灭了知识分子试图以知识来对抗权力的幻想，引发了以个体生存为中心的思路产生；同时，一批士大夫摒弃固有的群体认同、相互标榜的方式，转而寻求一种更加强调个体性的独立与自由的精神境界。此时人们开始对儒家传统价值观的合理性依据产生质疑,而儒生们对此问题采取避而不答的态度,如此一方面给新思想的发展立下话题,一方面也导致了更加严厉的追问。身处于这样的时代背景和思潮中的王充毅然决然打破了传统禁锢,重新审视性、命问题。牟宗三认为,“性命”观是贯穿中国古代哲学思想发展始终的基本问题之一,这一理论主要包含两个方面:人性论和天人关系。

其一,从人性论角度而言,王充首先肯定元气为万物之本,元气自然而然构成性、命之基础。他说:“人禀元气于天,各受寿夭之命……用气为性,性成命定。”①牟氏解释为:人获得元气出生,寿命长短不一。出生时所受之气形成个人之性,性即已成,则命术亦随其性,无可更改。人之性以一元气为本源,此元气正是性之材质底子,故人之性又可称之为“才性”、“气性”。牟氏说:“性者,气下委与个体,就个体之初禀,总持而言之之谓也;命者,就此总持之性之‘发展之度’而言之之谓也。一言之于其初,一言之于其终。”②其意在言明“性”,便是个体初出时所禀之气,就其整体趋势而言的东西;“命”,便是因循这个整体趋势不断发展、延续直至终结而言的东西。换言之,性即寓于生命之初,命则寓于生命之终。“论人之性,定有善有恶。其善者,故自善矣;其恶者,故可教告率勉,使之为善。凡人君父,审观臣子之性,善则养育劝率,无令近恶;近恶则辅保禁防,令渐于善。善渐于恶,恶化于善,成为性行。”③人性是善恶混杂、交织在一起的,既无天生纯善,也无天生纯恶。身为君父观察臣子,如其表现出善的一面就要培养、鼓励,使他远离恶行。如其表现出恶的一面,就要提醒、纠正,使他趋向善性。牟氏认为,在这里王充所指的善、恶并非道德意义上之善、恶,而是人性中皆具有的善的倾向和恶的倾向。“小人君子,禀性异类乎?……禀气有厚薄,故性有善恶也。……人之善恶,共一元气。气有多少,故性有贤愚。”④小人与君子成性时所禀者并非异类,都是元气。人在初生时,所禀之气有厚薄、多少之分别,所以人之性亦有贤愚、善恶之分别。与王充相反,在原儒那里,无论对人性进行怎样划分,其“性”始终是建立在道德主义的基础之上。《中庸》中说:“天命之谓性,率性之谓道,修道之谓教。”这充分表明他们认为人性来源于天授。由此可见,王充与其之前儒家孟子(性善论)、荀子(性恶论)、董子(性善情恶论)之人性观俱异。

---

① 王充:《论衡·无形》,上海古籍出版社1990年版,第16页。

② 牟宗三:《才性与玄理》,见《牟宗三先生全集》第2卷,台湾联经出版事业公司2003年版,第6页。

③ 王充:《论衡·率性》,上海古籍出版社1990年版,第19页。

④ 王充:《论衡·率性》,上海古籍出版社1990年版,第21页。

其二,从天人关系而言,王充说:“夫性与命异,或性善而命凶,或性恶而命吉。操行善恶者,性也;祸福吉凶者,命也。或行善而得祸,是性善而命凶;或行恶而得福,是性恶而命吉也。性自有善恶,命自有吉凶。使吉命之人,虽不行善,未必无福,命凶之人,虽勉操行,未必无祸。”①人之生、性、命皆源于气这一自然之质,但性和命毕竟是两件事,并无因果关系。性、命的差异是由先天所禀受之气的清浊、厚薄、精粗所致,与德性毫无关系。然而原儒们对此所持观点却大有不同。牟氏认为孟、荀、董均强调人需要通过运用道德教化规范人性中的各种欲望,不断完善自己的品德(即克己复礼),最终方可达到无论“大人”抑或百姓,使其一言一行皆符合道德准则,这样,才能够达到“天人合一”的最高境界,成圣居贤才是儒家追求的目标。这种观点到今文经学鼎盛时,甚至发展为:人的德行完美、高尚与否与其从上天那里所获得的福报是相一致的。世间一切万物与天命之间皆有天人感应存在:人,性善者,必有赐福;而性恶者,则必遭天谴。针对这种谬论,王充反驳道:“夫天道,自然也,无为。如谴告人,是有为,非自然也。”②这显然是从天之本源上对德福一致性的观点予以否定。“修身正性,不能来福;战栗戒慎,不能避祸。祸福之至,幸不幸也。故曰:得非己力,故谓之福;来不由我,故谓之祸。”③依循教化完善自我未必一定有福;时刻谨慎小心,也躲避不了祸端。遇福、祸只是幸运或不幸。不因自身努力而获得的才是福,不因我的过错所招致的才是祸。他以颜渊、伯牛为例,“颜渊、伯牛,行善者也,当得随命,福佑随至,何故遭凶?颜渊困于学,以才自杀;伯牛空居而遭恶疾”④。除此之外,还有许多有德有行之人,如屈原、伍子胥、楚放等,皆不得善终,所以“才高行洁,不可保以必尊贵;能薄操浊,不可保以必卑贱”⑤。

王充拒绝重蹈前人在普遍的、一般的意义上人性论的覆辙,转而从才性与德行两方面重新思考具体的个体的人性问题,这对于后来兴起的玄学美学注重人的个性才情表达产生了深远的意义。

(二)王充之气性与偶性

三代时,命定论始终围绕着王朝的兴废。至春秋,关注的焦点逐渐过渡到一般意义的人。到王充,思考的重心开始转向具体的身位存在。原儒认为“生死有命,富贵在天”。汉时,儒家关于命的普遍说法是将其概括为三类:正命、随命和遭命。

---

① 王充:《论衡·命义》,上海古籍出版社1990年版,第15页。

② 王充:《论衡·谴告》,上海古籍出版社1990年版,第143页。

③ 王充:《论衡·累害》,上海古籍出版社1990年版,第7页。

④ 王充:《论衡·命义》,上海古籍出版社1990年版,第15页。

⑤ 王充:《论衡·逢遇》,上海古籍出版社1990年版,第5页。

《白虎通义·寿命》说:"命者何谓也?人之寿也,天命已使生者也。命有三科以记验:有寿命以保度,有遭命以遇暴,有随命以应行。"[①]正命即是说人的寿命长短、享受程度都是上天有意的安排;随命是他所受的福祸是其行为善恶的报应;遭命则是由于外在环境的变化,导致人遭受的意外祸害。

而王充认为:"凡人禀命有二品:一曰所当触值之命,二曰强弱寿夭之命。所当触值,谓兵、烧、压、溺也。强寿弱夭,谓禀气渥薄也。"[②]命只有两类:遭命与正命。所当触之,正好赶上,即为遭命。强弱寿夭乃源于初禀之气,即为正命。在这里,他否认了"随命"说。"非天有长短之命,而人各有禀受也。"无论正命、遭命都不是上天事先预设,纯属偶发性的巧合。《白虎通义》肯定正命、遭命都是由上帝所决定,而他否认了这种说法:"儒者论曰'天地故生人。'此言妄也。夫天地合气,人偶自生也,犹夫妇合气,子自生也。"[③]气乃人之根,人偶感气自然生之,与天地无关。在这里,天人感应的基础已经开始动摇。人无论是禀气以成性或定命都是偶然而非必然。每个人都是气性和偶性共同结合的产物。牟氏认为:气下委于个体,即表现为气性(或曰才性)。

而"操行有常贤,仕宦无常遇。贤不贤,才也;遇不遇,时也。……或高才洁行,不遇、退在下流;薄能浊操,遇、在众上。……处尊居显,未必贤,遇也;位卑在下,未必愚,不遇也。"[④]德行操守常有贤者常现,而仕途发展的机遇却未必常有。贤与不贤是才性,遇或不遇是时机。德才兼备,未遇时机,只能居于人下;无德无能,赶上时机,就会出人头地。身处尊贵,未必贤德,而是遇到好机会;地位卑微,未必愚钝,而是时机未到。何谓"遇"?"且夫遇也,能不预设,说不宿具,邂逅逢喜,遭合上意,故谓之'遇'。……春种谷生,秋刈谷收,求物得物,作事事成,不名为'遇'。……不求自至,不作自成,是名为'遇'。"[⑤]所谓的"遇"乃是天不预设,神无指定,无求、无为、自然而然地到来。遇即是偶然发生,不遇即是未发生而已,遇或不遇都出于偶然。王充以代王、周亚夫为例:代王自代入文帝,周亚夫以庶子为条侯,此时代王非太子,亚夫非适嗣,逢时偶会,卓然卒至,这些都不过是机缘巧合,偶然成事,并非因为他们的出身、品性得此结果。王充进一步论证:"凡人操行,有贤

① 冯友兰:《中国哲学史新编》(中),人民出版社2004年版,第312页。
② 王充:《论衡·气寿》,上海古籍出版社1990年版,第11页。
③ 王充:《论衡·物势》,上海古籍出版社1990年版,第33页。
④ 王充:《论衡·逢遇》,上海古籍出版社1990年版,第5页。
⑤ 王充:《论衡·逢遇》,上海古籍出版社1990年版,第5页。

有愚；及遭祸福，有幸有不幸。举事有是有非，及触赏罚，又偶有不偶。”①作为个体存在的人，道德品性自然有贤有愚，若偶然碰到对自身有利的事情便是幸，若偶然碰到对自身有害的事情便是不幸，幸与不幸同样是出于偶然，与德性无关。他举例，鲁国城门年久腐朽随时有倾塌的危险，一次孔子经过这里，快步疾行。旁边的人都说这城门年头太长，像孔子这么小心谨慎，如果在路过的时候，赶上城门塌下来，这就是不幸呀。他又举黄次公之例，黄次公娶邻家女为妻，卜象的说此女有贵象，次公能做至宰相的高位。但事实并非如此。“次公当贵，行与女会；女亦自尊，故入次公门。偶适然自相遭遇，时也。”②不论贤愚、德与无德，人生遭遇都与此无关，仅是个体生命偶然得之。人既如此，物亦同理。“天地合气，物偶自生矣。”③万物皆由气构成，然禀气之厚薄、精粗、清浊不同，其质各不相同。虽然王充承认一定的自然规律存在，如从生到死、春种秋收。但他也同时强调万物存在的偶然现象，如星辰的遇合，便是偶然。他将这称为“偶适自然，非或使之也”④。

用偶然性来解释个体的存在、遭遇甚至包括某些自然现象的变化。牟氏认为王充的目的非常明确——颠覆天人感应和福祸报应那一套学说，去除背负在个体之上沉重的上帝负担，关注人的现实命运。这恰恰体现了东汉王朝走向没落，经学面临崩溃之际，原来被传统所忽视的身体意识正在渐渐凸现。而这一理论上的突破，为魏晋玄学关注个体存在，彰显才性，提倡自然起到了思想奠基石的作用。

二、牟氏反观性命论

（一）王充对孟子性命观之批判

孟子身处的历史时代、文化背景、社会结构与王充迥异，所以两人在性命观上的思考得出不同的答案。孟子生活在礼崩乐坏、兼并战争不断的战国时期，他继承了孔子“仁”的思想和救国救民的志向四处奔走、游说，希望他的学说能成为王者治国之道。“仁”是孟子思想的核心，它的主要内容是“不忍人之心”，这也是他性命观的理论基础。“仁者，人也”，孟子首先肯定“仁”这种道德品质是人之所以为人，异于动物的本质所在，也只有人才能体现出这种道德。基于人的道德属性，他提出“性善论”来考量人的性命问题。王充所处的东汉时期，经学的烦琐、不务实

① 王充：《论衡·幸偶》，上海古籍出版社1990年版，第13页。
② 王充：《论衡·偶会》，上海古籍出版社1990年版，第26页。
③ 王充：《论衡·物势》，上海古籍出版社1990年版，第33页。
④ 王充：《论衡·初禀》，上海古籍出版社1990年版，第31页。

际加之强调天人感应的谶纬之学的泛滥，促使王充从现实的角度，以人的自然属性为基础探讨人性论。

牟宗三首先肯定孟子"人性本善"之性的基础不仅具有生物学的意义，而且具有道德层面的意义，抑或是说更具道德性。他说："仁也者人也，合而言之道也"，"人之所以异于禽兽者几希"[①]，人与禽兽之间区别就在于人具"仁"性（即善性），简言之可为道。每个人生下来其本性中便含有善的因素，他将这种因素称为"端"。《孟子·公孙丑》曰："恻隐之心，仁之端也；羞恶之心，义之端也；辞让之心，礼之端也；是非之心，智之端也。""四端"是人先天所固有的善性，非外力所加，以他们为基础扩而充之即是"四德"。性恶之人只是在后天成长的环境中受到诸多不良的或欲望的影响，以致逐渐丧失善之四端，表现出恶。

对此王充持相反的观点："纣为孩子时，微子睹其不善之性。性恶不出众庶，长大为乱不变，故云也。羊舍食我初生之时，叔姬视之，及堂，闻其啼声而还，曰：'其声，豺狼之声也。野心无亲，非是莫灭羊舌氏。'遂不肯见。及长，祁胜为乱，食我与焉。国人杀食我。羊舌氏由是灭矣。"[②]纣之恶在小孩时便有表现，食我之恶更是在他初生啼哭中已然显露。小孩刚生下来还没有机会与外界接触，是什么导致他们的恶性呢？此外，丹朱、商均分别出生在唐尧、虞舜之时，"所与接者，必多善矣。二帝之旁，必多贤矣。然而丹朱傲，商均虐，并失帝统，历世为戒"[③]。和他们接触的多数应当是善行之人，尧、舜周围必定多为贤能之士，可是丹朱、商却均暴虐成性，沦为亡国之君成为后世的警戒。

王充通过大量例证强力批驳人性禀赋善端论。性的基础是元气，善、恶两性只不过是同时混杂于一体的两种倾向，既无尽善亦无尽恶，若尽力发挥善的倾向，表现出来的即为善，反之，则为恶。贤、愚尽由气定，与善、恶无关。牟氏将人性比之为水，在东边挖开水堤水就向东流，在西边挖开水堤便向西流，若封而不疏，最终的结果只能堤崩水溢。莫不如，对于各种来自身体的欲望善加引导、合理规范，如此，人多善矣！儒生们追求的是理想的人格——即成贤至圣，实现的唯一的途径是必须不断发展、完善个人道德，摒弃欲望，也只有如此方能实现他们修身、齐家、治国、平天下的抱负。性善论就是"人人皆可为尧舜"的理论基础。王充以史为据客观有力地驳倒性善论，试图证明道德品行与贤愚并无必然关系，俱为偶也，进一步强

① 冯友兰：《中国哲学史新编》（上），人民出版社2004年版，第386页。

② 王充：《论衡·本性》，上海古籍出版社1990年版，第31页。

③ 王充：《论衡·本性》，上海古籍出版社1990年版，第31页。

调身体存在合理性，凸现个体存在的重要性和价值性。

（二）王充对董仲舒性命观之批判

董仲舒在性命观的问题上最具代表性的理论就是“天人感应”。这一理论也是王充在《论衡》中着重批判的。

首先，天人感应论的一个重要思想就是认为天有意志，人与万物由天所生。针对这种天有意志、天生万物的观点，王充明确提出天无意志、天道自然的思想。他认为天地万物都是含气之体，根本不存在天地生人、生万物这回事。“如谓天地为之，为之宜用手，天地安得万万千千手，并为万万千千物乎？”[①]“天地合气，人偶自生也。犹夫妇合气，子自生矣。”[②]他强调：万物之生本是一个自然而然的过程（即“自生”），并非上天意志的体现（“故生”），“施气不欲为物，而物自生，此则无为也”。故人之根本在气不在天。

其次，为了给“天人感应”寻找理论依据，董仲舒提出“人副天数”的观念。“天地之符，阴阳之副，常设于身，身犹天也。”[③]人就是天的副本、宇宙的缩影。因此，凡天所有的皆可在人身上找到与之相对应的部分，如阴阳、四季、五行对应人的四肢、五脏、喜怒哀乐等等。“天之副在乎人，人之性情有由天者矣。”[④]这样人的属性便被虚拟为天的属性。既然天人同类，自然天人之间当然能够相互感应。所以，人的意识、行为的好坏就会引致自然界的变化；上天时而也会降下各种灾异符瑞警示人。基于此，董仲舒极力倡导德福一致性，只有充分发挥德性，才能得到上天赐予的福报。人的德行越高，得到的福报越大，反之亦然。德性成为人们安身立命之所。身体在这里已经失去存在的价值和意义。而王充认为，天道自然，何以能对人做出谴告、赐予福报？“夫天道也，自然也，无为。如谴告人，是有为，非自然也。”他进一步从气化论的角度对灾异说进行解释：“风雨暴至，是阴阳乱也。”[⑤]灾异的发生并没什么神秘之处，不过是阴阳之气错乱所致。至于德福一致说更是无稽之谈。他举例，桀、纣是众所周知的暴君，然而“桀、纣之时，无饥耗之灾”[⑥]。相反，尧、汤是有道明君，可是“尧遭洪水，汤遭大旱”[⑦]。

① 王充：《论衡·自然》，上海古籍出版社1990年版，第177页。
② 王充：《论衡·物势》，上海古籍出版社1990年版，第33页。
③ 冯友兰：《中国哲学史新编》（中），人民出版社2004年版，第312页。
④ 冯友兰：《中国哲学史新编》（中），人民出版社2004年版，第312页。
⑤ 王充：《论衡·感虚》，上海古籍出版社1990年版，第53页。
⑥ 王充：《论衡·治期》，上海古籍出版社1990年版，第174页。
⑦ 王充：《论衡·明雩》，上海古籍出版社1990年版，第151页。

综上所述，牟氏认为在批判天人感应、德福一致的问题上，王充建立了自己的气化论和偶合论，将西汉以来德性无以复加的神圣地位颠覆，正因为如此，身体的意义才能冲破德性的遮蔽日益受到后来人的关注。

（三）牟氏对性命关系之把握

牟宗三在总体上对言“性”概括为两条思路：一为顺气而言，这是王充的思路，则性为材质之性，亦曰“气性”，此性更侧重其器物层面；一为逆气而言，这是儒家始终围绕的思路，即孔子之“仁”、孟子之“心性”、程朱之“理”与“性”、象山之“心”、阳明之“良知”等，此性在“气”之上逆显一“理”，此理与心合一，更突出其道德层面。

牟氏认为王充顺气言性，则善恶、智愚、才不才都是厚薄、精粗、清浊之气相互渗透、混融为一的结果。命，就是“总持之性之‘发展之度’而言之之谓也”。性、命分表人之始终两端。借着这种关系，牟氏将此命分为垂直之命（即生死寿夭之命）和水平之命（即富贵贫贱之命）。依王充言，生死寿夭（垂直之命）由初禀之气所定。富贵贫贱（水平之命）虽有“幸偶”或“偶会”之意，但最终仍取决于“初禀”。“至于富贵，所禀犹性。所禀之气，得众星之精。众星在天，天有气象。得富贵象，则富贵；得贫贱象，则贫贱。”[①]即“初禀”超越“在天”。是故，性成命定，性命俱禀，同时并得。各人后来的发展差别性与等级性亦源于初禀之气之不同也。后来刘劭作《人物志》也是因循着此路而来：“凡有血气者，莫不含元一以为质，禀阴阳以立性，体五行而著形。”元一就是气，气衍而为五行，阴阳五行交错分化而出性之差别与等级。王充顺气言性，已异于前人。而他的性命观由于结合自身生命经验，同时顺应当时出现的重视个体存在的时代精神，成为而后玄学重新审视、把握个体存在（才性与玄理关系）的理论奠基石。

在牟宗三看来，顺气性言善、恶，则此善、恶只是气质中所蕴含的善、恶的倾向，“并非道德性本身之性之定然的善”[②]，即不是道德本身蕴含着且必然能够表现出来的善。牟氏道：气质之善，只是存有善的倾向，如果不经过道德的自觉提炼、时时刻刻依着道德的规定表现出来，那么这种善的倾向仅仅是偶然的，含在气性中未必能体现得出善来。这当然不是道德性本身之定然的善。所以，因气性说善或恶，每一种善或恶的倾向不能必然发展成为表现出来的善或恶。此义进一步落到个人身上，便既无纯善之人又无纯恶之人，都是两种倾向混杂之体。与牟氏此观点相类，

① 王充：《论衡·命义》，上海古籍出版社 1990 年版，第 15 页。
② 牟宗三：《才性与玄理》，见《牟宗三先生全集》第 2 卷，台湾联经出版事业公司 2003 年版，第 9 页。

在《实性》中董仲舒将人性比于禾，善比于米。“米出禾中，而禾未可全为米也。善与米，人之所继天而成于外，非在天所谓之内也。……事在性外，而性不得不成德。”人虽有善质，但善质还不是善，若使善质发展成为善，则有待于性外之人事。

因此，在“性论”问题上，牟氏将董仲舒之说法也归入用气为性一类。因董氏言善时未能始终就着道德本身之性之定然的善来说，反而善还需要通过后天的努力、实践，依道德的内在规定性不断完善。牟氏认为真正的道德本身之性之定然的善不需后天人为加工完成，而是其当身必然能够体现出来的。从才质之性的等级性考虑，董氏把人性分为三品：一方面，强行把圣人之性与斗筲之性，排除于性名之外，一种不可教，一种不可学，似有道德性本身之必然之善的存在；另一方面，中人之性待渐于教训，而后能为善，此类又是气质之善。在牟氏眼中，董氏之善前后矛盾，所以他说：董氏于气性或德性上任何一路都未通透。然而牟氏又说“气性”论虽有不足，但仍不失其为人性论中重要的组成部分。

上文中曾经提到“圣人”这一概念。董氏，至两汉，下及魏晋，都把圣人看作为“天纵”，不可学而致。牟氏则反之，他认为“天纵”就其根本还是从材质谈的，只不过先天的资质比常人高，“其性情之暝易开，其混杂少而易沙汰，故易至纯善而不见有恶迹”[①]。中国的传统毕竟与西方基督教不同，没有把圣人当作是神来看待。孔子虽然被视为圣人，但他在儒家的地位也未曾如耶稣在基督教中一样。下及魏晋，人们大多是从天资或才资特异方面来接近天纵，而不是依靠上天的意志，这走的正是气性、才性之路。只是这一思路虽了解到圣人重要性的一面，而没有参透圣人之所以为圣人的根本所在。恰恰又是因为在气性领域内把握、品评此面，才引发魏晋人物开出艺术境界与人格美学之境界。

圣人固然有才与资者一层面，但如果仅仅从气性层面谈论，就不能真正穷尽之所以为圣人之理。牟氏说：“圣人总是德性人格之目，其天资无论如何高，以无现成之胜任，其天资亦在不断的陶铸与完成中。此则必开出超越之理性领域，而后是能尽圣人之蕴，而后是能说‘人人皆可为圣人’，而后始真能建立人性之尊严。此则必归宗于孟子，而后人性论始能全部站得起。宋明儒即继承此路而前进，而两汉传统所注意之气性、才性，遂吸收而为‘气质之性’矣。此是中国学术之大脉也。”[②]孟子所言之善（恻隐之心、羞恶之心、辞让之心、是非之心）才是因就着道德的心性之善。这种道德的心性之善便是人之“道德性当身”之定然的善，既不是用气为性之

① 牟宗三：《才性与玄理》，见《牟宗三先生全集》第2卷，台湾联经出版事业公司2003年版，第16页。

② 牟宗三：《才性与玄理》，见《牟宗三先生全集》第2卷，台湾联经出版事业公司2003年版，第17页。

善质,也不是善的倾向。他认为,这种有道德之心所发之善端,“乃是由此善端以体证人之超越而自足的普遍的道德心性之当身”①。牟氏之善实际上是超越人的物性(生理学意义),展示人之为人有别于他物之德性领域抑或是道德心灵领域。此善就是人们道德实践的内心依据,也是由人至圣人之超越依据。牟氏称这种“性”为“圣性”或“道德性”,相当于佛教中所讲的“佛性”。他将此道德性视作“用理为性”、“即心以见性”,其中含之善理定然能够自然发挥出来,超越理性的,且是普遍的存在于每个人中。因此,人人皆可为圣人。无论才资处于上中下哪一等级,都不能因其未成圣人而否定他们也具有这种道德性定然之善。

不难看出,牟氏极为推崇的是以孟子“心性为善”一路之性命观,即强调人之道德性。在肯定道德性的同时,并未否定人之气性。他将此道德性看作是“命之性”,属形而上,把气性看作“气质之性”,属形而下。心性依靠道德的功夫从心上得收获才是人的理性超越之根本。凡就着气性、自然之质谈性,虽也在心上做功夫(道家讲究清心、静心、虚心、一心得后天功夫),在性上得收获,人自身缺乏超越的根据。所以,道家只能依靠道、无、自然为依据,靠后天的功夫修心养性。据此,牟氏认为因道德性在道家无安身之处,这便成为道家系统的严重缺陷。

第二节　圣人体悟:王弼玄化的儒学与儒学的玄化

东汉末年在统治阶层内部出现名实不符的混乱情况。针对这种情况,当时关心政治的人都主张“综核名实”。到曹魏政权时期,魏文帝推行“九品中正之法”以期选拔名实相副的人才。同时,他命令刘劭制定考核官员的规则“都官考课法”七十二条。《人物志》虽然不是考核官员的标准,但它的内容也是如何识别不同人的才性与风格以及如何量才为用。此书因基于人之材质论人性且彼时清谈、名理之风已兴,故牟宗三又称其为“才性名理”。

一、牟氏品鉴《人物志》之才性与审美

(一)《人物志》的才性与审美

《人物志》开篇便道:“盖人物之本,出乎性情。性情之理,甚微而玄,非圣人之察,其孰能究之哉?”(《九征》)不同人才之间的差异源于不同的性情。性情之理精

① 牟宗三:《才性与玄理》,见《牟宗三先生全集》第2卷,台湾联经出版事业公司2003年版,第19页。

微玄妙,只有圣人方能体察其中奥秘。既然如此,圣人如何究其微玄?“凡有血气者,莫不含元一以为质,禀阴阳以立性,体五行而着形。苟有形质,犹可即而求之。”“元一”为人之根,此“元一”便是气。刘劭继承了两汉以来以气为本的传统,以阴阳为性,以五行生形。如果了解一个人的五行之形质,自然可推断出其性情。五行又是怎样体现人的性情的呢?刘劭认为:五行金、木、水、火、土分别对应筋、骨、血、气、肌五象;五象又分别体现义、仁、智、礼、信五常。因每个人所禀受五行之气各不相同,故五象之体的完善程度随之不同,五常之德亦随之有所偏颇。五行之气虽无形,然五象之行有形,以此为据则人之性情可求矣。尽管人的体质变化无穷,但各种征象都表现在面容、声音、气色、表情和言谈上。刘劭说:“色见于貌,所谓征神。征神见貌,则情发于目。……物生有形,形有神精;能知精神,则穷理尽性。”色不单指容貌脸色,还包括人的精神气度和内在人格。其中眼神最能体现人的性情、品质,而将“性”认识透了,才能把识别人物的标准完全搞清楚。故魏晋时期,最重以眼神为核心的精神气度。名士们在评论、赏鉴人物时,着重的就是人的精神或神味。《三国志 · 钟会传》中记载蒋济道:“观其眸子,是以知人。”

这种品评人物的标准也反映在此时的美学发展上:绘画方面,这一时期绘画作品大多以鉴戒为目的,但强调人物个性和精神气度的画风已经形成,人物不再仅仅是以往作品中呆板的说明性符号。刘劭提出的“征神”(即传神)同绘画艺术紧密联系在一起。这里,“神”不再是过去儒家伦理道德意义上之精神转而为个体才智、性格之象征。著名的画家顾恺之作人物画,曾数年不点目精,有人问他原因,他回答说:“四体妍媸,本无关于妙处;传神写照,正在阿堵中。”①

同时,魏晋时期书法发展亦呈现两大突破:一是“意”与“象”的表达;二是“骨”与“筋”的结合:

一、“意”与“象”的表达。这主要是当时书法受到“言不尽意”论的影响,摆脱传统的“观其法象”的束缚把主体内在的“意”提到首要地位。

二、“骨”与“筋”的结合。与儒家重视人的社会性、道德性不同,从先秦道家《老》、《庄》继而王充再至刘劭更加关注自然和作为自然一部分的人体。特别是《人物志》专门讨论人的形体与人的智慧、精神的关系。其中《九征》对于“骨”、“筋”与神、智的关系进行了细致描述:“骨植而柔者,谓之弘毅。弘毅者也,仁之质也”,“筋劲而精者,谓之勇敢。勇敢也者,义之决也”。“勇怯之势在于筋,强弱之植在于骨。”刘劭明确把骨、筋同精神、品质联系在一起。从这里起,骨、筋开始成为

① 刘义庆:《世说新语 · 巧艺》,辽宁出版社 1997 年版,第 172 页。

判断人的气质、与美紧密相连的概念，进入美学领域。“作为书法艺术，它的根本意义和价值在于主体内在的精神、情感的抒发和表现。而且，由于书法以线为其媒介，在视觉艺术的范围内，线又恰好比色彩、明暗更具有充分的深入的表现情感的功能。”[①]筋骨概念在书法中的提出，究其根本在于如何通过书法线条完美地发挥、展现出人的生命力量。书法之美便在于使书法的线条贯穿、洋溢个体的内在生命力，这既是字体本身根本之所在，亦是一种追求自由的精神境界。总之，“‘筋’、‘骨’作为概念被引入书法理论，它的美学意义首先就在于把艺术的美同生命的力联系了起来”[②]。

既然人的各种品质才能皆由天赋之阴阳五行之成分所定，所禀五行不均，常人品质才能都有所偏，即“偏至之材”。身体中占据优势地位的那种“质”就是“偏至”的根据，又叫作“胜体”或“胜质”。如果一个人生来就是一种“偏至之材”，那就要一直偏至下去，没有办法可以改变。《人物志·体别》中刘劭说：“夫学所以成才也，恕所以推情也，偏材之性不可转矣。虽教之以学，材成而随之以失。虽训之以恕，推情各从其心。信者逆信，诈者逆诈。故学不入道，恕不周物，此偏材之益失也。”照一般道理，通过教育人和学习，可以使人的才能得到发展，学会宽恕、推己及人，以人之长补己之短。但对于偏至之人，这种办法行不通。偏至是不可转移的。愈是学习，只能使他所偏之质愈偏。所谓的推己及人，也只会使他认同和自己同类之人。偏材之人既有短处“失”，也有长处“益”。失、益总是杂糅在一起的，如《人物志·流业》曰：“宽恕之人不能速捷，论仁义则弘详而长雅，趋时务则迟缓而不及。”性情宽厚的人，办事就会犹豫不决。宽恕是益，犹豫就是失。益越发展，失也跟着发展。各种形质中最尊贵的是“中和”之质，“平淡无味；故能调成五材，变化应节”，因其所禀阴阳之气恰到好处、中睿外明。只有圣人才具有中和之质。常人或为阴多于阳的玄思之士，或为阳多于阴之明白之士。《人物志·九征》刘劭说：“是故中庸之质……五质内充，五精外章，是以目彩五晖之光也。”圣人不仅内充五行且眼中也流露与众不同的神采。

牟宗三认为《人物志》乃从材质方面入手，因其以具体的人的姿态作为赏鉴对象，它所涉及的才性或性情虽然变化多样，但全都是先天注定不可改变的，所以这种才性有两种特征：

1. 正可以用来说明个人之间的差异性或特殊性。这和孟子的“道德心性”、宋

---

① 李泽厚、刘纲纪：《中国美学史·魏晋南北朝编》（上），安徽文艺出版社1999年版，第418页。

② 李泽厚、刘纲纪：《中国美学史·魏晋南北朝编》（上），安徽文艺出版社1999年版，第420页。

儒的“义理之性”所指的人的普遍性是相对立的。此差别性包括一个人自身才性的多面性,又包括不同人之间才性的优劣高下。

2. 这种差别性非人力所为,是先天注定,不但说明人格价值不尽相同,亦说明天才之人确有。

所以牟氏认为,顺《人物志》之鉴赏才性开辟出魏晋美学境界,继而转为风流清谈的生活情调。一方面,在生活中,时人多居飘逸气质,另一方面,美学境界中高贵、低贱、清雅、庸俗等价值观念成为评判人物的新标准,摒弃了过去的道德标准。牟氏谓才性就是美的鉴赏与具体智悟混融为一的表现。鉴赏才性的目的固然是识人才、用人才,然此过程本身又是鉴赏与智悟的结晶。它既能开出新的美的境界与智的境界,又代表了美趣与智悟的表现。它直接引发的结果就是正始年间何晏、王弼、向秀、郭象的“玄学名理”的出现。玄学就是将这种鉴赏与智悟运用于三玄(《老》、《易》、《庄》)的理解。所以,后来有“言意之辨”,讨论言是否能尽其意。虽有欧阳建主“言尽意”,但势必以“言不尽意”为最终归宿。因为无论才性或者玄理都不是用言语所能够说明白的。

至于名士们(中朝名士、竹林名士、江左名士)的生活情调,当然展现出的全部是艺术境界与智悟境界。艺术境界体现于两方面:一是他们以自己的才性所呈现的神采、风姿,二是修养的趣味。这两点在《世说新语》中得到充分说明。在这本书中用于形容人的鉴赏性的词语诸如“姿容”、“容止”、“风姿”、“风神”、“神采”、“器宇”等等不胜枚举。艺术境界上,文学方面出现“纯文学论”和“纯美文的创造”,书法绘画也成为独立的艺术。智悟境界上,名士们擅长名理又能辩论,使其为佛教的传入中国并传播开来奠定了方法论上的基础。牟氏认为中国的道统在儒家,而哲学传统则为先秦名家、道家加之魏晋名理所构建。美趣与智悟都促进了人的性情的解放。所以魏晋人提倡自然,反对名教(礼法)。这就导致日后自然与名教、自由与道德之间的矛盾不断扩张。

(二)牟氏品鉴《人物志》

牟宗三把中国哲学的发展大体分为三个阶段:一、先秦诸子学;二、魏晋南北朝,下赅隋唐;三、宋明理学。《人物志》开启魏晋玄学人物品评之思潮,故牟氏对此书给予相当的关注。他对书中集中论述之“才性”进行深入研究,系统地解析并阐发其正、负两方面意义。

《人物志》意在根据个体生命在世间的表现形态或姿态而品鉴其原委。它直接就具体的个体全面地品鉴,就好像是品鉴一件艺术品一样。牟氏称这种系统是品鉴的论述。相较之下，西方科学中关于人的学科：心理学、生理学、人类学、社会学等等，都不是直接就人体生命的人格全面的研究，它们是以人的普遍性为基点，分解出某一共在的现象论述其法则，所以这些学科都不能把它们研究的对象还原为一个完整的、具有生命人格的个体的人，它们的系统是指物的论述，所以，全面人性的解读并不是西学之所长。依牟氏之观点，唯有《人物志》中对人之了解“才是真正关于人的学问，乃是中国学术文化中所特着重的一个方向”①。由此可见，牟氏对这本书的价值首先是肯定的。

对人性问题的思考是中国哲学的一个核心话题。全面地分析人性大致有两种思路：一、以先秦的人性善恶问题为代表，即从道德上的善恶观念讨论人性。二、以《人物志》的“才性名理”为代表，即从美学的观点来品鉴人的才性或情性。这两种思路各体现了一种基本原理，前者是道德的，后者是审美的。前者关于人性有各种说法，归以系统地看，就是孟子的性善论配之《中庸》的“天命之谓性”，以及《大学》之“明德”，与孔子之“仁”相汇合，最终发展至宋明儒“心性学”中的“义理之性”（亦即天地之性），牟氏将此路归为正宗。后者，是对才性的品鉴，其目的无非在实用——知人与用人，并最终发展至宋明儒“心性学”中的“气质之性”。孟子将性看作是德行所以可能之先天根据，所以孟子之性走的是理性（道德心性）之路。《人物志》将性看作才智、品性存在之先天根据，所以刘劭之性走的是才性（气性）之路。

所以，就《人物志》品鉴的才性，一方面在精神上可开出美学领域；另一方面其落于现实，却导致门第观念依然强大——九品中正制度推行的人才选取的结果就是“上品无寒门，下品无世族”②。造成后者出现的原因，牟氏归结为“美学精神与艺术性的才性主体之发见，并不足以建立真正的普遍人性之尊严，亦不足以就放人为一皆有贵于己之良贵之精神上的平等存在。而孟子知道的心性则能之”③。在此，牟氏明确，才性不是人之所以为人的超越根据，只有孟子倡导的道德心性（良知）方能挺立起真正的人格尊严。所以，宋明儒顺孟子一路讲义理之性，构建出一个人的道德主体性理论系统。这样，不但“足以建立真正的普遍人性之尊严”，而且从义理之性超越气质之性的角度来看变化气质的问题，使德性人格向上无限发展成为可能，也使先天而定不可改变之才性成为相对可变之才性。这正是宋明儒

① 牟宗三：《才性与玄理》，见《牟宗三先生全集》第2卷，台湾联经出版事业公司2003年版，第51页。
② 冯友兰：《中国哲学史新编》（中），人民出版社2004年版，第383页。
③ 牟宗三：《才性与玄理》，见《牟宗三先生全集》第2卷，台湾联经出版事业公司2003年版，第57页。

构建的"道德性主体"与《人物志》展现的"才性主体"的不同之处。以史为鉴,牟氏显然更加主张"道德性主体"。他认为寻找普遍人性,建立人格尊严,在中国是儒家之使命和意义;在西方是基督教之使命和意义。虽然两者在说法上不同,但在实质功能上是一致的,即都主张超越现实的各种限制,在精神上达到人的平等。可是,这在艺术精神上就无法实现。牟氏以古希腊文化为例,它也是艺术精神,而柏拉图、亚里士多德却承认有先天的奴隶。

才性缘何开不出进德之学及进德之学所以可能之超越根据呢?牟氏在疏解《人物志》过程中,边解边议。《九征》篇主要借助五质五德交互错综来展示人的全部才智性情。品鉴才智性情全都是依据内在气质精神与外在仪容声色。"才性"之差异决定"体性"之不同。这里"体性"指的是性格、格调,即人的特殊性,而牟氏认为"本体"之体性,应该就着人的普遍性说。体性既然是表明各人之殊异性,所以《人物志》继"九征"而谈"体别"。

《体别》篇曰:"夫中庸之德。其质无名。……是以抗者过之,而拘者不逮。""夫拘抗违中,故善有所章,而理有所失。是故厉直刚毅,材在矫正,失在激讦。柔顺安恕,美在宽容,失在少决……多智韬情,权在谲略,失在依违。"以上是说:不同的才性气质落在个人身上,必然各有所长、并失其短,所以每个人都应该自觉地扬长避短。如果确实能够黾勉行事,就是《体别》篇中所谓的"进德",也可叫作"学"。所以,只有在"变化气质"的基础上才能说"进德之学"。但是只从才性看人,不知从德性看,就不可能获得进德所需的超越之根据,那么,进德之学则无处可立,才性之偏也得不到转移弥补。所以,此篇末尾处道:"夫学所以成材也,恕所以推情也。偏材之性,不可移转矣。虽教之以学,材成而随之以失;虽训之以恕,推情而各从其心。信者逆信,诈者逆诈。故学不如道,恕不周物,此偏材之益失也。"此处牟氏解释为:"进德之学是宋明儒所讲。其所以可能之'超越根据'亦是由宋儒开出。"他认为,只有在宋儒那里,才真正谈得上是变化气质,建立成德之学。成德化质,不是"教"与"训"就能完成的。如果不能自觉到"义理之性"(即学之所以可能之根据),虽教之以学,这种学习实际上只会使其所偏之才愈增,对其所失之才毫无裨益,反而失之愈多。这种学牟氏称之为"顺学"。同理,不能自觉到"恕"之所以可能之根据(牟氏认为恕应当发乎仁心),白白地教训人要学会宽恕,那么这种恕,只是顺着原来固有的偏性。牟氏把这种恕叫作"顺取"之恕。这对偏材仍无补救,所以"成德之学,唯在逆决"。牟氏进一步补充道:"逆决者,逆其材质情性之流而觉悟到成德化质所以可能之‘超越根据’之谓。”[①]即只有自觉地反才性之偏颇才可能成德化质。这种智慧，在宋儒处始得以开辟，顺《人物志》的系统，是根本开不出这一领域的。才质之性虽于具体生命而言是先天的、定然的，但毕竟是生命的实然，而非理性上之必然。一旦可以开出理性领域，就可以转化，这样成德之学才成为可能。否则，只顺才性说，命只能是先天的，不可改变的，这样，成德之学亦无从谈起。《人物志》未能将心纳入性中，故开不出另一“超越之理性之领域”，然从品鉴角度言，却开出美学领域与艺术的境界，牟氏认为这正是此书积极价值之所在。

从整体而言，才性之质，若从品鉴的角度看，是可欣赏的；若超越着从道德宗教角度看，又是可忧虑的。牟氏认为：“可欣赏与可忧虑，构成‘才性之质’亦即‘生命领域’之全幅意义。而魏晋时代精神与学术精神，则取其欣赏一面而品鉴之，此是才性之积极的意义。《人物志》即为其开端之代表。”[②]但从道德宗教立场上说，才性之积极意义又转化为消极意义。它自有其独立的物性，随之而来的后果是各种欲望。其可品鉴之性情销声匿迹，在儒家收敛为气质之性；在佛教消解为业识、无明；在基督教化归为原罪、撒旦。在这个意义上，品鉴之才性抽象为“生命之领域”，“生命”的概念由此成立。“生命”一词此刻失去往日中立的色彩，被烙上罪恶的印记。

二、牟氏眼中之王弼

（一）王弼援道入儒

汉魏之际与周秦之际十分相似，政局动荡不安，国家颓废，但学术思想界却掀起巨大变化。自汤用彤始，学界统称这一时期的思想为魏晋玄学。魏晋玄学讨论的中心问题是“究竟何为理想的圣人人格”，并由此引出著名的“自然”与“名教”之辨。汤用彤先生依据时人对“圣人观念或自然观念与名教”关系的不同理解，将魏晋玄学之发展分为四时期，即：（一）正始时期，易、老思想最盛，何晏、王弼为其代表。（二）元康时期，庄学颇盛，在自然与名教问题上，激烈派的“越名教而任自然”大行其道。（三）永嘉时期，“新庄学”大盛，至少有一部分名士上承正始时期，调和名教与自然之关系。（四）东晋时期，佛学最盛，名教与自然之关系再行分途。王弼作为正始玄学中最重要的一位哲学家在其二十四年短暂的人生历程中却留下了以“得意忘言”和“贵无”为代表的闪光思想。他通过注疏《老》、《易》、《论语》的方

---

① 牟宗三：《才性与玄理》，见《牟宗三先生全集》第2卷，台湾联经出版事业公司2003年版，第66页。

② 牟宗三：《才性与玄理》，见《牟宗三先生全集》第2卷，台湾联经出版事业公司2003年版，第67页。

式，将儒学玄化，从而完成由汉代经学向魏晋玄学的转化。

“言意之辨”是魏晋时期名士们辩论的一个重要议题。王弼利用这个议题把道家思想引入儒家经典之中。“言意”问题最早提出是在《周易·系辞》中：“子曰：‘书不尽言，言不尽意。’然则圣人之意，其不可见乎？子曰：‘圣人立象以尽意，设卦以尽情伪，系辞焉以尽其言。’”①它实际上明确了语言不能将意思完全表达出来这一思想。既然如此，圣人之意如何能见？既然言不能尽意，于是圣人建立了“象”来进一步表达自己的意思，人们可通过“象”来体会圣意。所以，“象”的作用就是辅助“言”表达“意”。到了魏晋名士那里，关于“言意”关系，有的人主张“言尽意”，有的人主张“言不尽意”。王弼又是怎样处理这个问题的呢？王弼的过人之处就在于，他在这一问题上引用了《庄子》中“得意而忘言”的观点。《庄子·外物》曰：“筌者所以在鱼，得鱼而忘筌；蹄者所以在兔，得兔而忘蹄；言者所以在意，得意而忘言。”②王弼对这一观点赋予自己的新解，在《周易略例·明象》中他说：“夫象者，出意者也。言者，明象者也。尽意莫若象，尽象莫若言。言生于象，故可寻言以观象；象生于意，故可寻象以观意。意以象尽，象以言著。故言者所以明象，得象而忘言；象者所以存意，得意而忘象。犹蹄者所以在兔，得兔而忘蹄；筌者所以在鱼，得鱼而忘筌也。然则言者，象之蹄也；象者，意之筌也。是故存言者，非得象者也；存象者，非得意者也。象生于意而存象焉，则所存者乃非其象也；言生于象而存言焉，则所存者乃非其言也。然则忘象者，乃得意者也；忘言者，乃得象者也。得意在忘象，得象在忘言。故立象以尽意，而象可忘也；重画以尽情伪，而画可忘也。”③在此，体现了王弼于“言意”关系之见解大致有三，即：一、意是象的根据，而象又是言的根据。所以，言可解象、象可解意。二、言是用来说明象的工具，象是用来表达意的手段。达到目的就可以忘掉手段和工具。三、只有不拘泥于言与象，并且超越言象层面，才能真正“得圣人之意”。人们可以利用语言与文字为工具、手段帮助理解圣人所要表达的思想；但由于语言和文字都具有一定的局限性，不可能将圣人之意完全表达出来。

在言意之辨的过程中，何晏、王弼等人愈来愈重视本质性的“意”，而忽略指称性的“言”。一方面，蔑视具体语言的哲理与追求超越境界的风气，引起的是精神上超越俗尘的玄远之思，并最终形成摆脱现实生活纷扰的悠远情趣。魏晋名士们

① 楼宇烈：《王弼集校释》，中华书局 1980 年版，第 610 页。

② 楼宇烈：《王弼集校释》，中华书局 1980 年版，第 610 ~ 611 页。

③ 楼宇烈：《王弼集校释》，中华书局 1980 年版，第 609 页。

多主得意忘形骸，有的居庙堂而不经世务，有的遁迹山林、远离尘嚣，有的佯狂以自适，都是为了使心神超然无所累而刻意追求放浪形骸。

另一方面王弼将儒家"言不尽意"与道家"得意忘言"巧妙地合二而一，实际上是给自己创造了一个既不触动儒家传统经典权威地位又能重新对其加以解释的机会，由此也初步确立了玄学旨在汇通儒道之意。为了能够将儒、道两家的思想自然地融为一体，王弼将"无"的概念引入儒学，使其成为两家共同一以贯之的核心。在儒、道两家经典中，"道"都是各自思想系统中的最高范畴。名虽同，意则殊。在儒家，"道"是以仁为基础的，为儒生们毕生追求的最高的道德境界。在道家，"道"是生成世间万物的最高本体，道家追求的是逍遥、自然、无为的虚灵境界。而王弼，把这两种"道"都称为"无"。《老子·二十五章》说："有物混成，先天地生。寂兮寥兮，独立而不改，周行而不殆，可以为天地母。"[①]《老子·四十章》又说："天下万物生于有，有生于无。"[②]老子明显把"无"看作宇宙本体，并且"无"在一切现象、事物之先。只有这种绝对原初意义的"无"，才能超越世间万物之个体性与差异性，成为一切之本原。对此，王弼注道："天下之物，皆以有为生，有之所始，以无为本，将欲全有，必反于无也。"[③]任何事物、现象都存在于一定的时间、空间之中，且都有"形"与"名"凸显其自身，若脱离时、空的依托，它就无从存在。但凡有个体性、差异性存在，形名在时空中凸显的万物就只是暂时的、相对的，不能成为包容、涵盖、孕育一切的本原。所以只有"无"可以成为天地万物的起点。就着这个意义，王弼在《周易·系辞》注中说："道者何？无之称也，无不通也，无不由也，况之曰道，寂然无体，不可为象。何为道？无也。万物无不与之相通，无不因其而生；无可名状，不能为象。"[④]儒家之道就这样被冠以"无"的称谓。《论语·里仁》中孔子对曾参说过："吾道一以贯之"，曾参认为，"夫子之道，忠恕而已矣"。这是儒家传统中的关于"道"的理解，道即忠恕。但王弼将这种解释置之一旁，重新注疏："贯，犹统也，夫事有归，理有会，故得其归，事虽殷大，可以一名举；总其会，理虽博，可以至约穷也。……能尽理极，则物无不统，极不可二，故谓之一也。"[⑤]他把儒家之道转述成为万物之终极，推至宇宙本体的高度。

如此一来，王弼以"无"为根基，推动儒、道两家思想渐趋合流。"天地之道，不

---

① 楼宇烈：《王弼集校释》，中华书局 1980 年版，第 63 页。
② 楼宇烈：《王弼集校释》，中华书局 1980 年版，第 110 页。
③ 楼宇烈：《王弼集校释》，中华书局 1980 年版，第 110 页。
④ 楼宇烈：《王弼集校释》，中华书局 1980 年版，第 541 页。
⑤ 楼宇烈：《王弼集校释》，中华书局 1980 年版，第 622 页。

为而善始，不劳而善成，故曰易简，……天下之理，莫不由易简，而各得其分为也”①，世间的一切，包括社会治理和人生态度都要在这个终极之处找到依据。彼时突破汉代易学的烦琐，追求简易与根本之风依然盛行，道家之学日益凸显其重要意义和作用。以王弼为首的名士们试图顺应时代的需求，以老、庄的思路来解决各种社会问题。

（二）身体与德性的分离

确立以“无”为本，凸显“意”对“言”的优先权，不仅推动了玄学名理的形成，而且促进了对东汉晚期社会认同思想的摒弃与个体独立的追求。此时在名士阶层中，流行心灵超脱与精神自由的人生取向，并刺激着老、庄思想的回归。

正始年间，夏侯玄、荀粲、荀融、钟会、王弼以及阮籍、嵇康、向秀等一大批名士并起，加之何晏主持选举，“虚无之言，日以广衍，众家扇起，各列其说”②。名士们在讨论“有”与“无”关系的问题过程中，将“无”搁置在首要位置上，直接产生了两方面影响：一、导致人们的思想起点发生重大转变；二、导致人们在生活价值取向上发生重大转变。因“无”为本，“有”为末，所以与“无”相对应的自然秩序便先于与“有”相对应的道德秩序；与“无”相对应的自然人性便先于与“有”相对应的社会人性。因此，之前强调理性的、明智的、恪守礼法的生存原则为无拘无束、随心所欲的自然生活态度取而代之，后者找到了价值肯定的依据，这也是道家精神再度兴起的重要表现。

实则早在王充那里，就已经显示出其依道家阐发的“自然”之义。“天”不再具有意志性，“谓天自然无为者何也？气也，恬淡无欲，无为无是者也”，正是无言自化的自然之气。人与天皆禀于气，天道自然无为，人也应当像天一样。至正始年间，这种思想逐渐成为上层知识分子的共识。王弼汇同儒道之际，进一步提高“道”、“无”、“自然”的地位，把它们看作是“术”、“有”、“礼教”的起点和价值依据。在注解《论语·泰伯》“巍巍乎！唯天为大，唯尧则之”一句时，他说：“则天成化，道同自然。”③在注《论语·阳货》中“天何言哉？”一句时，他说：“举本统末，而示物于无极者也。”关于天如何示物，他说：“天地之心见于不言，寒暑代序，则不言之令行乎四时。”④他突破儒家对于“天”的传统诠释，将“自然”新意赋予其中。在注《老

---

① 楼宇烈：《王弼集校释》，中华书局1980年版，第536页。

② 葛兆光：《中国思想史》第一卷，复旦大学出版社2004年版，第330页。

③ 楼宇烈：《王弼集校释》，中华书局1980年版，第626页。

④ 楼宇烈：《王弼集校释》，中华书局1980年版，第633~634页。

子》时,他更以道家文本为依托,充分发挥自然之义,如注十七章中“功成事遂,百姓皆谓‘我自然’”时,他说:“自然,其端兆不可得而见也,其意趣不可得而睹也。……居无为之事,行不言之教,不以形立物,故功成事遂,而百姓不知其所以然也。”[①]他不断强调,天道即是自然,自然即是无为,无为就是万物顺其自然之性而行,不加以任何造作、人为之事,使物不受形名的限制。

但在现实世界里,无论社会秩序抑或是人际关系,无一不由“名教”构建而起,无一不受到“名教”的规范和限制。于是,人们开始强烈地追求“自然”、“无为”之道,摆脱人为“名教”之束缚。所谓“名教”,即“一套在历史与社会中形成的法律、制度、习俗以及在传统与现实中形成的,赖以维护秩序运作的自觉或不自觉的正义、合理、公平观念”[②]。显然,名教是“人为”的具有强制性质的意识观念,这与“自然”、“无为”的玄理思潮是背道而驰的。当传统与时代新风发生强烈碰撞时,遂引发所谓“自然”与“名教”的冲突。牟宗三认为,德性是名教立于人身的基础,身体是名士实现自然、才性的手段。所以,自然与名教的冲突,在名士阶层表现为德性与身体的背离。身体再不是德性的承载者,而是自然的表达者。但王弼以他的“圣人有情”论来反叛德性,在他心里,德性中所包含的仁、义理念并不是天与人的自然本性,它们只是后天的教化深入人心转而形成的习惯,无法遮蔽人的自然本性。而用于维护德性的那一套礼教,更是后世人为的结果(即失道而后德,失德而后仁,失仁而后义,失义而后礼)。情发乎于人之自然本性,如何能以无情代之?于德性上多加一分,则于自然上多减一分。若要达到自然纯粹之境界,便须抛却德性之因。

因循着王弼这一思路下去,玄学至向秀、郭象处发展为“独化与玄冥之境”。即排除来自宇宙、社会以及人的一切外在干扰,完全处于自然而然的状态。尤其人的独化思想喻示着一种超越人生世俗的精神对身体的自由。这种思想反映在“竹林七贤”身上最为明显。他们为了追求自由,有的终日饮酒,有的放浪形骸,无所顾忌,甚至到了于人前一丝不挂的极端夸张的地步。牟氏以为追求自由、解放身体本无可厚非,但到了这个程度,不能不说是玄学消极的一面。然其亦不乏积极的一面,即其转于美学之领域。东汉末年,蔡邕等人的书法思想源于《易传》中的“观其法象”。到了魏晋,由于玄学的发展,从《庄子》、《易传》衍生出“言不尽意”、“得意忘象”的观点,对美学和文学产生了深刻影响。艺术美与个体感情的互动关系备受关注,这也影响到了书法艺术。魏书与汉书相比,发生了两大方面变化:一、超越原

① 楼宇烈:《王弼集校释》,中华书局1980年版,第41页。

② 葛兆光:《中国思想史》第一卷,复旦大学出版社2004年版,第331页。

来“观其法象”的思想，突破字体本身笔画结构的局限，更加注重对主体“意”的发挥和表现。二、更有意识地追求与书法相关的“象”的自然之美。简而言之，即“意”之玄远甚微与“象”之清雅自然并重，此亦为魏晋书论之重要特征。自西晋开始，许多书论中受“言不尽意”思想的影响愈来愈明显，例如：成公绥在《隶书体》中写道：“工巧难传，善之者少；应心隐手，必由意晓。”索靖在《草书状》中描述：“科斗鸟篆，类物象形；睿哲变通，意巧滋生。”卫恒在《四体书势》中要求：“睹物象以致思，非言辞之所宣。”①他们都明确指出书法之“意”是“言”、“象”难以尽释的。到了东晋，王羲之进一步强调书法的本质与“意”的发挥是不可分割的，他的书法点画之间皆有意，且意须有言所不能尽之深度。借助点画表现“意”，也就是借助书法的点画表现个体的内在心灵，远远高于以往通过形象来比拟形容的境界。可以说，到了这一时期，书法真正跨越了过去以“象”为中心的时代，将主体内在的“意”提升到品评的首位。这也是主体意识日渐凸显在审美领域的体现。

除了重“意”之外，玄学中万物任自然的思想也深深影响了此阶段的美学发展，表现在绘画方面就是强调一种如朝霞、烟云、清风、丽水、春华般明丽自然之美。就音乐而言，嵇康以之为“自然之和”，陆机以之为“常音”或总称为“天籁”，即要求清新自然。就绘画而言，以顾长康为代表的画作更加注重传神写照，意在接近精神境界、生命本身的自然之美以及造化之工。当时，人物品鉴多用山水字眼，以山水言语传人物之神，以此探求生命之本源，由是山水画兴盛。汤用彤说：“从人物画转到山水画可谓为宇宙意识寻觅充足的媒介或语言而另辟蹊径。”②或许与画人物相比绘山水更容易揭示生命之源泉、宇宙之奥秘。就文学而言，《文赋》强调“文以载道”，即体用不离。文所寄兴、承载的是对生命、宇宙价值的感受，是对自然的欣赏和享受。文学的意义就在于表现人与自然合二而一的和谐关系，且渗透出深刻的情感和体悟。

实际上，艺术都源于现实生活，但不论其直接形象的成分占得多或少，在本质上都是个体内在心灵的外在表现，而非对形象简单的模拟、再现。当然，这个所谓的“个体”一定是生活在一定的历史和社会关系中的鲜活、独立的生命。既然如此，个体的内在心灵必定要受到各种外在因素的制约和影响，这正是艺术要进入和展现的具体、甚微的领域（个体独特的心灵领域）。魏晋美学首先值得肯定的地方，就在于它突破了具体物象对个体内在美的限制，留下无限意境予人遐想。

---

① 李泽厚、刘纲纪：《中国美学史・魏晋南北朝编》（上），安徽文艺出版社1999年版，第410页。

② 汤用彤：《魏晋玄学论稿》，上海古籍出版社2001年版，第40页。

(三)牟氏眼中之王弼

牟宗三分析王弼援道入儒之思想,首先对于王因循“以传解经”的传统方法予以肯定,但他认为王弼仅是以道家玄理附会孔门义理,只有宋明儒才真正把握并发挥了其中所蕴。牟氏从以下三点分述之:

1.“圣人体无”

魏晋时期世人多言老庄,但仍不忘推崇圣人。牟氏首先认为:从造诣境界上看,老庄皆不及圣,此乃魏晋人之普遍观点。所以,裴徽问弼:“夫无者,诚万物之所资也。然圣人莫肯言,而老子申之无已者何?”弼曰:“圣人体无,无又不可以训,故不说也。老子是有者也,故恒言其所不足。”[①]如同真正擅长易学之人鲜论易学一样,总是把“无”挂在嘴边的老子其实所谈的不过是“有”,只有从不说“无”的圣人才能真正达到“无”的境界。牟氏又认为,“无”不仅是一个“智及”的空泛概念,而且是能够切实地在生命践行中体现出来的。老子因为还是处于“有”的层面,不能把它融入生命之中,所以达不到“无”的境界;因为上升不到“无”的境界,所以“恒言其所不足”。用孔子的话来说,老子只是“智及”,而不能“守仁”。至于庄子,更是“未始藏其狂言”。在这个意义上牟氏说,孔子才是圣人,老庄不过是贤人或哲学家罢了。

孔子“体无”,指的是造诣(即践行)的境界。站在孔教儒生们的立场上看,孔子是以“仁”为体。客观方面,“仁”是天地万物之本;主观方面,孔子终生都在践行体仁之功夫。因此,“仁”亦可称之为“仁道”、“天道”或“一”。“道”或“一”指向外延;“仁”、“诚”或“中”指向内涵,这就是存在上的或第一序上的体(实体、道体)。牟氏存有论之“道”亦是在此意义上说的。至于从践行、体悟的角度上说,就是要达到“肫肫其仁,渊渊其渊,浩浩其天”,即“大而化之”的境界,儒家把它称之为“天地之象”。所以天虽无言却能四时行、百物生;天地无心却能成化一切。天道即要“显诸仁,藏诸用,鼓万物而不与圣人同忧,盛德大业至矣哉”。天如此,圣人亦如此。这里的“无言”、“无心”(即无意识的)而成指天地气象,用道家的话语来形容就是“无”。只有这个“无”的境界才能繁兴大用。四时行、百物兴是繁兴大用,圣人创制立教也是繁兴大用。

牟氏认为若从繁兴大业之为用的角度看,此“无”之为本为体是境界上的或第二序上的体。王弼从此第二境界上释孔并无不可。但关键在于道家言无,本身并

---

① 楼宇烈:《王弼集校释》,中华书局1980年版,第639页。

无第一序与第二序之分别，两层是混而为一来谈的，即把境界上的“无”之本体当作存有层面的“无”之本体。那么，这个“无”或“道”即“一”或“自然”都只指向形式，只能说明本体外延的形式特征，不能说明其内涵的内容特征。故而牟氏说：在此基础上注疏儒家经典，只能体会到其境界层面上的“无”之本体之“道”，误将此老庄之言当作是孔子之义，儒家特有的义理（仁与性命天道）则悉数被遮蔽起来。假使，孔子之道真如王弼所注的那般，也只能是“迹”。以孔子之圣为用，老庄之言为体；以孔子之言为“迹”，以老庄之体为“所以迹”。向秀、郭象注《庄子》就是对这个层次义理的发挥——内圣之道在老庄，外王之道在孔子，以此为契机会同儒道，表面上是尊崇儒家，实质上却是发扬道家。受王弼的影响，此道体观贯穿了整个两晋南北朝。王弼援道入儒，至少将境界层面上（即第二序上的道）敞开，使人真切地体会到圣人之道，并追求其实现，这也是王之功劳所在。依牟氏如此推演可见，王弼虽未尽孔孟之全意，毕竟还有可取之处。继王弼第二序之境界上体无，向、郭注《庄子》延续了这一系统，大篇讨论内圣与外王之合一、无为而治与自然而化，把玄理之辞发展到了极致。遮末显本，由本起用，本末为一，牟氏谓此“体用不离，乃使儒道会通耳”。分析到这里，牟氏指出两方面纰缪：

其一，仅就第二序境界上言体用、有无，那么体或无就会失去客观性、实体性意义。用或有只是由“自然”转出的空泛的一般概念，本身不包含客观的积极意义，只产生主观上消极的影响，而这套迹本论恰好与佛教权假方便之论暗合。所以直到隋唐佛教大兴时，此观念仍为当时之核心。牟氏明确指出：宋明儒发展出的新儒家思想就是在超越这个层面上的迹本（权假）之体用观，直透原儒存有层面上之实体实理（天道性命）体用观之结果。

其二，迹本之体用观既不能真正会通儒道，也无法自行消解自然与名教（自由与道德）之矛盾。用如果只是应迹，便无必然的实理存于其中，当然无从判别是非、善恶及其分殊、差别。天道性命则不同，道德的体性学是其挺立之骨干。牟氏深信以道德意识为中心观念，把握此观念，便不会复开出应迹或权用此等旁出异支。只谈形式上的有无，根本不能正确理解道德意识并将其作为骨干支撑整个系统，所以，玄学家们言无、言自然，将道德性的事物全部认作应迹或权用，这毫无道理可言。最后牟氏得出结论，自然与名教、自由与道德是无法真实地统一在一起的，其内在矛盾终不得消解。这既是道家系统中的本质问题，也是魏晋时代的本质问题。

2.“圣人有情”

王弼曰：“圣人茂于人者神明也，同于人者五情也。神明茂，故能体冲和以通无；五情通，故不能无哀乐以应物。然则圣人之情，应物而无累物者也。今以其无累，便谓不复应物，失之多矣。”[①]牟氏以为，此处之体用算得上圆融。但圣人之情不应当仅仅是“应物”，也不只是因其体无而无累。否则，象忧即忧，象喜即喜，空泛其情无所系，这种忧喜既不是真性情，也没有任何价值。牟氏又进一步分析，圣人体仁，其心充斥着恻隐之情，所以不仅是以五情应物，更要使情体现出仁。恻隐、羞恶、是非、辞让之心皆为情，且此情中表现仁义之理，如此方可本仁体而现理。如果仅仅是应物而无累，那么情只有权假之用，没有本质意义。“大抵儒圣立教及孔门义理必须合存在之体用与境界之体用两者观之，始能尽其蕴而得其实。”[②]（在这里，牟氏提出他的双重存有论，用来树立自己的道德哲学系统。）境界之体用是儒、释、道三家共有或共通之处，存在之体用是儒家所独有的，把存在之体用贯穿于境界之体用，那么境界之体用便可超越自身之局限，既非权假论，又非应迹论。

3.“道法自然”

王弼注《道德经·第五章》“天地不仁，以万物为刍狗”时曰：“天地任自然，无为无造，万物自相治理，故不仁也。仁者必造立施化，有恩有为。造立施化，则物失其真。有恩有为，则物不具存。物不具存，则不足以备载矣。地不为兽生刍，而兽食刍；不为人生狗，而人食狗。无为于万物，而万物各适其所用，则莫不赡矣。若惠由己树，未足任也。”[③]这里，王弼对“道”的规定性可看作是“自然”。“天地任自然，无为无造”即天地无心而化之，用牟氏之言解释即“不塞其源，则物自生”。[④]他认为，王弼之“自然”乃自冲虚境界意义上说的，它所指向的是一种空虚的境界，是不着于物、超越一切实物之上的，而非客观意义上，就客观实有本身所指向的自然世界或自然主义之自然。

牟氏复而指出：自然世界中的自然物，都是互为因果、互为条件的，须依一定条件才能存在，所以这并不是真正的“自然”，而应称为“他然”。境界上之自然既不着于物又指物，才是真正意义上的自然。牟氏认为，只有这样的自然才能遮拨一切人为造作显示其内在的自然，这才是“冲虚而无所适、无所主之朗然自在”[⑤]。万物自相消长，不滞于他物。开其源使其本性不被窒塞，就会出现一冲虚之德于物上，这就是“天地任自然”之自然。而“不塞其性，不禁其源”，畅开万物“自生、自治、自理、自相赡足”，如此自然之道之为本体，看似有客观实体的存在，实际上不过是一

① 楼宇烈：《王弼集校释》，中华书局1980年版，第640页。
② 牟宗三：《才性与玄理》，见《牟宗先生三全集》第2卷，台湾联经出版事业公司2003年版，第146页。
③ 楼宇烈：《王弼集校释》，中华书局1980年版，第13页。
④ 楼宇烈：《王弼集校释》，中华书局1980年版，第123页。
⑤ 楼宇烈：《王弼集校释》，中华书局1980年版，第123页。

种“姿态”罢了,是“非实有”形态的本体。依牟氏如此分析,王弼“道法自然”中之“自然”并不是一“存有形态”之实物(即客观存在物),而是以自然作为实物的一种属性。

所以,人们首先应当注意“道”的本体界限,不能把它当作是一个存有的实物概念来理解。用王弼自己的话来描述就是:“道是一冲虚之玄德、一虚无明通之妙用,吾人须通过冲虚妙用之观念了解之。”①意即应在境界层次体会、领悟。其次,如果转向客观方面看道生万物,为万物宗主、为其根本,也须通过冲虚之心境这个角度来理解——道即是“不塞其源,不禁其性”,使万物通畅,任由其自生、自长、自相治理的根源,这就是它作为本体的意思。从这个角度来讲,它同样有别于以存有形态之实物作为本体之说(例如古希腊的“以太说”)。因为道本身不是独立存在的实物,而是一冲虚之玄德,所以它本身只是一个大自然、大自在。为了防止有人把这个自然、自在单独拿来作物,所以在解释它的时候才用了“法自然”这个说法。法自然——以自然为性,就是经由以万物自身本性、依据为而不执着于其他这样的方式来显示“道”。所以说:“法自然者,在方而法方,在圆而法圆,与自然无所违也。”“在方而法方”即在方来说就是任由其自身为方的本性而成为方,这也就是物不为其他所左右。这样,冲虚之德就可以显示出来。这就是“自然”,即“与自然无违也”。不是执着于“方之为物”之自然,而是“‘在方而无所主,如其为方而任之’之自然”②,是超越实物之上的自然,非经验之自然。冲虚玄德就是一种“圆通无碍、冲虚无执之无外”之心境。③

综合以上三点,不难看出,牟氏将王弼会通儒道之思想最终归于境界上的存有形态,这与宋明儒实有上的存有形态一起,形成了他自己构建的双重存有的理论体系。

第三节　独化与逍遥:郭象对庄子的转化

魏晋禅代之际,名士少有全者,十之八九成为政治的牺牲品,人们痛苦地徘徊在名教与自然之间无所适从。嵇康、阮籍试图开辟一条“越名教、任自由”的超越困难的生活之路,却为现实的重重枷锁所碍。裴頠出于维护礼教、稳定统治的心态

① 楼宇烈:《王弼集校释》,中华书局1980年版,第131页。
② 楼宇烈:《王弼集校释》,中华书局1980年版,第132页。
③ 楼宇烈:《王弼集校释》,中华书局1980年版,第132页。

激烈批判虚浮旷达,否定对名教的超越,提出"崇有"予以补充,但因缺乏必要的超越以失败告终。面对这种情况,郭象作为生活在那一时代里的一位敏感而又富有见地的玄学名士,带着强烈的忧患意识在总结、吸取前人理论的基础之上,继续探索安身立命之道。他通过注《庄子》的方式,渐渐把玄学的一部分思路从玄远的本体论讨论引向对人生超越、精神自由的追索,淡化"无"与"有"之间的对立,凸显"自然"的意义。

一、束缚逍遥之两重依待

由于历史的原因,自然与名教的关系问题贯穿玄学发展的始终,郭象于此时对这一问题进行了重新梳理、整合,在更高层次上回到自然与名教关系问题的起点。他认为自然与名教是一种体用如一、圆融无碍的关系。他全部思想的目的就是为了化解名教与自然之间业已形成的尖锐矛盾,所以他必然要对《庄子》重新进行注释。

下以《世说新语》注中刘孝标所记郭象之"逍遥义"为据述郭象之"逍遥"义:"向子期、郭子玄'逍遥义'曰:'大鹏之上九万,尺鷃之起榆枋,大小虽差,各任其性,苟当其分,逍遥一也。然物之芸芸,同资有待,得其所待,然后逍遥耳。唯圣人与物冥而遁大变,为能无待而常通,岂独自通而已?又从有待者,不失其所待。不失,则同于大通矣。'"[①]"大鹏之上九万,尺鷃之起榆枋,大小虽差,各任其性,苟当其分,逍遥一也",郭象注曰:"夫小大虽殊,而放于自得之场,则物任其性、事称其能,各当其分,逍遥一也,岂容胜负于其间哉?"

外在客观上,大鹏与尺鷃固然有大小之别,大小乃由与他物相比较过程中产生,与之同类的还有长短、寿夭、高下、穷达之别等等。牟宗三将诸如此类着于比较串中之依待皆谓为"量的形式关系中之依待",并判定此乃"逍遥"之第一重依待,是就万物之间的关系来说。牟氏认为,在量的形式关系中之依待所笼罩之"现实存在"又皆有其实际条件之依待,谓为"质的实际关系中之依待",乃"逍遥"之第二重依待,这是就万物之存在依据来说的。在牟氏看来,于"量与质"两重依待之下观万物无一是无待而自足,都为他然、他待者,如此则无一能逍遥而自在、自然。大鹏之上固有九万之高仍有待于天之所限,列子"御风而行,泠然善也"亦有待于乘风所限,盖为实际存在所必有之限。

因此牟氏认为,若按庄子之义,逍遥必须是在超越或破除此两重依待之限中

① 楼宇烈:《王弼集校释》,中华书局1980年版,第155页。

显。此为逍遥之"形式的定义"。郭注"放于自得之场……各当其分,逍遥一也"。牟氏认为"自得"或可曰"自然",就是万物与生俱来的不受人为干涉自然而然的状态。"当分"或可曰"性分",就是万事万物都有其与生俱来的内在规定性。这里的"自得"、"当分"即是为超越或破除此两种依待之限制所说,故也是逍遥之形式的定义。既然万物有此两重依待,如何能超越或破除此域限以致逍遥?下面我们详析之。

二、牟氏破与立虚灵与主体双重境界

(一)逍遥:超越依待之虚灵境界

"物之芸芸,同资有待,得其所待,然后逍遥耳",这还算不得是真正的逍遥。"唯圣人与物冥而循大变,为能无待而常通"[①],这句意在点明只有圣人才能超越或破除此域限达到真正的逍遥。牟宗三认为:真正的逍遥并非是超拔于客观世界的物累,而是要作虚灵境界上的修养功夫,摆脱精神上的牵绊。因此,逍遥属于精神生活领域,而不是物质生活的领域,"此为逍遥之真实定义,能体现形式定义之逍遥而具体化之者"[②],这也是圣人修养境界上之真正的逍遥。这与道家讲究的"致虚极、守静笃",在"心"上做功夫,恰好是一致的。然则,人有心、能自主,故能自觉地作虚一而静的修炼功夫,不断摒弃欲望、外物之干扰,以至圣人之境界,而大鹏、尺鷃甚至草木瓦石之类皆无心、不能自主,则不能做修养之功夫,故"放于自得之场……逍遥一也"仅指人而言。如果就万物而言,实属以观照境界,即当以至人之心为依据观照之,亦如程明道所言"万物静观皆自得",并非万物自身真能客观地实现"真实之逍遥",不过是至人之心观照而已。

牟氏在此处指出:无论人或物,逍遥者无他,唯自一点虚灵境界上来。修养境界仅为人类所能转出,就万物自身而言,则转化出一种艺术境界。而艺术境界系属主体之观照,主体超升则随之超升,主体逍遥则随之逍遥。"一逍遥一切逍遥"所现证实此理,全不能离开"主体"这一中心。六祖惠能说:"不是风动,不是幡动,仁者心动。"心动则风、幡皆动,则一切皆落于实际条件之依待(即第二重依待)中去。倘若心不动,则一切皆超拔于依待之外:风不动,幡不动,亦无所谓风因幡而动,或幡因风而动,当下即超越因果之依待,这也正是"一止则一切止"。六祖所讲之义,乃从佛家教义出发,如缘起、性空、无明等。而郭象注《庄子》有别于佛家,目的在

① 楼宇烈:《王弼集校释》,中华书局1980年版,第155页。
② 楼宇烈:《王弼集校释》,中华书局1980年版,第157页。

超越此依待而复归于各物自身(即物各付物),则明“苟当其分,逍遥一也”之理。因道家与万物之认识无缘起、性空、无明这一套破灭的分解系统,所以能够直接凭借圣人之心破除此依待而使各物圆满自足朗现。此为道家缘何能开出艺术境界之因,亦是佛家仅有寂灭超度意识之因。于此两家虽略有不同,然则其与“心止即一切止”之以“主体”为中心方式同。最终,牟氏将佛、道两家物之“逍遥”意义皆归人虚灵境界。

(二)独化:超越依待之主体境界

郭象于超越依待之虚灵境界上复进一义,曰:“岂独自通而已?又从有待者,不失其所待。不失,则同于大通矣。”即圣人无为而功化治之。“圣人与物冥而循大变”,“绝圣而后圣功全,弃仁而后仁德厚”(本为王弼语),是谓弃绝名教之名利仁义于天下之戕害,继而物物含生抱朴,各适其性,自然而然。修炼至如斯境地,即便“从有待者”,亦可“不失其所待”。

这里牟宗三认为“不失其所待”之功化,也蕴含观照之艺术境界在内,既非儒家提倡的“致中和,天地位焉,万物育焉”,即道德意义上之积极功化,又非引起欲望而后再使之满足的“不失其所待”。因欲望总有牵动,必有不能满足者,终陷于无穷之往复中,故无法真正实现后者之功化。而道家之功化为道化之治,所谓道化之治所倚重的是“去碍”。

由于“去碍”限于主体自身精神境界之提升,并不涉及他人,这一点与儒家恰恰相反,故牟氏将之视为消极意义的,并列举大量例证显示其消极的一面:无己、无功、无名,“我无为而民治”,“生而不有,为而不恃,长而不宰”,“不尚贤,使民不争……为无为,则无不治矣”,等等,这都是消极意义上之“去碍”。牟氏复又指出:在此去碍之下,一切大小、长短、美丑、善恶之依待浑化掉,无论人、物各复自性、性分具足,互不相干,各是一绝对独立之体——谓之独化。于是,人可做自觉之功夫,物可各适其性、天机自张,而同至逍遥境界,正是“不失,则同于大通矣”义。如此,“独化”乃为主体境界上之超越依待之方式。既然同于大通,则圣人之无待与常人、万物之有待全然浑化于道术之中,这也是圣人功化所至。同做“去碍”之功夫,功化即是观照,观照即是功化,两者一也,观照开出艺术境界,功化彰显浑化道数。同做“去碍”之功夫,则一切浮动平息,浮动平息,则两重依待于吾之域限始能超越之。

此外,《庄子·逍遥游》曾明确描述何为逍遥——“若夫乘天地之正,而御六气之辩,以游于无穷者,彼且恶乎殆哉?”对此,郭象注曰:“天地者,万物之总名。天地以万物为体，而万物必以自然为正。自然者，不为而自然者也……不为而自能，所以为正也。……故乘天地之正，即顺万物之性也；御六气之辩者，即是游变化之途也。……此乃至德之人、玄同彼我者之逍遥也。……夫唯与物冥而循大变者，为能无待而常通，岂自通而已哉？"[①]无法"逍遥"源于"有待"，"有待"源于对事物的分别、计较。分别、计较就是"有为"、"有心"。"有心"则不能"玄同彼我"、不能"与物冥而循大变"。因此，必须"齐生死"、"齐是非"，只有这样的人才是至人，他的逍遥是无所待的，且他能使一切有待之人、之物得其所待，共赴逍遥。郭象对《庄子》全新的理解，逐渐把玄学的一部分思路从之前的世界本体追寻引向人生超越与精神自由的思考。他淡化长久以来"有"、"无"之间的对立，突出"自然的意义"。自然就是物本身的自然而然。一切的本原就是至道，至道就是至无，整个宇宙都处于自然而然的过程当中。所以，这种天然无为也是社会之道、人生之道。无论宇宙、社会和人生都应当尽可能地保持各自原初的自然而然、不受任何外界干扰之状态（此即为独化）。其中人之独化，就暗示了一种对人生世俗的超越和精神对肉体的自由独化的最高境界，这就是自得、任性、自由的"逍遥"。由于这种超越和自由的境界可以直接引入人生体践中，所以很快就成为名士、士大夫们的热门话题，《庄子》也很快取代了玄学初期《老子》的讨论核心地位，在后来的思想史中越来越显现出它的重要性。

（三）牟氏构建虚灵与主体双重境界

牟宗三在整理郭象思想体系的过程中，十分注重郭象对"天籁"、"养生"两个概念的解释、分析，并借此构建虚灵与主体的双重境界。

首先，在郭象那里"天籁"就是"自然"，二者异名同实，意在表明一切皆自生、自在、自己如此而已，既无"生之"者，也无"使之生者"。牟氏把此词分为四层理解，并强调郭象之"自然"既非在唯物论中，也非顺科学而来的所谓"自然主义"。实际上，这一"自然"仍然指的是一种境界，即前文所提到的能浑化一切依待、对待之境界。这样的自然才是真正的自然——自己如此。用牟氏的话来讲就是"绝对无待、圆满具足、独立而自化、逍遥而自在是自然义；当体自足、如是如是，是自然义"[②]。这才是道家所讲的自然。而唯物论的物、科学的自然甚至自然界的现象，以上面的解释观之，都是"他然"，皆依赖"生之"或"使之生"者，此为"自然"第一义。把研究的视角完全放在研究对象客观存在性这个层面上，注意因其客观存在

① 郭象注、成玄英疏：《南华真经》，上海古籍出版社 1993 年版，第 14 页。

② 牟宗三：《才性与玄理》，见《牟宗三先生全集》第 2 卷，台湾联经出版事业公司 2003 年版，第 226 页。

所具有的机械运动及其因果关系,此为"自然"第二义。从经验主义体系出发,于对象施以积极(超验)的分解,此为"自然"第三义。虽然承认客观存在,但否认他们彼此间相互依赖,更否定存有使之生者,此无超越的分解,为"自然"第四义。牟氏认为,庄子描述、郭象注解的道家之自然,虽然没有超越的分解并客观的肯定第一因,却由主体上提升其义——浑化一切依待、对待之束缚自然而然,所以,这便是自然之虚灵境界。从主体方面讲,就是"与物冥而循大变",自冥,一切冥。从客观方面看,此乃一观照境界,既不着于对象上有所挂褡,亦不曾于其施予积极的分解,所以,各个天机自张、圆满具足、独体而化,此观照境界牟氏谓之"绝对无待",即自生、自在、自然,此绝对体系专系于主体上建立一浑化境界之绝对。所以,此虚灵境界之自然即逍遥又齐物。牟氏再进一步解释:"齐物",就是齐是非、善恶、美丑等等一切依待(主要指量的形式关系中之依待),各个具足、无剩无余。然玄学家们过于看重摆脱量的形式关系中之依待,彼时名士多"行薄",德行庸俗,以此为逍遥,如刘伶终日酣饮不醒,阮籍丧母仍与人对弈,钟会往见嵇康,而康竟于树下锻铁……牟氏认为这些是玄学名士未尽老庄之义所致。既明逍遥须自虚灵境界上做修养功夫,自生、自在又是系于主体上之境界——自己无待、一切无待;自己平齐、一切平齐。若无主体,便无修养,则不达逍遥,遂主体境界现矣。

其次,《庄子·养生主》篇道:"吾生也有涯,而知也无涯。"郭象注:"夫举重携轻,而神奇自若,此力之所限也。……故知之为名,生于失当,而灭于冥极。……是故,随负万钧,苟当其所能,则忽然不知重之在身。虽应万机,泯然不觉事之在已。此养生之主也。"[①]"以有涯随无涯,殆已。"郭象注:"以有限之生,寻无极之知,安得而不困哉?"[②]"已而为知者,殆而已矣。"郭象注:"已困于知而不知止,又为知以救之,斯养而伤之者,真大殆也。"[③]"可以保身,可以全生,可以养亲,可以尽年。"郭象注:"苟得中而冥度,则事事无不可也。夫养生非求过分,盖全理尽年而已矣。"[④]庄子谈养生,从有涯、无涯之域限谈起,以"知"作为两者联结的纽带。郭象注:"知之为名,生于失当而灭于冥极。"牟氏认为"知之为名",就意味着物离自性陷于外力之无限追逐。同理,所有可牵引、分离自性者,都可以用"知"来概括。声、色、名、利、仁、义、礼、智、学、知本身都能引人入无限追逐之中。以上牟氏概括之为:"生命

---

① 牟宗三:《才性与玄理》,见《牟宗三先生全集》第2卷,台湾联经出版事业公司2003年版,第238页。

② 牟宗三:《才性与玄理》,见《牟宗三先生全集》第2卷,台湾联经出版事业公司2003年版,第238页。

③ 牟宗三:《才性与玄理》,见《牟宗三先生全集》第2卷,台湾联经出版事业公司2003年版,第238页。

④ 牟宗三:《才性与玄理》,见《牟宗三先生全集》第2卷,台湾联经出版事业公司2003年版,第239页。

之纷驰、意念之造作、意见之缴绕与知识之葛藤。”[①]这些知都是伤身害性之物。

所以，养生最要紧的也是在心上作功夫，致虚极，守静笃，才能灭除一切无限追逐，复归自性具足之态，这就是所谓的“灭于冥极”。“冥极者，灭除一切追逐依待而玄冥于其性分之极也。”[②]于是，养生和逍遥、齐物、自尔相通、相融为一体。牟氏将此虚静之功夫看作一种自觉地逆向提升修养的精神生活，在道教，则成仙成道；在儒家，则成圣成贤；在佛教，则成佛。道家，工夫自心上做，收获却在性上得。至人、真人、圣人、神人无一例外，皆是从心上做此致虚守静的功夫，老子之“三绝三弃”讲的也是这个道理，养生之义全融摄于此。这就是道家养生的本义。后来道教顺着这个意思，将其落于具体生命上，并且通过各种修炼的功夫（吸服吐纳、炼丹养神等等）希望达到长生不老、成仙成道的目的，这就使养生堕于自然之第二义上。嵇康之“养生”，亦从第二义言。但是第二义并非与第一义无关，二者仍然相同。虚灵与主体之双重境界，乃自道家境界之形上学之系统上“同自然”、“达逍遥”所需修养的功夫。两者相与为一，互不分离。

第四节　才性的悲剧：嵇康所体现的才性与德性之间不可逾越的张力

阮籍、嵇康与何晏、王弼同属一个时代，何、王二人逝于正始十年（249 年）而阮、嵇二人则比他们晚了十三四年，逝于景元三年和景元四年（262、263 年）。正始之后的这十几年，是社会、政治剧烈动荡的历史时期。首先，是曹魏结束了汉末、三国纷争的诸侯割据状态，实现了中原的统一，继而，司马氏又篡夺曹魏政权。统治阶层内部的斗争也波及到名士们的荣辱存亡。由于历史和现实等多方面的因素，促使名士们的思想不断发生变化。嵇康的自然论直接继承了王弼的贵无论，典型地反映了正始以后知识分子的心路历程。

一、越名教任自然

嵇康是当时“竹林七贤”之一，他认为名教（六经、礼律、仁义、谦让）压抑、违背了人的自然本性，因此，他要追求一种摆脱世俗“名教”与“自然”为伍的精神生活，

① 牟宗三：《才性与玄理》，见《牟宗三先生全集》第 2 卷，台湾联经出版事业公司 2003 年版，第 239 页。

② 牟宗三：《才性与玄理》，见《牟宗三先生全集》第 2 卷，台湾联经出版事业公司 2003 年版，第 239 ~ 240 页。

反叛现实生活的背后，是对老、庄思想的复归。其思想核心始终围绕着如何处理名教与自然的关系，基本上他的思想脉络起初趋于儒道合流，正始之后转向扬道抑儒。

促使这种转变的发生主要和司马氏与曹魏两大阵营的政治斗争相关。司马氏是儒学世家，崇尚名教，而嵇康与曹魏又带有姻亲关系，批判名教的确显示了他的个人立场——拒绝与司马氏同流合污。但作为玄学家，其思想也反映了那个时代的呼声，并不是完全出于曹魏的立场而反对司马氏，更主要的是从普通民众的角度希望对现实政治予以调整。正始年间，针对名法之治的流弊，他与王弼都倾向儒道合流，即自然与名教结合，企图通过理想改变现实，使现实逐渐理想化。但经历了魏晋禅代之后，事实证明这种调整以失败告终，许多人因此陷入绝望。加之司马氏打着名教的旗号，编造各种罪名铲除异己的行为，使名教变成权力角逐、倾轧的工具。在残酷的现实面前，人们不得不从名教与自然之间取其一。表面上，这成为政治立场和或儒或道的学术选择，然而在更深层上反映出那个时期理想与现实之间的矛盾、冲突已经产生了巨大的张力，复杂多变的政治环境迫使人们做出艰难的选择：要么，放弃理想屈服于现实；要么，坚持理想与现实抗衡到底。确有一些人如贾充、王恺、石苞、石崇等选择了名教，但是也有如嵇康、阮籍等一些人固守了自己的信念，由于现实原因，他的玄学思想不得不从名教与自然的结合转向两者的对立——“越名教而任自然”。

如何才能“越名教而任自然”呢？首先嵇康认为，在处理人与社会的关系的过程中，人们应当做到“心无措于是非”，以达到“齐是非”的目的。牟宗三将“任心”与“任自然”理解为人们要按照自然本性而活动。继而，把“齐是非”转入人的自然本性中来谈。至于人与天地万物之间的关系，他进入“齐万物”的层面并提出“物情顺通”的观点。“齐万物”是“齐是非”的深入，此时的“自然本性”不仅包含人的本性，而且涵盖了万物的本性，获得了更加广泛的普遍性。嵇康正是在这个基础上确立起自然本性的本体地位。

万物原本应当于自然本性而存在，达到“物情顺通”、“万物一体”的融洽状态。可因为有了人的存在，情况发生了变化。与物相区别，人有理智、欲望等等，常常超越自然本性的界限支配、占有外物，这样就会出现物与我的对立，继而物情不通，只有通过“齐物我”的方式才能化解其中的矛盾。

嵇康又提出“审贵贱而通物情”的说法。牟氏把这看作嵇康的境界说和功夫论。在《答难养生论中》他说：“故世之难得者，非才也，非荣也，患意之不足耳。……不以荣华肆志，不以隐约趋俗，混乎与万物并行，不可宠辱，此真有富贵也。故遗贵欲贵者，贱及之；故忘富欲富者，贫得之，理之然也。”对此牟氏理解为：人原本应当顺应自然本性为人处世，然则常有越本以逐外物之举，以外物为富贵者实非真富贵，追逐富贵则贫贱随之。遂唯有悠然自得、顺应本性，“混乎与万物并行”方为真正之富贵，即要达到“物我一体”的境界。

要达到“物我一体”的境界，就需要在心上做功夫，这就要求做到“情不系于所欲”。嵇康认为人常“驰骤于世教之内，争巧于荣辱之间”，人们的内心总为名利荣辱所束缚，这正是“情系于所欲”，而外物永远存在，妄图通过灭物来达到不受其所惑的道路事实上是行不通的。因此，只好在心上做功夫来主动破除对外物的执着。嵇康把这个过程称之为“无心守志”，即只要人们能够主动摆脱外物、名利的诱惑（无心），返归自然本性当中不逾矩（守志），就可以达到“齐物我、任自然”的最高境界。

其次，魏晋时名士们除了喜欢在一起清谈、玄辩之外，也大都爱好音乐、书画、文学等等，这些活动往往能够寄托他们个人的人生理想与审美情趣。嵇康本人更是以通音解律见长。在《声无哀乐论》中，他肯定音乐有其自身的规律，之所以人们听到音乐而感到或悲或喜是因为他们心中本已怀有或悲或喜的情绪，受到音乐的触动更容易宣泄出来，而非音乐原本就具有哀乐的性质。对此牟氏认为：音乐的好坏是属于音乐的、外在的；哀、乐的情感是属于人的、内在的。在这里，主观与客观已经明显区分开来且十分重要。嵇康主张主客观应当严格区分：既不能将主观之情感牵强于客观，亦不能将客观之物附会于主观。那些肯定“声有哀乐”的人就是把主观牵强于客观之上，这就是名实不符。故音乐本无哀、乐，缘何冠以哀乐之名？

牟氏还认为，嵇康所作的《声无哀乐论》运用玄学中“辨名析理”的方法，从音乐鉴赏的角度大胆肯定了主体意识的存在，“哀心有主”、“哀心藏于苦心内，遇和声而后发”这些主张都与儒家的“声有哀乐”论针锋相对，从侧面体现出魏晋时期“主体觉醒”的时代精神。

再次，嵇康著《养生论》强调人虽不能像神仙那样长生、不死（这也非积学所能至，因为神仙皆“特受异气、禀之自然”），但若养生得法，亦可益寿延年。对此观点牟氏完全予以肯定且进一步分析道：此境积学可至耳，但凡具备此种自觉便可达此精神境界。而人的精神和肉体是相互依赖和影响的。所以养生应当从精神、肉体两方面下手，其中以养神为主，这是基础，加以吸纳吐服的养形之法作为补充。同时，他认为养神重在理解觉悟（即主观心境的修养、提升），切忌外力强迫、干扰。嵇康说：“善养生者则不然矣。清虚静泰，少私寡欲，知名位之伤德，故忽而不营，非欲而强禁也；识厚味之害性，故弃而弗顾，非贪而后抑也。外物以累心不存，神气以醇白独着。旷然无忧患,寂然无思虑。又守之以一,养之以和,和理日济,同乎大顺。然后,蒸以灵芝,润以醴泉、晞以朝阳,绥以五弦,无为自得,体妙心玄。"[①]精神修养的至高境界就是超越。又说:"齐万物兮超自得。"[②]只有超越一切、与万物齐一才能够逍遥自得,要达到这个境界,须做到"释私",即摆脱一切束缚、限制,继而"越名教任自然"。嵇康的《养生论》在牟氏看来,就是通过恬淡其心境的修养和洁净其肉体的修炼,使"形神相亲,表里俱济",遂至延年益寿,这是生活实践上之"养生"观,以期达到生命上之"逍遥"。《养生论》以养生为题目,其中的仙家思想在葛洪的《抱朴子》中得到进一步发展,演化为日后道教的主要内容。

二、自由与现实的张力

痛苦的心路历程,使得嵇康后来的思想较之贵无论更具深刻、丰富的内涵,亦标志着玄智名理的进一步深化发展。嵇康把"名教"和"自然"作为其理论体系的两个基本概念,以自然为本、名教为末。但在封建社会中,"名教"作为一种调节人与人之间、人与社会之间关系的行为规范,通常人们只能默默地接受并按照它的要求生活,而不能质疑,更不能否定它,否则招致的结果就是遭到整个社会、宗族的否定。可是,人作为有意识的存在,一旦名教出现了弊端,变成了桎梏,人们就会自然而然地想办法对其予以调整,使其发展。"自然"在这里不再是客观存在的物质的自然界,而是支配世间万物存在、发展的自然而然的规律。人们通过对它的认识、理解和运用使人与人、人与社会之间的关系就像天地万物那样顺达通畅、各适其然。这样,"自然"就演变成了一种支撑人的精神力量。从这个意义上来说,名教与自然之间的矛盾就是自由与道德矛盾的反映。魏晋时期,时局动荡、战争不断、民不聊生,百姓苦不堪言,面对苦难,逃无可逃、忍无可忍。尤其司马氏的所作所为,把名教中的否定面暴露无遗,社会中充斥着虚伪、狡诈、荒谬和残酷。于是玄学家们纷纷寻找自然与名教二者最恰当的关系出路——相结合的方式被现实否定之后,现实与理想的对立转化成名教与自然两个极端的对立。

综合历史、社会与思想发展的状况,牟氏认为表面上"越名教而任自然"的提出,体现了嵇康等名士们极其坚定的自信心,而实际上,这里面包含了深重的忧患意识。由于名教始终是无法超越的现实,脱离了名教的自然仅仅是名士们美好的、遥不可及的幻想,他们的自我意识便无法在现实中安身,所以只好退回到自身建立

---

① 冯友兰:《中国哲学史新编》(中),人民出版社 2003 年版,第 461 页。

② 冯友兰:《中国哲学史新编》(中),人民出版社 2003 年版,第 462 页。

一个纯粹的精神境界，寻找那个失落的自我。于是，他全身心的关注自我意识与本体的关系，希望通过探讨这种关系重塑一种精神境界以建构一个新的安身立命之道。然而，精神境界必须以现实的生活为依据，失去了现实基础的精神境界只能成为虚无缥缈的海市蜃楼，自我意识在这里仍然找不到立足之处。嵇康的悲剧恰恰就在这里。与追求逍遥的庄子总与惠施辩论一样，嵇康也常好与友人，如吕安、向秀、山涛等一起玄谈诸如音乐、养生以及宅之吉凶摄生等问题。正是在这样的辩论过程中，嵇康依据自我意识的个性探究自然之理，一方面，使他感觉到自我意识与精神境界的存在；另一方面又突出了与他人有别的主体。在当时险恶的社会环境下，知识分子鲜有能够通过仕途实现自我价值的，他们只好利用清谈给精神探索一条出路。

嵇康认为，只有"越名教而任自然"，摒弃情欲之累加之自我克制，才可致是非无措、投身于自然之中。终其一生，他都在追求这个目标，以期建立一个足以安身立命的精神境界。原本这种个性就是与现实中的名教相抵触，且脱离现实的精神境界又虚无缥缈，那么这种自我意识又该栖身何处呢？除了单纯的自我，别无他者。境界层面的自由一旦落于他自己身上，现实与自由的巨大反差便一览无余。在《答难养生论》中，他所描述的自满自足、无求于外的精神境界于现实挺立不起，剩下的只有毫无凭据、痛苦不安的自我意识本身。因为精神上的"无待"尚可通过主体自身的修养有把握的可能，而外在的客观环境与物质生活上的"有待"常常是个体无法左右、不能摆脱的。

纵使是集风流、才情、见识于一身的嵇康，精神负累依然沉重，超脱亦有限，最终的结局免不了仍是陷入藩篱羁绊之中，但面对死亡时他那种镇定、从容却也展现了玄理名士的风范。《晋书·嵇康传》中所载："康将刑东市，太学生三千人，请以为师，弗许。康顾视日影，索琴弹之曰：'昔袁孝尼尝从吾学《广陵散》，吾每靳固之，《广陵散》于今绝矣'！"①他孤傲、独特的个性处处与现实生活相抵触，最后在他终生追求的自然之中得到确认，这既是嵇康个人生命的悲剧，又是他的伟大所在。嵇康的思想是特殊时代政治、文化思潮的必然产物，他的结局是自身执着追求与社会现实撞击之尖锐矛盾的必然结果。

三、牟氏转化才性与德性

就个体而言，名士们并没有形成一个完整的政治意识和政治立场，即他们并未

① 牟宗三：《才性与玄理》，见《牟宗三先生全集》第2卷，台湾联经出版事业公司2003年版，第368页。

形成一个统一的政治集团。他们大都狂放不羁而好言老庄,很大程度上是当时的社会风气使然,而不仅是反对司马氏的行为。其中各人的处境亦随社会现实的变化而改变。所以,他们表面上看似与竹林名士一般的旷达放任,然而想法、作为却是各不相同。才性与德性、自然与名教之冲突在竹林名士那里体现得最为淋漓尽致。牟宗三以嵇康的思想及遭际为例对二者进行了深入的剖析,并转化了它们之间的关系。

牟宗三认为嵇康素日生活颓废懒散,虽不宜走仕途但却于现实之外做自由思想得其成就。其思想多源于老子,首先将其生命寄托于养生之上,另以纯音乐之生命辅之。下仅就其养生、音乐之论辩之。

首先,牟氏认为《养生论》之大义可归为两点:1. 导养可以延年;2. 神仙不可力致。前者体现了嵇康注重身体保养的思想,暂且不论。牟氏着重分析第二点思想,认为嵇康继承了命定主义(即气禀说)的思想。牟氏将先秦孟、荀之“人人皆可以为尧舜”看作为理想主义(即道德的理想主义)。而两汉以来,大都以才性、资质衡量圣人,认为圣人乃天纵(禀先天精、清、厚之元气而生),不可学而至。这种思想自汉贯穿至魏晋南北朝,到竺道生开始成为一个正式被讨论的话题。既然圣人是如此,神仙、佛道亦当如此。嵇康说神仙“似特受异气,禀之自然,非积学所能致也”,也是顺着这个思路而来,即是从才质说。

嵇康此话主要是从“特受异气”的角度,即从先天禀受之气的角度限制性地说明成仙、成圣的问题,而不是如佛、儒两家一样予以进一步的说明,如竺道生之“顿悟”说。在牟氏看来,“禀之自然”同样需要修养功夫,顿悟也是积累功夫所致。“无论成仙、成佛、或成圣,皆是逆觉之事,非自然生命之事。”①圣人穷理尽性所依靠的是道德而非养生。尧舜为圣人皆未致力于“养生”,如果在这上面做起道家的功夫,恐尧不止百岁,孔不止七十。积学导养虽然未必能成神仙,但至少可以延年益寿,就这一点来看,牟氏判嵇康并未完全否定积学的意义,既发掘成圣之限制原则,又言明积学与导养之功效,遂其思想并非无可取之处。

嵇康谈养生在于自得,自得在于任自然,此过程须不断地从心上做功夫,“是故功夫之大者,唯在能忘,忘则无事矣”②。牟氏称忘者为“浑化”,唯有浑化一切,方可气静神虚、体亮心达、越名教而任自然等等。此浑化以“无心之用”决断是非、善恶、公私。若自佛家言之,即“般若之用”,荡然无执之空慧;自道家言之,浑化即为

① 牟宗三:《才性与玄理》,见《牟宗三先生全集》第 2 卷,台湾联经出版事业公司 2003 年版,第 376 页。
② 牟宗三:《才性与玄理》,见《牟宗三先生全集》第 2 卷,台湾联经出版事业公司 2003 年版,第 392 页。

玄智。这一层面上,道家与佛家"般若"一面相同。但在此牟氏强调,佛家还有"涅槃佛性"一面。"即心是佛"即顺"佛性之体"而来。"般若之用"与"佛性之体"虽可一分为二,却不能合二而一。道家恰恰缺少与"佛性之体"相同之一面。然则,仅凭"无用之心"能否决断公私、善恶、是非?依儒家而言,不能。因着于公私、善恶、是非言之,"心之理性"一面不能不讲。而"无心为道"是"心之玄用",且道家缺乏"心之理体"一面,故于决断公私、善恶、是非时不足也。按道家说,仅"心之玄用"一面足以保存、决断道德上之真理,牟氏称之为"作用的保存与决定"。但依儒家言,"心之玄用"只在主观上能使道德真理实现得更纯净,却不能在客观上证明道德真理存在的必然性,所以,"心之理体"必不能缺。"心之理体"是道德真理之存在原则,牟氏谓之"客观性原则";"心之玄用"是道德真理之体现原则,牟氏谓之"主观性原则"。道家无客观性原则,仅有主观性原则,故而只是作用的保存与决断。"绝圣而后圣功全,弃仁而后仁德厚",王弼在此不过是诡辞之辩,尚未客观地确立"仁"、"圣"之概念,更没有客观地建立起仁之理上与圣之理上之必然体系。王弼、嵇康、老庄皆如此。

养生除需"清静虚泰、服术黄精"之外,还当"绥以五弦",故嵇康作《声无哀乐论》。嵇康前之人往往主声有哀乐,自康始主声无哀乐,此乃中国音乐思想的一大转折。此篇中嵇康往复论辩,思理精妙,特显哲学之思辨性。故牟氏赞道:"中国哲学传统开自道家与名家,而魏晋继之,姿态犹显。王弼、嵇康、向秀、郭象,皆极高之哲学心灵也。"[①]《声无哀乐论》中,讨论了多个概念:存有、体性、关系、普遍性、特殊性、具体、抽象等等,因此形成嵇康之大体脉络。这在牟氏看来,反而显现出中国传统学术思想但凡牵涉此类问题阐发时之不足。牟氏将此称为"存有形态"或"客观形态"之系统,本为西方学术特长之处,于中国传统思想中并不具有这一系统。嵇康论声乐,因其哲学心灵触及此领域,当然未能切当、精透。后有范缜引发的"神灭论"问题的争论,也含于这一系统中,尤其是那些持神不灭观点者,更是如此,故彼时辩论多不通也。嵇康又于《明胆论》中分辨"智明"与"胆勇"二者之关系,曰:"有智明者不必有勇胆,有勇胆者不必有智明。"牟氏将这一讨论也归入才性问题的思考。其目的是"非汤武而薄周孔"要超离名教桎梏之泥潭,求得心灵的解放。如果仅从哲学心灵论说,当然无可厚非,可是解放心灵之后,再进一步讨论,则当以无碍之心审视之。

从某种角度来说,人自然不必生来即好道家之学,同理亦不必生来即好仁义礼

① 牟宗三:《才性与玄理》,见《牟宗三先生全集》第2卷,台湾联经出版事业公司2003年版,第401页。

义之说。如孟子云:"礼仪之悦我心,犹刍豢之悦我口",人生来也可自然喜好仁义之学。牟氏说:人总是怀有向上的精神境界上的要求,也可以说人对任何学、任何教都有自然之好。嵇康未能就此层面展开论述,是其哲学心灵未能真正通透此理所致。

第五节 牟氏对身体意识发掘之特点、限制及意义

牟宗三在疏解魏晋玄学的过程当中,不但纵向展现了此时代几个重要阶段的代表人物及其思想的传承、发展、变化,而且横向与每个阶段儒、佛两家的走向、特征及相互关系、影响进行对比,以此为铺陈,重新审视中国传统思想里德性与才性即自然与名教的关系,定位、分判儒、释、道三家的思想脉络,会通西方哲学中的身体意识(个性)问题,从而为他重新建构中国传统哲学系统奠定理论基础。

一、牟氏对身体意识的发掘

(一)对自然与名教的审视

牟宗三通观以王弼、嵇康、郭象为代表之玄理,对他们在道家思想发展方面所做的贡献(即学术方面的价值)予以肯定,但认为其在影响时代风气及生活的同时也带来严重的社会流弊。后者主要表现在两方面:一、士大夫"祖尚浮虚"、"浮文妨要",集中体现于袁彦伯《名士传》中的"中朝名士"。二、一般知识分子生活放荡、不拘礼法,自"竹林名士"始,西晋后又有"八伯"、"八达"等人。究其根本乃是自然与名教之冲突所致,用牟氏的话讲就是自由与道德的冲突。

从时代精神方面说,东汉末年起至魏晋,中国传统思想的主导由儒家经学轮转为老庄玄言,其中有历史的必然,此处自不必多言,单从政教方面看,并非健康现象。一关联到这方面,立见道学之不足。依牟宗三言,"其总症结是在道家思想中'内在道德性'之不立"①。这一点可上溯到先秦道家立言之初机。他从内外两重关系入手进行分析:外在关联上说,原本是针对周文礼崩乐坏后之虚伪而发。仁义礼法如其外在(礼崩乐坏)而外在地视之,自然天真必然直接否定如此之外在桎梏。这就是道家以破裂形态或激愤形态建立的"自然"之体,由是构成道家思想与仁义礼法本质之冲突,亦是永恒之冲突。然,外在关联未尽道家思想之全部。除此

① 牟宗三:《才性与玄理》,见《牟宗三先生全集》第2卷,台湾联经出版事业公司2003年版,第417页。

外在关联，进一步复有一内在的自生命自身说的原始初机，就是对一切人为造作，如生命之纷驰、意念之造作、观念之系统等等，于个体生命有碍之真切感受。兼收内外两种关联，再进一步，始见道家用心所在，即如何消除人为造作而至自由、自在、自我解脱的自然无为的境界。道家思想植根于此，遂定型于精神生活，而与人的内在道德性则永无接触的可能性。

牟氏认为王弼之圣人体无说，向秀、郭象之迹冥论，都不能真正会通自然与名教之冲突。因他们所凭借的是以“诡辞”的方式、作用地保持仁圣，这不足以真正地安立仁义道德以及一切政教礼法。况且“作用地保持”，只有做了道家的修养功夫提升至圣人、至人境界时，方能朗现此无碍境界。可见，“自然”在道家单属于个人主观修养达圣，根本不具备普遍适用的客观意义。只有一种情况例外，即只在为帝王掌握，成为南面之术时，于政治之上留有一丝客观价值。但也仅限于帝王个人而已，若放诸各大小官员身上，便失去了这个价值。毕竟，帝王可以不亲躬隶事，官员们却必须履行职责，既如此，身处庙堂之上，心念清静无为，则老庄与政务俱损。这是未能真悟老庄而使之泛滥所致之结果（似玄学后期的虚妄、放荡之风）。如是，承继道家自处（自修）之道向下可开辟出三个发展方向：第一，像西方哲学那样，抽离出来仅作为一个纯粹的哲学问题。哲学原本就是以清谈为存在、发展的一种方式。如苏格拉底就是一位彻底的哲学家，他一生也是彻底地清谈哲学问题。第二，为君王南面之术——无为而治。这样，可以防止统治者权力的滥用及其对社会造成的严重危害。“南面之术”是“自然”融于政治思想之主观形态。而即使放之于今日，仍有裨益，即转化为民主政治的理想。民主政治是“自然”融于政治思想之客观形态。第三，转为道教（此乃道家本质所决定），服食养生，彻底化除一切人为造作，自由、自在、自我超脱至真人、至人境界。王弼、向秀、郭象是哲学家型，嵇康兼走养生之路，阮籍则属于文人式。

牟氏认为，以上三者共通之处于政教（名教）方面看，俱为消极不着之态度。虽然没有挺立起人的内在道德性，不能积极地安立仁义礼法，但单从人文世界视之，此守于分际，仍是无碍的。只有这样，才是王弼、向秀、郭象所倡之迹冥圆融之际。然而并不能指望它可以使自然与名教、自由与道德之间达成统一，因其不过是消极的疏解罢了。相反，一旦泛滥开来不守分际，形成时代风气，则自然与名教之矛盾立见且极为严重，这是无法回避的现实问题。究竟如何才能真正解消此种矛盾？牟氏认为，须通过积极地疏解，这条路才能被引向健康之坦途。同时，在积极地疏解之上，又能于人们在精神生活方面开出全新的领域，取得更为广大、丰富的精神途径。这积极地疏解方式又是什么呢？在牟氏自己看来，就是他所讲的挺立人之内在道德性，重新构建道德形上学。

(二)德性与才性的最终走向

现实中自然与名教的激烈冲突贯穿玄学发展始终，这一点反映在士大夫阶层则集中表现在如何处理和把握德性与才性的关系问题上。在当时，名士们显然分化为两大阵营：贵无派与崇有派。前者以王弼、向秀、郭象、阮籍、嵇康等人为代表，他们更关注个人才性的发挥和展现。而后者则以裴頠为代表，他选择了德性，试图改变流弊以维护统治秩序。德性与才性在每个人那里都有不同程度的取舍，牟宗三剥茧抽丝沿展出二者的最终走向。

第一，贵无派其内部对才性的处理亦有不同，故而又分为三路：文人型、兼养生型、哲学家型。其中尤以文人型于才性发挥上最为引人注目。以下牟氏便依此三路梳理贵无派如何处理德性与才性：

1. 文人型，代表人物阮籍。阮籍，"以浪漫文人之生命为底子，则一切礼法皆非为我而设"①。于是，才性之生命与德性之礼法的冲突就是永恒的、永远无法达到和谐。阮籍本人生来随性任性，他的许多举动都被认为不合礼俗，但也处处体现了他生命的独特与真挚。如《晋书·阮籍传》中所载：嫂宁归，籍相见与别。在旁人则讥笑其不懂礼法，他却说："礼岂为我设邪?"邻家少妇有美色，当垆沽酒，籍尝诣饮，醉便卧其侧。其母丧，籍喜往吊则白眼见。嵇康携酒操琴往吊，则青眼见。诸如此类无视礼俗之事多矣，籍疾礼法若仇可见一斑。《晋书》称其为"外坦荡而内淳至"，牟氏称其为文人浪漫性格。坦荡，乃不避讳世俗之嫌；淳至，乃生命之真挚。"如生命如其为生命，独立自足而观之，则生命有其独立之真处，亦有其独立之善美处。"②牟氏认为，真、善、美就是浪漫文人所要表现之领域，就是生命之领域。不幸的是，生命领域是独立自足之领域，断不能容忍其他领域之管制。故而，必定冲决一切藩篱、枷锁，使生命毫无挂褡之处，不为任何俗情、礼法所挂褡，不为任何"教"与"学"之系统所挂褡，直挂褡于苍茫之宇宙。牟氏谓之"四不着边"。由是，其不但与名教永恒冲突，便与一切礼法、宗教都有冲突。牟氏谓之为逸气，"所谓'天地之弃才'。亦即为晋名士文人之独特风格"③。但实际上，苍茫宇宙是挂褡不了生命的。所以，表面上，阮籍契接"天地与我并生、万物与我为一"，实则并未真正达至"玄冥"、"独化"、"无为而无不为"的境界。故王弼、向秀、郭象俱能掌握此

① 牟宗三：《才性与玄理》，见《牟宗三先生全集》第2卷，台湾联经出版事业公司2003年版，第337页。
② 牟宗三：《才性与玄理》，见《牟宗三先生全集》第2卷，台湾联经出版事业公司2003年版，第336页。
③ 牟宗三：《才性与玄理》，见《牟宗三先生全集》第2卷，台湾联经出版事业公司2003年版，第338页。

枢机,为学人之言,而阮籍只是文人生命之挑破。此为才性之悲剧一也,仅成为“浪漫泛滥的文人生命之‘感性的主体’”①。

2. 兼走养生型,代表人物嵇康。关于嵇康之相关内容前文已有分析,不再赘述。他的遭遇最为悲情,此为才性之悲剧二也。

3. 哲学家型,代表人物王弼、向秀、郭象。他们一次次试图从理论上解决才性与德性矛盾的努力都以失败而告终,此为才性之悲剧三也。这两种类型在现实中都是以不自由收场。

第二,牟氏对崇有派裴頠的看法是,他实际上并没有真正超越虚灵境界,仅以客观实在论之态度,直接在物类层面上论证存有,企图借此有涵盖一切。此种理论下的“无”,不是王弼、郭象能自生之“无”,而是类似西方哲学中的“非有”(Non-being)概念,此无非彼无。虚灵境界之“块然自生”涵“自生、自在、圆满自足”之玄义。裴頠之生,乃有待他生之生。故裴頠也未彻底解决才性与德性的最终走向问题。

第三,以上两条路都不通,才性与德性最终将归于何处?牟氏引用黑格尔关于古希腊道德与个体自由关系的说法类比于中国哲学之问题。

黑格尔把尚未抽象出来、直接与具体实物结合在一起的道德与个体自由意志的统一看作是“美的自由王国”,洋溢着自然生命之创造之美。但是这种统一极易被打破、丧失。因为,这种个人的自由意志自然地、自发地服从于以法律为表现形式的道德性,还不是真正的道德性。其所表现出来的自由意志未经提炼,只是纯外在的自由意志,最终挺立不起。于是,他们之间必然存在矛盾。想要消解矛盾,使两者本质上达到统一,要“通过主观自由的奋斗建立起来真正的道德性,不是美的道德性,吾人可名之曰‘道德的道德性’。此是道德性之纯净化”,“唯有在主观自由的奋斗中、在重生中,达到这种道德性,始可言自由意志与法律之真实的统一”。② 牟氏将黑格尔理论概括为:经由美感阶段超拔至道德阶段,最终完成两者间真正的统一。牟氏认为,将此原理应用于中国,则“自然与名教、自由与道德之冲突,立获解答之途径”③。原始道家所涵的矛盾,到魏晋时,重新表现在时代风气上,并演变为严重的时代病。其“玄同彼我”、自然、自在之境界,不过是主体在主观上“作用的保持”,无碍于道德,并未超越出真正道德性主体。儒家正是发现了

① 牟宗三:《才性与玄理》,见《牟宗三先生全集》第2卷,台湾联经出版事业公司2003年版,第434页。
② 牟宗三:《才性与玄理》,见《牟宗三先生全集》第2卷,台湾联经出版事业公司2003年版,第433页。
③ 牟宗三:《才性与玄理》,见《牟宗三先生全集》第2卷,台湾联经出版事业公司2003年版,第433页。

这一矛盾,要重新建立一系统,通过主观的努力,挺立起真正的自由主体性,进而挺立起真正的道德性,以重新达到二者的统一。孔子讲仁,指点的是道德生命;孟子讲性善,确立的就是内在道德性;宋儒天地之性与气质之性统一于一身,讲的都是这个道理。牟氏深信如此乃为德性与才性的最终走向——内在超越等的统一。

二、会通儒、释及西方哲学之才性与德性域限

牟宗三横贯中西,纵览各家,在探讨"才性"的问题上,他会通儒、释、道耶中与之相关的诠释进行判别、比较,揭开不同文化背景下对同一问题的不同理解和实践方式。

首先,从问题的引出看,牟氏依照中国传统思想,"才性"是由普通人如何能成圣这一问题牵引出来的。儒家认为人人皆可为尧舜,佛教讲究众生皆可成佛,道家虽未言明,却也暗示人可为真人、至人,此后发展为道教的养生、炼丹,求仙、长寿等观点。孔子在先秦被视为"大纵之圣",但与基督教看耶稣不同。在基督教中,耶稣是接受了上帝的派遣来拯救人类的,具有神的身份,这是普通人无法通过道德实践到达的。而孔子并不具备这种受上帝派遣的身份。相反,孔子、孟子肯定人都可以通过道德修养成圣成贤。

但经汉代董仲舒将人性分为三品,圣人之性与斗筲之性不可移、圣人成为"天纵之才"便不再是仅仅通过修养所能够达成的了,还须具备一定的先天性,两者相结合才可成圣。而这先天性,是由才性所决定的,才性属于气,不属于理。由理上讲,人人皆可为尧舜是可能的,但这不过是一种理想。现实中,总有限制的原则,这就是气。儒家传统强调理想与现实两方面:在理想层面,人人皆可为圣,所以主张性善论,在宋明儒那里就是"义理之性",这是人的普遍性、共性;个性、差异性则是从气上见,气质本身有薄厚、精粗、清浊之分,故落在各个具体的人的身上,就呈现出不同的个性,即才性、"气质之性"。顺才性看人,多姿多彩,因先天性不同,而有天才;顺理这一路,就没有所谓的天才了。先天性不是从理上讲而是从气上说。但是两汉人未了解儒家理想的这一面,而且下至魏晋、南北朝,直到隋唐都是如此。所以,在这段时间里,德性没有得到足够的重视,才性反而引领出了一代思潮。这种情形在宋明儒时才发生根本的转变。牟宗三认为宋明儒不但了解理的观念,而且是自觉而亲切地了解。宋明儒讲天地之性,用以说明人人皆可为圣人;讲气质之性,用以说明人之所限、成圣之难。至于嵇康说"特受异气、禀之自然,非积学所能致",开出的是"限制原则"。只有儒家的性善说、佛家的佛性说能够开出"可能性原则",道家之玄智始终未开出此原则。

理与气兼备,讲道理才完整,才不会出现纰漏。如果只是一味地重气,各种问题就会接踵而来。牟氏以尼采为例,尼采尤其注重生命,认为生命力强的人智慧也一定高。尼采主张超人,不能正视德性,势必衍生出强凌弱、众暴寡的结果。所以,牟氏更加看重儒家所一直强调的德才兼备。

其次,从境界形态上看,道家传统所开之玄理哲学用牟氏的话判断是"境界形态",这与西方哲学或儒家的"实有形态"不同。前者注重主观性,强调神会、妙用,后者注重客观性,强调义理、实有;前者是"浑圆如如地对于客观真实无分解撑架的肯定",后者是"分解撑架地对于客观真实有肯定"。系统之不同,对于才性之理解亦不同。

顺《人物志》一路识鉴、品评,牟氏谓其主观性是才性,生出"才性主体"。围绕才性主体而有才情、才气、气质、姿态、风姿、器宇、神韵等,这些体会都是美的欣趣判断,所以才性是属于美学的,表现为人格之上美的原理或艺术境界。顺儒、释、道三教所证指的最高境界而言,牟氏谓其主观性是心性,即道德的与超道德的,由此生出"心性主体"。围绕心性主体生出有道心、天心、菩萨心、虚、空、寂、照,这些体会都是道德的或超道德的,表现为道德宗教上的真理。

再次,从人性论上看,牟氏把中国的人性论分为两路:一是先秦的人性善恶问题,即从道德观念上论人性。二是《人物志》代表的"才性名理",从美学的角度对才性之种种姿态做出品鉴。对人性的了悟是中国学问的主脉,同时也决定了中国文化生命的独特性。西方关于"人"这方面的各种了悟见之于文学上、哲学上的体悟,宗教上对于神性与罪恶的体悟、黑格尔的哲学对于精神的体悟,尤其是在义理领域,有不同角度的切入和深化。中国心性之学在义理方面牵涉到生命、神性、罪恶、精神等,是在圣贤工夫的道德实践中展开的。这不只停留在哲学的思辨、宗教的信仰与祈祷或文学的赞美与诅咒上,而是就人之何以为人进行当体了悟。这在才性方面,亦有其品鉴的、美学的了悟。牟氏指出:"中国全幅人性学之独特处,值得西人之正视,因为这是中西文化相补益、相消融之基点"。[①] 随着现代化进程的到来,不同民族、不同地域各种形态的文化、哲学、宗教以及艺术上彼此间全球性的交流不断加快,不断冲击着我们原有的传统,不断发生着改变。尤其在现今时代,人们对于个体、个性全方位的强调是时代的最强音。个体对自由的追求与群体对道德的要求仍然是构成社会矛盾的主要因素之一。牟宗三正是感受到强烈的时代脉搏,怀着对中国传统儒家思想浓厚的情感,致力于重新挺立起人的道德主体性,

① 牟宗三:《才性与玄理》,见《牟宗三先生全集》第2卷,台湾联经出版事业公司2003年版,第54页。

以期通过内圣成就新外王。但他的这番努力,究竟能不能真正解决这个复杂而庞大的课题,到目前为止,仍然值得我们深思与讨论。

第三章　思想史真实与现代性诠释辩证——牟宗三朱子学研究

牟宗三对儒家思想的把握并未以经学的方式对先秦儒家给予专论，而是集中精力对宋明儒学予以系统的简别和判释，其成果体现在三卷本的《心体与性体》和《从陆象山到刘蕺山》一书中。在其中，牟氏创造性的贡献在于对朱子的思想性格和历史定位做了一个全新的判定。

第一节　形上学与本体的差异：牟氏朱子学的诠释系统

针对“认为儒家的学问只限于孔子讲仁、孟子讲性善，纯粹是道德，不牵涉到存在的问题”①的观点，牟宗三认为儒家哲学是一种由道德进路入的形上学，并且他用“道德的形上学”一词来表示儒家哲学具有关于实在的根本认识的理论指向，而且通过这一概念对宋明理学的形成与发展进行了阐述。牟宗三所要进行的“哲学地重建中国哲学的含义”就其理论表现而言，可以说就是要从儒家传统当中讲出一“道德的形上学”。在《心体与性体》中，他明确地说：“本书是想根据儒家要讲出一个‘道德的形上学’来。”②牟宗三认为必须严格区分道德底形上学与道德形上学。

一、道德底形上学和道德的形上学的区别

这两个概念的讲法是牟宗三在对康德哲学的消化和理解中所做的阐发。他认为：“道德底形上学与道德的形上学这两个名称是不同的”，通过对“底”和“的”做语义分析，他指明朱熹所用的“底”是形容词，“的”表示所有格。冯友兰哲学中的用法与朱熹相同。牟宗三虽说“我之行文亦不严格地如此麻烦，惟译文则严格遵守

---

① 牟宗三：《中国哲学十九讲》，见《牟宗三先生全集》第9卷，台湾联经出版事业公司2003年版，第71页。

② 牟宗三：《心体与性体》（一），见《牟宗三先生全集》第5卷，台湾联经出版事业公司2003年版，第141页。

以示分别”[①]，但由于其使用“道德的形上学”和“道德底形上学”二词恰恰是在理解康德哲学的过程当中所使用的概念，因此在牟宗三的哲学体系中对这两个概念的区分是十分严格的。

（一）道德底形上学之解析

从康德的《道德底形上学之基本原理》和《纯理批判》的角度看，“道德底形上学”就是“道德之形上学”的解析，或曰“道德之形上学的推述”。[②] 在论及康德《道德底形上学之基本原理》时，牟宗三认为书名译为《道德之形上学的解析》更为准确。形而上的解析是用概念的先验本性进行说明和论证的方法，从中国哲学的角度看，形而上的解析是对一个概念根本的说明。

牟宗三后来明确指出，道德底形上是关于“‘道德’的一种形上学的研究，以形上学地讨论道德本身之基本原理为主，其所研究的题材是道德，而不是‘形上学’本身，形上学是借用”[③]。综上，道德底形上学是以道德为研究对象，形而上学只构成其形式，在这里形而上学只是相当于道德的基本原理，也就是说，它不是关于形而上本身的讨论，而是以哲学的思辨、分析活动作为方法，讨论道德原理问题。

（二）道德的形上学之解析

道德的形上学，是牟宗三在讨论道德底形上学概念的同时对应着讲的一个概念。道德的形上学则是以形上学本身为主（包含本体论和宇宙论），而从“道德的进路”入，以由“道德性当身”所见的本源（心性）渗透至宇宙之本源，此就是由道德而进至形上学了，但却是由“道德的进路”入，故曰“道德的形上学”。[④] 在牟宗三看来，道德的形上学不是一种知识意义上的道德哲学，道德是构建形而上学的一种方法，也就是说形而上学是道德的形上学的重心和实质。

（三）二者之实质关联

通过上面的分析，我们看到道德底形上学和道德的形上学两个概念是牟宗三用来标指中西哲学两个系统的根本性概念。

---

① 牟宗三：《心体与性体》（一），见《牟宗三先生全集》第5卷，台湾联经出版事业公司2003年版，第144～145页。

② 牟宗三：《心体与性体》（一），见《牟宗三先生全集》第5卷，台湾联经出版事业公司2003年版，第140页。

③ 牟宗三：《心体与性体》（一），见《牟宗三先生全集》第5卷，台湾联经出版事业公司2003年版，第145页。

④ 牟宗三：《心体与性体》（一），见《牟宗三先生全集》第5卷，台湾联经出版事业公司2003年版，第145页。

对于西方的思想系统而言，尤其是以康德为代表的关于道德的研究实际上是道德底形上学，而不是道德的形上学。因为它没有通过对道德的思考进入到本体论和宇宙论，也就是说，道德、宇宙、本体作为“应然”和“实然”的存在没有成为相通的体系。

而对于儒家正宗而言，则通过道德的进路实现了道德哲学、宇宙论和本体论的相通，因而儒家哲学实则是“道德的形上学”系统。因此，道德的形上学可以说是儒家思想体系的基础与核心，并且由此构成了中国的形而上学特质，区别于西方的传统和现代哲学。牟宗三指出：“彼方哲人言‘实体’者多矣”，“大体或自知识之路入，如罗素与柏拉图；或自宇宙论之路入，如怀悌海与亚里士多德；或自本体论（存有论）之路入，如海德格尔与虎塞尔；或自生物学之路入，如柏格森与摩根；或自实用论之路入，如杜威与席勒；或自独断的，纯分析的形上学之路入，如斯频诺萨与莱布尼兹及笛卡尔……无论自何路入，皆非自道德的进路入，故其所讲之实体、存有或本体，皆只说明现象之哲学（形上学）概念，而不能与道德实践使人成一道德的存在性关系者”。[①] 在西方哲学中，例外的是康德，但康德的最高成就是道德的神学，而不是道德的形上学。而宋明儒学根据先秦的成德之教而讲的“心性之学”实际上是“道德的形上学”。从这个意义上说，道德的形上学的具体形态就是儒家内圣心性之学，或者“成德之教”，从学问系统看，它所讨论的主要是两方面的问题：“首在讨论道德实践所以可能之先验根据（或超越的根据），此即心性问题是也。由此进而复讨论实践之下手问题，此即工夫入路问题是也。前者是道德实践所以可能之客观根据，后者是道德实践所以可能之主观根据。宋明儒心性之学之全部问题即是此两问题。以宋明儒词语说，前者是本体问题，后者是工夫问题。”[②]实际上，讨论道德实践所以可能之先验根据的就是康德讲的《道德底形上学之基本原则》，属于道德底形上学。由于儒家的心性之学兼备本体与工夫两方面，所以能够在有限中通无限，可以从道德实践之本体通至宇宙生化之本体，由此构成道德的形上学之完备形态。

综上可以看出，“道德的形上学”概念“旨在说明儒家思想中内在性（道德性）与超越性（形上学）之关系。其核心则在于说明如何由内在达于超越、由有限通于

① 牟宗三：《心体与性体》（一），见《牟宗三先生全集》第5卷，台湾联经出版事业公司2003年版，第41页。

② 牟宗三：《心体与性体》（一），见《牟宗三先生全集》第5卷，台湾联经出版事业公司2003年版，第10页。

无限"①。牟宗三对于道德的形上学的阐释也反映了现代新儒家对传统儒家思想阐释的共同特征,即强调其具有超越性的一面,认为儒家哲学其实有自身的形上学系统。以往对传统儒学的整体判定,存在这样一种思想倾向,即主要以黑格尔哲学为代表的西方哲学,对儒家哲学的认定只是一些道德的教条,其中没有"精神性"(即形而上学,也即真正的哲学)的东西。而新儒家则针对这样一种思想倾向,在传统儒家的政治实在基础已经瓦解的情况下,通过道德进至形上学层面,凸显了儒家哲学的精神性。

通过对道德底形上学和道德的形上学的分析,牟宗三认为,先秦儒家的"成德之教"及其开启的宋明儒学之"心性之学",作为道德哲学蕴含有一道德的形上学。牟宗三判定宋明儒学的整体性格的诠释概念主要就在于此二者,接着深入到宋明理学内部,又根据不同思想家对心性的不同理解,划分出具体的系别。

二、即存有即活动与只存有而不活动的区别

(一)即存有即活动之解析

牟宗三认为儒家哲学中认定"心即理"一派代表了儒家发展的正宗,并且只有这样的儒家哲学才真正地解决了康德哲学所要解决的问题,而且也完成了道德的哲学向道德的形上学的发展。但是判定的标准在于对于作为形而上的本体的"天命不已之体、易体、中体、太极、太虚、诚体、神体、心体、性体、仁体"的理解是否活动而定。在牟宗三看来,宋明儒学都肯定存在着形上本体,世界万物的存在以及人的道德实践都根源于此,但是这形上的本体是否含有道德实践的主动原则,则是宋明理学被划分为不同系统的标准。牟宗三认为通过对宋明儒学相关义理的分析,对于作为形上本体的道体、性体的体会只有两种:

1. 体会为即活动即存有。
2. 体会为只存有而不活动。

牟宗三认为,只有"心即理"一系才能代表儒家发展的正宗。他说:"先秦儒家以及宋、明儒之大宗皆是以心性为一,皆主心之自主、自律、自决、自定方向即是理;本心即性,性体是即活动即存有者;本体宇宙论地自'於穆不已'之体说道体性体,道体性体亦是即活动即存有者。活动是心、是诚、是神,存有是理。此是摄存有于活动,摄理于心神诚,此即是吾人道德创造之真几性体。此性体不能由'即物穷

① 郑家栋:《本体与方法——从熊十力到牟宗三》,辽宁大学出版社1992年版,第227页。

理'而把握，只能由反身逆觉而体证。"[①]通过对道体、性体的体会的差异，我们看到牟宗三实际上是认定具有活动义的心性才是儒家正宗的理解。而且这心既是超越的，也是道德的。心体与性体不二，所以说是"即存有即活动"，性体之活动即是"起道德创造之用"。

通过对作为形上本体的体会差别，牟宗三认为："溯自濂溪之言诚体、神体，乃至太极，横渠之言太虚神体，明道之直就'於穆不已'之体言道体性体，而又易体、诚体、神体、心体、理体、仁体、忠体、敬体通而一之，总之是对于道体性体无不视为'即活动即存有'者。"[②]也就是说，对于作为形上本体的体悟是既具有本体的客观实在性，又具有主体的主观能动性。在牟宗三的理解当中，此处的主观与客观的限定应当是强调由道德实践体现，或者由道德情感呈现出的形上本体，这一本体自身具有能动性，能够作为道德创造的源泉和实体，又能够作为宇宙本体论的最终根据。实际上，牟宗三在此强调的是只有把形上本体理解为即活动即存有者的形上学才是道德的形上学，由此而言，由孔子开启的成德之教和内圣之学作为心性之学，只有符合这一规定的才是儒家的正宗和大宗。也正是利用这一标准牟宗三认定程颐和朱熹是歧出的别子，尤其是朱熹，虽然在学问上集前人之大成，但在牟宗三看来，则只是形式上的。从内圣之学的实质看，朱子学不是儒家思想的正宗，而是承接程颐而来，又一转向，另开出一新的系统，也即道德底形上学的系统，即将作为形上本体的最高存在理解为"只存有而不活动"者。

（二）只存有而不活动之解析

牟宗三认为程颐和朱熹之肯定"性即理"，而不赞成"心即理"，实际上将心定义为形而下的气质之心。"性只成存在之理，只存有而不活动，心只是实然的心气之心，心并不即是性，并不即是理，故心只能发其认知之用，并不能表示其自身之自主自决之即是理，而作为客观存有之'存在之理'（性理）即在其外而为其认知之所对，此即分心理为能所，而亦即阳明所谓析心与理为二者也。"[③]也即是说在程颐和朱熹那里作为最高的本体的"理"实际是一"只存有而不活动"者。在朱熹处，"理"作为形而上的本体存在，由于"析心与理为二"，作为本体之理便只是一个客观的

① 牟宗三：《心体与性体》（一），见《牟宗三先生全集》第5卷，台湾联经出版事业公司2003年版，第117页。

② 牟宗三：《心体与性体》（一），见《牟宗三先生全集》第5卷，台湾联经出版事业公司2003年版，第84页。

③ 牟宗三：《心体与性体》（一），见《牟宗三先生全集》第5卷，台湾联经出版事业公司2003年版，第110页。

静态的存在之理，即“只存有而不活动”。依牟宗三理解，只有活动的意义才能标配心，因此朱熹分理、气为二，最终使心成为气，成为气之灵的心，仍旧只是心理学意义上的心，是认识论意义上的心。因此在程颐、朱熹那里，“性只存有而不活动，其自身无论在人在物是不能起道德创造之用者”。[①] 在牟宗三的理解中，对于自孔子而来的儒家对形上本体的思考所涉及的概念都可以成为形而上学本体性的概念，比如上文提到的“易体、诚体、神体、心体、理体、仁体、忠体、敬体”等，因为它们都是即存有即活动的最高本体，所以从根本上讲在儒学的大宗和正宗处都是同一的。而在程颐和朱熹那里，则有形上形下的区分。朱熹强调理气不杂，并且认为理才是形上的存在，使得作为道德实践能动根源的心体沉落，由此也导致工夫入路上的差别。对于朱熹而言，道德涵养就是要认识“理”，那么作为一物之所以为一物的“性”也只是像“理”一样，对“性理”的认识，成为心理学意义上的心的认知。在此种情境下的道德实践之根源则成为外在的能动创造，由此而成为他律道德，而不是自起道德创造之用的自律道德。

也即是说，朱熹的哲学对于作为最高本体的体悟为“只存有而不活动”者，由此导致的形而上学只能是一种本体论的哲学，这种本体论的哲学是探讨最高实体的哲学，但是这是不包含道德的能动性的。由此使得道德哲学或伦理学，大抵相当于前康德时代的本质伦理。由此依据对于最高本体理解为“只存有而不活动”者，牟宗三认定朱熹的哲学没有达到康德哲学的高度，只是“宋明儒学之旁枝”，而不是宋明儒之“大宗”和“正宗”。

（三）二者之实质关联

“即存有即活动”和“只存有而不活动”是牟宗三对儒家形上本体规定体现出的差异的最高概括。二者之共同点在于都是对最高本体的体悟，相对于西方哲学首先是以理智的态度分析本体不同，即便是朱熹将最高的本体理解为“只存有而不活动”的存在，但是其目的仍是要讲出一个涵盖道德论、本体论、宇宙论的形而上者。而在西方哲学的传统中，则到康德方才探讨如何由纯粹理性转出实践理性的问题，也就是如何由认知的心转成道德的心，也可以说是如何从“实然”上升到“应然”，如何“从事实上升到价值”。而中国的儒家哲学则一贯地是要确定这样一个本体，只是由于对本体的体悟上有差异，才造成了不同的系统的发展。因此二者的共同点在于都是要寻求能够起道德创造本源、存在本体、宇宙生化的作用的形上

① 牟宗三：《心体与性体》（一），见《牟宗三先生全集》第5卷，台湾联经出版事业公司2003年版，第90页。

本体。

二者的差别在上文的分析中已经涉及很多,但还不是全部的问题所在,因此,进一步的探讨是十分必要和重要的。

二者在有关本体的规定上所体现的"只存有而不活动"与"即存有即活动"的区别,导致了宋明儒学不同的系统形态。也就是说从学问形态上表现出了根本的差异,按牟宗三的分析就是纵贯纵讲系统与静涵静摄系统的差别。

对于将最高本体体悟为"即存有即活动"的儒学正宗和大宗而言,心作为主观的本体能够自上而下由道德界纵贯通到存在界,打通道德界和存在界的间隔,因此从主观方面讲,这一系统为纵贯纵讲系统。

而程颐和朱熹将最高本体体悟为"只存有而不活动"者,则将心作为形而下的存在来处理,失去了最高本体的意义,因而对于他们而言,存在是存在,道德是道德,虽然他们想打通道德界和存在界的间隔,但是作为主观本体的心不具有最高的意义,因此上达天理的道德实践,最终只能通过渐进的方式进行,而最终实则是道德他律的无力和缺少真切的道德情感源泉。因此这一系统对道德、本体、宇宙论的探讨最终成为对客观存在"在那里"式的"静"理的认知,从主观方面讲,这一系统为静涵静摄系统。

综上,通过对于"道德底形上学"和"道德的形上学"、"即存有即活动"和"只存有而不活动"这两对概念的分析,澄清了牟宗三用以判定朱熹别子为宗思想的最为基本和重要的诠释概念,并由此结合中西哲学进行简要的分析,使我们明确这两对概念在牟宗三哲学体系中的具体所指。而且在对后一对概念的分析中,进行了深化,了解了宋明儒学两大学问形态的基本差别。但是对于理解别子为宗的思想而言,我们还要深入到具体的宋明理学研究才能恰切地把握牟宗三判定朱熹别子为宗的真实含义和真正意义。在我看来,牟宗三对二程的简别,并认为朱熹实际上是承接程颢而来,并由此将宋明理学分为三系实际是两大系的理论,构成其判定朱熹别子为宗的理论前提。

第二节　二程与三系的分别:牟氏朱子学的理论前提

在牟宗三判定朱熹别子为宗思想的研究过程当中,从哲学诠释框架上看,主要是借鉴康德哲学的思辨架构,并且比照康德哲学的内容试图阐明儒家的道德的形上学系统的存在,而且作为儒家大宗和正宗的道德的形上学是高于作为道德底形上学和道德的神学的康德哲学的。

牟宗三在宋明儒学内部，主要根据儒家的五部经典（《论语》、《孟子》、《中庸》、《易传》、《大学》）义理的继承和发展关系，进行儒学内部的判别。他从对宋明儒家中的周敦颐、张载、程颢、程颐、胡宏、朱熹、陆九渊、王阳明、刘蕺山九人文献的解析入手，通过对他们核心哲学概念和命题的阐释，指明他们关于道德、宇宙和本体的思考。通过对他们哲学最高概念的分析，以他们是否将最高的本体概念理解为"即存有即活动"为标准，对宋明理学进行分系。并由此断定程颐和朱熹是歧出，认为程朱应当指小程和朱熹。

一、二程的简别

（一）文献的梳理

牟宗三将宋明理学分为三系的思想形成后，更为重要的工作是要论证自己言之有据，这同时也是对中国哲学进行深入的梳理和把握。

朱熹别子为宗的思想是先形成的，但是由于缺少对宋明理学具体而深入的研究，还不能在理论上立得住，因此牟宗三首先对二程进行了鉴别工作。从文献和义理上看，牟宗三认为，前人的文献梳理和义理把握存在很大问题。首先，《宋元学案》中，虽然有《明道学案》、《伊川学案》，但明道之为明道，伊川之为伊川，实则二程在义理上是有差别的，《宋元学案》并没有做出区分。其次，《宋元学案》以后关于宋明理学的研究也很少有人进行详细的鉴别工作，只是认为二程的思想是一致的。在牟宗三看来，程颢的义理更加圆融饱满，但是以往的研究者，都只是引用一些"风光话"，而对于大程区别于或高于小程之处，都没有讲出来。

"《二程遗书》共25卷，是朱熹编撰的。前10卷标目'二先生语'。第11—14卷，为明道语，第15—25卷为伊川之语。前10卷中，第1卷为'伯端传师说'，系二程弟子李伯端所记。伯端才识颖悟，深得其师意，据此，可知李氏所记，所标为二先生语，实以明道谈话为多。第2卷标为'元丰己未吕与叔东见二先生语'，这一卷分量特大，所以分为上、下两部分。上部分前二分之一各条，大多或标'明'字，或标'正'字；'明'即明道，'正'即正叔，伊川字。后面三分之二则无标识。下部分（附'东见后录'）也是吕与叔所记，无标记。第3卷'谢显道记忆平日语'，是谢上蔡（名佐良）追忆老师的谈话，前半部标'右明道先生语'，后半部标'右伊川先生语'。第4卷'游定夫（名酢）所录'，各条未有标识。第5、6、7、8各卷，无标识，也不知何人所记。第9卷'少日所闻诸师友说'，无标记，不知何人所为。第10卷'洛阳议论’,是张载在洛阳访二程时的会讲记录,苏季明记。这样看来,《二程遗书》简别出二程各自的语录,关键在前10卷,其中第2、4、5、6、7、8这几卷,又问题尤大。”①

通过对二程文献进行整理,牟宗三看到了鉴别开二程的入手处,在牟宗三看来,这种鉴别工作是客观地理解二者思想的必要途径,但这并不是考据之学,而是从根本上的义理的分别工夫。

(二)义理把握上的简别

牟宗三虽然是通过抄文献的方式看出二程的分别的,但他却认为自己的方法不是考据版本学的方法,而是根据义理的理解的方法。牟宗三进行的判定主要是以如下几点为基准:

一、以二程性格之不同为“起点”;

二、以《二程遗书》中刘质夫所录明道语四卷为“标准”;

三、以语录中少数标明道语者为“轨约”。②

通过上述三个标准,牟宗三先得出程颢的思想的线索,认为大抵以下八篇文献为程颢所作:《天道》、《天理》、《辨佛》、《一本》、《生之谓性》、《识仁》、《定性书》、《圣贤气象篇》,并且牟宗三认为自己的重新辑录工作实际是重编了一部明道学案。程颢的文献清楚了,程颐的就容易确定了。牟宗三又重编了程颐的文献,认为以下八篇为程颐所作:《理气篇》、《性情篇》、《气禀篇》、《才性篇》、《论心篇》、《中和篇》、《居敬集义篇》、《格物穷理篇》。

通过对上面文献的梳理和义理把握,牟宗三区分开了二程,这样程颐和朱熹思想的相互承接性就明显了。从而牟宗三认为传统的宋明理学研究中所称的程朱实际指的应当是程颐和朱熹,由此将程颢的地位突出出来。并且由此出发,认为程颐在其大哥程颢去世后的二十多年的讲学中,实际上已经从程颢的思想转出去,别开了一个方向,离开了儒家思想的大宗和正宗而为别子,而朱熹则是继承程颐而来,实为继别为宗。

在《心体与性体》完成以前,牟宗三研究宋明理学的论著主要以48岁发表的《陆王一系之心性之学》、《王龙溪的顿教:先天之学》、《刘蕺山的诚意之学》三篇文章为代表,在这些文章当中,牟宗三已经指出了朱熹并非儒家思想的正宗,并提出过朱熹是别子为宗,但是由于上述三篇文章只是讲学过程当中对宋明理学的理解,还不是真正的深入研究,因此关于朱熹别子为宗思想的最终完成,并加以系统性地

① 李山:《牟宗三传》(增订本),中央民族大学出版社2006年版,第155页。

② 李山:《牟宗三传》(增订本),中央民族大学出版社2006年版,第156页。

论证和阐发，还是在《心体与性体》中。而且也正是《心体与性体》的完成，才标志着牟宗三新儒学思想的成熟。牟宗三认为宋明理学主要是继承先秦儒家的“成德之教”得以完成的五部经典《论语》、《孟子》、《中庸》、《易传》、《大学》，而继续发展出心性之学，从这一点看是其为新儒学之根本所在。牟宗三朱子学的重点和核心就在于判定朱熹并非是儒家的正宗，而是别子为宗。此一思想的形成较早，从时间上看，应当是从牟宗三首先对朱熹哲学的义理发生疑问时开始，然后才是他深入思考前人对宋明理学分为两系的提法是否恰当。而将宋明儒学分为三系，从时间上看，应是先从对朱熹的理解和研究入手的，但从理论完成上看，最终能够真正系统地将朱熹判定为并非儒家正宗，而是另开了一系统，显然是以三系的分别为理论前提的。

二、作为新儒学的宋明理学

（一）外部的新

牟宗三认为新儒学之新首先在于以下两点：

1. 确定了孔子以后儒学内部的“传法系统”，确定儒家生命智慧的基本方向。“以曾子、子思、孟子及《中庸》、《易传》与《大学》为足以代表儒家传承之正宗，为儒家教义发展之本质，而荀子不与焉，子夏传经亦不与焉。”①

2. 相对于汉人以传经为儒而言，宋明儒学是新儒学。在宋明儒学之前，是周孔并称，将孔子放在周公之后，孔子只是尧、舜、禹、汤、文、武、周公传承经典的中介，到了宋代以后，儒学内部的道统是孔、孟并称，实际上确定了孔子作为儒家教主地位，点明儒家的内圣成德之教是由孔子所开启。牟宗三认为：“儒之为儒必须从王者尽制之外部的礼乐人伦处规定者进而至于由圣者尽伦之‘成德之教’来规定……此则必须以孔子为标准，而不能以尧、舜、禹、汤、文、武为标准也。此中之差别亦恰似基督教与犹太教之差别。而为宋儒所认识，此其所以为新也。”②

当然，朱熹作为儒家思想的正宗和代表，在思想史上的真实地位是任何人否定不了的。牟宗三将其定为别子为宗，实际是以承认朱熹的思想史地位为前提的，别子为宗的理论主要是从儒家义理发展的角度来看的，而认为朱熹不应当作为正宗，

① 牟宗三：《心体与性体》(一)，见《牟宗三先生全集》第5卷，台湾联经出版事业公司2003年版，第15～16页

② 牟宗三：《心体与性体》(一)，见《牟宗三先生全集》第5卷，台湾联经出版事业公司2003年版，第17～18页。

这只是应然的判断。牟宗三断定朱熹别子为宗是从儒家内部义理的继承和发展的角度来看的。从思想发展史上看,道统传承的事实是既定的,是后人无法通过理论的翻案就能否定得了的。

(二)内容的新

但牟宗三认为这两点仍旧是外部的"新",在此之外,宋明儒学尚有客观内容上的新,此新的意义主要在于:

1. 顺本有者引申发展而为本有之所函,此种"函"是调适上遂地函。

2. 于基本处有相当之转向(不是彻底转向),歧出而另开出一套以为辅助,而此辅助亦可为本有者之所允许,此种允许,是迂曲歧出间接地允许,不是其本质之所直接地允许。①

牟宗三认为之所以可以如此看,可以从宋明儒家对先秦儒家的发展来体现,主要涉及五个方面:

1. 孔子践仁知天,未说仁与天合一或为一,但依宋明儒,其共同倾向则认为仁之内容的意义与天之内容的意义到最后完全合一,或即是一(在此,伊川、朱子稍有不同)。

2. 孟子言尽心知性知天,心性是一,但未显明地表现心性与天是一。宋明儒的共同倾向则认为心性天是一(在此,伊川、朱子稍有不同)。

3.《中庸》说"天命之谓性",但未明显地表示天命于吾人之性其内容的意义完全同于那"天命不已"之实体,或"天命不已"之实体内在于个体即是个体之性。宋明儒则显明地如此表示。此所谓天道性命通而为一也。在此,伊川、朱子亦无异辞,唯对于天命实体与性体理解有不同。

4.《易传》说"乾道变化,各正性命"(《乾・彖》),此字面的意思只表示在乾道(天道)变化的过程中各个体皆得正定其性命,未显明地表示此所正之"性"即是乾道实体或"为物不贰,生物不测"之天道实体内在于各个体而为其性,所正之"命"亦即是此实体所定之命。但宋明儒则显明地如此表示,在此处与在《中庸》处同。

5.《大学》言"明明德",未表示"明德"即是吾人之心性(就本有之心性说明德),甚至根本不表示此意,乃只是"光明的德行"之意。但宋明儒一起皆认为"明

---

① 牟宗三:《心体与性体》(一),见《牟宗三先生全集》第5卷,台湾联经出版事业公司2003年版,第18页。

德”是就因地之心性说，不是就果地之“德行”说。①

在牟宗三看来，从前四点看，宋明儒（除程颐和朱熹外）就《论语》、《孟子》、《中庸》、《易传》而推进一步，表示一种新的意义，“但此‘新’吾人可断定是调适上遂的新，虽是引申发展，但却为原有者之所函”②。

从第五点看，程颐和朱熹将《大学》的“致知”理解为致吾心气之灵之知，“格物”理解为即物而穷其存在之理（穷究实然者之所以然之理），并且以《大学》为定本，程颐、朱熹对《论语》、《孟子》、《中庸》、《易传》之仁体、心体、性体、道体的理解与其他宋明儒（在牟宗三的理解主要是周敦颐、张载、程颢、胡宏、陆九渊、王守仁、刘宗周等七人）理解的不同，对于先秦儒家的原有之意有本质影响，为系统的转向，此种新为“歧出之新”。

由此牟宗三认为：“大体以《论》、《孟》、《中庸》、《易传》为主者是宋、明儒之大宗，而亦较合先秦儒家之本质；伊川、朱子之以《大学》为主则是宋、明儒之旁枝。”③

（三）三系与两系的辩证

宋明理学从小程开始转向，到朱熹最终形成新的系统，如前文提到的，由于理论和实践的双重原因，朱熹成为儒家思想的集大成者和代表。牟宗三认为宋明儒对于儒家道统的传承确定是有贡献的。依牟宗三的疏理，宋明儒之发展当分为三系：

1. 五峰、蕺山系：此承由濂溪、横渠而至明道之圆教模型（一本义）而开出。此系客观地讲性体，以《中庸》、《易传》为主，主观地讲心体，以《论》、《孟》为主。特提出“以心著性”义以明心性所以为一之实以及一本圆教所以为圆之实。于工夫则重“逆觉体证”。

2. 象山、阳明系：此系不顺“由《中庸》、《易传》回归于《论》、《孟》”之路走，而是以《论》、《孟》摄《易》、《庸》而以《论》、《孟》为主者。此系只是一心之朗现、一心之伸展、一心之遍润；于工夫，亦是以“逆觉体证”为主者。

3. 伊川、朱子系：此系是以《中庸》、《易传》与《大学》合，而以《大学》为主。于《中庸》、《易传》所讲之道体性体只收缩提炼而为一本体论的存有，即“只存有而不

① 以上五点引自牟宗三：《心体与性体》（一），见《牟宗三先生全集》第5卷，台湾联经出版事业公司2003年版，第19～20页。

② 牟宗三：《心体与性体》（一），见《牟宗三先生全集》第5卷，台湾联经出版事业公司2003年版，第20页。

③ 牟宗三：《心体与性体》（一），见《牟宗三先生全集》第5卷，台湾联经出版事业公司2003年版，第21页。

活动”之理，于孔子之仁亦只视为理，于孟子之本心则转为实然的心气之心，因此，于工夫特重后天之涵养(“涵养须用敬”)以及格物致知之认知的横摄(“进学则在致知”)，总之是“心静理明”，工夫的落实处全在格物致知，此大体是顺取之路。①

在牟宗三看来，前两系以《论》、《孟》、《易》、《庸》为标准，可以归为一大系即纵贯系统，程颐和朱熹一系为横摄系统。也就是说，宋明理学的三系实际是两系。并且明确指出前一系符合先秦儒家的义理，是宋明儒学的正宗和大宗。而程颐和朱熹，另开一传统，为歧出。由于朱熹在学问上的集大成以及朱熹在历史上的地位崇高，故而称其为“别子为宗”。但牟宗三认为判定朱熹别子为宗并不是贬低，而是客观的认定，而且能开出一新的系统也够伟大。并且认为“此两系统一纵一横，一经一纬。经之纵亦须纬之横来补充”②。牟宗三认为：“若自‘体’上言，则根本有偏差；顺其义而成之，则亦可说是转向，即转成本体论的存有之系统。若自工夫言之，涵养与致知亦有补充助缘之作用，因吾人亦总有后天之心也，此亦须涵养之敬以收敛凝聚之，以使之常清明，此于道德实践之称体而行(纯依本心性体而行)亦有助缘之作用。”③

牟宗三认为，宋明儒对儒学的发展意味着儒家道德的形上学之完成，“依宋、明儒大宗之看法，《论》、《孟》、《中庸》、《易传》是通而为一而无隔者，故成德之教是道德的同时即宗教的，就学问言，道德哲学即函一道德的形上学”④。从本体上看，二者之差别在于对于作为最高形上本体的理解是“即存有即活动”还是“只存有而不活动”。

第三节　中和学说与仁学：牟氏朱子学的关键

一、牟宗三视域下朱熹的中和学说

中和问题又称未发已发问题，来自《中庸》所言“喜怒哀乐之未发谓之中，发而

① 牟宗三：《心体与性体》(一)，见《牟宗三先生全集》第5卷，台湾联经出版事业公司2003年版，第52~53页。

② 牟宗三：《心体与性体》(一)，见《牟宗三先生全集》第5卷，台湾联经出版事业公司2003年版，第63页。

③ 牟宗三：《心体与性体》(一)，见《牟宗三先生全集》第5卷，台湾联经出版事业公司2003年版，第53页。

④ 牟宗三：《心体与性体》(一)，见《牟宗三先生全集》第5卷，台湾联经出版事业公司2003年版，第23页。

皆中节谓之和”一句，此问题是宋明理学家关注的核心问题之一。在宋明理学的研究中，大多认为中和学说是朱熹哲学思想发展和完成的关键。牟宗三对朱熹的研究也是从中和问题开始的。朱熹的中和学说对中和问题的思考有旧说和新说两部分，牟宗三认为朱熹的中和旧说本来蕴涵着纵贯系统的内容，但是由于朱熹的生命契悟不能与之相应，最终转向中和新说，由此朱熹的思想规模大致定型。因此对朱熹中和学说的分析，是了解牟宗三判定朱熹别子为宗的关键。

（一）中和旧说的发端与完成

朱子参究中和问题经历了一个曲折的过程，其中和思想曾有过两次重要转变。乾道八年壬辰朱子 43 岁时曾作《中和旧说序》叙述其思想演变的过程：“余早从延平李先生，受《中庸》之书，求喜怒哀乐未发之旨，未达而先生没。余窃自悼其不敏，若穷人之无归。闻张钦夫[①]得衡山胡氏学，则往从而问焉。钦夫告余以所闻，余亦未之省也。退而沉思，殆忘寝食。一日喟然叹曰：人自婴儿以至老死，虽语默动静之不同，然其大体莫非已发，特其未发者为未尝发尔。自此不复有疑，以为《中庸》之旨果不外乎此矣。”（《朱文公集》卷七十五）在中和旧说中，朱熹对“天命流行之体”作为创生的实体并未真切地体悟，而只是有一个笼统的印象。后来到 40 岁与蔡季通问辩获得启发，于是将“天命流行之体”拆散，转向讲理气二分、心性情三分之格局。

牟宗三对朱熹自认“非是”的两篇《与张钦夫书》进行重新讨论。在对第一书的疏解中，牟宗三认为其所论的要点在于：从本体上看“天命流行，生生不已之机”是未发的中体，也可以说是“天理本真”，或者是本心或良心。从工夫上看，强调操存此本心或良心。从这里看，牟宗三认为朱熹与宋明儒大宗和正宗对本体和工夫的理解是相应的。牟宗三进一步地分析说：“‘天命流行，生生不已之机’，此是从《诗·周颂》‘维天之命，於穆不已’而来。……此天之命之於穆不已，天之於穆不已地表示其命令之作用，便是宇宙之‘实体’。”[②]由于此实体是“即存有即活动”的本体，所以才能有生化万物之能动性，进而才可以说“天命流行之体”，也即万物“生生不已之机”。

进而从道德实践上看，这实体可以是人的性体或者是本心。由于兼有存有和活动的义涵，所以通过本心的呈现可以起道德之创生实践。因此喜怒哀乐之发动

---

① 张钦夫即张栻，字钦夫，又字敬夫。后文中张钦夫与张敬夫指同一人。

② 牟宗三：《心体与性体》（三），见《牟宗三先生全集》第 7 卷，台湾联经出版事业公司 2003 年版，第 83 页。

流行可以在本心中获得实在性的客观根据和能动性的主观根据。由此而言，从工夫上看，这实际上与孟子的“求放心”的工夫相通。牟宗三认为其与先秦儒家旧义及宋明儒的大宗和正宗之义理——纵贯系统是一脉相通的。

在中和旧说期间，牟宗三认为朱熹对孟子讲的本心也没有真切地体悟，只是停留在笼统印象的层次。因此他在道德实践上，没有真切自发的主动性，而是对孟子的“本心”进行分解，在本体上的理解偏差，使得朱熹在工夫上转为先涵养后察实。如此很难理解道德的本质，而且在道德上也不能真正地体悟。因此，其中和旧说中，自认为“非是”。但是中和旧说也自成一体系，只是朱熹对自己的思想中潜在的义理并没有真切地体会，而且与《中庸》的义理不能真切相应。经上，牟宗三认为：“在朱子的中和旧说书中，本来蕴含了纵贯系统的正宗义理，但是，由于朱子在生命本质上实在论的心态和直线分解的思考方式，终究对此纵贯系统义理不能真切悟入。”①

（二）中和旧说下的浸润与议论

朱熹 37 岁时，有“答张敬夫之两书、答何叔京之三书、答罗参议之两书、答许顺之之一书，共八书，皆旧说下之浸润与议论也”②。通过与他人书信问答讨论，展示了其对中和学说的理解。牟宗三通过对这些书信的具体研究，进一步阐明了朱熹的中和旧说的思想。

在牟宗三看来，《答张敬夫书》十八书之第四书中的主旨主要在以下三点：

1. “天机活物流行发用无间容息”，此即是未发已发之无间。

2. “据其已发者而指其未发者，则已发者人心，未发者皆其性也。”

3. “存者存此而已，养者养此而已”，亦可益之说“致察者致察此而已”。③

就第一点而言，牟宗三指出上述三点从形式上看“圆通无碍”，但从其实际上看仍是分解精神贯注在其中，也就是说朱熹此时的思想仍然是在中和旧说的范围之内。但是其心性二分的见地，在牟宗三看来是立不住的。所以张栻（敬夫）认为朱熹对心性的分别有将其理解为两个事物的嫌疑，而朱熹也终于未能在此形上本体的体悟上有真实的契合，最终转向了中和新说，成为宋明理学的歧出。

在《朱文公文集》当中，本来第三书在第四书之前，但牟宗三认为，从内在义理

---

① 陈代湘：《牟宗三对朱子中和学说的阐析》，湘潭大学社会科学学报 2001 年第 5 期，第 111 页。

② 牟宗三：《心体与性体》（三），见《牟宗三先生全集》第 7 卷，台湾联经出版事业公司 2003 年版，第 104 页。

③ 牟宗三：《心体与性体》（三），见《牟宗三先生全集》第 7 卷，台湾联经出版事业公司 2003 年版，第 107 页。

上看,此书之内容反映旧说两书以及第四书的思想,故而将其作为对前三书的反省和总结放在后面分析。从这样的一个调整来看,牟宗三并不是通过考据的方法进行的,而只是认为依据内容应当如此。从思想史的角度看,其做法是十分大胆的,可以说为了内容完整和义理连贯,不惜改动成书的固有顺序。由此可见,在牟宗三的朱子学研究中,他所采用的方法完全是从自己理解的义理架构出发,去对朱子的思想进行疏解。由此可以见出其理解和勾勒的朱子学更多反映了哲学思辨理性的强力重构,但无疑与思想史上朱子学真否如此是存在很大距离的。

在《答张敬夫书》十八书之第三书的疏解中,牟宗三认为朱熹此书最后的结论在于强调"浩浩大化之中,一家自有一个安宅,正是自家安身立命,主宰知觉处",但他说不出"安宅"是什么。所以从这里可以看出,朱熹在旧说两书中提到的"天命流行之体"、"中体"、"本心"等实际上是从气化不息的角度来谈的,没有认识到此"安宅"处应当正是这天命流行之体、中体和本心。据此牟宗三认为朱熹对"安宅"的方向的理解是中和旧说下的浸润和议论,那么理解此"安宅"的明澈程度取决于以下三点:

1. 对于"天命流行之体"是否能明澈地知其为是理,是心,亦是神?

2. 中体、性体、本心是否为一?

3. 喜怒哀乐未发已发之发与本心发见之发不同,如是,是否能明澈地知"先察识后涵养"在实践工夫上之真切的意义与本质的意义?

牟宗三认为从此书看,还不能确定朱熹所讲的"天命流行之体"作为道德论、本体论、宇宙论的形上本体是"即存有而不活动"的实体,但是从此书的末段语势看,朱熹在向静涵静摄的系统走。

牟宗三在《答何叔京书》三十二书的第三书的疏解中提出了"未发为性,已发为心,是中和旧说之主要特征"[①]的观点,对中和旧说进行了总结。牟宗三在《答何叔书京书》三十二书的第四书的疏解中强调"体验未发前大本气象为何如是道德实践工夫上之本质的一关",并由此认为朱熹明晓此尊德性的道理,并且中和旧说的体系中也可以蕴含这样的义理。

牟宗三在《答罗参议书》的疏解中指出,朱熹认为程颢通过"於穆不已"和"纯亦不已"的分别来界定儒的差别是毫末之争,实际反映了朱熹对道德的形上学的实体体会不透。虽然在该《书》中也反映了朱熹对胡宏强调察存良心的义理,但是由

① 牟宗三:《心体与性体》(三),见《牟宗三先生全集》第7卷,台湾联经出版事业公司2003年版,第118页。

于他混淆了“良心发见之发与喜怒哀乐未发已发之发”，使他放弃了胡宏义理的方向，以至后来转而攻击胡宏之学。

在《答许顺之书》二十七书之第十一书的疏解中，牟宗三认为此书中的绝句“问渠哪得清如许？为有源头活水来”反映了内圣之学的重要。

我们通过牟宗三对朱熹37岁时对中和旧说的分析，可以获得如此认识：在对于作为儒家道德的形上学的经典《中庸》的理解中，朱熹在37岁时所做的议论仍然蕴含把作为道德的、形上的实体理解为“即存有即活动”者，而且具有走向纵贯系统的可能，但是由于朱熹生命感悟的不透彻，最终对于形上本体的理解，仍是以分解的方式进行的，因而决定着其最终走上静涵静摄系统。牟宗三在《答何叔京书》三十二书的第二书疏解的附识中明确地指出：“朱子此旧说未发已发之无间虽于天命流行之体无相应之契会，然此种思考方式却亦未随旧说之放弃而全放弃，似是对于其后来对于太极性体之理解并非无影响。此未发已发之无间，后来即转为‘一阴一阳互为其根’之方式，即是由‘实然’而推证‘所以然’以为道理之方式，亦即是由夜气之复而求其故以见天地之心之方式。此后种方式终于使他认太极性体为只是理，而心神则旁落，亦因而终于使他向新说之静涵静摄系统走，而终于走不上纵贯系统也。”①

（三）中和新说的发端与完成

孝宗乾道五年己丑，朱子40岁时，“与蔡季通言未发之旨，问辨之际，忽然自疑。（思想）遂急转直下，而有新说之发端与完成”②。牟宗三认为中和新说的义理主要体现在《已发未发说》、《与湖南诸公论中和第一书》、《答张钦夫书》中。而牟宗三又认为《答张钦夫书》“大体是朱子成熟之思想，可视为定论”，甚至认为此《书》“可名为《中和新说》书”。③

如此我们对牟宗三朱子学的理解可以主要通过对《答张钦夫书》一篇文献的分析进行。牟宗三之所以认为《答张钦夫书》可视为朱熹中和新说的定论，是因为“朱子学大体规模定于此，理气二分、心性情三分定于此，动静工夫定于此，先涵养

---

① 牟宗三：《心体与性体》（三），见《牟宗三先生全集》第7卷，台湾联经出版事业公司2003年版，第117页。

② 牟宗三：《心体与性体》（三），见《牟宗三先生全集》第7卷，台湾联经出版事业公司2003年版，第146页。

③ 牟宗三：《心体与性体》（三），见《牟宗三先生全集》第7卷，台湾联经出版事业公司2003年版，第164页。

后察识定于此"①。通过对一说两书的分析，我们可以看到朱熹中和新说的要旨在于："未发指性，已发指情，心则贯通乎未发已发，亦可曰心统性情。又把修养方法区分为未发的持敬功夫和已发的致知功夫，从而确立了其以主敬致知为宗旨的'一生学问大旨'。"②

（四）中和新说下的浸润与议论

朱熹在40岁时，除了上文提到的一说两书之外，还有《答林择之》三十书之第三书、第六书、第二十书、第二十二书、第二十一书，《朱文公文集》卷三十八《答林择之》等六书反映了朱熹的中和新说思想。

在第三书、第六书的疏解中，牟宗三认为这两书是表明朱熹中和新说相对于其中和旧说的思想转向最有考证价值的文献。在第六书的疏解中，牟宗三认为朱熹讲未发"可谓之中，而不可谓之性"是承接程颐而来。在这两书中，反映出中和新说的核心思想：以心为主论中和问题，但不是直接以心体为主。喜怒哀乐作为心的具体表现，只是心的已发。未发是"事物未置，思虑未萌"，而此未发并不是不偏不倚而可被体认为是清明纯白之心境。已发是"事物交至，思虑萌焉"。也就是说在这里心被置于形而下的气的层次，导致心本应作为能起道德实践的本体而变成认知的心。最终贯通存有、宇宙与道德的仍是理，也即是说，在朱熹那里心性是相分的，其所创之系统最终只成为静涵静摄的系统。

牟宗三指出朱熹还有许多涉及到中和新说思想的议论，大体言之，主要还是反映为以下几点：朱子中和新说将"天命流行之体"拆散而成理气二分、心性情三分的格局。在此格局下，本体只是"只存有而不活动"的理，心、神则属于形而下的气。同时，因为对"天命流行之体"与"本心"不能真切契悟，不了解人的性体即是反身自证道德的本心之自发、自律、自定方向、自作主宰，从而使心从性体上脱落下来，心性平行而非一，心为实然的心理学的心，道德意义的良心本心沉没。又因朱熹将本心或良心发见之发与情变已发之发混同，将"静复以立体"之"察"拖下来而置于已发之动时说，认为只可于此动时说察识，不能够认识到作为"察于良心之发见以体证而肯认之"之本领工夫与涵养工夫并不相冲突。因此，朱子中和新说后，只于动察以外补以静时之涵养，则此涵养是不自觉的、盲目的、空头的涵养，平时的

① 牟宗三：《心体与性体》（三），见《牟宗三先生全集》第7卷，台湾联经出版事业公司2003年版，第171页。

② 陈代湘：《牟宗三对朱子中和学说的阐析》，湘潭大学杜会科学学报2001年第5期，第112页。

庄敬涵养只成外部地养成一种好习惯而已，不能自觉地做道德实践。[①]

二、中和新说后关于仁的分析与发展

（一）关于仁的解析

在中和新说形成之后二三年，朱熹开始写《仁说》，与由胡宏开启的湖湘学派的学者就“仁”的问题展开论辩。并且牟宗三认为中和新说与《仁说》是朱熹思想的义理系统所由建立之纲领。因此对其中和新说之后的以《仁说》为代表的关于仁的论说是理解其思想的关键，对于牟宗三的朱子学研究而言更是具有关键的意义。

二程关于仁的学说对朱熹的影响很大。在牟宗三看来朱熹对仁的理解是紧守程颐的，而对于程颢的仁学不能真切体悟。依据牟宗三的理解，程颐的仁学纲领如下：

1.“爱自是情，仁自是性。”

2.“仁之道，要之，只消道一公字。公即是仁之理，不可将公便唤作仁。公而以人体之，故为仁。”

3.“仁是性也，孝弟是用也。性中只有仁义礼智四者，几曾有孝弟来？（赵本作：几曾有许多般数来？）”

4.“心生道也。有斯心，斯有是形以生。恻隐之心，人之生道也。”

5.“心是所主言，仁是就事言”、“心譬如谷种，生之性便是仁也”。[②]

在牟宗三看来，仁体的特征是“觉”与“健”，“以感通为性，以润物为用，其本身是全德，是一切道德之源，故即本体开工夫，即工夫是本体，此是一道德的真实的创造性，此是一道德创造的实体，与‘於穆不已’、‘纯亦不已’质天命流行之体之意义全同，此其所以为生道”，“此实体是即存有即活动之实体，是本体宇宙论的创生实体，而非是只存有而不活动的只是本体论的存有”。[③]

牟宗三认为朱熹对仁的探讨虽然是从“仁是生道”开始的，但是他的思路却接不上程颢，只是顺着程颐的抽象的、分解的思路讲仁。从程颢的“仁性爱情”（即纲领之第一条）出发，将“仁体”肢解为心性情三分、理气二分，用“心之德爱”去说仁，

① 陈代湘：《牟宗三对朱子中和学说的阐析》，湘潭大学杜会科学学报2001年第5期，第112页。

② 牟宗三：《心体与性体》（三），见《牟宗三先生全集》第7卷，台湾联经出版事业公司2003年版，第258页。

③ 牟宗三：《心体与性体》（三），见《牟宗三先生全集》第7卷，台湾联经出版事业公司2003年版，第259～260页。

认为程颢对仁的理解与程颢所讲的“爱之理”不相应，进而朱熹将程颢讲的仁与万物浑然通体理解为“仁之量”，就是说仁泛爱万物之意。程颐所讲的“公”作为“仁之道”与程颢讲的具有“觉”与“健”特征的仁是不相应的。朱熹承接程颐而来，因此二者皆是“歧出”。

关于《仁说》的分析，牟宗三将其全文录入，然后进行疏解，从而阐明朱熹对于仁的理解的内在义理。《仁说》分八段，前四段是朱熹阐述自己的观点，第五段是朱熹阐述程颐“仁性爱情”之论（见上文程颢的仁学提纲第一条），第六、七、八段是辩驳“与物同体”以及“以觉训仁”。牟宗三的分析主要是如下五点：

第一点，朱熹讲“天地以生物为心”，按牟宗三的分析，虽然此处讲的心是本体宇宙论式的，但是却是实体性的心。接着通过《朱子语类》卷第一、卷第九十五论“天地之心”的分析以及《知言疑义》对心的分析，牟宗三认为，从心应具有的活动义看，此处的心是虚说的。

第二点，进而朱熹讲“人物之生又各得夫天地之心以为心”也成为虚说。因为从孟子的本心或良心本体看这并不是单纯从本体论或宇宙论方面讲的，而是从道德自觉的当下体证讲的。如果顺从《中庸》、《易传》的思路讲天命、诚体、神体，此是客观的讲法，可以真正讲出“人物得天地之心为心”，因为在此意义下，性体与心体仍是合一的，但是从朱熹的整体思想看，此种客观讲法在此处不具有真实的意义。

第三点，在牟宗三看来朱熹讲心有仁义礼智四德，从形式上看是顺着孟子而来，如孟子讲的“恻隐之心”、“仁义礼智根于心”，但“孟子所言之性之本义，性乃是具体、活泼、而有力者，此其所以为实体（性体、心体）创生之立体地直贯也。而朱子却只转成主观地说为静涵静摄之形态，客观地说为本体论的存有之形态。而最大之弊病即在不能说明自发自律之道德，而只流于他律之道德。此即为性之道德义之减杀”①。按照朱熹的中和新说所表示之义理间架，心是认知意义上的心而不是道德的超越的本心，那么作为气之灵的心理学的“心”具有四德只是外在地关联地“具”，而不是本质地必然地“具”，那么本心具有四德只是认知的静摄意义上的，不是本心纵贯之自发自律意义上的，这与孟子言本心的根本义理不合。

第四点，进而朱熹讲“天地之心其德有四，曰元亨利贞，而元无不统”，与《易传》不相应。从前三点看，由于天地之心不是本体宇宙论（即存有即活动）意义上

① 牟宗三：《心体与性体》（三），见《牟宗三先生全集》第7卷，台湾联经出版事业公司2003年版，第269～270页。

的,因此,此四德只能落在气化的层次上说,但是此四德与仁义礼智四德并不相同,因此朱熹如此说,从形式上看,也是本体宇宙论方式的论说,但只是依仿。

综合以上四点,牟宗三认为,朱熹讲的天地之心成虚脱(不能落实),对于人心而言,用爱之理、心当具之德来讲"仁为生道",不能掌握孔子所言之仁的核心。

第五点,朱熹辩驳"物我为一"与"以觉训仁",是直接针对杨龟山和谢上蔡,间接针对程颢。朱熹讲"彼谓物我为一者,可以见仁之无不爱矣,而非仁之所以为体之真也",也就是说朱熹认为讲"仁与物我为一",是体现了"仁"的用之广泛,而不是将其作为本体的真实。而牟宗三认为依据儒家正宗的理解,仁应当是"体物而不遗"的"天命流行之体",由此才能讲仁心的感润无隔,如此才能"恻然有觉",即不麻木,如此才能呈露真心仁体,进而才"自能恭宽敏慧","自能'爱人'","自能悱启愤发,不厌不倦,自能与人为徒而不崖岸自高,自能……造次必于是,颠沛必于是,自能'无求生以害人,有杀身以成仁'"。[①] 也就是说,仁应当是全德,是一切道德的根源,为道德创造的实体。从这里看,"与万物为一体"以及"仁与物我为一",不是从外延上讲仁的量,而是从内容上讲仁的质。

关于以觉训仁的辩驳,朱熹说:"彼谓心有知觉者,可以见仁之包乎智矣,而非仁之所以得名之实也。"在牟宗三看来,"以觉训仁"之"觉"是从程颢讲的道德真情而来,而在朱熹则成了知觉,也即是认识论意义上的,不是道德意义上的。由此,可以见出朱熹的思维是实在论倾向的分解的思路,是静涵静摄的认知系统。与儒家作为正宗和大宗的纵贯系统不相合。朱熹对仁的理解不是顺孔子的方向来,也不合程颢的理解,因而是歧出旁枝的"别子为宗"。

牟宗三说:"以上五点是对于《仁说》之分析。以下与张南轩辨,与胡广仲、胡伯逢、吴晦叔辨,皆不出此范围。"[②]通过牟宗三对《仁说》的分析,已经掌握了牟宗三朱子学研究中的主要之点,由于朱熹与其他人通过书信辩驳仁的学说大抵在此范围内,本书不再进行重复性的分析。

(二)以中和新说和《仁说》为背景的《大学》地位的突出

在中和新说和《仁说》之后,朱熹哲学最大的特点在于强调《大学》的重要。在牟宗三判定宋明理学为三系的过程中,认为程颐和朱熹一系就是依据《大学》的义

① 牟宗三:《心体与性体》(三),见《牟宗三先生全集》第7卷,台湾联经出版事业公司2003年版,第275~278页。

② 牟宗三:《心体与性体》(三),见《牟宗三先生全集》第7卷,台湾联经出版事业公司2003年版,第280页。

理去统摄其他四部经典，因此，也可以说是朱熹的学问在经典诠释上主要的成就体现在《大学》学上。在牟宗三分析朱熹的《大学》学中，从本体方面的研究看，仍然与中和新说和以《仁说》为代表的对仁的分析大抵相当，也就是朱熹哲学的最高本体仍旧是一"只存有而不活动"的存在。但是在朱熹的《大学》学当中最为突出的就是关于工夫的论述，因此本部分主要阐释朱熹的工夫论。

牟宗三认为宋明理学分为两大系，朱熹是别子为宗，在工夫的论述上即表现为"顺取"，与"大宗"、"正宗"的"逆觉"不同。程颐与朱熹是"顺取之路"，周敦颐、程颢、胡宏、陆九渊、王守仁、刘宗周则走的都是"逆觉之路"。这点构成了牟宗三判定朱熹别子为宗的根据之一。朱熹根据《大学》"致知格物"的思想，发挥道德实践的方法论，主张"即物而穷其理"，通过"今日格一物，明日格一物"的渐磨工夫，进而达到"众物之表里精粗无不到，而吾心之全体大用无不明"的"豁然贯通"的境界。因而《大学》地位的突出主要反映出的就是朱熹的工夫论与宋明儒大宗和正宗的差异。

牟宗三认为朱熹如此讲工夫是混淆了知识与道德的界限，因为原本是想获得对于道德、本体、宇宙的整全的终极追求，但是在工夫上却采取"向外顺取"获得知识的方法，这种方法在牟宗三看来是泛认知主义的，只能成就经验的知识，但是由于朱熹的目的在于道德行为，并不能真正成就科学知识的发展。但是，如若顺取工夫做得足，也可成就他律道德。朱熹所讲的格物致知、即物穷理，是要通过格物认知作为"'本体论的存有'的超越之理"（即太极）。总之，牟宗三认为朱熹的方法在道德上只能是"主智主义之以知定行"，即通过心对理的认知（而不是心的自我认识）达到修养的目的，而成就他律的道德；在知识上，由于朱熹的目的在于道德而不是知识，因而也不可能开出科学。

与"顺取的工夫"不同的是"逆觉体证之路"。牟宗三认为，从《论语》、《孟子》、《中庸》到宋明儒之大宗，都是遵循后一个方向来说明道德实践的途径与方法。所谓"逆觉"即是指反求内省，它不是依靠抽象的认知，而是依靠与人的道德实践融为一体的体证、亲证、直觉。如此的对工夫的认识与康德对道德问题的思考不同。康德在理论上抽象地设定了自由意志的存在，但又认为"它本身之绝对必然性如何可能"是一个人的理性所不能证实的问题，因为它在人的经验知识范围之外。牟宗三认为康德的错误正是在于他不懂得这是实践问题而不是知识问题。由于康德哲学把作为道德理论根据的实践理性的最终根据定位在自由意志的假设上，则对于"纯粹理性如何其自身就是实践的"问题的回答实际上是悬空了的。康德哲学探讨的是人如何能够乐于进行道德行为，而不是基于功利目的的选择，但他认为这已经超出了人的理性范围,是人不能解决的问题。而牟宗三则认为道德行为的主观根据的关键在“心”,中国哲学关注的正是这样一问题。牟宗三指出康德之所以解决不了道德的最终根据问题,在于他把这一问题等同于客观的认识问题,所以在理性范围内的探讨是不能获得结果的。但是依照儒家心性之学,从“践仁尽性”的实践功夫处入手,通过道德实践的工夫去体现心性本体所内在的道德性,由此可以解决人如何从纯粹理性转向实践理性的问题。牟宗三认为儒家哲学强调的作为本体的理是客观的,但是这客观的理只能通过人的具体的心和情来体现,因此,在康德哲学中作为保证道德行为纯正的道德情感问题不是一个知识学的问题,而应当是人在道德实践中的工夫修养问题,人感受到道德心之呈现,也就解决了道德情感问题。在牟宗三看来,儒家的心性之学强调的“心即理”之心,就是使得道德行为获得保证的源泉所在。

牟宗三认为,依据儒家哲学特别是宋明儒学的理论,完全可以正确回答康德哲学所不能回答的两个问题,即“自由意志本身之客观存在上的绝对必然性如何可能”和“纯粹理性如何其自身就是实践的”。但是应当强调指出的是,此处是就宋明儒的大宗和正宗而言的。从牟宗三看,朱熹强调通过格物致知的工夫,最终对于道德实践而言是有辅助作用的,从这个意义上说,对于康德哲学的补益作用也是十分明显的。

第四节　理解与别解:牟氏朱子学的理论展开

一、牟宗三视域下朱熹对于孟子的理解

(一)对孟子性、情、才的理解

关于性情的理解,牟宗三认为朱熹讲“性不可说,情却可说”,实际是将情和性分为形上和形下两层。认定性为至善至纯,是高度抽象的存在,因此不可说。而情则是具体的存在物,所以可以说。牟宗三认为,在孟子的义理当中,并没有将“性”和“情”对立看待的思想,“孟子并非以仁义礼智等为性,以恻隐羞恶恭敬是非之心等为情者”①。孟子也没有将“性”和“情”看作是形而上和形而下两个异质的层面。继而牟宗三指出,孟子讲的“乃若其情”的“情”作为性体,是人的本性。顺从这个

① 牟宗三:《心体与性体》(三),见《牟宗三先生全集》第7卷,台湾联经出版事业公司2003年版,第461页。

本性,就可以有道德实践。实际上"情"与"性善"是合一的。牟宗三认为孟子讲的性就是"本心即理",是"即活动即存有"的实体,而朱熹的理解则强调性和情的差别是质上的差别。

关于才的理解,在牟宗三看来,朱熹认为孟子讲的"才"是"出于性",牟宗三认为这种理解大体是相应的。但是朱熹强调发出来才是才,也就是说朱熹是偏重从才能的角度看待才,实际上是强调了"才"的独立于"性"的意义,在牟宗三看来实际已经脱离了孟子的原意。朱熹说,"才本是善,但为气所染,故有善有不善",实际是将孟子认为的才是出于性之义,与程颐认为的才禀于气相等同看。如此朱熹将孟子学中作为一个虚位概念的"才"实体化,成为一独立的概念。

在牟宗三看来,在朱熹的哲学中,性只是理,并没有发动的含义,也就是说作为只是人之为人的理,是没有能动性的,"才"和"情"方是具有主动性的存在。

(二)对孟子尽心知性知天的理解

牟宗三认为朱熹用格物穷理致知解释孟子的尽心知性知天,与孟子的原意不符,也不是孔子讲的以"克己复礼"来显示的仁心仁道,也不是孔子在随机指点中所讲的仁之所以为仁的根本。

朱熹认为通过克制自己的私欲可以去掉人心的蒙蔽,进而可以穷尽天下之理。从这处看,朱熹使用格物致知的理论模型来套解孟子的尽心知性和孔子的仁道,已经将孟子与孔子对仁和心的扩充,讲成了认知意义上的扩充。朱熹还从"知至"和"诚意"的角度说尽心。由此,牟宗三认为这是从格物的结果来说尽心,而对于道德实践而言,变成了依据对普遍的静态之理的认知,然后心才能发动道德实践,如此使得道德之为道德的自主意义丧失了,变成了他律道德。理成为道德之上的形上存在,使得道德的力量和等级降低了。

在牟宗三看来,朱熹所讲的心之理与心之事是相对而言的两个概念,心之理的意思是心所具有的灵明在于认识和把握作为世界原型的理。心之事就是人们对这理的认识过程中所接触的万事万物,心又通过这样的认知才能最终达到豁然贯通的境界。也即是说格物致知的功夫就是在强调心的认知作用的前提下,将万物作为心的认识对象,心最终成为认识万物存在之理的中介。如此,道德实践也成为人的认知的事物,从这个意义上说,朱熹对孟子理解的偏差在于将孟子讲的含认识义、道德义为一体的心,讲成了以认知态度认识万物的认知心,使得心作为道德实践的能动根据丧失了。由此看,朱熹对孟子的理解是不相应的。由此,牟宗三认定朱熹的思想不合孔孟的原意,作为宋明儒对于先秦儒家所传承的道统而言,是歧出的旁枝。

二、牟宗三视域下朱熹对大程的理解

（一）朱熹对程颢易体与神用的解析

朱熹的思想定型之后，其对于程颢的思想除了关于仁的学说的评价外，还对易体与神用进行了解析。牟宗三分析的依据主要是《朱子语类》卷九十五《程子之书一》，关于程颢所言的“上天之载无声无臭，其体则谓之易，其理则谓之道，其用则谓之神”展开的讨论。①

在朱熹和弟子的讨论中，朱熹认为程颢讲的易体与神用是形而下的气，对于人而言，心是变化，性是定然之理，情是心变化的具体状态；对于天而言，阴阳的变化是易也是心，所以为阴阳变化之理是道是性，阴阳之发用是神、情。在牟宗三看来，朱熹的讲法是“心性情三分、理气二分”，“不合孟子就内在道德性言心性之义，亦不合《中庸》、《易传》就於穆不已之天命流行之体言诚体、神体、道体、性体之义”，所以，在朱熹的思想中，“道体、性体只成为只存有而不活动之只是理，心情神俱属于气，此即其系统之所以客观地说为本体论的存有之系统，主观地说为认知地静涵静摄之系统”，进而导致“其所论之道德为他律道德”。②

（二）朱熹对程颢仁的学说的理解

朱熹在33岁时曾云：“熹《论语说》方了第十三篇。小小疑悟时有之，但终未见道体亲切处。如说‘仁者浑然与物同体’之类，皆未有实见处。反思茫然，为将奈何？”（《朱文公文集》卷三十九）朱熹表露出其对程颢关于仁的学说不能真切体悟。下面我们看一下这些对程颢仁学的理解以及二者之间的差异。

依据牟宗三理解，程颢的仁学纲领是：

1. “仁者浑然与物同体”，“仁者以天地万物为一体，莫非己也”。
2. “医书言手足痿痹为不仁，此言最善名状。”
3. “学者识得仁体，实有诸己，只要义理栽培。”
4. “切脉最可体仁”，“观鸡雏，此可观仁”，“观天地生物气象”。

---

① 牟宗三：《心体与性体》（三），见《牟宗三先生全集》第7卷，台湾联经出版事业公司2003年版，第497页。

② 牟宗三：《心体与性体》（三），见《牟宗三先生全集》第7卷，台湾联经出版事业公司2003年版，第500~501页。

5.“万物之生意最可观,此元者善之长也,斯所谓仁也。”①

程颢的仁学纲领是从其所著的《识仁篇》中提炼出来的,以第一条最为根本。牟宗三认为程颢讲仁是从仁者的生命说仁,也即从主观说,也是本体宇宙论地说,也即客观地说。在牟宗三看来,第一,仁作为形上本体,虽是客观地存有的,但是必须由说的人主观地证实:证实天命实体就是仁体,使天命实体有具体而真实的意义,不只是一个客观形式的词语。也就是说,天命实体和仁体是内容意义完全相同的。第二,证实万物为一体并不是虚说,而是应当自本体宇宙论同一地说的一本的含义,此是道德理想主义的彻底实现。由此两步方能印证由“一体”直接指向仁体之真,也就是说体认仁之所以为体之真。从“无所不体”的角度看,仁心觉情是绝对普遍的,对仁体的感受与“一体”之间并没有距离。也就是说仁体并不是抽象的理,而是仁心的普遍感通。也即是说仁体的存有,是在仁心活动下的当下呈现而存有,不是如一物那样放在那里去感受。

朱熹继承程颐的纲领,二者的思想理路一贯。对程颢所讲的“一体”不能真切理会,不能理解其仁的意思。在朱熹那里,觉是认知的意思,认为以觉来解释仁,则是将作为本体的仁进行了量化,因此他反对以觉训仁。朱熹对程颢的仁的学说的不满主要可以归结为两点:

1. 涉及最高的浑化境界时。

2. 涉及“本心”的自然呈现与破执着时。②

就第1点,朱熹认为最高的浑化境界是就工夫的体现说的,不是针对作为客观存在着的最高的理说道德。如果分解地、客观地讲最高的实有、实理,那不会令朱熹联想到禅。但是程颢及其弟子对仁作为最高存在的理解恰恰是从工夫上说的。从主观修养的角度讲最高本体的存在,实际上是将最高本体讲成了即存有即活动的存在,而不是将最高的本体讲成人的知识对象意义上的客观实理。朱熹认为程颢的关于仁的理解有让人理解为禅的嫌疑。朱熹也讲工夫和实践,而且是艰苦的实践,在牟宗三的理解中当是属于“下达”的工夫,而程颢讲的工夫则属于“上达”,这也从工夫方面反映出朱熹与程颢的思想不能相接。

就第2点而言,朱熹认为程颢讲本心、天心的呈现是奇诡之辞,而牟宗三认为要从工夫上体现最高境界,必定要涉及破执着。心是主观性原则,理是客观性原

① 牟宗三:《心体与性体》(三),见《牟宗三先生全集》第7卷,台湾联经出版事业公司2003年版,第258页。

② 牟宗三:《宋明儒学综述》,见《牟宗三先生全集》第30卷,台湾联经出版事业公司2003年版,第51页。

则，而主观性原则是实现原则，必须通过心觉才能说到理之体现。而这种认识不是认识心之认知科学真理，而是道德心之实现道德的理，这是内容的、强度的、深度的、无穷无尽的，理如此，心如此。从心的方面说，要达到体现天理之化境，它必须要在无穷无尽的破执着之经历中到达。也就是说心要体现天理而到化境，必须要“有心而无心”，这看起来确实是诡辞，但是通过心的活动，使得人可以从外在的“黏滞、偏著、陷溺”中觉醒超拔出来，对于消化这些黏滞而言，正是心的自然，因此这也是儒家讲道德心的实现时的平平，而不是禅。

三、牟宗三视域下朱熹对周敦颐的理解

(一)朱熹理解太极的偏差

朱熹在注《太极图说》的“无极而太极”时说：“上天之载无声无臭，而实造化之枢纽、品汇之根柢也，故曰无极而太极。”在牟宗三看来，所谓“上天之载”应当是“於穆不已”的天命和“为物不贰，生物不测”的天道，就其实意而言，就是“心神理”合一的实体，是“即存有即活动”的实体。

上文提到的程颢对易体与神用的理解则符合此义。在对此注语的疏解中，牟宗三说：“朱子此注语，从语句上说无问题，但其心中所意解之太极之实义却是‘只是理’，只存有而不活动者。”从这里我们看到牟宗三认定朱熹对太极理解偏差的关键点。其他关于朱熹对“太极动而生阳”以及朱熹在其他处对太极的分析大抵都是如此的方法和义理归结。

但是，此处有一个问题值得深入分析。我认为这对于评定牟宗三的朱子学具有根本性的意义。牟宗三对宋明理学的分析是从文献分析入手的，他自己也认为自己深入文献进行文本的逐条分析是很多人没有做过的工作。而且自认为此是客观地理解先贤思想的必要工夫，所以他的宋明理学研究大都采用先列一段原始文献，然后进行分析的方法。如此的方法在很多研究牟宗三的人看来是学问上的伟业，当然其中工夫的艰苦自不必说，其以学问为生命的精神值得敬佩。但是，我们依据他的研究看，这艰苦的工作和学问工夫的伟业，对于他只具有形式上的意义。我们以这段文献的分析为例来说明这个问题。牟宗三之所以断定朱熹的理解不符合周敦颐的原意，不是从“语句”上看，而是从朱熹的“心中义解”看。那么在此处所谓的文献分析是可有可无的，因为牟宗三不是以从语句的分析进行的。类似的情况在《心体与性体》一书中比比皆是，而且尤其是在分析朱熹的思想时体现得更为明显。也就是说，从根本上看，牟宗三是先对朱熹有了理论定位，并且认为这种

理论定位是基于对朱熹的生命精神的内在把握而来的，具有更高意义的确定性，因此文献的分析不过是变成了理性思辨的演练场。

（二）朱熹对诚体、神体与太极的理解

在牟宗三理解，周敦颐的《通书》在思想上的积极方面，在于对天道诚体之神、寂感真几有积极的体悟，天道诚体是心、神、理。而朱熹则是分解地表示，由此可见其对神体、诚体的理解并不恰切。

牟宗三认为在周敦颐的思想中，诚体、神体就是太极，不能离开诚体、神体而别有太极，从朱熹认为神属于形而下的气看，朱熹对此理解实有偏差。通过对《朱子语类》中讨论《通书·诚几德章》的分析，牟宗三认定在朱熹处，"神"变成只是形容（依据义理分析，"形容"当是"表现"、"描绘"的意思）"理"的虚说，就如同在讲所谓天地之心，实际心也只是对作为形上本体的天的描述。

在牟宗三理解，周敦颐讲"动而无动、静而无静，神也"，是从神之为神自身说的。也就是说周敦颐讲神是把它作为形上本体讲的，而不是说另有本体如太极，诚体的动静是神。而朱熹则认为周敦颐讲"动而无动、静而无静"只是"理"，而朱熹所讲的"理"又是无所谓动静的，由此牟宗三认为"朱子所解只成另一系统"①。实际上牟宗三认为上述朱熹的理解之共同点在于是对心性情之形上学的（宇宙论的）解析："朱子自是伊川学，而非孟子学"，其对心性情进行的解析可以综合起来单就性说，朱熹所讲的性既"非孟子就内在道德性言性之义，亦非如《中庸》、《易传》就'於穆不已'之天命流行之体或'为物不贰，生物不测'之'天地之道'言道体乃至对应个体而贯通着道体以言性体之义"。②

四、牟宗三视域下朱熹对张载的理解

（一）从离明的解析看二者的差异

牟宗三认为朱熹对"离明得施不得施"的理解是构成其思想何以与宋明儒之大宗、正宗相异而为歧出的根据之一。涉及到此问题的张载的文献为如下一段：

"气聚则离明得施而有形，气不聚则离明不得施而无形。方其聚也，安得不谓之客？方其散也，安得遽谓之无？故圣人仰观俯察，但云知幽冥之故，不云知有无

① 牟宗三：《心体与性体》（三），见《牟宗三先生全集》第7卷，台湾联经出版事业公司2003年版，第512页。

② 牟宗三：《心体与性体》（三），见《牟宗三先生全集》第7卷，台湾联经出版事业公司2003年版，第527～529页。

之故。盈天地之间者,法象而已。文理之察,非离不相睹也。方其形也,有以知幽之因。方其不形也,有以知明之故。"(《正蒙·太和》)

在此段文献的疏解中,牟宗三指明这段是承接"太虚无形,气之本体。其聚其散,变化之客形尔"的论述而来。牟宗三指出离明是作为本体认知的主体根据"神体"的反映作用来讲的。虽然从字义上看,离在《易》中为火,象征光明。《说卦》中也讲"离为目"。因此牟宗三认为"离明"不是实指"火"与"目",而应当是指能够认识最高本体的神体的发动。由此,牟宗三指出此处的"离明"是"本体、宇宙论地"讲。所以离明是讲"心"之本体、宇宙论的根据,作为神体根据的离明可以说就是"宇宙心"。也就是说,"离明得施不得施"具有本体宇宙论的意义。

而朱熹对此段的理解主要体现在《朱子语类》卷九十九的一段话:

"问:气聚则离明得施而有形,气不聚则离明不得施而无形。离明何谓也?曰:此说似难晓。有作日光说,有作目说。看来只是气聚,则目得而见,不聚,则不得而见。《易》所谓离为目是也。"

在朱熹的理解中,"离"被认为是"目",因此离明得施不得施就是眼睛看得见与看不见的问题,只是认识论的问题,而与本体宇宙论无关。从上面牟宗三对离明的分析,我们可以知道牟宗三对朱熹的解释是反对的,认为其对"离明得施不得施"的理解完全不相应。

(二)朱熹对《大心》篇的理解

在朱熹对张载的理解中,对于《大心》篇的理解也是构成其思想不能与张载相应的关键,这种理解上的相异,在牟宗三看来也是构成判定朱熹别子为宗理论的证据之一。在牟宗三的分析中,此段涉及到的张载的文献主要是以下一段:

"大其心,则能体天下之物。物有本体,则心为有外。世人之心止于闻见之狭。圣人尽性,不以见闻梏其心。其视天下,无一物非我。孟子谓尽心则知性知天,以此。天大无外,故有外之心,不足以合天心。"(《正蒙·大心》)

在此段文献的疏解中,牟宗三认为应当如此理解张载:"大其心"的关键在于能否超越"见闻之狭"的经验认识。这经验认识是普通人的认识界限,而圣人能"尽性"而超越此"见闻之狭"。并且认为超越过程当中含有道德实践的工夫。实际上是指明道德心灵决定道德实践,相当于康德所讲的自律道德的法则和定然命令。由此所谓大其心实际上成为道德心灵的解放,这心实际就是孟子的本心。由此张载与孟子讲的心是相通的。由此可以断定作为宋明儒家的张载是承接孟子的正宗儒学而来的。而朱子对此的理解不能相应,所以由此可以看出朱熹实为别子为宗。

朱熹对“大心”问题的理解主要涉及如下一段文献：

“大其心则能体天下之物。世人之心止于见闻之狭，故不能体天下之物。惟圣人尽性，故不以所见所闻梏其心，故大而无外。其视天下无一物非我。他只是说一个大与小。孟子谓尽心则知性知天以此。盖尽心则只是极其大。心极其大，则知性知天，而无有外之心矣。”(《朱子语类》卷九十八)

朱熹的此段话可以说对张载的“大心”的解释是十分契合的。虽然认为张载讲“大心”不足以表示孟子本心的“尽”之义，故而用“极其大”来相应孟子的“尽”，如此的分析正是依照牟宗三一贯的分析思路进行。但在此处牟宗三则说朱熹只是顺着张载的字面意思说，又用此解“非由衷之言，其心中极不乐意”[①]这样的话来进一步否定朱熹对张载的相应理解。而且甚至不惜以歪曲朱熹的观点来证明他与作为宋明儒大宗和正宗的张载的不同。认为朱熹评价张载的“他只说一个大与小”和“盖尽心则只是极其大”为不满之意，朱熹之“满”与“不满”还是从理论分析的角度进行的，而且相应于孟子的尽心知性知天来分析，则朱熹对张载的评价是相当的，而且是合孟子的，因此在牟宗三的理论中不应当作为判定其“别子为宗”的理论根据，或者进一步说，如此评定朱熹别子为宗在义理上就存在着极其严重的问题。而牟宗三所谓的朱熹对张载的“不满”，从前一句所说的“心中不乐意看”，应当是同一个意思，也就是说此处牟宗三对朱熹评定张载的评定恰恰也是情绪化的，借用牟宗三的词语就是此情正是心理学意义上的，而不是那个作为心性情相统一的情。

牟宗三虽然在理解哲学的过程当中，也说过自己的研究不应当被看作是专家之学，因为他对古今中西的思想的疏理和解释往往是依义不依语的，但在此处牟宗三则变成了既不依语也不依义。前文提到牟宗三在研究宋明理学的过程中具有过分强调定论在前，而忽视文献反映出的客观意义的倾向。但不可否认的是其对思想的把握侧重于精神生命和学问义理根本处的方法所具有的深刻性，但是在此处表现出的则完全是依据情绪的判定。

牟宗三判定朱熹的不相应并没有停留在情绪的否定上，而是继续从别处兹引文献，从朱熹对大心的工夫入手处强调“致知格物”来评定朱熹与张载的根本相异。实则仍然还是说朱熹的分解的尽理的精神，与宋明儒大宗和正宗的综合的尽

---

① 牟宗三：《心体与性体》(一)，见《牟宗三先生全集》第5卷，台湾联经出版事业公司2003年版，第562页。

理的精神不合。

第五节 思想史真实与现代性诠释的辩证

牟宗三的别子为宗思想为朱子学的研究开辟了一个新的领域。牟宗三的研究是针对以往认为中国没有形上学的理论讲的,他要从儒家的学问当中讲出一套道德的形上学来。他通过大量的文献研究工作,使长期以来对程颢、程颐的思想区别有了比较详尽的说明,把程颐的思想与朱熹归入一路;通过对胡宏、刘宗周的深入研究,发掘了宋明理学中的新研究领域。而其认为,陆王心学一派,实际可以与胡刘一系贯通,这样,便划分出心派的大宗和程颐、朱熹的小宗,他所根据的是朱熹的天理是“只存有而不活动”的这种分析方法和语词,显然是受到了西方哲学的影响。而且,在牟宗三的《佛性与般若》中,多次将华严宗的自性清静心与朱熹的“天理”比较,认为其具有相似的性格,宋明理学受到佛教哲学的影响是历史上不争之事实,而朱熹也“出入佛老”十余载,但是具体朱熹受到佛教哪些教理影响较深,确是不容易做出判断的,牟宗三以其哲学家敏感的思维,抓住了朱熹理学与华严唯心论的相似之处,无论其判断是否正确,都为我们进一步地研究朱熹、研究宋明理学提供了方向性的指引。

牟宗三判定朱熹别子为宗的理论是其宋明理学研究的重点和核心,对于他的朱子学研究而言,更是如此。通过上述分析,我们已经看到牟宗三在确定朱熹别子为宗过程中涉及到的种种问题。但是必须要予以承认的是,牟宗三认为“伊川朱子系是儒学之歧出,为‘继别为宗’”的思想是具有重大意义的,“他将宋明儒学研究带入了一个全新的境地,奠定了他在中国哲学研究中的可以超越但不能绕过的地位”①。

对于牟宗三将朱熹判定为别子为宗的思想引发了多方面的批判,认为他贬低了朱熹在中国思想史中的价值和地位。而在牟宗三看来,则是客观地反映朱熹思想并且认为他能够另开一系统,也足够伟大,而且作为歧出旁枝系统,对作为儒家正宗和大宗的思想系统而言也具有重要的意义和价值。

综上,牟宗三判定朱熹别子为宗的意义是积极的,因此无论是赞扬式的拥护还是否定式的批判,都不能以情绪代替学术。诚如王兴国所言:“尤其值得注意的是,牟宗三视朱子哲学为在学问上代表中国哲学的一大骨干。不幸,这一点常常被那

① 颜炳罡:《牟宗三学术思想评传》,北京图书馆出版社1998年版,第302页。

些情绪激动的研究者所忽略了！如果说前一系所代表的是儒家的主‘仁’系统，那么后一系所代表的则是儒家的主‘智’系统”。[①]

牟宗三判定朱熹别子为宗思想的过程，是在宋明理学的研究中展开的，他所认定的儒家正宗的标准首先在于孔子开启的“成德之教”，但是纵观牟宗三的宋明理学研究，却只是引用《论语》当中的一两句，高度重视孔子，却没有对之进行系统的研究。李泽厚曾说：“令人难解的是，牟宗三抬孔子，认为高出一切，当然也远超康德。但只征引孔子一两句话而已，从未对《论语》一书作任何全面的阐释或研究，而宁肯花大气力去译康德，不知这是什么缘故。当然，我对此并无不满，这是个人的选择自由，只是颇感奇怪而已。”[②]当然，牟宗三的诠释也只是独到的一家之言，作为同门的新儒家另一位大哲唐君毅就不同意牟宗三的三系说。但是在我看来，这恰恰是牟宗三的独特之处，也就是他的宋明理学研究不应当被当作专家之学看待的原因，因为他并不是要从思想史中挖出一个真孔子，而是根据自己理解的中国文化的精神哲学建构出一个作为道德的形上学的中国哲学。

有的批判者指明牟宗三在对传统哲学疏解上的错误在于用康德哲学中的理性来套接良心本心，从传统哲学而言，难以杜绝心学流弊；从康德哲学角度看，无法真正解决康德哲学在理性和道德之间的难题。杨泽波指出：“牟宗三停滞于传统方式对良心本心的解说，将良心本心等同于康德的道德理性，以及由此沿用的感性、理性的两分方法，既不足以杜绝心学发展过程中的流弊，也难以避免在自律和他律问题上遭遇的尴尬，无法将理性如何保证道德成为可能这一极有价值的理论初衷表达清楚，更不能达至其所希望的综合圆成之境，弊端很多，作为一种思想方法实际上已经终结了。”[③]

有的批判者从牟宗三对康德哲学的误读出发，认为：“牟氏对‘先验的’和‘超验的’（按牟氏的译法为‘超绝的’、‘超离的’）这两个概念的理解实有尚未通透之处，导致了对康德哲学的一系列误解。我曾撰文将此列入‘中国百年西方哲学研究中的八大（或十大）文化错位’之一。”[④]

综上，我们可以得出这样的结论，思想史虽然伴随着文献与历史的沉淀成为了某种凝固之物，然而，思想却不会因此而丧失活力，对于哲学家而言，他们所做出的历史功业，往往不是在生前就产生作用，而是对后世产生影响。

---

① 王兴国：《牟宗三哲学思想研究——从逻辑思辨到哲学架构》，人民出版社 2007 年版，第 733 页。
② 李泽厚：《论语今读》，三联书店 2004 年版，前言第 4 页。
③ 杨泽波：《牟宗三三系论论衡》，复旦大学出版社 2006 年版，第 319 页。
④ 邓晓芒：《康德哲学诸问题》，三联书店 2006 年版，第 279 页。.

有人认为:“作为生活在20世纪的现代哲学家,牟宗三具有明显的现代意识和现代追求,对西方现代化的内在精神有着深刻的解悟,在相当程度上认同了民主与科学对于现代化的意义。”[①]可以说,牟宗三哲学产生深远的影响,与其对现代问题的关注是分不开的,同时这种影响力就来源于对其思想的不断解读。林安梧强调:“牟先生完成的是一‘形上学的保存’,而他接下去的要展开的则是‘实践的开启’,这是在牟先生之后必得要有的‘后新儒学’或者说是‘批判的儒学’。”[②]

现代中国哲学的特点,就是我们已经从经学的传统中走出,开始用西方的理论、方法、工具、语词等来阐释与发展哲学(也包括中国传统哲学)。对于中国哲学而言,这可能是弊端,因为绕开了原有的形式,是否能真正把握到学问的本质,是值得怀疑的;但是,从学问发展的角度而言,方法论上的更新,往往是新理论产生的重要前提和必要条件。

如果我们把牟宗三分析朱子学的工具从中抽出,仔细辨检的话,我们可以发现,如果将朱子学这样看的话,似乎朱子学更类似西方传统的形上学。朱熹学是否真的如此,我们还需要做大量细致的研究工作,才能得出更客观与准确的结论,但是,牟宗三深受西哲影响却是不争之事实。

但是,他的形上学思想还比较类似于旧形上学模式,对于本心的肯认与证明,与西方中世纪对上帝的证明具有相似之处,这样的结论显然不能得到广泛的认同。而现在的新儒家的继承者们,无论是坚持“本体诠释学”理论的成中英,还是侧重将儒学用于中西交流的刘述先等都认识到了这个问题,试图从理论上给予超越。如同现代西方哲学正在进行着发展与变化,中国哲学的发展,从新儒家这个支流看,也正在进行着不断的变化,对于传统的佛教或道教等宗教研究,也由单纯地在佛言佛,走入了引用现代的哲学思想进行科学诠释,等等。所以,牟宗三的别子为宗思想,是中国现代哲学新发展的一个契机。

宋明理学作为中国哲学的重点,历来受到哲学家与哲学史家的最多的关注与研究。20世纪以来新儒家(广义)对宋明理学的研究较为集中。比如,钱穆在《朱子新学案》中,侧重把朱熹理解为“心学”一路,甚至认为其思想可以涵盖陆九渊的思想,如此,朱熹便是宋明理学“理派”与“心派”的总代表;又如,冯友兰作为“新理学”的代表,以“维也纳学派的经验主义,而重新建立形上学”[③],应用了“正”的“逻

---

① 闵仕君:《牟宗三“道德的形而上学”研究》,巴蜀书社2005年版,第242~243页。

② 殷小勇:《道德思想之根——牟宗三对康德智性直观的中国化阐释研究》,复旦大学出版社2007年版,第27页。

③ 柴文华、陈红:《中国哲学的现代化研究》,黑龙江教育出版社2002年版,第294页。

辑分析”的方法和“负”的“神秘主义”强调直觉的方法，使宋明理学这样的“旧瓶”成为装载新时代哲学研究重任的载体。因此对于牟宗三的宋明理学研究我们也应当纳入到这样的背景下来看待，不能简单从传统学术研究的方法和观点出发去理解牟宗三的宋明理学研究，而是要站在现代思想发展的高度，分析其研究中运用的现代方法以及贯穿研究始终的问题意识，牟宗三的思想才能得到恰切的把握。

由此，我认定，牟宗三判定朱熹别子为宗，并不是从思想史真实的角度去看的，当然这一点牟宗三也有意识，他也说自己的《心体与性体》不应当被作为哲学史来看待。但是从传统哲学的现代阐释看，牟宗三对朱熹的研究，具有构成现代思想史的新的价值。因为牟宗三的分析更多地是为了构建一个儒家的道德的形上学，并以此来反对自近代以来对儒家哲学的种种批判。由此而言，牟宗三断定朱熹别子为宗更多是现代思想多元化论述中的一种。

第四章　判摄与圆融
——牟宗三天台圆教思想研究

牟宗三对中国佛学的研究与融摄体现在他的二卷本的《佛性与般若》一书中。牟氏此书的意义不在于一般性地疏解佛教义理，而在于通过对中国佛教义理的通贯，突显天台圆教殊胜的思想价值。天台的圆教思想和判教原则对牟宗三自身的哲学建构也具有奠基意义，因此需要给予认真对待。

第一节　由判摄到圆融

圆融精神与判教思维是本部分研究的关键词，而具体的讨论范围将集中在牟宗三的佛教哲学研究和对牟氏哲学体系的逻辑结构分析上，意在通过对牟氏哲学的个案研究，分析并判断判教理论是否能够成为一种可资利用的范式，使之应用于新时代的中西哲学文化会通，以及传统文化与现代化的冲突融合之类的问题上，开拓方法论上的新视野。

之所以选取牟宗三的佛教研究作为基础，原因有二。首先，判教理论源出于佛教，正确地理解佛学对于正确地理解判教是必要的，以佛学为切入点也是把握判教的最好角度，而牟宗三恰好有研究佛教哲学的专著《佛性与般若》。同时，牟宗三也多次在著述中提到儒释道三家、西方基督教等在哲学文化领域的地位问题，判儒家为“正圆教”、佛道为“偏圆教”等等，这些都是运用判教范式的结果。通过总结相关结论，可以了解到牟宗三是如何将判教运用于现代哲学的。

其次，牟氏哲学中有不少重要概念取自佛教，比如“一心开二门”和“圆教”，牟宗三通过“一心开二门”打开“两层存有论”，撑开现实与超越两个层面，为儒家的道德之学寻求一个形上架构，再通过“圆教”将所需的各式哲学元素整合到一个系统中，因此，这两个命题是理解牟氏哲学的关键点。可以说，牟宗三一生的哲学研究遍历古今中外，但是代表着他对哲学之最后理解的，还是他独创的“道德形上学”。此一创构自有其理论圆融的依据，也有着鲜明的时代意义，但是就圆融与判摄所内蕴的契合而言，牟氏哲学并没有自始至终地贯彻圆融精神，这也就意味着牟宗三在运用判教思维上是有所缺欠的。以上观点将在后文中逐一展开，此不赘述。

一、中国传统文化之圆融性特征概述

中华文化，博大精深，源远流长。在悠久的历史岁月中，中国传统文化显示出非凡的创造力，兼之无所畏惧的自信与海纳百川的气派，成为我们民族独领千年风骚之灵魂。从上古圣王的英雄传奇到秦汉帝国的雄浑豪迈，从大唐歌飞的浪漫诗情，到宋明市井的闲逸精致，生生不息的文化传续是中华民族生命的旋律。

一部《二十四史》固然写满了沧桑与战乱，但是统一的语言文字、多民族和平共处的亲和景象、"春秋大一统"的信仰，始终是国家统一的精神源泉；虽然锦绣河山也曾经被少数民族统治，但无论是蒙古还是女真，都无一例外地被被征服者的文化征服，成为中华文化圈的一员；在思想史上也曾有过"佛教征服中国"的言论，但是佛教非但没有成为异族文化入侵的危机，反而在有"大乘气象"的沃土中生根发芽，并与儒道两家合流，成为中国人文世界的主流资源。纵观世界，四大文明古国之中，唯有中国文化绵延不绝，这与传统文化中蕴含的有容乃大的会通精神、日新月异的革新精神是密不可分的。因此，很多学者将中国传统文化之特征概括为"和谐与圆融"：践仁通天的立命之本、中庸和谐的处世之道、直觉与体悟为主的整体化思维方式、灵逸透脱的艺术手法，无不展现出中国人独有的精神风貌，尤为难得的是，思想、艺术、伦理、政治等生活的各个领域，也完全互通互补、浑然天成，演绎出蔚为大观的中华文化史。

圆融的思维方式，根源于中国古代"强调人与自然的统一，人的行为与自然的协调，道德理性与自然理性的一致"的态度。传统哲学特别重视"主客体之间、主观能动性与客观规律性之间的辩证"[①]的人天关系的思考。《庄子》所谓"天地与我并生，万物与我为一"，《中庸》云"唯天下至诚，唯能尽其性，能尽其性则能尽人之性，能尽人之性则能尽物之性，能尽物之性则可以赞天地之化育，可以赞天地之化育则可以与天地参矣"，体现出传统文化要求提升人的精神境界，升华至极而消除理想与现实之间的界线，这正是"人虽有限而能无限"的"天人合一"之道。同样，"体用一源"、"作用见性"反映出中国传统哲学与西方古典哲学相异的本体观，本体并不是现象之外的另一种存在，反之，无限的本体与有限的现象是相即而为一的。由此推衍出工夫论中的"日用即道"，完全是圆融理念下的"不二法门"，表明

① 张岱年、方克立主编，国家教委高教司组编：《中国文化概论》，北京师范大学出版社1994年版，第381页。

了思想精英们的学修体验:对道的体认离不开现实生活,与道合一的至高境界更不是对现实生活的背舍,相反,提升精神境界的修养,只需要对日常生活“以道观之”,“依道而行”,使思想和行为与道相合而无碍,现象世界就会呈现出“本来面目”,这便是儒家所谓的“极高明而道中庸”、道家的“和光同尘”,以及佛家的“烦恼即菩提”。

由此可见,圆融的思维方式影响与决定了传统思想中许多理论的品格,仅以儒释道三家为例,历史上对三家“是一是异”的问题争论不休,但是在教理上趋近于一途却是不争之事实。三家皆强调“一切圣贤,皆以无为法而有差别”,能够“会万物于己者”方为圣贤、菩萨、真人,更于日用伦常中,以“无缘慈”、“同体悲”和“民胞物与”为旨归。思想史上的各家学说固然各擅胜场,但多数理论都有互相包含、互相发明的关系,这一关系又进一步强化并加深了传统文化中的圆融理念,使学理上的会通、伦常上的和谐,构成了上下交遍的精神世界的完满。

如此,中国传统文化就在百花齐放的个体性与春色满园的统一性之间形成了辩证统一;而这种文化形态的形成,需要依靠文化主体能在保持自身特性的基础上,不断吸收外来文化的有益成分,互惠互补,这正体现出传统文化具有独立性与融通性的辩证统一;文化主体内部又能够主动扬弃,吐故纳新,反映出连续性与变革性的辩证统一。这三点,造就了中国文化强大的生命力,参鉴历史不难发现,国泰民安的太平盛世,总会与文化胜景联袂出现。反之,闭关锁国、专制主义引起思想领域的动荡不安,往往是国运衰败的先兆。圆融的思维模式,正是本部分研究的核心理念之一。

二、圆融精神下的判教理论

(一)判教释义与源流

在中国文化的影响和熏陶下,由印度传入中国的佛教逐渐本土化,形成了富有中国风貌的禅宗等大乘各宗派,尤其是佛教的判教理论,是中国佛教特有的理论形式,这是本部分研究的核心理念之二。所谓判教,是通过对印度佛教的思想资源和理论学说进行系统化的分析,按佛陀说法的先后顺序或教义深浅进行判释,使之在教理体系中各安其位,获得相应的价值。判教的意义在于对全体佛法做一总持式的梳理,是中国佛教对印度佛教的反思、总结和超越。

判教理论在佛经中是有所本的,譬如《维摩诘经》云:“佛以一音演说法,众生随类各得解。”意义是说,佛陀所说的法,无论大乘小乘、空宗有宗,从佛教的立场看都是正确无误的，但是由于受众不同，佛陀讲法需要有针对性，因此，有时采用“实说”，直示核心奥义，有时采用“权说”，对不同“根器”之听法者开演不同的接引法门。佛陀入灭后，修习佛教主要依靠流传下来的经论，然而经论中阐述的教理并不完全一致，有时甚至有矛盾之处，因此，能够领会佛之“本怀”的大师们，依据对佛法“第一义谛”的理解，对不同的理论判断其高下权实，令各种经典都具有指导人生的意义，使研习教理与宗教实践有机地结合起来，这便是判教的由来。从这个角度来看，判教必然要求有所分别，但毕竟是佛教内部的检讨与整合，其内在理路更体现出“万法归一”的真理趋向性和使一切法门都能成为修行入路的圆融性。

依照兰天博士的研究成果，判教理论的发展在佛教史上大体可分为三期①：第一阶段是南北朝时代，是判教理论的初创阶段，逐步形成了“时判”与“教判”两大系统；第二阶段是隋唐至宋代，最具中国特色的宗派和理论均产生于这一时期，是判教理论的成熟期，尤其以天台宗和华严宗的成果最引人注目，其判教理论与宗派自身的学说恰切地融合，显示出中国佛教走向正统性的自觉；第三阶段是近现代乃至当代，判教理论把视域拓展至佛教理论在中国传统文化中的地位与影响，中国佛教在佛教文化圈中的地位与意义，以及佛教在整个人类文明、文化体系中的地位和贡献等等，可以说，此阶段的判教理论已经超出了传统的范围，具有理论研究的价值和一定的现实意义。

（二）判教理论在当代的意义

19 世纪中叶以来，中国遭遇到“几千年不遇之大变局”，虽历经百年的艰苦斗争，重新回到了世界大国的行列，但是西方文化传入所带来的思想冲击却是前所未有的。天朝上邦的文化优越感在坚船利炮面前低下了高贵的头，五四运动之后，传统文化又彻底地为腐朽没落的封建王朝的衰败背负了责任，然而前卫思想家们所期待的西式的民主和科学却没有成为汉语思想的精神传统，时至今日，新社会的文化价值体系建构始终没有完成。因此，传统文化是否还有存续之价值，传统文化能否与现代化精神相协调，中西文化该如何撷长补短，融会贯通，是进入 21 世纪之后，中国学人必须正视的问题。

反省早期文明对话的结论，思想家们面对“古今中外”这个复杂的问题时，往往因为痛切地体会到了家国的悲情，陷入到狭隘的保守主义或者急功近利的激进主义当中，虽然主观上都期望能为民族振兴开出一副包治百病的良药，但是此类极

---

① 参见兰天：《中国佛教早期判教理论述评》，中国优秀博硕士学位论文全文数据库，2004 年 5 月。

端的文明对话观，其研究方法过于简单化、平面化，并没有真正理解西方的民主与科学有其传统的、超越的、社会的依据，假如盲目地试图将其化归于中国文化影响下的中国社会，这种比附无疑是一种逾越本分的追求。即便在今天，全球化一词不断地刷新我们的头脑与生活，提醒人们社会发展正进入一个全新的时代，但是经济全球化不一定意味着文化的统一化，“在全球化的语境下，汉语言思想已经进入到一个对话的格局之中。在此格局中，全球化仅仅是一种文化语境，而不是或‘东’或‘西’的文化抉择”①。

“周虽旧邦，其命维新”，现代化的精神便是不要停滞，与时俱进，不要封闭，开放吸收，这本是中国传统文化中固有之精神，因此中国文化能在漫长的历史长河中卓然独立，波澜壮阔。时下自由主义、新儒家、马克思主义都在为当代社会的文化重建工作努力，而现代中国哲学在某种程度上也都具有判教的意味：譬如中国马克思主义以生产方式、劳动的逻辑审定一切；中国自由主义以个体的意志自由与感性肉身审定一切；中国基督宗教以十字架上的耶稣审定一切；中国新儒家以内在的道德性审定一切。如果仅偏居一隅，各执一词，则很难拿出适应当前社会需要的办法，更难以为中华民族的伟大复兴提供文化支持。因此，我们更应该继承和发扬传统文化中的圆融精神，把“古为今用，洋为中用”落在实处。传统是潜在的现代化，传统通过现代化实践而达到文化的继承与超越；现代化也同样需要传统，新生事物要有民族特色，适应国情，才容易被国民接受。同样，东方文化与西方文化不一定是对立体，要做生死之争，一切文化都有滋养人生之道，都对社会有贡献，如果对话仅仅意味着冲突，则是很可悲的事情。本部分的研究希望立足圆融精神，展开一些理论探讨，既然一切思想与文化都是人类的宝贵财富，为什么不能合理地加以利用，以提升国民素质及优化生活品质呢？当然，“拿来主义”并非不分良莠，通盘接受，而是要用判教的智慧进行分析，消弭文化之间的冲突，发挥恰当的作用，为人类做出贡献，这也是古老的佛教智慧对当今社会的启示。要言之，圆融与判摄是一体之两面，判摄是圆融精神下的判摄，判摄是手段、是方法，判摄的目的是为了圆融，或者判摄就意味着圆融。如是，判教的理论模式与圆融的思想精神，或许能成为文化研究领域中旧瓶装新酒的一种范式。

三、判教理念下牟宗三哲学的价值

牟宗三哲学所蕴含的理念与思路深契前述的问题意识，原因具体有二：

---

① 樊志辉：《内在与超越之间》，黑龙江人民出版社 2002 年版，第 20 页。

其一，牟先生重视中西文化的会通，但是他认为，如果简单地只将中国与西方现实层面的一些事物进行比较并不是会通，谈会通与比较，一定要寻找到宗纲性的东西，在他看来，文化会通的关键在于哲学会通，从另一角度讲，这个时代的哲学问题，始终不能脱离历史使命与文化情怀的烙印。牟宗三对于中西哲学会通之可能性的解答是正面的，他认为中西哲学可以会通，因为就哲学所研究的道理或者概念而言，哲学是普遍的；但是由于不同的民族、国家之间历史和习俗不同，所体现出的个体生命形态就有所不同，这样来讲哲学也是具有特殊性的（牟宗三多次将中国哲学传统的重点归于生命，西方哲学传统的重点归于自然），所以中西哲学会通是有限度的，但正是存在着比较与鉴别，才更加证明了哲学会通的必要性。

其二，牟氏哲学具有浓厚的判教意味。在牟宗三浩繁的著作当中，其哲学史研究的著述，显示了明确的判教理念：分判宋明理学为三系，以朱子为别宗，这是《心体与性体》一书的纲纬；重新发掘佛教哲学的意义，以“佛性与般若”为线索梳理中国佛教史，独标天台圆教为佛教哲学的最高点；定性中国传统的儒释道三教为圆教，西方基督教为离教；而在圆教中又以儒家为“正大圆盈”之教，佛道两家只是“解脱的形上学”，故而为偏圆之教。如此独力判摄人类五大智慧系统（《四因说演讲录》一书中还包括柏拉图的“唯理论”一系），在哲学史上确属罕见。可以说，牟宗三或许没有明确地提出过自己的哲学是判教的哲学，但是他采用的研究方法，却带有明显的判教思维。

而且，牟宗三并没有停留在对哲学史的一般理解上，他将中西哲学的各种元素归入一个有机组织，架构出“彻底的唯心论”系统——“道德形上学”，作为他的中西文化会通之道。“道德形上学”系统通过重新解读康德“现象与物自身”的命题，开出“两层存有论”以会通中西哲学，将西方哲学的知性精神纳入到儒家传统的道德内容之中，建立了以“良知”为核心范畴、以佛教的“圆教”形态为逻辑结构的形上学体系，并且试图用“良知坎陷”的手法开出民主科学的“新外王”，解决儒学的现代化问题，如此复杂而精密的哲学系统，确实在中西哲学的领域中独树一帜。可以说，无论牟氏哲学是否合乎客观真理，研究牟氏哲学对我们更好地理解当代中国哲学的任务仍是具有启发意义的。

第二节　牟宗三判释佛教的原则

在牟氏哲学中，最能体现“判摄与圆融”精神表达的是“别教”、“圆教”等，这些语词源出于牟宗三的佛教哲学研究。在浩繁的佛教理论中，牟宗三最重视天台宗的义理,并以此为标准对佛教思想进行甄别,其研究南北朝隋唐佛教思想的专著《佛性与般若》便不是佛教史式的整理,而是以天台宗的判教内容为纲领解读佛教哲学:“吾顺其判释之眉目而了解此一期佛教义理之发展,将其既不同而又互相关联底关节展示出来,此即是本书之旨趣。”①

何以独标天台呢?事实上,作为哲学家,牟宗三始终是以哲学的视角看待佛教的,他认为佛教有两个概念最为关键:一是般若,般若学具有“融通裁汰”之妙用,是“一切大小乘皆不能违背之共法”,并且使佛教具有了区别于一般哲学思想的特征,即“非实有形态”;二是佛性,在牟宗三看来,佛教需要解决一个问题,即去除无明之后,如幻如化的法如何能保得住,也就是佛教如何处理现象世界的存有问题,这需要佛性论来回答。因此,牟宗三按照“般若与佛性”两条线索,对佛教哲学进行疏理,结论是天台宗的“圆教”理论最为圆满,完美地融合了“佛性与般若”,是佛教式存有论发展的最高点。因此,般若学与佛性论,就是牟宗三判摄佛教的总原则。

一、牟宗三判佛教的背景与基础:天台智顗的判教思想

牟宗三认为,他对佛教的理解以天台智顗的判教思想为宗,并因袭了天台宗“五时八教”的判教理论作为研究起点。

依佛教常识,五时,指佛说法分为五个时期:第一“华严时”,佛为大根器的菩萨、天人等开启华严大教;第二“小乘时”,佛为出家的比丘等演说声闻、缘觉之法;第三“方等时”,佛为修菩萨道的大乘行者指示唯识、如来藏等大乘佛法;第四“般若时”,通过般若“融通裁汰”的精神,将各类教法全部清理,令归实相;第五“法华涅槃时”,佛开演一切众生皆具佛性,并指示佛之本怀的根本问题。八教,分为“化仪四教”与“化法四教”,化是教化之意。“化仪四教”是四种不同的说法方式,佛针对不同根器者使用顿、渐、秘密、不定等不同的方便法门接引之。“化法四教”是从教化的内容来说的,分为藏、通、别、圆四种:“藏教”是以《阿含经》为主的小乘经、律、论三藏,主要论述因缘四谛生灭之法;“通教”是大乘的入门教法,“通”的意思取自上通大乘,下通小乘,接引小乘入大乘,主要为《般若》和《方等》诸经,论述“人法二空”的道理;“别教”是专为大乘人讲,不共小乘人的说法,乃大乘特有之法;最高的法门是“圆教”,包括《华严》、《涅槃》、《法华》等经,“圆教”之“圆”有圆满具

① 牟宗三:《佛性与般若》(上),见《牟宗三先生全集》第3卷,台湾联经出版事业公司2003年版,序言第5页。

足、圆融无碍等义，天台宗与华严宗的判教最后皆归入圆教，可以说是教理发展之最后的、也是最高的形态。

在《佛性与般若》一书中，牟宗三在阐述了般若学与佛性论这两项根本原则之后，便按照唯识学、《起信论》与华严宗、天台宗的顺序，对各派教理进行分析，理论依据是“佛教式存有论”水平的升进。不过，既然依于智顗，何以有“存有论”的思想？

实际上，天台宗“五时八教”的判教总结是经灌顶、湛然等天台中后期的僧人不断补充完善概括而形成的，在智顗那里并没有如此清晰的表述，所以并不排除后期理论与智顗的本义有所偏差的可能。而且根据有关学者的专门研究①：智顗的判教思想，是从顿、渐、不定三种“教相大纲”出发，以“五味根机”为判释核心，以藏、通、别、圆四种教义充分展开论述，构成一个完整的判释教相②的思想体系。

需要注意的是，智顗的判教是在全面批评、总结南北朝各家判教理论的基础上提出的，明确反对之前以判释“教体”为方向的偏颇结论，而“将判教严格限定在‘判释教相’上，从而避免了判教理论可能出现的各种理解上的分歧”③。这是非常合乎佛教自身的旨趣的，如前所述，从佛教的立场来看，一切佛法皆是佛针对众生根基之差别而说，都是正确的，教理本身并没有高下深浅的分别，这是判教思想的根本前提，假如判教触及到教理本身是否有误，就不是判释“教相”，而是判释“教体”，这不但违反了信仰的原则，也是不符合圆融精神的。

总结起来，牟宗三对佛教思想的理解，虽然是沿着天台判教的理路进行的，但是纵览《佛性与般若》，他对于唯识、华严等宗的批判过于苛刻，不大符合判“教相”的圆融精神。并且，以“存有论”这种哲学视角为依据去解读以追求解脱为目的的佛教教理，本身是否具有合法性还有待商榷。但是也不难理解，牟宗三是哲学家，不是宗教徒，难免从自身的思维背景与价值取向来看待问题，清楚这一点，就能带着问题意识走入牟宗三的哲学世界，发现其理论特色，这要比单纯比较牟氏佛学与正统佛学之间的差别意义更大。

二、般若是作用的圆具，是共法

般若学是依《般若》等经，经由龙树、提婆、清辩、月称等古印度论师加以阐扬

---

① 参见兰天：《中国佛教早期判教理论述评》，中国优秀博硕士学位论文全文数据库，2004 年 5 月。

② 据丁福保《佛学大辞典》，“判教”就是“判释释迦一代之教相”。

③ 参见兰天：《中国佛教早期判教理论述评》，中国优秀博硕士学位论文全文数据库，2004 年 5 月。

而成立的所谓大乘空宗、中观学派，以一切法（现象界的各种存在）无自性，缘起性空、性空缘起为核心义理。般若学认为一切法没有独立的、恒常不变的自性，故为性空，但性空实不破坏一切，反而一切法由性空成立缘起；从缘起的角度论，不是有自性的缘起，若诸法有自性即非缘起，而是假名的缘起，由缘起复说性空。因此，般若学的特征是性空与缘起融通，亦即空有无碍，所谓“不动真际，建立诸法”。在般若智慧的观照下显现的世间万象的本来面貌，称为“实相”，故般若学也称为实相学。牟宗三认为，实相“实不能舍离一切法。如舍离一切法，则般若蹈空，亦不成其为般若。但亦不能著一切法。若著于法则成执着，诸法之实相不可见，而般若亦死……只有在不舍不著之方式下具足一切法，方成其为实相般若”[①]。

般若学在佛教中具有极特殊的意义，所谓“六度万行，智慧为首”，此智慧指的就是般若智。在牟宗三看来，般若实是大乘小乘所必修之共法，按五时判教的划分，佛于第四时方说《般若经》，意义就在于消化前面所说的小乘、大乘等种种分别教法，对教法加以总结，消融其间的矛盾，并去除修行者的分别心与执着心，令其悟入“一实相印”，这就是般若“融通淘汰”的作用。因此，牟宗三认为般若具有“不舍不著”的妙用，能“不坏假名而说诸法实相”；领悟般若精神不能刻板，“不学般若，即是学般若”；脱离般若学佛则一无是处，唯有领悟般若，“则能学一切佛法。不如是学，则一切佛法皆死，任一佛法皆学不到。如是学，能到一切种智，当然既‘无所学’，亦‘无所到’”。[②] 此论是有相当合理性的。

从哲学视角出发，牟宗三定位般若学对一切法的功能是“作用的圆具”，所谓在破一切法中立一切法，凭借已有之法，把已有法穿透之，具足成就空如实相，而不必破坏之。所以，牟宗三认为般若学并没有说明一切法的来源问题，佛教式存有论的讨论不在般若学中体现，“盖由《般若经》只言般若作用地具足一切法，而对一切法却并无一根源的说明，即，只有作用的具足，而无存有论的具足”[③]，佛教因此被牟宗三定义为“境界”形态的，与道家的形上学样态一致。

般若学的另一点贡献，是提供了非分别说的表述方法，即“遮诠”。牟宗三认为，般若直接指示我们生命中的真实智慧，它必须从主观的方面，通过存在的实感

---

① 牟宗三：《佛性与般若》（上），见《牟宗三先生全集》第3卷，台湾联经出版事业公司2003年版，第78～79页。

② 牟宗三：《佛性与般若》（上），见《牟宗三先生全集》第3卷，台湾联经出版事业公司2003年版，第10页。

③ 牟宗三：《佛性与般若》（上），见《牟宗三先生全集》第3卷，台湾联经出版事业公司2003年版，第454页。

而被展现或呈现，是不能用语言和概念来分析的。所以在《般若经》中，采用的是异法门，不同于其他大小乘经典说法的方式，譬如，《般若经》中谈什么是般若，从来不正面直接地表示，而是采用辩证的诡辞："佛说般若波罗蜜，即非般若波罗蜜，是名般若波罗蜜。"这种非分别的方式在牟宗三看来极有价值，符合圆教理论的需要，因为如果采用分别说的方式表达，就是有限定的，有系统相，按照龙树《大智度论》所说，凡是分别说的法都是可诤法，可诤的就没有逻辑的必然性，只是权法和方便，而《般若经》一法不立，就是无诤法，有逻辑的必然性。但是，对于法之存在必须要表述，就仍然需要一个教，成就一个系统，所以需要用非分别的方式，这样表达出来的系统，特征是有系统而无系统相。因此，虽然般若学没有存有论的品格，般若的无碍也不是终极的圆教，但是般若却是构成圆教不可或缺的因素。

综上，牟宗三总结到："此般若之妙用是共法，一切大小乘皆不能背。它可行于一切大小乘中，然它却不能决定大小乘之为大小乘。因为：（一）它是消化层，无所建立故；（二）它是诡谲的方式，非分解的方式故；（三）它圆具一切，成就一切，是般若之作用的圆具与成就（即不坏不拾义），而对一切法无根源性的说明，因为它无所建立，无分解的或非分解的说明故，因此般若之作用的圆具并非一存有论的圆具。然则负'大小乘为大小乘'之责者，负'一切法之根源的说明'之责者，乃至负'存有论的圆具'之责者，必是在般若外之另一系之概念中。此另一系之概念即悲愿与佛性是。"①在牟宗三的视野中，般若是决定佛教之所以为佛教的根本智慧，具备消化与融会佛教内部各种教理的功能，但是决定各派教法高下的标准则是对佛性的不同理解，所以他研究佛教的专著名为《佛性与般若》，体现出两个基本的理论出发点。

三、佛教"非实有形态"的存有论

既然缘起性空是佛教的基本教义，那么牟宗三分析佛教式的存有论就以之为逻辑起点：佛教中以"法"来表示一切存有的现象，说明"法"之来源靠缘起理论，包括"业感缘起"、"阿赖耶缘起"、"如来藏缘起"和"法界缘起"。虽然四种缘起的理论水平有所升进，但总体上还是不能脱离"诸法无我、诸行无常"的根本旨趣，旨在消解"法"的"自我同一性"；进一步，由于万法产生的根源在于"无明的插入"，而无明又是无根的，所以由无明所成因缘而生起的万法就是虚妄的，每个法都是待缘而

① 牟宗三：《佛性与般若》（下），见《牟宗三先生全集》第4卷，台湾联经出版事业公司2003年版，附录第1210～1211页。

生,没有一法是自足的,佛教“专门为非有(struggle for non - being)而奋斗,就是把这个 being 拉掉”[①],要把自体去掉。

那么顺这个理路发展下去,似乎一切法都是不存在的,也就是历史上很多思想家攻击佛教的理由——“佛以山河大地为病”,但是牟宗三认为这种说法并不能代表佛教式的存有论[②]。实际上,在般若智慧的观照下,一切法依缘而起,缘尽而灭,于生灭变化中显示不变的“空如”实相,此一“如相”正是《中论》中“不常不断、不一不异、不来不去、不增不减”之“八不中道”的不可思议境界,因此佛教所讲的“空”,不是与实有正相反的非有,非有仅是佛教所批判的断灭见。反之,却也不能肯定是“有”,按牟宗三的理解,在西方哲学中,无论是柏拉图的 Idea,还是康德的 Noumena,都是针对现象、超越现象的 Reality,是具有本体意义的“真实”之有。但是佛教所言的最终真实却不是如此的,“真实性就是缘起法的实性,就是‘实相’、‘如相’。一讲 Reality 就令人想到有一本体,其实实相、如相不是本体。佛教是不讲本体的”[③]。

故而,牟宗三判定佛教形上学是“非实有形态”的存有论,因为“佛家根本不肯定纵贯式的创造的实体”,尽管“它最后所指向之处‘还是指向究竟、了义’”[④],和儒家、道家同属一个层次。佛教存有论的特质在于,一切法的如幻如化是根据无自性来说的,但是这些如幻如化、无自性的法之存在有必然的保障性——这个必然性不靠上帝来保障,也不靠道体、梵天或者道生德畜的“道”来保障,而是以佛的“法身”来保障,但是佛“法身”并不创造万法,而是佛“法身”“即”万物一起呈现,永远连在一起,这就关涉到佛性论的问题。

四、佛性论为判教基础

牟宗三认为,只有联合佛性论才能解决“去病不去法”的问题,即无明去除之后,法的存在仍能得到保证。既然般若不具备这个功能,那么判释各家义理的根据

① 牟宗三:《四因说演讲录》,见《牟宗三先生全集》第 31 卷,台湾联经出版事业公司 2003 年版,第 129 页。

② 存有论一词来源于西方哲学的传统,西方哲学立足点在于对“存有”的追问,而佛教的核心义理在于“空”,认为“有”所表示的法不过是幻化,但即便如此,并不妨碍佛教也可以对法的存在问题进行说明,所以牟宗三即是在此种意义上使用“佛教存有论”一词。而霍韬晦认为,佛教对存有论的讨论也并非如西方哲学要成立一个本体,佛教只是讨论存在,而非要存“有”。

③ 牟宗三:《中国哲学十九讲》,见《牟宗三先生全集》第 29 卷,台湾联经出版事业公司 2003 年版,第 270 页。

④ 牟宗三:《中国哲学十九讲》,见《牟宗三先生全集》第 29 卷,台湾联经出版事业公司 2003 年版,第 426 ~427 页。

就要落在对佛性的不同理解和诠释上，即佛性是佛教判教的准则。

在佛教史上，佛性观念的提出主要为了解决两个问题：成佛何以可能和成佛依据何种样态。第一个问题，牟宗三说这是佛性的"体段义"，佛性必须超越地说明成佛之可能性，一切众生皆可成佛，使修行者具备信心；反之，如果把成佛的根据落入到后天的因缘上，不获得正闻熏习就不能入佛道则显得过于乏力，也就不能是圆满的佛法。第二个问题阐释的是"佛之体段之性能"，就性能而言佛性，谈成佛的根据。小乘也有佛格，有般若，但只是自度，不度人，佛性没有达至完满之境，也就谈不上成佛；大乘之所以为大，是因为悲愿大，成佛必须以一切众生得度为条件。在牟宗三看来，要将悲愿延拓至极点，就必须透出"如来藏恒沙佛法佛性"的义理，由佛性包含无量的世间法与出世间法，佛性"遍满常"，交彻"无限之境"，才是最后圆满的成佛形态。

为什么佛性会具足一切，或者佛性"必须"具足一切？按牟宗三的理路，佛性与存有论具有天然的联系，按大乘佛学，佛性具足一切法，成立佛教存有论，文献依据可以在《涅槃经》中找到①，并且依天台智顗"三因佛性"的解说加以发挥：一、正因佛性，即中道实相、佛性真如的理性；二、了因佛性，即能够观照真俗二谛之般若智慧；三、缘因佛性，配合了因佛性的智慧，开发出修行中的六度大行的功德行愿。通过这些归纳，牟宗三总结到，要先从佛格，也就是佛的性格上去理解佛性，次要由因性，即三因佛性去了解佛性，这才是成佛可能的根据。

因此，牟宗三从佛性的角度判释各家义理便是判教的基本点，其基本观点如下：

以后期唯识学为代表的"妄心派"的三因佛性，缘因、了因佛性靠后天正闻熏习而来，故只能是经验性的；正因佛性是"我法二空"之后所现之真如，以"无为如理"为体，因此只是"理佛性"，本身不受熏，也非能熏，无所谓具备或不具备"恒沙佛法"，具备"恒沙佛法"的只是"事佛性"，这又要由后天熏习而来，因此成佛无必然性。因此唯识学虽然说明了一切法的来源，但是佛性的根基不牢固，不是成熟的理论形态。

以华严宗为代表的"真心派"的三因佛性，正因佛性是"真心即性之空不空但中之理"，不"即具恒沙佛法"，而缘因、了因佛性由"随缘修显"而成，因此三因佛性

① 《大般涅槃经·寿命品第一之二》，解说"三德秘密藏"处："何等名为秘密之藏？犹如伊字三点，若并则不成伊，纵亦不成。如摩醯首罗面上三目，乃得成伊字三点，若别亦不得成，我亦如是。解脱之法亦非涅槃，如来之身亦非涅槃，摩诃般若亦非涅槃，三法各异亦非涅槃。我今安住如是三法，为众生故名入涅槃，如世伊字。"

是纵横的,而非圆伊的。此类教理认为法性与无明二者体异,只是相依而不相即,因此要显示法性,必须破除无明,则成佛必须断凡俗之九法界而成,没有通彻天堂地狱之无限境。因此真常学虽然超越地给出了佛性的依据,但是没有与存有浑融一体,不是最完满的理论形态。

而天台圆教,其正因佛性是“即具恒沙佛法”而为中道第一义空,故“即下即是遍满常之中道第一义空”,缘因佛性是“即具恒沙佛法”而为断德,故“即下即是遍满常之(不断断)之断德”,了因佛性是“即具恒沙佛法”而为智德,故“即下即是遍满常之具有(即空即假即中)三观三智之智德”。法性与无明相即,显法性不必破无明,如此现象界的存有就得到了保证,故牟宗三以天台圆教为佛教存有论发展的顶峰。

综上所述,牟宗三以佛性论为判教基础,以天台圆教为判教标准,便是其研究佛教义理的根本思路。

五、对于“教”的两种理解

本节归纳了作为共法的般若学的特征和佛性论的相关内容。但是在我们研读牟宗三著作的过程中,始终会有一个强烈的问号挥之不去——在牟宗三的思想世界中,什么才是“教”的真正含义?教,依一般性的思维,很容易联想到教育、教导、教化等等,也就是把知识、技能传播下去的行为;如果上升至精神层面,能为个体生命确立终极关怀者,即是道德之教、宗教之教,此种教深刻地缔结了人性与神圣之间的纽带,儒教、佛教、基督教之“教”大抵应如此义。牟宗三也认为,圣人不仅仅局限于一家,凡是对宇宙人生有深切体悟者,能将其领悟融入生活实践,化为具体真实的存在境界的宗师与楷模,把这种深刻的智慧通过语言和践履表达出来启示后人,都可以成为教,“凡圣人之所说为教,一般言之,凡能启发人之理性,使人运用其理性从事于道德的实践,或解脱的实践,或纯净化或圣洁化其生命之实践,以达至最高的理想之境者为教”①。

但是更多的时候,伴随判教、圆教之解说出现的高频词是“存有”。前文中谈及天台智顗的判教思想,此教正是取“教化”义,才能与“判释教相”的原义呼应,即把一切教育的手段和方便化归入一个佛门之中。牟宗三也并非不了解此义,譬如,他讲圆教需要表法,用分解的办法讲有系统相,无逻辑的必然性,只有用非分解的办法讲才能圆满无诤,有系统而无系统相,此时的圆教之教便是教导、说教。然而,

① 牟宗三:《圆善论》,见《牟宗三先生全集》第22卷,台湾联经出版事业公司2003年版,第260页。

当牟宗三运用圆教标准进入般若学、唯识学、真常学的时候，教的含义就悄然发生了变化，与存有相关联。很显然，教化与存有，这两种看起来似乎并不相及的概念，在牟宗三角度是联系紧密的，是相近而互为其用的。因此，圆教以何标准为圆教，存有为何与教化相关联，便是研究牟氏哲学的关键，本研究将在后文中逐步展开牟氏哲学的义理，以期给出对这一问题的解答。

第三节　牟宗三判释唯识学与华严宗

依牟宗三，佛性观念产生之后，就可以对一切流转还灭之法有一根源性的说明，在中国佛教史上，这个说明始于唯识学的传入。但是牟宗三认为，唯识学的基本特征是“虚妄为主、熏习为客”，不能保证成佛之必然性；因此，由唯识学必然要前进一步，产生以“如来藏自性清净心”为核心的真常唯心论，其里程碑式的经典为《大乘起信论》，系统义理发展的高峰是华严宗。不过按牟宗三的分析，无论是虚妄唯识还是真常唯心，其理论推衍的方式仍然是分解的，只不过唯识宗沿着“经验的分解”的入路，而真常学的特点是“超越的分解”。

本节首先对唯识学的历史与理论特征进行整理，然后以《起信论》和华严宗为代表，对真常学的几个重要逻辑环节加以归纳，并且还要涉及牟氏哲学中一个重要的命题——“一心开二门”，作为牟宗三从佛教哲学中提炼的最重要的两个命题之一，有必要深入分析其哲学意义。

在佛教史上，唯识学与真常学各据领域，担负其相应的历史使命，然而在牟宗三的判教视域中，唯识和真常均未达至浑圆之境，但是充分理解他对这两种义理的研究，也便于我们从另一角度开启思路，更好地领悟牟氏哲学的理论色彩。

一、经验的分解：唯识学“虚妄为主、熏习为客”的佛性义

（一）佛教史上的前后期唯识学

唯识学主要是印度瑜伽行派所持之教理，南北朝时期传入中国，其基本义理是对人的心灵进行深入分析，将一般笼统理解的“心”，分为感觉（前五识）、思维（第六识）、执持（第七识）、含藏（第八识）等八种识，以第八阿赖耶识为核心，为生死流转的机枢，并且深入分析主观认识之心与客观所对之境的关系，将认识之境收入主观之心，高唱“一切唯心”、“万法唯识”，是为具有深刻认识论意义的大乘佛学。

中国吸收唯识学始于地论师，《地论》是《十地经论》的简称，由印度世亲著，是

解释论述《华严经·十地品》的著作,北魏时由北印度僧人菩提流支以及天竺僧人勒拿摩提、陀扇多翻译成中文。由于《地论》本身对阿赖耶识没有明确定义,所以对其的理解就容易产生歧义,故甫一传入中国,就有相州南道和北道之分。南道慧光继承勒拿摩提,认为阿赖耶识为真净;北道道宠继承菩提流支,认其为虚妄。但是牟宗三解释说,争论的核心只限于阿赖耶识是否清净,不在于有没有根本的清净心,《地论》是明确讲自性清净心的,因此《地论》的思想基本契合后来的《大乘起信论》,是属于真心一系的唯识学。

《摄论》则是地道的妄心唯识学作品,全名《摄大乘论》,为世亲之兄无著所造,世亲对该论也作有释文并流行,是世亲晚期的作品。因此牟宗三断言,世亲早晚期的思想不一致,并由此开出了唯识学的真妄二系,早期思想偏于真心,晚期思想侧重妄心。

真谛是以讲《摄论》为主的摄论师,于梁武帝时来华,但是其翻译《摄论》背离原义,多有增益,试图将妄心系统转向真心系统。譬如《摄论》中,无著以阿赖耶识为迷染,真谛则用"如来藏自性清净心"来说阿赖耶识,不但是流转因,还是还灭因,全面自觉地从自性清净心来解释阿赖耶识,和《摄论》正相反。另一增益的译解是灭阿赖耶识而证阿摩罗识,转第八识成第九识。对此,牟宗三指出,凡是后来玄奘翻译为"转依"的,真谛都译为阿摩罗识,转依是一切法之种子所依者——阿赖耶识,而真谛的阿摩罗识,是智境无差别之流行,是一清净心之流行。玄奘的翻译语法清晰而严整,是符合原义的,真谛则意在发挥。从无著、世亲的原义来看,也只有八识,只不过转染成净后,成为净八识,不以净八识为第九识。后来真谛又翻译《大乘起信论》,为唯识宗的基本经典,可以说为真心理论的发展开辟了源头。

而为人熟知的唐僧取经,正是由于玄奘对真谛的翻译不满,力图了解唯识之原义,恢复原典的正确翻译所做出的壮举,后来玄奘根据其留学印度之所学所思,著《成唯识论》,开创了中国本土的正式的唯识宗。

故牟宗三把地论师和真谛的《摄论》思想判为前期唯识学,玄奘的《成唯识论》为后期唯识学,前期唯识开出真心方向,后期唯识往妄心方向走。牟宗三认为,真心唯识学以自性清净心为主体,以虚妄熏习为客尘,而妄心唯识学以无明妄心为主,正闻熏习为客。真心派认为阿赖耶识"以解为性",妄心派认为其"迷染为性";真心派依靠"如来藏自性清净心",妄心系认同"如来藏自性清净理"。从实践的存有论而言,真心派是纵贯系统,妄心系派是横摄系统,"此存有论之完成定在唯真心之纵贯系统下始完成"[①]。

本书中所提及的唯识学，均按牟宗三的理解角度，以妄心唯识学为主，而真心唯识的义理经过发展归入后期的《起信论》与华严宗思想，统称为真常心学。

（二）牟宗三判摄唯识学之特征

佛教给出一切法的根源始于唯识学，唯识学以心识为核心，建立了众生与世界互动的图景。按牟宗三的理解，《摄论》和《成唯识论》所证成的妄心系统积极地说明了一切法生死流转的一面，但对于更根本的涅槃还灭的问题只是消极地说明。

所谓积极地说明生死流转，依靠的是唯识宗建立的三性，即依他起性、遍计执性和圆成实性。依他起性，指一切法必须依待因缘才能产生，是缘起法则的另一种说法，也称"生无自性性"；遍计执性，即众生对依他而起的缘起法产生了执着，以之为有自性的定相，实际上所执之相皆是虚妄，故也叫"相无自性性"；圆成实性是唯识宗所立的最后真实，一切摄归于阿赖耶识的缘起法都有圆成实性，但如前文所述，此真实不是西方哲学意义上的本体，指的就是空如、实相，这与般若学是一脉相承的。所以，唯识学的重点在于"若有遍计执所执成的定相，当然就不能见圆成实，因此要：就着缘起法之依他起，去除遍计执，即显圆成实"[②]。牟宗三认为，唯识学不违背般若空宗缘起性空的二谛理论，唯识三性中可以去除的只有遍计执性，所以三性基本等通（相等或相通）于二谛，但是两者的系统背景并不相同，般若学只是泛说缘起法，而唯识学将缘起法收摄于识，这是教理上的进步。

由分析唯识三性，牟宗三提出了一个颇有创见的思路，即肯定遍计执性，以确立科学知识的价值。在他看来，遍计执与染依他，可以保存感性、知性，成就科学知识，乃至成立现象界的存有论——执的存有论，遍计执性与"不相应行法"就是完成执的存有论的要素。"不相应行法"是唯识宗的名词，牟宗三认为"行"属于"思"，佛教中的"思"是取泛心理学上的意义，而不是逻辑上的意义，属于"心所法"之一，指为心所有，与心相应的合一，相当于西方哲学的 mental state，由此理解"不相应行法"大抵属于"思"所发，却不能与心或物建立起或一或异的联系的某种心理活动。佛教中有二十四种"不相应行法"，依牟宗三的研究，基本可以对应康德所论述的时间、空间等感性形式以及知性法则。既然康德从西方哲学的传统出发

---

① 牟宗三：《佛性与般若》（上），见《牟宗三先生全集》第 3 卷，台湾联经出版事业公司 2003 年版，第 347、349、358 页。

② 牟宗三：《中国哲学十九讲》，见《牟宗三先生全集》第 29 卷，台湾联经出版事业公司 2003 年版，第 269 页。

为科学知识建立了先验基础,那么牟宗三认为佛教的这些观点也可以从正面来观,正视遍计执为逻辑上的执,而不是烦恼意义上的执。之所以佛教没有积极地说明这个道理,是因为佛教的重点在于解脱,而不是完成知识论,但是对应现时代,应该有进于传统的地方,因此于遍计执也不要看成是完全的虚妄,应该得到相应的谛性。不难看出,此处的解说完全与“良知坎陷”说接榫,是牟氏哲学既成理路之延续。

那么为什么说唯识学是消极的解决流转还灭呢?阿赖耶缘起比业感缘起更进了一步,将一切法归于阿赖耶识,但是唯识宗所言之阿赖耶识仍然是一个虚妄的生灭之识。唯识学所宗的《解深密经》云:“阿陀那识甚深密,一切种子如瀑流”,阿赖耶识只是刹那生灭的识心,不是常住不变的清净心,或按牟宗三的理解,“传统虽说它是无覆无记,其实仍是昏沉无明”①,这便容易造成理论困惑,因为此偈后两句“我于凡愚不开演,恐彼分别执为我”,即沿着唯识学的理论很容易把阿赖耶识当成最后真实的自体,而这一自体实际是流变的、无明的,那么成佛之保证从何而来呢?其次,唯识学沿着“经验的分解”的入路,为现象界的存有做出解释,但仍然要依赖因果范畴,而无限追溯下去,就必须为无明设立一个起点,但是佛教是拒绝回答宇宙是否有起点这类会陷入二律背反的问题的。最后,妄心理论把成佛的因缘归入到后天的正闻熏习上,“无漏种子”没有天生的必然性,就不能彻底保证真常无限心的呈现。总之,在存有论的角度,唯识学无法彻底证成成佛所需的清净的无执的存有,故而牟宗三判摄唯识学只是横摄的系统,只是一层的现实的存有论,开不出现实与超越并存的两层存有论,无执的存有论必须要在真心纵贯的系统下完成,这就是真心高于妄心的缘故。

二、超越的分解:《起信论》与华严宗“真心性起”的佛性义

(一)《大乘起信论》与华严宗简介

关于真心缘起论,牟宗三参考的主要文献是《大乘起信论》与华严宗的相关经论。虽然《起信论》的成书与华严宗创立之间相隔了相当长的时间,但是牟宗三仍然将其统一归入真心系统来说明。

《大乘起信论》是对中国佛教史起到重要影响的一部著作,它与中国哲学固有的“人性本善”、“反求诸己”等观念相一致,并采用了体用范式的宇宙本体论,继承

① 牟宗三:《中国哲学十九讲》,见《牟宗三先生全集》第29卷,台湾联经出版事业公司2003年版,第283页。

并融合了印度佛教的阿赖耶学说及如来藏学说，因此对于后来的天台宗、华严宗、禅宗等中国大乘佛教的理论建构均有重大影响。但是关于此书在佛教中的定位却一直存有疑义，原因在于其考据学意义上的真伪问题。近代思想家章太炎与梁启超曾先后对《起信论》之成书来源做过研究，之后支那内学院的欧阳竟无、王恩洋、吕瀓等则认定《起信论》为伪书，所标榜的"真常心"哲学非佛教正统。牟宗三从思想史内在逻辑的角度推论[①]，认为《起信论》的作者是谁无关紧要，但是其思想不伪，是典型的真心为主、妄心为客的系统。此系统通过超越的分解，肯定了一个超越的真心作为一切法流转还灭的根据，是成佛之所以可能的超越根据，也是修行顿悟的超越根据。

华严宗由法藏创立于盛唐时代，以《华严经》为宗经，理论特色是"由如来藏缘起悟入佛法身"，佛法身即是佛法界，"就此法身而言法界缘起"，法界中一切均为佛之神力所示现，因此是彻底的圆融无碍、圆满无尽的"一乘无尽缘起"，即所谓"大缘起陀罗尼法"。[②] 华严宗所标因门六义、十玄无碍、六相圆融等学说，都是佛法身显示的法界缘起的实相。在判教领域，华严宗也做出了贡献，尤其是自判为"别教一乘圆教"：所谓别教，是专就毗卢遮那佛法身而言教义，毗卢遮那意为光明遍照、遍一切处，是莲花藏世界的教主；一乘即是佛乘；圆教是圆满无尽、圆融无碍之教。可见华严宗认为其理论已经臻至圆满。牟宗三认为华严宗可进于空宗，也可通于有宗：般若对存在没有说明，唯识学的说明不彻底，华严就般若之"作用的圆"转进为"真心即性的存有论之圆"，既有进于空有二宗，又消融了空有二宗。

从业感缘起，到阿赖耶缘起，到如来藏缘起，最后到法界缘起，是顺着经验的分解发展到超越的分解的圆满形态，但是超越的分解也是分析的展示，是缘起性空的引申，因此牟宗三判定，从《起信论》到华严宗，是前后期唯识学发展的最后形态，也是顺着分解的理路前进发展出的最后形态。

（二）真心理论对妄心理论的必然超越

牟宗三认为："自《起信论》依《华严》、《密严》、《楞伽》、《胜鬘》、《涅槃》等言如来藏之真常经而提炼出一个真常心后，佛教的发展至一新阶段。此一新阶段似

---

① 牟宗三判断《起信论》为真谛所造，或真谛为首的集体创造，假托马鸣菩萨是为了增加该书的权威性，理由是真谛的思想为融摄阿赖耶识于如来藏心，而《起信论》正体现了这一思想，因此《起信论》在考据上虽有疑问，但是思想不伪，故牟宗三以为支那内学院的欧阳竟无师徒对《起信论》的态度是不妥当的。参见《佛性与般若》（上）"第二部前后期唯识学以及《起信论》与华严宗""第一章《地论》与地论师"相关内容。

② 牟宗三：《佛性与般若》（上），见《牟宗三先生全集》第 3 卷，台湾联经出版事业公司 2003 年版，第 481 页。

是一特别的动相。它对内对外俱有特别的意义与作用。"[①]表示真心缘起论实比原有的空有二宗更进一步,理论层次得到了提升。

牟宗三解说唯识学有两点理论缺陷,追问下去,就必然发展出真常心系统解决困境,这是按照理论的逻辑展开"转进而必至"的:首先,"为了说明一切法的依止或一切法的根源问题而逼显出来的",唯识宗以阿赖耶识保证存有,为一切法的根源,但是阿赖耶识只是虚妄的识心,只能说明现象界一切法的生死流转,既有生死流转,便是无常之生灭法,不是成佛所需要的本体界的清净法。而且唯识宗对清净法来由之说明也不够圆满,采用了"无漏种"的说法,但是"无漏种完全是由后天熏习而成,而无漏种又是一切清净功德法的根源,则很显然的,一切清净法的根源必然落入后天的、经验的(empirical);此一根源既是后天经验的,则自然没有先天必然性"[②]。其次,是"成佛有无必然的保障"的问题,"无漏种"不但是清净法之根源,同样也是众生成佛的根据,假如"无漏种"需要后天的熏习,那么作为成佛的依据必然力量不够,"如果必须完全靠后天经验的熏习,则遇见佛时,可能成佛,若未遇见佛,岂非永无证道成佛之日?"[③]因此,牟宗三认为只有通过超越的分解的思路,确立一个超越的如来藏自性清净心,区别于唯识宗异熟流变之种子论,才能保证修行成佛的现实有效性。

那么,真心系统的义理是否圆满无碍呢?显然不是,真心学同样面临"染污法和烦恼法如何依止于如来藏自性清净心"的问题,这是真常唯心学的关键。对于唯识宗而言,生灭法是可以直接开出的,而清净法的来源是个难题,需要正闻熏习,属于间接开出;对于真常心学而言,清净法可以由真心直接开出,而生灭染污之法如何产生于清净心呢?在《胜鬘经》中称为"难可了知"[④]。但是牟宗三认为并非"难可了知",自性清净心在"无明的插入"后,经过一个曲折、跌宕的过程就可以开出有漏染污之法,同样也是间接开出。牟宗三以康德哲学的角度来解释"无明":人的意志不是"神圣意志",人们的行为与道德法则亦常不能相合,这乃是因为我们

① 牟宗三:《佛性与般若》(上),见《牟宗三先生全集》第3卷,台湾联经出版事业公司2003年版,第472页。

② 牟宗三:《中国哲学十九讲》,见《牟宗三先生全集》第29卷,台湾联经出版事业公司2003年版,第285页。

③ 牟宗三:《中国哲学十九讲》,见《牟宗三先生全集》第29卷,台湾联经出版事业公司2003年版,第286页。

④ "难可了知"源于《胜鬘经》:"此自性清净如来藏,而客尘烦恼上烦恼所染,不思议如来境界。何以故?刹那善心非烦恼所染,刹那不善心亦非烦恼所染。烦恼不触心,心不触烦恼。云何不触法而能得染心?世尊,然有烦恼,有烦恼染心,自性清净心而有染者,难可了知。"

有“感性”，常为物欲所牵引，这即表示人是有限的存在，所以人的意志不是神圣的意志；康德所说的“感性”，“照儒家讲，则是人的私欲，如王阳明所说的‘随躯壳起念’”，即“非顺着良知起念”。[①] 无明的插入，意思是说真心本自清净，但一昏沉，一念忽然不觉即落入无明，这叫不染而染；但是对于真心来说，无明是虚妄无根的，也不是一实体，只是一念不觉时的昏沉相，真心没有因此改变，叫染而不染。由于无明的缘故，如来藏作为生灭法的根据便是“依止”关系，若如来藏直接生起清净法则可以名之“生因”，但是对着有漏的生灭法则非“生因”，亦非“了因”，而是“凭依因”。

这种理论特征，按《起信论》的说法即是“心生灭者，依如来藏故有生灭心。所谓不生不灭与生灭和合，非一非异，名为阿黎耶识。此识有二种义，能摄一切法，生一切法”[②]。在真心系统中，阿赖耶识被超越地套进来，既有内在的性格（immanent character），为生灭法的存有做保证，还有超越的性格（transcendent character），为清净法的存有做保证，是具有双重性的（double character）。这样由一个真心开出二种门——生灭门和清净门，由两种方式开出，就是“一心开二门”，表示了《起信论》的真心学对阿赖耶识的不同理解，也是真心系统对妄心系统的超越与融摄。

（三）作为别教的真常心学与道德形上学系统

按牟宗三判释佛教的逻辑，从般若智心到真常心，是从作用的说般若到实体性的说般若，也是从认识论升华到存有论的过程。由于真常心具有某种实体性创生的意味，便使佛教由平铺的横摄系统转进为竖立的纵贯系统。在牟氏哲学中，横摄系统对应认识论范畴，而与终极层次的本体论、存有论相对应的是纵贯系统。由于真常学具有“实体性的本体之嫌，以古语言之，便可有外道梵我之嫌”[③]，因此历来对其争议颇多，譬如支那内学院的欧阳竟无、吕澂等就认为真常学不是佛法正宗。

实则牟宗三的理解更为准确：般若智是清净的智心，因其对境不起分别，可见万法之如相，故为如如智，乃佛所呈现，空有二宗皆然此说；但是透过佛性观念，需要对一切法有一根源性的说明，般若清净心就从原来的平说遂转为竖说，“以如如智心为主纲，将诸法之如境空性吸收于此如如智心上而与此智心为一”，这个竖立

① 牟宗三：《中国哲学十九讲》，见《牟宗三先生全集》第29卷，台湾联经出版事业公司2003年版，第298页。

② 高振农：《大乘起信论校释》，中华书局1992年版，第25页。

③ 牟宗三：《佛性与般若》（上），见《牟宗三先生全集》第3卷，台湾联经出版事业公司2003年版，第474页。

的真心,“为一法界之大总相,并且是一切法门之体”。[①] 所以,真常学的真心,即是般若学的真如,真心为诸法之体,即是空如为诸法之体。牟宗三认为在佛教义理发展的早期阶段,空如是不能为体的,缘起性空、依他起性等命题中,无自性之空性是抒义字,表达缘起无性之义,不是实体字,到了真常学阶段,成立真心,空如理与真心合一,空如理才因真心而成为一实体字,即以真心为体。

因此,从佛教立场说,见真心,即是见诸法空如无相,与般若学宗旨相同,此即空如来藏;依真心系统的特点而言,真心代表了常乐我净的终极存在,也是成佛最终的境界,具有“实有”意义,即所谓不空如来藏。当然,真常心学是佛教中的一个义理系统,不是外道,在牟宗三看来,真心即性,具有实体性的意味,只因“对众生说成佛可能的根据”,以及“对一切法做根源说明这个问题上做出的姿态”,实体性的实有“只是一个虚样子”,如来藏真心“随缘不变、不变随缘”之缘起并不是实体性的实有之本体论的生起。

从牟宗三的判教标准——天台圆教而论,真常心系统是性起说,不是性具说,还是分解的说,不是圆说,因此真心缘起论仍被判为别教,即便华严宗的义理已经十分圆满,也仅是终教,不是圆教。因为真常心系统要求“唯真心”,就不能说如来藏自性清净心“体具”一切世间生死等法,真心与生灭法之间需要经过跌宕曲折的过程才能开出,因此佛法身显出“孤悬性的紧张相”。

虽然真常心学在牟宗三的判教视域中还不究竟,但是此一系统的佛学是具有特殊意义的,真常学经典所蕴含的义理很符合中国人的心态,《大般涅槃经》中“一切众生皆有佛性”的思想与“人人皆可以为尧舜”、“人人皆有圣性”是一致的。因此,真常唯心论在中国得到了最大程度的发展,受到了最大程度的重视,最具有中国特色的禅宗,以“明心见性”为鹄,这与“发明本心”之说有密切渊源;而具有实体性意味的自性清净心,又与“天命之谓性”的形上学讨论若合符节,故而历代倡导三教归一者多从此立论。

牟宗三作为新儒家的代表人物,对佛教的研究与吸收超越了所宗的宋明儒者,比其业师熊十力也无须多让。从本研究的角度来说,牟宗三判释佛教思想必不能脱离儒家立场,而佛教哲学的思维模式更为其道德形上学的架构提供了体系上的参照,虽然形式因素不等同于内容因素,但是形式对内容的表达与限制有重要的影响。当然,佛教与儒家的理论侧重有所不同,按牟氏哲学的术语,首先在于如来藏

① 牟宗三:《佛性与般若》(上),见《牟宗三先生全集》第3卷,台湾联经出版事业公司2003年版,第473页。

自性清净心不是“良知”的道德心，其次在于形上学品格也有着“纵贯横讲”与“纵贯纵讲”之区别。但是我们更感兴趣的是它们之间的相似处：

第一，佛、儒两家的理论都属于“纵贯系统”，都指向了最后的层次，无高低之分，都是“终极的形态”。真常学肯定超越的真心，而道德形上学是“先由吾人的道德意识显露一自由的无限心，由此说智的直觉。自由的无限心既是道德的实体，由此开道德界，又是形而上的实体，由此开存在界”。“存在界的存在即是我们由自由的无限心之开存在界成立一本体的存有论，亦曰无执的存有论。”①因此，在肯定本体的层面说，道德形上学与真常学是一致的。

第二，真常学通过融摄阿赖耶系统，保证了生灭法之存在；在道德形上学中，牟宗三以“良知的自我坎陷”挑起识心之执，再结合康德的先验范畴理论，将现象界的存有与科学知识的价值稳定住。从保有现象界的角度说，二者也是相近的。

第三，道德形上学“纵贯纵讲”、“实体创生”的模型，与真常学“实体性”意味的、真心性起的宇宙论图式非常相似。

依据上述分析，可以认为道德形上学体系是通过两层存有论的模型建立起来的。而且“纵纵模式”的“实体创生”的形上学思维，其实很接近于“梵天”、“绝对精神”一类的思想，至少按牟宗三的理解是与佛教的真常心学有相似之处的，那么似乎可以做出这样的结论，道德形上学是接近于别教形态的。是否如此，我们将在下文谈论“一心开二门”与天台圆教的相关部分中，加深对这个问题的讨论。

（四）“一心开二门”的哲学意义

在当代学术领域中，《起信论》能够引起不少非佛教学者的重视是与牟宗三的关注分不开的。牟宗三悬置了《起信论》作为宗教典籍的特征，重点从哲学的角度来理解，他认为《起信论》提出的“一心开二门”的命题“不能只看作是佛教内的一套说法。我们可以把它视为一个公共的模型”，具有“普遍的适用性”。② 牟宗三通过“一心开二门”打开的“两层存有论”，阐述“良知的自我坎陷”、“智的直觉”等义理，并且融会康德哲学进而沟通西方哲学。因此，疏解“一心开二门”的哲学意义，对理解牟氏哲学是十分必要的。

首先回到《起信论》的文本中，“一心开二门”出自于“显示正义者，依一心法有

① 牟宗三：《现象与物自身》，见《牟宗三先生全集》第21卷，台湾联经出版事业公司2003年版，序言第8页。

② 牟宗三：《中国哲学十九讲》，见《牟宗三先生全集》第29卷，台湾联经出版事业公司2003年版，第293页。

二种门。云何为二？一者心真如门，二者心生灭门。是二种门皆各总摄一切法。此义云何？以是二门不相离故"[①]。牟宗三对"一心开二门"的理解是：从二门言之，任何一门都可以总摄一切法，生灭门是流转的总摄一切法，真如门是还灭的总摄一切法，但是还灭是就着生灭门所流转而起的一切法还灭之，还灭的总摄不是另有一套法为其总摄，二门毕竟归入一心。从一心言之，心真如是就着心生灭而如之，心真如即是心生灭法的实相，不是离开生灭法的空性而别有一心真如，一心所显两种相为二门。分别地说，有二门；圆融地说，是二门不相离的总摄，二门不是对应着两种存在。从佛教的立场来看，非实有形态的真常心属于超升的精神境界，佛所入之涅槃，具有价值意味。

理清这个关节点，便不难理解在《现象与物自身》一书中，牟宗三为何要扭转康德实体性意味的"物自身"为价值意味的"物自身"了。依康德，"物自身"为客观自在的"对象自身"，康德在认识论领域使用这个概念，要把人的感性和知性划定一个范围，为科学活动提供可靠的基础。如果在本体论的方面讨论，"物自身"所组成的世界只能是拥有"智的直觉"的上帝所居住的本体界，根据康德认为人不可能拥有"智的直觉"的判断，这种形上学模式无疑将有限与无限、现实与超越打成了两截，否定了人进乎真理的可能。

牟宗三作为哲学家，无疑很了解其中的关键，不会正面地采用这个模式，因此，他从佛教中借取了"一心开二门"，试图打通现象与本体。牟宗三背离康德的原义，将"物自身"定义为"现象之现于我者"，物之有限性、无限性，有时空性、无时空性，有流变相、无流变相，只在主观的"一机之转"："对无限心之无执而言，它即有无限性，无时空性，无流变相，它即是如"，开出"无执的存有论"上通真如门；"对有限心之执而言，它即决定是有限的，有时空性的，有流变相的，乃至有概念所决定的种种相的，它即是不如"，开出"执的存有论"下通生灭门；"如与不如，相与无相，可相即而得：即不如而如，无限心之朗照也；即如而不如，有限心之执取也"。[②] 二门同归于一心，即是牟宗三道德形上学的核心——道德无限心。

按牟宗三的解释，只有将"物自身"转化为价值意味的概念，"现象与物自身"之分才是超越的，"乃始能稳定得住"，才能彻底将本体与现象、道德与知性，统归于道德的本心上，完成儒家的"良知"对一切法的总摄。那么如此来讲"良知"对万

---

① 高振农：《大乘起信论校释》，中华书局1992年版，第16页。

② 牟宗三：《现象与物自身》，见《牟宗三先生全集》第21卷，台湾联经出版事业公司2003年版，第118页。

法“实体性的创生”,是否就意味着仅是道德心主体为对象赋予意义呢?至少从实践的角度,牟宗三希望人们能认识到“吾人之认知心(知性)之不能认识它(道德心)乃始真为一超越问题,而不是一程度问题”,只有通过道德践履的功夫才能接近永恒。

若我们对新儒家们所面临的任务有着同情的理解,会发现他们首先要对道德价值做一形上学的保存,其次是要契合时代的要求,正视科学与民主的精神,力争“内圣开出新外王”。牟宗三的回答在“一心开二门”的理论模型中展开,将道德心上升至本体的高度,由本体不言自明的权威使之实有化,并兼具无限性与创造性,使“人虽有限而可无限”;同时亦令“良知”自觉地“坎陷”,成立“计执的存有论”,保存科学知识的价值,这实际上也是在肯定现象世界的真实,与佛教、道家的理论划出界线。

但是可以看到,牟宗三对“物自身”的解释并不是非常清晰的,有某种目的论的意味,一直在运用自然世界与应然世界的思考方式。其实在这个意义上说,形上学的研究是必要的,但是形上学研究所针对的对象,究竟是价值的、意义的领域,还是某种客观存在的本质,则有很大不同,许多学者对牟氏哲学理解的分歧也在于此。因此,我们必须进入“圆教与圆善”——哲学思考的最后领域去领会这位思想大师的真意。

第四节 牟宗三论天台圆教

天台宗是中国佛教史上的第一个宗派,由智顗创立于浙江天台山,因此而得名。天台宗以“一心三观”、“三谛圆融”、“一念三千”、“十界互具”等命题构成了完整的思想体系,并以教义中的“性恶”论、修行实践中的“止观”学说和以《法华经》为基础的判教理论而著称。古语云“禅穷密富方便净,唯识耐烦三论空,华严传统修身律,教理组织天台宗”,可见天台义理在佛教之“教”这个领域内的殊胜地位。

如前所述,牟宗三研究五代至隋唐这一时期的佛教思想,是以佛性与般若为线索,以天台宗的性具圆教为标准展开的。虽然在佛教史上,天台与华严都有判教体系,都自判为圆教,并且时间上天台在先,华严在后,但是牟宗三先论华严,后说天台,理由是他认为华严宗的理论支持在《起信论》,从唯识到华严,秩序井然,是沿着分解的思路开展的最高成就,而天台义理的层次还要更进一步,是佛教式存有论的最高形态,故天台宗只是“时间上的先在”,“不一定是逻辑上的先在”。所以,由

“华严判教不尽的缘故”,“加之写作的方便”,《佛性与般若》把天台理论作为全书最后、也是最重要的部分来叙述。

在无明去掉之后,世界如何还能存在是个重要问题,这是牟宗三反复强调的。这不无道理,因为如果一切法仅是由无明缘起的话,那么无明消灭后,一切法岂不归于虚无?但牟宗三认为,只有修行成佛才能完整地成立一切法,此种佛格必须是天台圆教下的圆佛,唯有“三因佛性遍满常”的“即具恒沙佛法”来说明法的存在,“十法界”才能被稳定住,也只有到了天台圆教,法的存在才有必然性。所谓“圆教者,圆妙,圆满,圆足,圆顿,圆实之谓也,所谓圆伏,圆信,圆断,圆行,圆位,圆自然庄严,圆建立众生”[①]。本节根据牟宗三的理路,讨论天台性具圆教的意蕴。

一、开权显实:《法华经》的性格

天台宗是以《法华经》为宗经建立教义并进行判教的,故也称法华宗,因此首先从此经入手进行分析。《法华经》全称《妙法莲华经》,共七卷二十八品,以鸠摩罗什的译本最为流行。《法华经》被喻为万经之王,在佛教中的地位极为重要,主要阐扬“会三归一”、“一切众生皆可成佛”的理论。中国佛教各宗派的判教几乎全部涉及此经,许多判教理论也都是从对《法华经》的注疏和发挥中得出的。按牟宗三的说法,圆教必须“相应《法华》开权显实发迹显本而成之圆教。凡圆教,笼统言之,自就佛说。然佛有三藏佛,通教佛,别教佛,不必是圆实佛。惟相应《法华》圆实佛而说者方为真圆实教”[②]。

但是这部经典的说法模式却与众不同,二十八品多由生动的故事组成,并采用了大量的譬喻来抒发深奥的教义,即是“第二序”的“佛之本怀”的问题。智顗将此经分为“迹门”和“本门”两部分,前十四品是迹门,后十四品是本门。“迹门”说一乘之因,揭示了诸佛欲令众生“悟入佛之知见”这一“大事因缘”而出现于世,然后明了三乘之教(声闻、缘觉、菩萨)只是方便[③],开显一乘成佛的真实之教。“本门”说一乘之果,是要发明普通人所见的释迦佛迹,只是久已成佛的释迦为方便教化众生而显化之身迹,而佛的寿命是无量的,讲述成佛的真实之果。

---

① 牟宗三:《佛性与般若》(下),见《牟宗三先生全集》第4卷,台湾联经出版事业公司2003年版,第648页。

② 牟宗三:《佛性与般若》(下),见《牟宗三先生全集》第4卷,台湾联经出版事业公司2003年版,第648页。

③ 参见《法华经》:“我以无数方便,种种因缘,譬喻言辞,演说诸法。是法非思量分别之所能解,唯有佛乃能知之。”

二者相结合，即表达《法华经》之密义：释迦牟尼实为古佛垂迹，所示一切教相都源于他所证得的真实，相应现实的众生施设起现，因此佛之教相不同于世间道理，虽为方便，却以真实为依。由此，智顗指出，表达最高的真实不必废言教，修行必然经过从权到实的过程，待到证入真实，一念回顾，就可以见到以往在权教中的种种活动，实际都能贯入实相，方便当下就有真实的含义，这只是迷与在悟的区别，而不是对应两种存在。从这个角度讲佛教之圆融境界就与《华严经》、《涅槃经》有所差异，不仅说佛自身的圆满，而且包含了本迹权实之圆，因此《法华经》之圆为纯圆。

由于这种特殊的性格，牟宗三认为只有《法华经》完美地结合了般若与佛性，成立了圆教必需的两个要素：从般若而言，要求开出“非分别说”的方式，因为分解的表示就会有系统相，是可诤法，但是为了表达法的存在必须要有教，只有利用“非分别说”的表达，才能成立系统而无系统相，成为无诤法；从佛性而言，性具圆教要求佛性“即具恒沙佛法”，这在《法华经》中以“十如是”来体现，“唯佛与佛，乃能究尽诸法实相。所谓诸法，如是相，如是性，如是体，如是力，如是作，如是因，如是缘，如是果，如是报，如是本末究竟等”[①]，前九个“如是”是事相，最后“本末究竟等”是实相。牟宗三认为任何事物都有从本到末的九如，有差别相，但是从究竟来说则毕竟平等，二者结合正是“是法住法位，世间相常住”，完整表达佛性的意蕴。

因此，天台宗以此为根基，提出“一念三千”的命题来说明法的存在，按牟宗三的理解，这不是分别的说，似乎对法的来源没做出解释，但是表示了法的存在，而不是表示般若，这是天台超越空宗之处。分别说好像“平地起土堆”，各种权教都是大小土堆，至于圆教境界，所有法成为一体平铺，所有土堆都化为平地，所以此种圆教不是另一种交替可能的系统，不再有特定的系统相，是不可诤的。法华和般若在一起就是不诤的圆教，具有“开权显实”的作用。所谓“开权显实”，就“方便教原始”言，开是开出、开设、设立，就“终而总”言，开是开发、畅通、决了。华严宗不开权就是不能融摄小乘，“则虽言大言圆，其大与圆亦有权隔之相，此种权相亦须开发畅通而决了之”，所以“说开权显实，其意不是说开出权来再以显实，而是说就已开出者进而决了之以显实也”[②]。开权显实，发迹显本，始能透出一个圆教规模，但是这个规模仍然是就外部来说，就内在义理而言，要靠“原始的洞见”。

---

① 《妙法莲华经》“方便品第二”，大正藏第九册，第5页下。

② 牟宗三：《佛性与般若》（下），见《牟宗三先生全集》第4卷，台湾联经出版事业公司2003年版，第590页。

二、性具圆教之要素

所谓“原始的洞见”，是智顗在《法华经》中孤明先发之“低头举手皆成佛道”[①]，并将此收入“开权显实”的大纲中，成为天台宗的性格。牟宗三认为，“凡在此权教指导下之凡夫之行或小机之行皆是佛因”，佛因即圆因或妙因，圆因生圆果——在凡夫位，成佛必即凡情而成佛，生佛法；于佛位，无所得故，亦无佛法。[②]所以凡夫小机皆可成佛，纵然今生不成，而来生成之，毕竟得成，如果定要隔断凡夫之行而成佛，则佛终不能成。此谓开权以显实，权即是实，佛道即于非道而见，解脱即于淫怒痴而得解脱，佛之即众生而成佛。这中间包含一个“即”字，是性具圆教的关键字。即，就是烦恼即菩提、菩提即烦恼之即，《维摩诘经》说“佛为增上慢者，说离淫怒痴为解脱耳。若无增上慢者，佛说淫怒痴性，即是解脱”[③]，这种觉悟与修行，牟宗三名之“不断断”，就是“不客观的隔断淫怒痴而主观的解心无染”，菩萨涅槃之成，正是即生死而成。只有“不断断”才能真正“去病不去法”，虽在三界，不舍三界之恶，而心能不住。在牟宗三看来，只有在“不断断”的实践中才能实现圆教的存有论。

圆教存有论要求“佛性即具恒沙佛法”。在天台，恒沙佛法的存在依靠“一念无明法性心”即具十法界来说明，即“一念三千”，这是从主观之心的方面来讲。“一念无明法性心”，望文生义是很吊诡的，一念心中有无明，有法性，但在牟宗三看来，这正是问题之关键，其中也包含了“即”字——“无明即法性”：从无明说，一念心是烦恼心、阴识心、妄心；从法性说，则是真心。所以一念心不是经验分解得来的阿赖耶识，却开决了八识，不是超越分解得来的如来藏，却消化了真心，是超越空有二宗的中道，是“不断断”的烦恼心，是“一念三千”的不可思议境界，“它虽是无明识心，却即是法性；它虽是烦恼，却即是菩提；它虽是刹那，却即是常住”[④]。因此，天台宗不说唯真心或唯阿赖耶，由此开决一切分别说的权教而成圆教，无明与法性同体相依，无能覆、所覆，一念执，法性成无明，十界皆染；一念无执，无明即法性，十界皆净。

---

① 参见《法华经》：“或有人礼拜，或复但合掌，乃至举一手，或复小低头，以此供养像，渐见无量佛。自成无上道，广度无数众，入无余涅槃，如薪尽火灭。”

② 牟宗三：《佛性与般若》（下），见《牟宗三先生全集》第4卷，台湾联经出版事业公司2003年版，第600页。

③ 《维摩诘所说经》“观众生品第七”，大正藏十四册，第548页上。

④ 牟宗三：《佛性与般若》（下），见《牟宗三先生全集》第4卷，台湾联经出版事业公司2003年版，第616页。

从客观之法方面说，完成存有论的逻辑还需要《维摩诘经》中的“从无住本立一切法”①来支持，此是本经之法眼。僧肇注曰：“一切法从众缘会而成。体缘未会则法无寄，无寄则无住，无住则无法。以无法为本，故能立一切法也。若以心动为本，则有相生。”②由此可知，一切经验对象在中观思想看来，都在于主体的颠倒想，《维摩诘经》在此突破，把主体（识心）的分别活动化解为存有的展现、存有的相续、存有的性相，这样将一切法化归为法性：一切法如此生、如此灭、如此现、如此变，迁流不息，而无所住。从此悟入，住相即消解，识心分别也消解。所以善和不善不能有所本，更不能另有真实的存在作为根本，否则还是“高推圣境”、“自生法相”的颠倒想。这样解释存在与法性，一切存在都为法性笼罩，所谓法不出如，以如为位。按《法华经》的说法，则是一切法不出十如是，一切法都是迷中的一切法，而法性是迷中之法性。那么在不可思议的止观修行中，无明无住，法性无住，法性无住，法性即无明，无明无住，无明即法性，法性与无明非是异体。从心和法的关系看，心即具十界，心也就是一切法，由心缘起流转，由心涅槃还灭，也无所谓心，也无所谓法，彻底打通主客二元分立。天台宗就是在这样的方式下，建立起一体平铺的圆教。

最后，牟宗三提出“一切法趣空、趣色、趣非空非色”的讲法。他认为，通教（般若空宗）讲中道，只是空之异名，中无功用，不备诸法；别教（华严宗）讲中道，是综合空如来藏和不空如来藏的真空妙有；圆教（天台宗）讲中道，是“一切法趣某，而趣不过”，现象当体即有终极意义。如果仅有“一切法趣某”，就是分析地讲而不是总结地讲；“一切法趣某，而趣不过”，则在识中一切是执，在智中一切常乐，依前说成立“执的存有论”，依后说成立“无执的存有论”，即两层存有论。天台同样具备两层存有之规模，与“一心开二门”接榫。

总括起来，牟宗三认为成立法华圆教需要三个要素：“不断断”与“原始的洞见”；“从无住本立一切法”与“一念无明法性心”；“一切法趣空、趣色、趣非空非色”。他总结天台圆教“以性具为经，以止观为纬，织成部帙，不与他同”，“以性具为经是客观性，以止观为纬是主观性。纳性具于止观，虽客观而亦主观，无孤立之存有论，即是实践之存有论。融止观于性具，虽主观而亦客观，非只观法通式之三

① “无住本立一切法”源于《维摩诘经》：“善与不善孰为本？身为本。身孰为本？欲贪为本。欲贪孰为本？虚妄分别为本。虚妄分别孰为本？颠倒想为本。颠倒想孰为本？无住为本。无住孰为本？无住则无本。文殊师利。从无住本，立一切法。”

② 僧肇：《注维摩诘经》，大正藏三十八册，第386页下。

观,乃与性具为一之圆顿大止观也”。[①] 故实践的存有论,境即是智,智即是境,成为一真实之圆教。

三、牟宗三理解的性具圆教之几点辨析

(一)天台宗的其他重要义理

李四龙教授在其《天台智者研究》的博士论文中,提出了一些新颖的观点,为我们全面而系统地理解天台宗,以及从其他角度考察牟宗三的佛学研究成果,提供了很好的参考。他整理天台教理的思路如下:

首先,作为高僧的智顗,宗教修行是教理研究的目的,因此智顗最重视“止观”等禅数之学,他个人的禅学思想也从初期的“次第止观”走向成熟的“圆顿止观”,《摩诃止观》更成为佛教史上一部重要的著作。所以李四龙认为,“止观相即”的原则贯穿了智顗的思想体系,“这种‘当体全是’的相即,所要表达的内容,其实是我们对于诸法实相的把握”[②]。“止观相即”,能够实现心与物、境与智的不二,这就要求在“一心”之中,达到“所止之法”与“能止之心”、“所观之境”与“能观之心”的统一。根据对“一心”的不同理解,可分别开出“三谛圆融”和“一念三千”两个方向的理路。

然后,智顗为了解决南北朝成实师与三论师的争论,从中观学和实相论的角度理解二谛,提出了“三谛圆融”的命题,这个命题体现出“圆融相即”的精神。“圆融相即”是一种“基于个体立场的主客相即”:从认识主体而言,侧重的是般若智慧;从客体而言,侧重的是诸法实相。由于三谛都是基于相同的实相,因此三谛之间的相即,意味着“心与境的对立不复存在”[③],“圆融相即”也可以说是“同体相即”。

最后,智顗通过“一念无明法性心”的概念,整合了地论师与摄论师分别提出的“法性依持”与“黎耶依持”的分歧。在唯识学与真常学之间另辟蹊径,提出了具有“互具相即”特点的“一念三千”,这是解脱论与佛性论的统一,论证了众生解脱成佛的逻辑必然性。综合起来,由“圆融相即”的“三谛圆融”和“互具相即”的“一念三千”两条道路,最终汇归于“止观实践,从而构成了大乘佛教‘境、行、果’具足的思想体系”[④]。

---

① 牟宗三:《佛性与般若》(下),见《牟宗三先生全集》第4卷,台湾联经出版事业公司2003年版,第764页。

② 李四龙:《天台智者研究——兼论宗派佛教的兴起》,北京大学出版社2003年版,第98页。

③ 李四龙:《天台智者研究——兼论宗派佛教的兴起》,北京大学出版社2003年版,第130页。

④ 李四龙:《天台智者研究——兼论宗派佛教的兴起》,北京大学出版社2003年版,第198页。

当然,也有学者认为“一念三千”是直承般若学的实相观,实相就是一切法本然的实存相状:法界本然,无须依待,心物无前无后,不纵不横,即“一念三千”。佛教中佛性、真如、涅槃、实相等概念,虽然都是从不同角度说的,但都表示了终极、真实的存在状态,因此对其理解可以见仁见智。不过“一念三千”确实代表了天台宗的最高成就,智顗的功绩在于消解了宗教修行的彼世性,确认了个体的主体性、能动性,心本自具足一切法,修行成佛完全以自身为依据,反对向外驰求,同时开决掉任何规定的、可思议的道理,因为一旦确立“真理”,真反成妄,这些教义都是符合佛教根本精神的。而且,从实相论出发,天台对善恶问题有独到见解,性具善恶之佛性论,实是猛着精彩的超迈之论,如来不断性恶,但不起修恶,因为佛性即实相,性恶问题实为实相论的逻辑延伸。

(二)性具论与性起论之分别

在佛教史上天台与华严都自判为圆教,其教理组织臻至相当高度,但是也一直存在性具论与性起论之争,在牟宗三的著述中,屡次提及华严与天台之分别,并认为华严之圆不及天台之圆,那么天台与华严的特点为何,将是鉴别二者高下的根据。

性具论与性起论,二者之“性”字用法并不相同。天台是从“客观存在的笼罩”说“性”,上下交遍,因此佛不断十界之恶;华严展示的是“真实法界”,乃佛心所现,佛智境界,当然纯净无染。从修行实践看,天台“开权显实”,“会三归一”,正是“教的运用在过程中”①,属因位;华严自称别乘圆教,乃是证入佛地之果位。

天台性具论是从存有形态而说的。众生的妄想心,一念之间即具“三千大千世界”的一切性相,一切现存的和可能的现象世界,全体都是一念心的当下开展。因此,性具论不是缘起论,超越了缘起论,就此而言,天台宗不需要以清净心为归,由平常之妄想心直接开出现象界,无明与清净法性同体同如,比分解得来的真如缘起论少一层曲折。

华严性起论是从佛心境界来说的,其判教依据是心的层次。将这个特点套在“四无碍”的教义中说,即是用理能够把事相全收全夺,事相是具理而为事相,由理彻入一切而使事相本空。无论收理于事,或是收事于理,都是对立的、不究竟的,最后的法界由理事互夺而双亡,一切分别和语言全部消解,达成一个最后的缘起世界的必然存在,就是事事无碍法界。因此,华严在缘起法的处理上,也十分高明,不是简单的单向因果,而是互为因果,由佛眼所观法界缘起,一即一切,一切即一,一切

① 霍韬晦:《现代佛学》,中国社会科学出版社2003年版,第273页。

法通过这种“相即相入”的关系达到圆满的存在。

那么总体上对比二者：天台是“存有”形态的圆融，华严是“现象”意义上的圆满；天台以妄心为本，但也是法性，即空即假即中，妄心非本体非现象，即本体即现象；华严以清净心为依托，圆融是挂在真心上说的，价值绝对保证；天台将主观之心纳入客观之法，华严把客观存在收入主观境界；天台为消解形上学的思路，华严为归入形上学的模式。[①] 或者说，两种圆教的区别仅在于，天台依《法华经》而来的“开权显实”的特征，为权教保留了意义，而华严只适应大根机的菩萨道。但是成佛只有一种境界，牟宗三所言的“通教佛”、“别教佛”、“圆教佛”，其实也只是“抒义字”，对于成佛所需之修行，无论依华严的进路或是天台的义理，都毕竟得成，成佛之后所谓高下的讨论便成剩语，都无实义。

（三）牟宗三在什么意义上使用天台圆教

至此，天台圆教的义理基本显豁，接下来需要讨论牟宗三是在何种意义和角度上使用天台圆教的，因为牟宗三曾明言“从无住本立一切法”与“普通从实有之体立一切法”“正是两绝异之系统”[②]，认为天台圆教与儒家的系统结构有根本差别，但是他也强调过“然当我著力浸润时，我即觉得天台不错，遂渐渐特别欣赏天台宗”，天台的义理非常适合他的思路[③]。本节结合霍韬晦先生对天台宗特征的阐释来讨论这个问题，霍先生是新儒家另一巨匠——唐君毅先生的学生，同样出身香港新亚研究所，想必非常了解牟宗三的思路。霍韬晦评价天台宗有两段重要文字，特摘录于此：

智顗关于“存在构造的理论，一是圆融三谛”，“通过‘即’字的运用，把三者在存在上贯通起来”。“观达实相”，就是“穿破无明”，“不是要遮拨现象而见空，而是即现象以见其即空、即假的中道”。“其次是一念三千”，“可说是讨论宇宙构造的问题”，“不可把一切法归结为心”，“但亦不可把心归结为一切法”，“‘具’的意义，并非以心来统摄一切法，而是把心化为一切法”。“一切法也就是心，心与法皆同一存在”，“解消心与法间的距离及对立”，“脱出分析与思议的途径，而成为非纵非横的圆融状态”。天台“无意为一切法立根源，他们只是强调客观存在之笼罩性，以吞没主体”。这是“把印度佛教的客观存在的入路发挥到极致，而成为一种圆融

① 霍韬晦：《现代佛学》，中国社会科学出版社 2003 年版，第 279 页。

② 牟宗三：《佛性与般若》（下），见《牟宗三先生全集》第 4 卷，台湾联经出版事业公司 2003 年版，第 680 页。

③ 牟宗三：《佛性与般若》（上），见《牟宗三先生全集》第 3 卷，台湾联经出版事业公司 2003 年版，序言第 9 页。

的存有论。从中国的观点看来，这样存有论不必消解现实而能开出高明之境”。[①]

智顗“从两方面来说明圆教的意义：一是从教相的语言上说”，“最高的言教可以直叩入真实界”；二是“从存在上说，把现实的一切法(假法)，依其存在观点全部收入实相”，智顗认为，“现实上的一切法不能采取思议方式来建立根源”，“无论心生、缘生，法性依持或黎耶依持”，都意味着“相对性”。“首先必须尽破一切，扫除所有说‘有’之理论与观念，这样思想上才能与实相相应。”但是有异于中观学的是，智顗是“翻转过来作立体的笼罩，彻上彻下，使无一法可以孤离在外。这一个意思，可以说是从《维摩经》的‘无住则无本’的观念转出。因为现实上的一切法既不能归结为主体上的分别活动，则主体作为现象根源的意义便破除，而全部落入实相”。而智顗对《法华经》中“十如是”的读法，则意味着在概念上“双遮双取，结果，在语言上遂形成牟宗三先生所说的‘诡辞’”，智顗认为“只有进到这种语言才能与实相相应，并供圆教使用”，这就是“他所了解到的存在世界的构造就是这种浑然一体的，不可依某一点来割裂的、上下交遍的形态”。[②]

这两段文字中提示出牟宗三从天台圆教中汲取的因素：

第一，“心与法的同一存在”，可以对参陆王心学以“良知”为“乾坤万有基”之说。若说心为万象之源，是颇费思量的，而仅以“方寸之心”为本，显然不具说服力。在宇宙论方面，还需要考虑气性的问题，以构成肉身与物质世界。而利用天台圆教，将心物同一化，这在牟宗三需要解释存有与良知关系的哲学思考里，具有重大意义。

第二，“现实的一切法，依存在的观点全部收入实相”，便意味着现实世界具有必然存在的价值和意义，牟宗三可以依此强调儒家的入世精神，即成佛成圣的实践可以不断世间法而到达终极。并以此区分“以山河大地为病”的佛道思想，因为趋向唯心论的儒家，越来越向佛道两家的“境界形态”偏转，历史上的阳明学就被称为禅，牟宗三需要为儒家的独立性做辩护。

第三，“诡辞的语言才能供圆教使用，这就是浑然一体的存在世界”。作为哲学家，牟宗三对其道德形上学十分自信，但是他显然也清楚“分别说”的哲学体系是可诤法，任何独断性的结论都只能在追问中表现自己，所以，只有利用圆教式的语言，才可能把哲学的思辨上升至真理层面，达到全说真实。此点实际关涉真理是否可以用语言表达，或者思维与存在是否具有同一性等的元命题，我们在前文提出

① 霍韬晦：《现代佛学》，中国社会科学出版社2003年版，第263～267页。

② 霍韬晦：《现代佛学》，中国社会科学出版社2003年版，第260～263页。

的“存有与教化”的问题，在此初露端倪了。

第四，“一切方便，都是真实”。牟宗三作为新儒家的旗手，终归希望社会能重拾儒家道德修养之风尚，但是在世风凋敝的时代，呼吁人们进行道德践履显然十分困难，遥远的终极理想又显得虚无飘渺，所以，肯定一切方便之教都是真实，一切细微德行都具终极价值，“良知”虽然不是认识心可以了解的，但在道德实践中可以被“呈现”，这样，就为道德修养提供了现实支持。

（四）牟宗三判释佛教理论的小结

至此，我们尝试结合第三章的内容做一总结。牟宗三对佛教的研究，并不是以佛教史的方式对佛教义理的如实再现，实际上他对佛教哲学的解读都有着目的论的前提和理论背景的预设，带有“六经注我”的味道，可以说牟宗三的佛教研究与其道德形上学理论有密切关系。①

首先，华严宗具有“实体性创生”意味的真心缘起论，与牟宗三多次强调的儒家“纵贯纵讲”、“实体创生”之说是相当的，因此，在道德形上学的系统结构上，牟宗三没有利用天台圆教，而是与华严别教相似，当然，儒家此类学说有其传统文献的依据，所以，牟宗三不必从华严借取理论，只是以儒家的“良知”与华严的“如来藏自性清净心”做横向的比照。而且道德形上学，在哲学本体论方面，尚有将本体实化之嫌。实际上牟宗三也在使用本体的问题上摇摆不定，根据狭义的“一心开二门”模式，可以将“良知创生”解释成“赋予对象价值的过程”，但是此“一心”是自性清净心，属于佛家的“非实有形态”，如果一方面强调儒学与佛家“实体”“非实体”的差别，一方面又要进入“境界形态”的“无执的存有论”，无疑在此处，牟氏哲学存在着矛盾。

所以，我们认为“一心开二门”在牟氏哲学中实际是被广义地使用，即凡具备本体与现象之分的哲学，都可以说“一心开二门”，华严宗可以，天台宗也可以，甚至牟宗三利用“两层存有论”沟通康德哲学和西方哲学也可以，“其实中西哲学都是一心开二门，此为共同的哲学架构（philosophical frame）”②。所以说，按牟宗三的

---

① 佛教内部和佛学界对牟宗三的佛学研究也多有存疑，以朱文光的《考证、典范与解释的正当性：以〈大乘止观法门〉的作者问题为线索》一文为例（刊于《中华佛学研究》第一期），作者认为：牟宗三所谓的天台宗，并不是历史上的宗派，所表征的只是作为“判教模式的一个标准”，即所谓“性具圆教开展之独特模式”。文中又说，圣严法师认为《大乘止观法门》是天台宗的重要思想来源，而牟宗三则认为“慧思与智顗所传之天台性具思想与《大乘止观法门》有很大区别”，在二人采用了基本相同的资料下，为何结论有异？我们以为这可以从侧面证明本研究对牟宗三佛学分析的合理性。

② 牟宗三：《中西哲学会通十四讲》，见《牟宗三先生全集》第30卷，台湾联经出版事业公司2003年版，第95页。

话语方式,“一心开二门”只是共法,不能决定一个系统的特殊性。那么“一心开二门”的作用主要在于“撑开”,在日常的经验生活之外,打开一个超越的、意义的、价值的层面,为道德的精神做一形而上的保存。至于通过“一心”的统摄完成“收拢”的工作,由于存在着上述矛盾,所以未进乎完满,需要天台圆教的补充。

因此,牟宗三对天台圆教的使用,主要是运用圆教提供的必要属性,对道德形上学的逻辑环节进行渲染,完成一个儒家式的圆教。但是天台与华严有着不同的逻辑,那么别教形态的道德形上学,如何能够使用圆教形态的天台宗的属性呢?纵然天台与华严的理论可以在佛教的旗帜下统一互补,但是使用了华严形态的、天台属性的道德形上学,还能保持儒家的独立性与特征吗?

至此,本研究疏析牟宗三的佛教哲学基本完成。至于牟氏道德形上学的圆教能否成立,以圆教为标准的判教是否具有合法性,还待其规模全部开出才能决定。

第五节　牟宗三圆教、判教理论综论

沿着牟宗三的佛教哲学研究,我们逐一清理了圆教思想的来源与所包含的特质,但是很显然,牟宗三对圆教理论的阐发,并不仅限于整理佛教义理,完成思想史的研究,更重要的是,他力图采纳圆教思维中的一些要素,将道德形上学建成新时代的圆教,此成为其判教体系的最高点。因此,要完成对牟宗三圆教思想的最后把握,必须进入道德形上学的哲学架构中。囿于篇幅与学力,本节只能对其做简单概述,并且要回到“存有与教化”的问题上,尝试进行解答,完成本研究理路的回环。最后,归纳牟宗三以道德形上学为标准,对佛教、道家、基督教等其他宗教哲学所做的内部或外部的判教结论,并尝试给予评析,使牟氏哲学是否具备圆教精神得以朗现。

一、牟氏道德圆教系统之建立

牟宗三一生哲学体系的建构,以道德形上学为充分完成,其中包含了几项必要因素:首先,确立道德的“本心仁体”的本体地位,凸显其主体性、无限性、优先性,本心仁体的主要内容由《心体与性体》一书表现;其次,良知的道德心(与本心仁体都是通用的)要通过“一心开二门”打开的“两层存有论”展现其内容,依“无执的存有论”成立真正的道德形上学,依“执的存有论”肯定现象世界与知识的价值,并且以“良知的自我坎陷”为连接两层存有的桥梁,这些义理由牟宗三疏解《大乘起信论》而来,全部说明在《现象与物自身》一书中;再次,要建立“无执的存有论”,证成

"人虽有限而可无限",关键环节在于必须肯定人也有"智的直觉",对此的阐发在《智的直觉与中国哲学》一书中;最终,由《佛性与般若》中强调的圆教理论提供存有论之证明,进而《圆善论》联系孟子与康德,讨论"天爵与人爵"、"圆善与极善"等问题,达到"哲学思考的最后完成"与哲学体系的最终落实。下面一一介绍:

(一)统摄道德与存在——本心仁体

"本心仁体"是牟氏哲学体系中的最高范畴,也是他一生信仰的儒家的核心教义,只有"良知之心"、"心体性体"才能统摄道德形上学中的一切哲学元素,也可以说,牟宗三孜孜不倦地创立哲学体系,都是为了宣扬儒家性善论的真理性,为道德教化服务。

在牟宗三对道德心性所做的众多诠释与规定中,我们重点关注"本心"作为存在本体的意义。牟宗三认为,"本心仁体"是绝对而无限的,"不但只是吾人道德实践之本体(根据)。且亦须是宇宙生化之本体,一切存在之本体(根据)"①,从主观而言,"本心"是个人之心体、知体,此知乃了解道德是非之知,是践履德行的根据;从客观而言,"本心"也是天道之性体,本身即理,具有绝对性,如王阳明所说,"良知"是"乾坤万有之基",是天地万物存在的根据。二者完全是二而不二的,"成就个人道德创造的本心仁体总是连带着其宇宙生化而为一的","它不但特显于道德行为之成就,它亦遍润一切存在而为其体"。②

如果说道德由人的内心生发,似乎还可以从孟子以来的性善论传统理解的话,那么为什么"本心仁体"既能为道德之源,又能是创生一切的存在之源、宇宙本体呢?牟宗三对此的论证类似于中世纪经院哲学对上帝的证明,他认为,道德意识会在人们的社会实践中不断"呈现"出来,即良知心体所发布的"定然命令",因此属于自由意志,而自由意志必然是因,而不能是果,只能制约其他,而不能为其他所制约。"如果第一因是绝对而无限的(隐指上帝言),则自由意志亦必是绝对而无限的。天地间不能有两个绝对而无限的实体,如是,两者必同一。"③因此,他断定,假设有上帝,则本心仁体、性体、自由意志等道德心必然与之为一,或者就此本心仁体、性体、自由意志就是上帝,总之只能有一个本体,宇宙不能有两个实体,故而,

① 牟宗三:《心体与性体》(一),见《牟宗三先生全集》第5卷,台湾联经出版事业公司2003年版,第11页。

② 牟宗三:《智的直觉与中国哲学》,见《牟宗三先生全集》第20卷,台湾联经出版事业公司2003年版,第256页。

③ 牟宗三:《智的直觉与中国哲学》,见《牟宗三先生全集》第20卷,台湾联经出版事业公司2003年版,第247~248页。

“本心仁体”就是无限的宇宙实体，道德与存在便在“本心”中合一了。

由此，牟宗三高倡“本心”之论：仁心之感通而与天地万物为一体，一体之仁心顿时即是天地万物生化之理，生化与创造同体相依，只要了悟“本心”，使之彻底朗现，则待物物能得其所，行事纯正而得其理。“本心”能够“遍润一切而无遗，即圆照一切而无外”，“超越了主客关系之模式而消化了主客相对之主体相与客体相”，“是朗现无对的心体大主之圆照与遍润”。①

（二）含裹现象与本体——两层存有论

在牟宗三由“本心”统摄的哲学世界中，分别为现象和本体安排了位置，这就是两层存有论的规模。在两层存有论中，本体和现象的概念只是客观地规范存有论，而牟宗三更重视主观方面的规范，即“执与不执”。他认为，只有从主观的良知心出发，依“道德的进路”对于万物存在有所说明，“所呈露的实体直接是道德的，同时亦即是形上学的”，“此实体所贯彻的万事万物（行为物与存在物）都直接能保住其道德价值的意义”②，才是真正的道德形上学。

那么以此为基准处理现象，牟宗三理解现象虽然是凭依“物之在其自己”而凸起，却不是“物之在其自己”之客观的存有论的自起自现，而乃是为知性（认知主体）所认知地挑起或邹起者。此现象是认识论意义的现象，而不是存有论意义的现象，如果于此仍说存有论，就只是现象界的存有论，即所谓“执的存有论”③。

对此，牟宗三特意借用“平地起土堆”④来说明之：良知（本心仁体）感应中的事、物、理皆是本体层面的实事、实物、实理，即是事之在其自己、物之在其自己、理之在其自己，这样的事、物、理只有如相，而无曲折之相，有如“平地”。由知体明觉的良知到知性主体对认识对象的执成，成就现象，乃是一个“平地起土堆”的过程。相对于现象层面的事、物、理，本体层面的事、物、理没有曲折相，是“平实”的，而且现象又是由“良知自我坎陷”而成的，最终为本体统摄，所以本体层面的事、物、理

---

① 牟宗三：《智的直觉与中国哲学》，见《牟宗三先生全集》第 20 卷，台湾联经出版事业公司 2003 年版，第 241 页。

② 牟宗三：《现象与物自身》，见《牟宗三先生全集》第 21 卷，台湾联经出版事业公司 2003 年版，第 451 页。

③ 牟宗三：《现象与物自身》，见《牟宗三先生全集》第 21 卷，台湾联经出版事业公司 2003 年版，第 132 页。

④ “平地起土堆”源自《象山语录》，该语在陆象山那里的原意是：儒家本心天理至简至易，朴实无华，有如“平地”。由此平实之理上升起的“粘牙嚼舌”之“虚见虚说”，即为了说明此理而假借的各种权说，具有许多机巧和曲折，有如“土堆”。从本心天理到种种权说是一个“平地起土堆”的过程。陆氏此喻意在说明返归本心的重要性。

更为“真实”。

综上所述,虽然说一个道德形上学含有两层存有论,但实际上牟宗三仅仅“视识心与现象为真心之权用”,强调“只无执的存有论方是真正的道德形上学”,两层是“全体大用之学”①,这种哲学系统仍然未脱传统体用论的范式。

(三)无限价值之证成——智的直觉

牟宗三认为,在中国的哲学传统下,儒释道三家都肯定人可有智的直觉,通过体会“无限智心”这一枢纽,人人皆可成圣、成佛、成真人,人可以在有限的生命中获得无限的永恒意义。因此,在道德形上学的系统中,智的直觉实际成为打通两层存有之间的桥梁,也是证成良知心的关键。

那么,牟宗三如何证明人具有智的直觉?在他看来,传统哲学中“功夫见本体”的入路就是智的直觉之展现,儒家通过“逆觉体证”来把握良知心体,这一“逆觉体证”就是智的直觉,因为按传统儒家的立场,人的良知之心乃是秉承天道而来,是人的内在本质,也是人人具备的善性,既然人以“本心仁体”作为人之性,那么对“本心仁体”的“逆觉体证”岂不是智的直觉?这不仅可以在儒学找到例证,佛教、道家的修行都是趋于无限心的路向,因此牟宗三断定,如果不肯定人有智的直觉,则中国几千年的哲学义理都成了空话。

分析至此,我们涉及到“本心仁体”、“物自身”与“智的直觉”三个相关概念,理清它们的关系,将对理解智的直觉在牟氏哲学中所起的作用大有裨益。牟宗三认为,本体(即本心仁体)不是一个等待着智的直觉去“觉照”的某物,相反,本体自身即能“自诚起明”,此“明”“只是心之朗现,心朗现,物即如如地自来自在。这不是对偶性的对列的心,而是垂直的本体性的心”,“本体性的心之觉润;觉之即润之,润而生之即自来自在也”。② 因此,智的直觉不在本体之外,它就包含在本体之中,是本体的作用和功能。与之相对应,物自身也不是作为智的直觉之对象而存在的,它直接就是智的直觉的产物。概括起来,本心为体,智的直觉为用,物自身是果,体、用、果三者相互关联,彼此含蕴,形成了三位一体的关系,承认其中的一个,也就同时承认了其他两个。

由此可知,良知呈现即含有智的直觉,智的直觉不是横摄的认识论的呈现原

① 牟宗三:《现象与物自身》,见《牟宗三先生全集》第 21 卷,台湾联经出版事业公司 2003 年版,第 41 页。

② 牟宗三:《智的直觉与中国哲学》,见《牟宗三先生全集》第 20 卷,台湾联经出版事业公司 2003 年版,第 46 页。

理，而是纵贯的存有论的实现原理，智的直觉觉照某物即创生某物，所谓创生某物，其实现或创生之物并不是对象之物，而是作为本体"自在相"的物自身，物自身不与良知为对，无时空性，也无生灭流变，由于本心的绝对性和无限性，"物自身"也具有了无限性的意义。

因此，牟宗三所谓"良知创生万物"的命题也有一层曲折，对于现象世界的来源，仍需要以识心之执完成。而且综合以上内容，本体仁心，侧重无执形上学的两层存有以及智的直觉，基本上属于唯心性质的系统，那么完全落入心灵境界的道德形上学，以何言之是"实有形态"，并以此来区别佛道两家呢？

（四）哲学思考之止——圆教与圆善

带着上述结论与疑问，我们进入牟氏哲学的终点——圆教与圆善。《圆善论》是牟宗三最后一本专著，他认为，解决了圆善，即德福一致的问题，则哲学思考止。这一判断，是和牟宗三一贯定位"哲学是实践的智慧学"分不开的。沿着"无执的存有论"、"智的直觉"等逻辑环节，完成道德形上学最终要落实在圆善。

德与福的关系是个古老的哲学追问，西方哲学注意到了这个问题，儒家也有之，如孟子的"天爵人爵"之说，"天爵"即德，"人爵"即福，二者之间通过什么方式达成一致，是问题的关键。在牟宗三看来，佛教提供的圆教思维恰好解决了这一问题，虽然佛教中没有圆善思想，但只有在圆教的方式下，哲学对圆善的追求才得以成立，二者之间，重点在圆教，圆教是圆善成立的形式条件，圆善是圆教的实质性内容。

牟宗三强调，保障现实生活中的德福一致，是完全有必要的。因为人是现实世界的有限存在者，不能生活在具体存在的境遇之外，"吾人之实践以成德不能不顾及此实际之存在"，因此，单纯强调成德，而无视人实际存在之境遇，无疑将人的存在导向片面、抽象和虚幻。从这个意义上说，仅以成德为内容之"教"是"偏枯之教"。而圆教之"教"在强调成德的同时，还能达成现实生活的幸福，满足人对具体存在状况的要求。从这个角度理解，德福一致具有当然之价值，才是教之极致——圆教，幸福成为"教"不可或缺的第二因素。

在牟宗三的视域中，人既有所欲所乐的"存在"事（实然世界），又有所性的"理性"事（应然世界）。有存在，即有护持与滋长存在幸福之要求，"存在"有独立之意义，不可化除，幸福亦有独立意义，不可化除。但人生还有"理性"之当然，所性属于"理性"之事，道德属于所性，故道德属于"理性"之事，道德亦有独立之意义。德福之间，由于"定然原则与道德法则皆由所性而发，决不能由经验与幸福而立。……因此，存在（尊生保命）以及属于存在者（幸福）固属重要，但必须以道德为本"①。

因此,按牟宗三的逻辑推衍,只有以无限"本心"为体、以"智的直觉"为用的道德形上学"即足以保住'德之纯亦不已'之纯净性与'天地万物之存在以及其存在之谐和于德'之必然性","开德福一致所以可能之机"②,其他宗教与哲学都没有很好地解决这一问题。

以康德哲学为例,德福一致性是由"至善"论保证的。康德规定德福一致有两点要求:第一,人只能依道德法则,无条件地按定然命令所行,无丝毫功利、无任何目的,只是如是行、如是做,才能达成德福一致。此种行即是至善或纯善,实际上,此善此行只能落在超越了感观欲求的神圣性主体——上帝上。第二,德福一致是综合命题③、因果关系,但此关系只能在超越现象的本体界中成立,而在现实生活中存在,二者一致则依赖于外在的机缘和条件,因而常常是偶然的,德福不具备一致性。如此做结论,只有上帝能够做到德福一致,人是没有可能的。因此,牟宗三批判地认为,基督教传统肯定的上帝是人格的智神,是依附于理性的一种超越的情识,如此不能保证其非虚幻性、非理性,所以"至善"论不能解决德福一致的问题。

然而圆善与至善不一样,圆善是实践理性的对象,包含了幸福在内,"在德福一致(准确的配称)中,德与福虽是两个异质的成分,然而却又有一种必然的连系"④。从佛学的角度讲,幸福要寄托于法的存在,而到了圆教,法的存在有其必然性,使圆善的问题得以解决。就佛而言,德之所在即是福之所在,因为在圆教中,佛本身即德,法之存在即福,二者是永远结合在一起的。因此,德与福不是综合关系,而是分析关系,佛法身(德)圆具一切法(福),这是由佛性之"遍满常"、"即具一切法"与圆善一体证立的。但是牟宗三认为,这几个概念的成立,只是超越的断定,不能在经验中被给出,不是在经验中能被证明到的,所以在佛教的立场,经验层面的德福一致也不具备必然性。

综合上述分析,以牟氏哲学的逻辑而论,只有道德形上学才能完成圆善之论,因为"道德本心底肯认不只是一设准的肯认,而且其本身就是一种呈现,而且在人

---

① 牟宗三:《圆善论》,见《牟宗三先生全集》第22卷,台湾联经出版事业公司2003年版,第166页。

② 牟宗三:《圆善论》,见《牟宗三先生全集》第22卷,台湾联经出版事业公司2003年版,第256页。

③ 康德看来,分析命题与综合命题,一个命题的谓词包含在主词的概念中,就是分析命题,于此相反,就是综合命题。分析命题谓项的内容,实际把主词的一部分内容独立出来说明主词,使主词这方面的意义更清楚,所以它不能给主项增添新的内容,但是由于谓项的内容包含在主项中,所以分析命题的主谓关系有逻辑必然性。反之,综合命题的谓词内容不在主词中,而是通过经验加到主词上去的,它能给主词增加内容,所以之间没有逻辑必然性。

④ 牟宗三:《圆善论》,见《牟宗三先生全集》第22卷,台湾联经出版事业公司2003年版,第171页。

类处真能呈现这本心"[①]，所以，"无限智心能落实而为人所体现，体现之至于圆极，则为圆圣。在圆圣理境中，其实义完全得见：既可依其自律而定吾人之天理，又可依其创生遍润之作用而使万物（自然）有存在，因而德福一致之实义（真实可能）亦可得见：圆圣依无限智心之自律天理而行即是德"；"无限智心于神感神应中润物、生物，使物之存在随心转，此即是福"。两者"同体相即，即为圆善"。[②]

（五）"存有"与"教化"的同一——唯心系统之完成

上述牟氏道德圆教的必要因素都不是独立的，而是互通互补的，联系起来看，才能认识牟氏哲学全部规模之所在。本研究以下图来说明道德形上学的整体结构，即以"本心"为最高范畴，以两层存有论为结构，以智的直觉为支撑，以圆善为落实的唯心主义哲学体系。牟宗三自信道德形上学乃儒家性善论之极，全体是心，全体是圆教，全体是圆善。

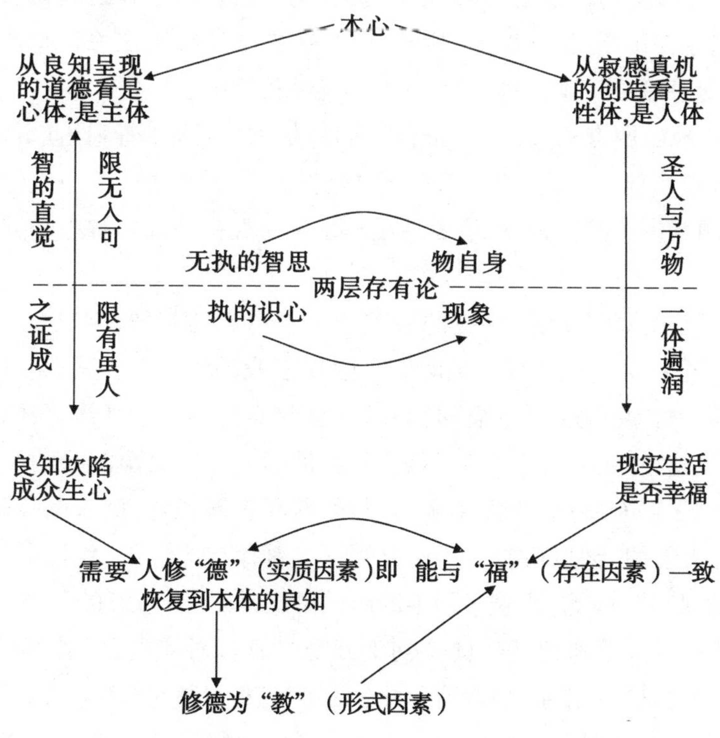

① 牟宗三：《智的直觉与中国哲学》，见《牟宗三先生全集》第20卷，台湾联经出版事业公司2003年版，第447页。

② 牟宗三：《圆善论》，见《牟宗三先生全集》第22卷，台湾联经出版事业公司2003年版，第323～324页。

根据此图所示的逻辑线索,“存有”与“教化”如何为一的问题[①],到此得到了最终的回答:上面的大圆,即道德形上学的总体构架;在下面,实际对应着现实实践的层面,还存在一个小圆——“德”的实质因素、受用之“福”的存在因素、修德之“教”(即圆教)的形式因素——这三者是三位一体、循环论证的,能满足德福一致的要求。在《圆善论》中,牟宗三从佛学的角度对德福一致有如下总结:

“盖般若、解脱、法身之三德,依德福问题言,俱属德边事。但般若之智德是就三千世间法而为智德,解脱之断德(断烦恼而清净为解脱,此亦曰福德,有清净之福)是就三千世间法而为断德,涅槃法身德是就三千世间法而为法身德(佛法身即九法界而成佛法身),主观面之德与客观面法之存在根本未曾须臾离,而幸福即属于‘法之存在’者(存在得很如意即为幸福)。在此圆修下,生命之德(神圣的生命)呈现,存在面之福即随之。……但在此圆修下,存在无定性的存在(非如上帝所创造者然),当德呈现时,由解心无染,通达恶际即是实际,行于非道通达佛道,魔界即佛,是故一切存在即随之而转,一切善恶净秽法门皆成佛法,咸称常乐,此即是福。……是则德福必一致,‘自然’(存在)必与‘德’相谐和。”[②]

这段话体现出两点意义:一是符合我们分析的结论,尽管《圆善论》成书要晚于《佛性与般若》,但实际上牟宗三进行佛教哲学研究的时候,就一直贯彻他的背景思维与问题意识。其二,这段话表达出牟宗三对德福一致的解答,实际也是境界层面上的。

依照牟宗三的观点,无论佛教的般若智或者道家的玄智,都只是一种“观照”的智慧,它所更多改变的是“我的世界”或“现于我的世界”,而非现实世界本身。但在圆善问题中,他又强调“幸福”是要对应着现实世界中的具体存在,因此,他批判佛道两家只是“作用的形上学”,不是“存有的形上学”,解决圆善的路向都是“境界形态的”,似乎确有所见;并且还认为,与般若和玄智相比,儒家的良知本心有根本不同,具有无限的“创生功能”,所以良知本心对存在不仅是“作用的保存”,而且是“存有论的保存”,因此,儒家对圆善问题的解决是“实有形态的”。

但是,我们可以看到,所谓“良知创生万物”,直接对应的是“良知”经过“智的直觉”与“物自身”发生关系,并没有给出“良知”怎样具体地“创造万物”,而现象世界的存在仍要挂靠在“识心之执”上。因此,要处理现实之具体存在,与本体之物

---

① 人类的教化形式与之对存在的说明是直接相关的,这也即是所谓的存有与教化的一致性,但是问题在于,牟氏以道德教化作为教化的最高义,不免有窄化“教”的含义之嫌。当“教”的内涵仅仅落在道德教化的时候,佛教之“教”的解脱义、基督教之“教”的救赎义,就都被取消和掩盖了。

② 牟宗三:《圆善论》,见《牟宗三先生全集》第22卷,台湾联经出版事业公司2003年版,第271页。

自身之间，总是利用这样的路向："现实存在"回归"物自体"，"物自体"回归"本心"；再由"本心"发出"执与不执"的命令，去实现"物自身"，再由这个"物自身"去影响"现实存在"。可以说，这是牟氏哲学最大的特征，也是最大的疑问。

首先，当他提出圆善问题的时候，"福"要求与现实世界的人的具体存在挂钩；当他处理这一问题的时候，"福"却转入了"观法"的范围内，由"良知"赋予"物自身"无限的价值与意义来保证"存在"之"福"，实际是以意义之物代替了现实存在，这种思路并没有超越他所批判的佛道两家。

其次，以"良知本心"为本的哲学，无疑是倾向唯心的，假如以现实存在为实体法、客观法的话，精神层面的"良知"如何创造现实存在，或者良知能否创造现实存在？假如现实世界亦是"境界形态的"，那么这一套哲学系统似乎更加完满，但是与佛道两家又有何区别呢？

最后，尽管牟宗三一直也用"实体创生"、"纵贯纵讲"之类的概念强化对现实的肯认，与佛道形上学相区别，但是假如"良知"确为实体性的创生本体，那么就与"真心"、"梵我"、"上帝"本体论相似，仍属牟宗三批判的范围，而且这也不是中国哲学的传统，相信牟宗三不会在这方面有所忽略。

因此，"本心"的属性到底为何，两层存有的关系该如何处理，这在牟氏哲学中是一个有些模糊的关键点，体现出其内部的张力。尽管牟宗三一再强调"存在"在价值和意义上的独立性，并且关注"存在"也是牟氏哲学的特征之一，但是在其哲学的整体趋向下，也必须成为道德心性的附庸。尽管牟宗三还从其他哲学、宗教中吸收了诸多元素，但是其会通的心态始终低于护教的心态，为了满足诸多的要求，不得不让道德形上学具有如许特征。其实，德福一致，佛道未必不能给予现实的解决，而儒家也未必不能用超越的方式，否则"孔颜乐处"就失去了垂范千古的意义了。

二、牟宗三判教的总结论

（一）牟氏著述中的判教概说

经过分析并总结圆教的相关问题，下面我们的思路要回归本研究的起点，即判教与圆融。在牟宗三的哲学著述中，最大比重者，当然是以道德形上学为主的哲学理论，而比较引人注目的，是由此而阐发的一系列的判教说。对牟宗三来说，有些判教，如对佛教、基督教的判释，只是以其作为出发点，对其他宗教、哲学进行审视而自然引申出的评论；有的判教，如将宋明儒学分为三系，判朱子为别子为宗，则是站在儒家立场，自觉地进行梳理工作。我们首先将这些结论加以归纳。

在教内判摄的领域，首先是本研究的重点，即佛学。牟宗三按照自己对佛教哲学的理解，并参照天台宗与华严宗的判教，对佛教思想重新进行划分：小乘藏教，代表了原始佛学之全部系统；大乘通教，是有限定意义的通教，乃龙树学所表现出的特殊教相；大乘别教，有三种，一是始别教，对应妄心派唯识学，二是终别教，对应《起信论》系统的真心派唯识学，三是别教一乘圆教，对应华严宗法界缘起系统；最后是圆教，即天台宗之诡谲的相即系统，因为它不是分解的建立，因此代表了彻底的无执形上学，是一真圆教。牟宗三又特别提出了"共教"的说法，即般若共法和龙树学之体法空的精神，不过他认为般若仍然只是观法上的，不像佛性论是有系统的，因此落实在系统教相上的分判仍是上述四教。这样，藏、通、别、圆、共就是牟宗三对大小乘佛学的最终判定。

另一项教内判摄是对宋明儒学的甄定，在《心体与性体》中，牟宗三分判宋明儒学为三系：一是程伊川、朱子一系，二是胡五峰、刘蕺山一系，三是陆象山、王阳明一系，实际三系之分可合为两系，因为后两者相通，陆、王、胡、刘系为大宗，伊川、朱子是小宗。牟宗三对宋明儒学的理解也影响了他对佛教的判教，在他看来，华严宗的"有孤绝紧张相"的自性清净心和朱熹的"只存有不活动"的"天理"同类，并由此得出著名的"朱熹乃别子为宗"的结论，而陆王心学在儒家的地位等同天台宗在佛教的地位，其前后判教的理论是一致的、互相影响的。

在中国哲学与西方哲学之间，即广义的判教领域，牟宗三重点依智的直觉之说，对东西哲学进行判释，智的直觉将教分为两大类，即"离教与盈教"①。西方哲学的基督教传统为"离教"，因为基督教的教义认为只有上帝是无限的存在，人仅是有限隔的存在，并且人有限而不能无限，上帝无限而不能有限，人神之间隔绝不通，故为离教。其间的关键在于人不能拥有智的直觉，没有开出"慎独"之类的实践枢纽，缺乏这一点则使"众生无可以通过自己的实践，以与于上达天德之份，此即隔绝了众生底生命之无限性；而上帝只成了一客观的存在，遂亦不能彰其具体而真实的作用，在吾生命中彰其成德之作用"②。

---

① "离盈"二词，来自公孙龙之《坚白论》，公孙龙认为，就一块坚白石来说，人用眼睛看就看不到坚硬，而得到白色，用手摸只得到坚硬，得不到白色。故"得其白，得其坚。见与不见，谓之离。一二相盈故离"。离是隔离，盈是圆盈。牟宗三以此说明基督教人神之间隔绝不通，是为离教；而中国哲学认可人有智的直觉，因此人虽有限而可无限，是为圆教。

② 牟宗三：《现象与物自身》，见《牟宗三先生全集》第21卷，台湾联经出版事业公司2003年版，第469～470页。

反之,中国的儒释道三家都是“盈教”,因为都把握住了“慎独”等向内觉照的工夫,人人具有智的直觉,智的直觉由无限心而发,可以从实践中朗现无限智心。无限心在儒家为良知本心,在佛教是般若智或如来藏自性清净心,在道家是玄智道心。通过道德的实践或者解脱的实践,人人皆可成圣成佛成真人,在有限的生命中,上达天德,获取无限的意义,这与人神隔离的基督教是不同的,牟宗三认为这才是圆满的“盈教”。

进而,牟宗三又将“盈教”分为正盈和偏盈:儒家是正盈,佛道是偏盈,无论正偏都是圆教,所区别的因素在于是否具备道德因素,“正盈者能独显道德意识以成己成物也。偏盈者只遮显空无以求灭度或求自得也”[①]。在儒家的“正盈”中,又按心与理能否一致,分为圆与不圆两类:周敦颐、张横渠、程明道、胡五峰、刘蕺山、陆象山、王阳明都是圆实的正盈,程伊川、朱晦庵都是不圆之正盈。在偏盈的佛教中也有圆与不圆之别,如前文所述:空有二宗是通教,华严是别教,只有天台是圆教。而道家老庄之学大端至于圆,庄子因对老子“调适而上遂”显得更圆。

另外,在《四因说演讲录》中,牟宗三以“四因说”为入路论衡西方哲学、基督教神学与中国儒、释、道五大智慧系统,这实际也属于牟宗三对中西哲学广义的判教。在西方哲学领域内,牟宗三最看重的是古希腊的哲学传统和康德哲学。他认为古希腊哲学是西方哲学的起源,提出了后来西方哲学发展中面对的几乎所有问题,并且规定了西方哲学的特质。他特别列举了柏拉图的“理念论”与亚里士多德的“四因说”,说明这是从苏格拉底开始的“理想主义”,但是“Idealism”只能翻译为“理型主义”,而不是“唯心论”,“西方人讲理型、觉象、理念,都是 Object,都是客观的东西”[②],因此,“西方人不见道,不透,往上只能讲到 Idea,提出那些空洞的 Idea”[③],这显然又是中高于西的判定。对于康德哲学,牟宗三虽然给予了高度的评价,认为康德哲学是中西哲学会通的桥梁,但是在他看来,康德也没有彻底打开实践理性通往无限的道路,因此不如儒家的义理完善而圆满。

经牟宗三一番分判,儒学,尤其是他所宗的心学,取得了至高无上的地位,这也是他一生的哲学事业所追求的最后成果。不可否认,牟宗三的判教也存在圆融会

① 牟宗三:《现象与物自身》,见《牟宗三先生全集》第 21 卷,台湾联经出版事业公司 2003 年版,第 471 页。

② 牟宗三:《四因说演讲录》,见《牟宗三先生全集》第 31 卷,台湾联经出版事业公司 2003 年版,第 147 页。

③ 牟宗三:《四因说演讲录》,见《牟宗三先生全集》第 31 卷,台湾联经出版事业公司 2003 年版,第 148 页。

通的一面,他认为,如果由离而盈,上帝即吾人之无限心,吾人之无限心即上帝,二者能为一而不二,则盈可化通,破除一切教的限定相、特殊相,乃至教无教相,“此之谓圆盈教之大通。然须知此大通不是一个教,乃是各圆盈教者之通达”①。此一通教的判释,乃是时代的判教、终极的判教。

(二)对牟宗三判教的存疑

尽管牟宗三的判教涉及到了各教融通的问题,但是更多时候,在其著述中显示的是以道德形上学为尺度衡量各教的差别,正如他以天台宗为标准判摄佛学一样。具体言之,牟氏判教应用的概念主要是“盈教”与“离教”、“实有形态”与“非实有形态”、“纵贯纵讲”与“纵贯横讲”、“道德的形上学”与“解脱的形上学”等等,我们尝试对这些标准给予评析。

第一,关于“盈教”与“离教”。按牟宗三的理解,由于西方基督教传统没有肯定人有智的直觉,所以,人只能被限隔于现实中,是不能上升到无限的,因此,“离教”的层次要低于中国的“盈教”。实际上,这个问题即所谓的“内在超越”与“外在超越”的区别。中西文化比较领域的“内在与超越”,意义仅限于价值系统②,即在形上学、本体论和宗教中。内在性指绝对者或上帝在有限者之内,而超越性则指在宇宙的秩序中,有一超出有形世界的无限者。西方的宗教信仰正是外在超越的路向,故而不能说西方没有超越的精神。基督教同样关注个体生命的不幸与救赎(实际这也是解决德福一致的一种理念与方法),不过其方式并不寄托在伦常秩序上,而是通过耶稣与人一起受苦来完成对个体的拯救,个体的人要实现超越,回归天国,只需要完全信赖上帝,跟随上帝,并完成一系列的宗教实践。从这个意义上说,西方的基督教传统、哲学传统仍然有关心生命的层面,并非如牟宗三所言只是关注自然的层面,也有其方式和方法。在理解的基础上与西方文化沟通,便不能定论其为“离教”,而我们所要学习的民主和科学,都是建立在这一传统之上的。

第二,道德是否是“本心”之必然属性?此处我们以佛教为例。牟宗三认为佛教对救治世道人心是无用的,因为佛教的核心教义有所不足,所谓不足即是没有谈到“仁”,缺乏儒家的“悱恻之感”。但是依常识亦可知,无论佛教、道教、基督教,都有为善去恶的伦理规范,著名的“七佛通戒偈”——“诸恶莫做,诸善奉行,自净其

① 牟宗三:《现象与物自身》,见《牟宗三先生全集》第21卷,台湾联经出版事业公司2003年版,第471页。

② 与价值系统相对,还有事实系统,即在认识论范畴,内在性是指认识对象并非是超越认识行为而独立的存在物,而是由认知行为所设定而留在认识之内;事实系统中的超越性是指认知对象不依赖认识者的意识而独立存在,因而是超越的;或者对象的某些性质超出了经验能力之外,非经验所可染指,亦名之超越性。

意，是诸佛教”，就集中体现了佛教的行为要求。虽然佛教的侧重是出世间，同儒家于现实生活中做圣贤的入路不同，然而就传统思想中真善合一的理路而言，求真与修善本是不相隔离的，既然儒家可以从修善入手，“从道德的入路进入形上学”，那么佛教与道家，偏重于心灵净化的修炼，力图把握实相，此种求真的路向为什么不能达到“仁智合一”、“悲智双运”的化境呢？况且就“自性清净心”或者“本心”而言，既然是“无执的形上学”，就必须“开决”掉现实的经验性，而道德在伦理范畴内仍是有对待、有分别的，换言之，是“执的存有论”领域中使用的。如果非要将“仁心”、“性体”加上一个道德的属性，则会使“无执的存有”失去灵性，有凝化成体之嫌。而且，假如仅以呈现在方寸之心内的“天德”自肯，如何能保证内化于人心的“天德”不是一种虚妄的感观而必然有超越性呢？

第三，牟宗三希望能以“实有形态的”、“纵贯纵讲”的道德圆教来收束他教，但是根据分析，所谓“实有”、“非实有”的本体论属性，牟宗三解释得很模糊，不便以此作为评判他教之用。再结合佛学部分的讨论可知，道德形上学正是别教形态的，是明显的唯真心结构，与华严宗的思路相似，并没有达到现象与本体打成一片，非心非物的圆教境界。以牟宗三的话语方式说之，此系统如果说圆，应该是竖立的圆，而不是平铺的圆，是“高塔顶端的圆教”①，并不能真正地接纳与吸收其他的宗教和哲学。因此，牟宗三的著作更多体现的是以儒家的立场对其他教所做的批判，而不是接纳。

总之，牟宗三用道德形上学概括了他对存在的根本认识和儒家的义理归趣，在他看来，儒家哲学的历史就是道德形上学的形成发展和最终完成的历史，从此特定角度来认识和理解儒家传统，从此特定角度来诠释和重建儒学传统，是牟宗三一生最大的成就。从判教立场而言，判教应是对一切教相的总监讨、总批判，是具有非常意义的理论工作，也是为新思想开辟道路的基本工作，但判教不应是为了某家争正统，而是应该如实地理解与把握各教的思想实质，使之各安其位。

第六节　判摄即圆融

我们沿着判教与圆教的思路，遍历了牟宗三的佛教哲学研究，进而追问至道德

---

① 这是牟宗三对华严圆教的评价，但笔者以为不能仅参考牟宗三的一家之言便下结论。与牟同时的新儒家另一位巨匠唐君毅先生，就以华严宗的判教模式开出了他的“心灵九境”的文化观，收摄“归向一神境”的基督教、“我法二空境”的佛教和“天德流行境”的儒教为最后、最高的三层。若说判教是一种总持的智慧，无疑唐先生更契合佛家的品格。

形上学,通过文献归纳和对比分析,尝试对牟氏哲学给出客观而公允的评价,这些基本层面的研究,套用天台宗的术语,都是属于第一序的问题。如果能够通过这些工作,使关系到判教的各种问题显发出来,将是研究牟氏哲学的更深远的意义所在。希望能够结合社会实践与时代精神,尝试提出并解答这些问题,阐扬判摄与圆融的理论范式,这正是属于第二序的,本研究的"本怀"。

一、牟宗三哲学与现代中国社会

中西文化对比,是个涵盖领域极大的课题。从哲学专业的角度进行解说,都是从预设哲学是文化的核心开始的,以此基调进行研究,哲学思想才具有意义。但是不能因为哲学的特殊地位,就忘记了思想本是针对社会问题而发的,评价任何思想的作用,都应该考虑其对社会的实际影响。譬如本体论的重建或拒斥,是现当代中国哲学的前沿问题之一,牟宗三走的正是道德本体的重建之路,但是仅在学理上证明思辨与逻辑是否周衍,并不能完全确定牟氏哲学成功与否,也难以给出本体论或心性学是否还有价值,只有结合了时代和社会的具体情况去考察,才是实事求是的态度。

牟宗三一生的学思,是与家国悲情的经历不能分割的。在帝国主义豪强的压迫下,中国必须首先追求民族独立与国家富强,但是,在波澜壮阔的新民主主义革命胜利之后,我们又付出了牺牲传统的代价,在传统文化本位缺失的情况下,现代性的忧思毫无抵抗地进入了中国。个体身位安置的失落、社会意识形态的转型、超验人生价值的缺失,使文化保守主义的新儒家们感到强烈的不安。

现代性问题对于全世界而言仍是个未获解决的难题,其难点在于现代性危机凭借着全球化之风散播至全世界,似乎具有某种普遍性和必然性,但实际上它只是伴随着现代化的过程发源于西方资本主义社会,是具有一定特殊性的。虽然西方人同样有现代性焦虑,但是马克思所预言的资本主义的失败却不是目前能发生的,因为西方既然有产生现代性危机的土壤,自然也有克制它的传统,即基督教信仰,来自天国彼岸的声音凌驾于一切科学理性与社会秩序之上,即便在教义上去论证基督教信仰是非理性的,但正是因为信仰的非理性,才能作为理性的张力,才具备平衡社会、平衡人心的功能。

然而,中国并没有彼岸思维的传统,那么,面对现代性问题该如何做出回应?自由主义者希望全盘采纳西方的民主政治与社会制度,达成现代化与现代性的一致,也许在他们看来,现代化与现代性是相伴的孪生兄弟,但是自由主义思想家忽略了西方思想传统深刻的一面,"民主与科学"不仅仅是表层的器物,更有着深刻的历史积淀,不宜也不可能全部照搬至中国。马克思主义者在现实中采取革命的方式夺取了政权,在社会建设中提倡科学社会主义,这也是当今中国的主流意识形态,但是在对马克思主义的使用和研究过程中,马克思主义本身具有的超越性的层面——共产主义理想,被或多或少地忽略了,这无疑降低了主旋律提升人精神世界的能力。

以新儒家为主力的文化保守主义者则希望借助传统的力量,为"道统"、"政统"、"学统"重新谋得社会地位。以牟宗三为代表,道德形上学即是继承传统儒家的心性思想,并加以现代诠释所创立的唯心论的道德哲学。牟宗三首先通过开启"无执的存有论",使道德上升至形上学的高度,保存了儒家道德修养的恒久意义,彰显了人心的超越价值,把应然和实然、纯粹理性和实践理性连接起来,对人的能动性和至善性给予首肯。然后借助"良知的自我坎陷",从存有论方面肯定现实生活,使晦涩的哲学思想具有强烈的现实感。进而利用圆教模型,使人与天道、道德与存有化一,使哲学思考与道德实践能在理论上融入生活,又充满希望地肯定了德福的一致性。最后,在当代的文化背景下,重新诠释了作为道德宗教的儒家思想,为中华人文的重建与发展做出了贡献。无疑,这种方式植根于传统的思维模式,理论体系表达出相当的完整性,其中的逻辑推衍也体现出相当的严密性和连续性,对现代中国的种种社会问题做了一个一揽子的、圆融的解决方案。可以说,在综合了时代与社会的背景下,牟宗三哲学的理论价值是必须要给予肯定的。

但是,牟氏哲学也体现出诸多的局限性。在哲学义理方面,他采用了预设的哲学前提、独断的方法与态度;在证明超越本心的存在上,往往是采用旧形而上学式的论证;并且,心体与性体合一的形态虽然简练,但是缺乏对人的存在和人性内在结构缺陷的深刻理解,简单地将超越与内在等同起来,难以保证从方寸之心出发的天理不是虚妄的承诺。在方法论方面,试图利用圆教的特质将哲学思想上升为存在的高度,实际上,任何哲学思想都需要文化在场的基础,哲学只是存在的索引,对本心的言说定然不是本心自身,真理也只能在反思中不断地逼进真实而已。最后,从社会生活的角度来说,牟氏哲学将一切存有与现实收入超越的本心来保证,难免导致对客观现实的忽略,并不能给出德福一致的完美解决。

哲学史证明,任何一个哲学思想特别发达的时代,基本都伴随着动荡不安的社会变革,哲学家们所建立的理论也往往是针对社会问题而发,具有一定时效性,牟氏哲学无疑正是变动中的现代中国社会在思想领域的一个剪影。而在和平安定的当今社会,文化的多元化逐渐成为大势所趋,百花齐放、各芳其芳,或许更适合成为这一时代哲学与思想的主题,如是,对所有的思想、哲学、宗教都给予肯定的判教思维、圆融精神，才显得更具有生命力。

二、“判摄与圆融”的省思

（一）肯认终极关怀的本体追求之意向

判教是中国佛教特有的理论形式，为中国佛教吸收、总结与反思印度佛教并建构出具有中国本土特色的佛教，起到了重大作用，也为文明之间的交流与融合提供了成功的范例。从这个意义上讲，判教思维在中西文化交流日益增多的当代，更显示出独特的学术价值，这是由其蕴含的圆融精神决定的。在佛教中，圆教、圆满、圆通，都展现出佛教“圆”的一面，那么圆融精神落实在何处呢？是对“悟道”、“成佛”的共同认可，是“平常心”、“不二法门”的精神境界，用哲学的术语来说，更是落实在对个体生命的终极关怀。

在佛教中，与之相应的说法，正是《金刚经》所云“一切圣贤，皆以无为法而有差别”，一切能体会与领悟“无为法”，即宇宙与人生之真谛者，无论所修的是佛、道，还是儒，都可为圣贤，高下之别仅在于体会的层次不同，而没有质的差别。因此，在佛教的判教理论中，强调的重点是判摄“教相”，而不是针对教体，这也显示了信仰共同体内对“教体”的共识与肯定。现代佛教界多以空宗、有宗和心宗来区分中国大乘佛学的三系，所区别者，不过是有些宗派从客观存在入手，有些宗派以主观之心进修，最终指向的境界却是一致的，表达的是“归元无二路，方便有多门”之意蕴。

当然，对于现代判教理论来说，最大的问题是不同的教各有教体，如何能够应用判教？从佛教立场看，佛陀曾言，自己于四十余年的弘法过程中其实一字未说，意思是要佛教徒们领悟超越言表的终极存在。所以，超越层面的终极性，自然解说与含裹了现实秩序，表达了不同于世俗分别观念的圆满无碍，笔者以为，这无疑就是最大的“教体”，因此，强调文明对话、哲学会通，首先需要肯定终极关怀的意义，肯定本体论追求的意向①。

从现实生活的角度来说，伴随着现代化的到来，人们日益将内心的自由与终极关怀的寄托转移到了个性解放、能力至上、消费享乐这些世俗价值上。然而，随着世俗疆域的不断扩展，稍做深思却不难发现这些价值本身都是流变而无常的，并不

① 本体追求的意向，指的是“在世”之此在对绝对和无限的意向性追求，就是对终极关怀的企盼，是指向终极性的追求。哲学本体论表达了不同时代、不同民族对绝对与无限的具体理解和诠释，体现为对至真至善至美的现世阐述。

能构成直指人心的终极关怀，不能提供一个完整的意义世界。一旦人们领悟到世俗领域的有限，就会重新渴望回到超越的领域，重视终极关怀的价值。

当我们翻阅哲学史的时候，会发现几千年的宗教与哲学，都在用不同的方式诠释着真善美，尽管最终落实之处不尽相同，但是，大多肯定人性深处具有某种永恒性的特质，人生具有正面的价值，宗教与哲学的价值也因此得以体现。无论是佛教的"自性清净心"、道家的"玄智"、儒家的"仁心"还是基督教的"上帝"，都是要人们擦去遮蔽在心灵上的"无明"与"原罪"，向"无限"敞开自我。至于敞开之后所得者为何，只能"如人饮水，冷暖自知"，就不是哲学思辨可以解决的了。一旦从追寻真理、追寻至道的高度肯定人的意义，肯定哲学与宗教研究的价值，我们就能够从佛教内部的圆融真正迈入全体哲学的圆融，圆融就意味着心态的开放、对话的可能，在各种意识形态、各种学说相互冲突又普遍交流的今天，判教思维容纳百家的胸襟、顺应时代的睿智、勇于创新的勇气，无疑已经超越了过去的时代和应用的领域，具有了更深刻的含义。

（二）"教无教相"的方法论超越

以上是从宏观而说，落实圆融的判教还必须解决一个问题，才能使之不至于挂空，即，各教之间能否会通，又如何会通，这实际是由教之"差别相"决定的。对此，牟宗三是具有洞见的，如果把牟氏哲学中德福一致的成分与圆教解纽，仅从教相谈圆教的话，圆教的特征是"无教相"、"非分别"，由此能落实一切的"实质内容"于一切的"形式因素"之中，此点最为牟宗三所激赏。那么沿着这个逻辑追问下去，是否所有的宗教与哲学都能承认这一点呢？教相的问题，是判教的关键。

首先来看，为什么佛教能开出圆教的规模？因为佛教的最高义是通过"悟"来领会的，由"如实观"的方法，彻入生命存在的真实，使生命和存有打通。这是一种彻底化除实有的智慧，通过"空"的思维而充量发展，遍及宇宙。"这种思维的高明处，在不需建构一形上实体或活动模式，以规范人间；或以积极的正面内容来说明理想，盖一切正面的说明虽能安顿理性的要求，但依理性'动而愈出'之义，结果只有益增疑虑。"[①]从此可知，佛教所肯定的最高者，可以用"0"来表达，其言表之教义，皆为方便，因此佛教认为一切教化都可以在宇宙的秩序中达成统一。

而基督教作为"离教"，是具有一定的排他性的，因为超越性的上帝是实体化的至上神，具有唯一性、绝对性，不可质疑，不容挑战；上帝的言说，也就是《圣经》

① 霍韬晦：《现代佛学》，中国社会科学出版社 2003 年版，第 136 页。

中的根本教义，便是绝对真理。与佛教相比，基督教所强调者更接近“1”。这种宗教的性格与中国人的心态不是很一致，从中国近代史来看，近代中国逐步地接受了西方的科技、学理、政治、哲学，唯独不认可基督教。直到现代，中国基督教试图与传统的儒家、佛教等采取一个接纳与融合的态度，但也仅仅是现实生活层面上的，如共同强调道德伦理的重要性等等，在根本教义上始终难以接轨。牟氏哲学也存在着这个问题，道德本心的“实体性”、道德形上学的“完满性”，决定了“道德形上学”的系统架构也是“1”，也是具有排他性的，从这个意义上说，牟宗三试图以心性学为标准安置佛、道、耶的判教从一开始就很难成功。

通过上述归纳与比较，我们需要对追思形上的世界做一必要的补充：肯定终极关怀需要理性的把握，但不能过分地追求形上学的实在、实存，否则，很容易从片面的深刻走向深刻的片面。也只有如此，才能避免旧形而上学带来的诸多弊病，比如终极存在必然是“完美”的，必须是“无限”的。实际这种对“圆满”的渴望往往来自于情感性的局限，哲学家们为此做出的努力也很可能仅是“识心之执”。康德曾指出：形上学的建构到最后可导致二律背反，有一大虚妄隐含其中。“形而上学”如果是指人性体验的一个层次，那么这种体验和意境是无法取消的，因为它属于永恒人性的一个层面，如果把“形而上学”当作研究宇宙终极实体的科学，就会陷入语义上的悖谬。[①]

那么，通过疏理这一问题，我们的探讨便自然地从本体论范畴进入了方法论领域。牟宗三在解读思想史的过程中，难免还存在许多“六经注我”的情况，理论先行、前提预设的方式方法，还没有完全脱离旧形而上学思维的桎梏。现在，第三代新儒家已经注意到了哲学研究中的这个缺陷，林安梧的“诠释学的存有论”、成中英的“本体诠释学”是其中的代表，杜维明、刘述先等也都开始了新一轮的方法论探索，以期使哲学思想的非有效性部分得以剔除，开显哲学的真切含义，创造出适应新时代的思想。当然，创造性的诠释必须立足于对传统经典的如实把握，经典虽然是传统的，更是现代的。

总之，在对形上的追思中，理性必须后退一步，我们仅以人类追求真善美的本体论意向作为最高点，而不将相对的本体论承诺[②]绝对化，有限的承诺一旦绝对化，就反而成为虚妄。这样才能在学理上把圆融的可能性保留下来，也只有这样，

---

① 参见樊志辉：《内在与超越之间》，黑龙江人民出版社 2002 年版，第 234 页。

② 本体论的承诺。虽然意向性的指向是无限和绝对，但这种追求本身却又是有限存在的人的追求，本身是对绝对所做的现实的、历史的解释，本体论本身不必然是绝对无限自身。

才能在现实中肯定,佛、道、儒、耶,乃至其他哲学,无论它们之间是相辅相成的关系,甚至是相互反对的,都是通向最高点的路径,都可以圆成最后的真实。所区别者,只是方式上的不同,但是在教之全体大义上,都具有净化人的心灵、提升人的境界的作用,而教本身无所谓是非对错,这正是圆教的根本义——圆融无碍,从一切法门皆可入道。①

(三)实践智慧学仍须实践

完成了学理的讨论,我们认为,判摄与圆融的精神,归根结底,是要落实在实践上、生活中的。牟宗三称中国传统文化的主流是实践的智慧学,就意味着道德实践、宗教修行是与日常生活、学问讨论不可分的。也只有强调文化的实践,才能圆满地回答文明对话的问题,完成本研究在总体思路上的回环。文化的实践、思想的实践包含了两个层面的内容:一是人的精神取向,也就是每个人的价值形上学与超验宗教信仰的问题;二是社会价值、文化体制的问题。

对于第一个问题的回答,只能取决于每个人见仁见智的选择。经学时代已经逝去,传统文化失去了社会的合法性基础与话语权力,传统意义上的儒者、君子、士人不复存在了,更多关注文化与哲学的人,都是职业分化中的学者,这是由社会的大势所趋决定的。但是传统的智慧并没有失去指导人们安身立命的价值,几千年来沉淀的智慧积累都是关注人的生命本质、生存实情的,心安才算理得,应对烦琐的生计,把握不可言说的价值,唯有切实修行才能升进人的精神气象,厚培人的生命质量。因此,在学哲学、用哲学之路上,关乎人的问题即是实践的问题,而不是知识的问题,成圣、成佛、成真人,在今天来说主要是一个方向性的主张,即不赞成人停留在现实层面上,生命的意义不仅在于创造,更在于发现。既然人是有多种层次、多种类型的,那么必然就需要多种类型的教,文化之间的对话,正可以使我们明了不同教体之意旨所在,以及其对应的思想品格和人格典范:儒家立足于世俗的政教秩序,道家追求个体肉身的恒在与自由,佛家悲智双运以求觉悟解脱,基督教要救赎人类的苦难。对于不同根器的人而言,完全可以选择不同的修行方式通向终极与无限,儒家靠逆觉体证,而十字架上的上帝要求信仰,"发明本心"固然有独特的价值,但是人在信仰中也可以走向圆满,苦难正是栽培圣洁的温床。

对于社会文化体制建构的问题,我们已经可以感受到一个多元化文明时代正

① 从教本身而言,别教才是极致。圆教使偏教、别教成为其方便法门,因此圆教无教相,也就不等于一个教,但这正对应了佛陀所言他所说之法就像筏子,渡过了河,筏子也就没有用了,圆教正是教人渡河,而不拘泥于某种成法。

在走来。当今时代,文化不再具有传统社会中的强制性,人固然根植于某种特定的文化传统,但不意味着人必须属于或受制于某种特定的文化传统。不过,真正实现多元化的社会文化还需要两个前提:首先,"国家及社会体制从终极价值的实质性解决的领域退出,并杜绝任何终极性价值对社会体制的一次性安排。相反,社会构建奠基于普遍伦理基础上的底线伦理和交往理性"①,实现文化价值资源的非垄断化。其次,文化领域也应该保有超然的立场,不对社会意识形态加以刻意的批判,或企图通过社会运动实现改造,而是应该重点关注社会风气的净化以及人心秩序的平衡。

确立了这两项基础条件之后,便要以宽容的态度、圆融的精神,本着现实需要的原则,本着价值需要的原则,进行文化方面的重建,这也就是所谓的"主体资源论":不急于提出具体的文化主张,也不要求一套放诸四海皆准的真理,只是针对现实的民族文化共同体和活生生的个人,用现象学和实用论的观点,分析人的生存情况和精神层面,在现实实践中定位不同文化的价值和会通的可能。之所以采取这样的态度,是因为在这样一个时代,"花果飘零",一切文化事业百废待兴,与其在学理上辩驳争论,不如以"潜龙毋用"、"无为而治"的精神,各自厚培基础;与其为了意识形态的领导权而争执不休,不如认真发挥文化的社会功能,切实地作用于世道人心。如是,则圆融即是判摄,判摄也是圆融。

① 樊志辉:《内在与超越之间》,黑龙江人民出版社2002年版,第271页。

第五章　圆教与圆善
——牟宗三《圆善论》思想研究

牟宗三在《佛性与般若》中对天台圆教的研究并不是单纯的中国佛教史的研究,乃是通向其道德形而上学的体系建构的。在上一章,我们已经结合天台圆教对《圆善论》做了客观的概述,本章我们将集中探讨牟宗三《圆善论》中圆教与圆善的思想,以切实把握牟氏哲学的精神方向。

第一节　最高善与圆善:概念的确立及问题的提出

在《圆善论》当中,牟宗三对于圆善问题做了集中阐释。圆善,即康德所说的最高善。牟宗三认为,康德的最高善即"整全而圆满的善",之所以为最高,是圆满义的最高,生命的圆满,因此以"圆善"译康德的最高善,意在表达一种圆满的善。与康德之最高善相同,圆善所要实现的亦是道德与幸福的统一,即"德福一致"。然这一点,亦非康德首创,其历史渊源最早可追溯到古希腊时期。对于最高善问题的解决,康德之所以区别于前人,首先在于他对道德与幸福的关系的重新厘定,即"德福一致"应为一综合命题,而非分析命题。而牟宗三则将"德"与"福"进一步明确为"异质异层"的关系,并在此基础上凭借中国传统哲学资源对康德解决这一问题的方式进行了批判和扭转。

一、康德对最高善的批判与继承

(一)最高善问题的历史溯源

最高善问题在西方哲学史中本是一个古老话题,最早可追溯到古希腊时期。在苏格拉底那里,"最高善"首次被明确为"德福一致"之义。亚里士多德认为,人与动物之根本区别在于人能够追求"最高善",而"道德"与"幸福"的统一即是这"最高善"的基本含义。但这一时期"最高善"即"德福一致"尚未被客观化为一对象而对其进行理性的建构。尽管后来的斯多葛派和伊壁鸠鲁派也都对这一问题进行过讨论,且有较为深入的延伸,但他们或者认为德即是福(如斯多葛派主张德是全部的最高善),或者认为福即是德(如伊壁鸠鲁派主张幸福是全部的最高善)。这种将“德福一致”视为分析命题,并试图寻求一种同一性的统一的做法,最终导致了德或福的独立意义的丧失,此皆为牟宗三和康德所不取。这种意义上的“最高善”实质上失去了它的本义,并没有真正地实现“德福一致”。

恰如牟宗三所言,近代以来人们已经很少谈及最高善问题。即便讨论,这种混沌的整齐划一也难以跟上人们日渐开启的理性之步伐。就这一概念本身的发展而言,真正扭转这种丧失部分独立意义的局面的当属康德。

(二)康德对“最高善”概念的肯定

康德强调,以先天的道德法则为首出而行的德即是善,因此,善是实践理性直接意欲的对象,而依先天的道德律令而行的纯粹的德行之极致,即极善(supreme good),亦是实践理性之必然要实现的目标。实践理性优越于思辨理性,纯粹理性无论是在思辨的、知解上的应用,还是在道德实践上的应用,都必然对“所与的有条件者”寻求一种“无条件的总体”。这“无条件的总体”即最高善,乃是实践理性的最终目标。但这并不意味着无条件的极善即是最高善,它不具有整全而圆满义。最高善作为道德实践的最终目标,不仅含有德的一方面,还要加上幸福,因为德与福皆为人之存在所意欲的对象。在这“无条件的总体中”,德与福存在一种必然的因果关系,德为福的有效因,福隶属于德,德福一致。

(三)“德福一致”由分析命题向综合命题的转换

康德继承了“最高善”概念,但对于“德福一致”主张以综合命题的视角重新审视。康德认为,所谓的幸福,即是指个体生命所意识到的“适意愉快之感觉”,是个体理性存在于身上,“每一东西皆依照他的愿望与意志而进行”的这样一种状态。[①]而德则是依先天的道德法则、无条件的命令而行者,是究极的善、纯善。因此,德的一面是理性的,应然的,即处于“智思界”层面,而涉及存在的福则处于感性的、实然的层面。用牟宗三的话讲,二者是“异质异层”、相互独立的,无法从一概念必然地分析出另一概念。德福之间应是综合关系,而非分析的关系。究极的善亦即德是福的究极条件,而福只有在德的约束下,即是德的必然结果时,才构成最高善的第二因素。纯粹的极善与隶属于德的幸福作为最高善的两个元素,既不能被吞没,

① 牟宗三:《圆善论》,见《牟宗三先生全集》第22卷,台湾联经出版事业公司2003年版,第223页。

也不能被去掉,任何类似的做法都将违背“最高善”这一概念之真实、整全之意义。

二、康德的最高善论

对于康德而言,最高善(hochstes gut,英文为 highest good,拉丁文为 summun bonum)概念的确立,并不足以向世人证实最高善的真实存在,最高善的必然实现也无十足保证。在现实生活中,许多时候人们看到的是德与福的相互冲突甚至背离,有德的人不一定有福,有福的人也不一定有德。人们无法解释来自人性的恶(伦理的恶),也无法解释自然环境所带来的种种灾难(物理的恶)。与人类的理想状态表现出极大差异的现实境遇,势必要求康德对最高善问题做出进一步的努力,以有力的理论建构证明其真实存在,并保证在实践上最高善是可以实现的,即德与福之间存在必然的联系,有德的人必有福,福必随德至。总的来说,康德所面临的问题包括两个层面:最高善是否为真?最高善何以实现?

(一)先天的道德法则决定最高善必为真

康德肯定最高善即是讨论德福一致的问题,然而作为实践理性的最终目标,它是否真实必然地存在呢?康德对它的回答是肯定的。在他看来,若不能证明其为真,则必推出先天的道德自律之原则为假。“如果最高善不是因着实践规律而为可能的,则‘命令着我们促进最高善’的那道德法则必亦被引至徒然无益的空想目的,因而结果亦必是假的。”①

德与福作为最高善的两个元素,具有一种必然的因果关系。若笼统地说来,从这一命题会得出两个截然相反的命题:要么幸福必然产生德行,要么德行是幸福的原因。康德认为,前一命题必然为假,依先天的道德法则而行之德,是无条件的善,无所待,无所依赖,而后一命题则是有条件的假,即仅当将德福关系视为感性世界的因果关系样式时为假。而依先天的道德法则而行的自在的德,作为“感触界”的幸福的原因则并不是不可能的,即便这种联系不是直接的,亦可以是间接的,而这种因果关系亦是必然的。康德进一步说:“最高善之促进是我们的意志之一先验的必然的对象,而且是不可分离地附随于道德法则,所以前者的不可能必证明后者之假。”②先天的道德法则、神圣的善的意志是康德整个道德哲学的基石,毫无疑问必

① 牟宗三:《康德的道德哲学》,见《牟宗三先生全集》第15卷,台湾联经出版事业公司2003年版,《实践理性批判》辩证部第二章Ⅰ实践理性的背反。

② 牟宗三:《康德的道德哲学》,见《牟宗三先生全集》第15卷,台湾联经出版事业公司2003年版,《实践理性批判》辩证部第二章Ⅰ实践理性的背反。

为真，由此，康德断定，最高善必是可能的。

（二）最高善在实践上是如何可能的

“现象与物自身”之区分，是贯通整个康德哲学的重要内容。康德认为，人作为有限的存在，对于事物的认识只能停留于“现象界”，而要以人的认知能力对“本体界”有所认识是不可能的。在康德看来，人对“自在界”缺乏“智的直观”，一旦理性试图运用概念、范畴等对“无条件者”进行把握，就会陷入矛盾和困境中。对于最高善，人虽不能够认识，但并不妨碍它的真实存在。康德以必然为真的道德法则推出最高善为真并不具足，接下来他所要做的工作是进行具体的理论建构，以证明最高善之可能。依照最高善之内容，这一工作同样包含了两个方面：纯粹的德行之目标——究极的善，是如何可能的？以德为条件的“感触界”的福，与德保持必然的因果关系是如何可能的？对此，康德依据基督教模式，以“自由意志”、“灵魂不灭”、“上帝存在”三大设准来保障最高善在实践上的可能。

1. 以“自由意志”、“灵魂不灭”保证纯粹的德、极善

康德强调，依先天的道德法则，即内在的善的自由意志（而非外在的条件）而行，即是德，这首先保证了德的纯粹性。而在现实生活中，这种脱离任何感性内容干扰的纯粹的德难以保证，或具有偶然性，很难保证必然性，人不可能毫无瑕疵地始终符顺于道德法则而行。作为道德实践的目的，究极的善在人的有限生命中难以实现，这即逼显出一“无限进程”以实现之。人可一时一事无德，但在这无限进程中，人凭着自己的努力，始终靠近那纯粹不已的善，并最终实现这一目标。无限的进程意味着将人的生命无限地延长，这是如何可能的呢？依据西方哲学之背景，尽管人的肉体会走向消亡，但是灵魂却可永存。“‘同一理性存有的存在与人格性之无底上的延续’即被名曰灵魂不灭。”[①]只要保证“灵魂不灭”，人即可在一“无限进程”中向善而趋，最终实现道德的善。

康德依基督教传统，以“自由意志”、“灵魂不灭”两个设准保证了德的一面，使无任何感性因素参与的道德实践的必然完成成为可能。在他看来，极善作为最高善的第一元素，必要求在一永恒里符顺先天的道德法则才能完成。因此，必要求“自由意志”、“灵魂不灭”的设准。

2. 以“上帝存在”保证“德”与“福”之间的必然的因果关系

依先天的道德法则而行，要求纯由纯粹理性所规定而毫无任何感性动力的参

① 牟宗三：《康德的道德哲学》，见《牟宗三先生全集》第15卷，台湾联经出版事业公司2003年版。

与，这即是最高善的第一成分，亦是最重要成分——德的实践问题。由于这一实践问题必在一永恒的进程中才能被完整地解决，因此，必引至“灵魂不灭”的设准。依据道德法则，同样需要“幸福于准确比例配称于道德”之原因的假设。康德认为，必须设定“上帝存在”来保证德福一致。

作为最高善的两个元素，道德与幸福之间并不是一种并列的关系，而是“异质异层”的关系，纯粹的德行处于超验的自在层面，是应然的，而幸福是感触界层面，必涉及个体存在，是实然的。[①] 德与福的关系是智思界对感触界的关系，这决定必在智思界而非在感触界寻求一最高无限之存有以作为最高善可能之必要条件，即保持德福一致。康德认为，这一无限存有即是上帝。在康德哲学里，道德遵循的是自由原则，属于目的王国。而福必涉及人的存在，遵循的是自然原则，因此属于自然王国。对于有限存在而言，福的实现同样要从那无条件的无限存有说起。他不仅承担了存在界的福的可能性，亦承担了德福的必然的因果关系。康德认为，智思界的上帝作为一切存在的创造者，即是那最高的无限存有。对于最高善来说，上帝这一设准是实践之必然，是神圣意志所决定的那客体（最高善）的必要条件。上帝作为万物的创造者，保住了存在界的福，也保住了福以准确比例配称于德的必然性。

总之，康德以三大设准来保证最高善在实践上的可能，使最高善在逻辑上被证成。在牟宗三看来，以“上帝存在”代替无限存有是不妥的。以无限存有承担最高善可能之条件是没有问题的，符合理性原则，但将无限存有进一步客观化、个体化、人格化为上帝，则是有问题的。牟宗三认为，在西方哲学中，将道德最后引入宗教是合法的，但是以起于“情识”作用的上帝保障最高善是非理性的，是一种主观上的“信仰”，而非真实的“呈现”。

三、牟宗三对康德最高善论的批判与扭转

在《圆善论》中，牟宗三对圆善问题给予了高度评价，认为圆满的善是哲学系统之究极完成之标志，哲学系统之究极完成必涵圆善问题之解决。圆善问题即是解决“德福一致”问题，牟宗三同意康德这一论断，但他认为康德只是提出了问题，而没有真正地解决问题。康德以三大设准来保障圆善的真实可能，只是一种主观上的信仰，并不能真正地解决圆善问题。

康德以“自由意志”、“灵魂不灭”保障纯粹的德行依实践原则在一无限进程中

① 牟宗三：《圆善论》，见《牟宗三先生全集》第22卷，台湾联经出版事业公司2003年版，第182页。

的必然完成,前提是人作为有限的理性存在,无法超越这一限制而对智思界有所认识。智的直觉只属于上帝,只有上帝才能见证这一过程,这实质上是在说,人永远也无法跨越现象界而进行纯粹的道德实践,更无法达到道德实践的目的,即那究极的善。

而对于福的一面,康德认为,福作为现象界层面的存在,须遵循自然原则,欲实现"德福一致",必要求第三者出现,以保障遵循自由原则的德与遵循自然原则的福的必然统一。但这一保障不能在现象界寻求,只能在智思界找寻,即以一最高无限存有来保证这必然的因果关系——纯粹的德行必然产生幸福。牟宗三认为,康德的这一做法是没有问题的,但是康德依据基督教模式,进一步将这无限存有客观化、个体化、人格化为一人格神上帝是成问题的。这一做法并非出于理性,而是起于"情识"。若将无限存有引申为上帝,势必要引起对上帝存在的证明,而这是无法被证明的。康德在他的"第一批判里"已经证成:人只能认识现象界,而无法对彼岸世界有所认识,亦即对上帝缺乏智性的直观。康德认为尽管三大设准无法被理性地证明其存在,但却是神圣意志所决定的那客体(即圆善)所必需的条件,因而依先天的道德法则,三大设准必被认为是必需的,即便不具有"客观必然性",也仍具有"主观必然性"。

通过康德的论述可以发现,与其说是三大设准保证了圆善问题的解决,不如说是圆善问题的解决需要三大设准的存在。试问一个尚需要圆善来保证的上帝如何保证圆善的真实可能呢?正是由此出发,牟宗三强调,康德由此而导致实践动力不足,无法真正地解决圆善问题。牟宗三认为,以无限存有承担圆善的真实可能,只一个"无限智心"即可,这显然是对中国传统哲学的运用。牟宗三借助"圆善"概念会通康德哲学,以弥补康德哲学之不足,彰显中国哲学之价值,此正是《圆善论》之目的。

第二节　无限智心:方案的转化与保证

牟宗三认为,康德依据基督教模式,对于最高善问题的解决,并不能真正地实现"德福一致"。以"三大设准"保证最高善的实现实无必要,且这种人神隔绝的做法最终也无法实现圆满的善。在牟宗三看来,保证圆善之真实可能的无限存有,只是一"无限智心",而无须进一步将其人格化为上帝。中国之儒、释、道三家,皆有一无限智心的确立。人凭借无限智心而拥有智的直觉,自身即可在一无限延长之进程中实现那究极的、纯粹的善,而不需要外在的保证。依儒家之传统,无限智心亦可超越道德界限,为一切存在之根源,遂保证了"福"的一面。牟宗三以"无限智心"为切入点,将圆善问题纳入中国哲学特有之"圆教"模式中进行解决,保证了"德福一致"的真实性,实现了对康德的最高善问题的扭转。

一、以无限智心消解康德的"三大设准"

无限智心,一方面保证了人可在一无限进程中依神圣意志而行的德的一面;另一方面,作为最高存有,亦可保证涉及存在界的福必随德至,且隶属于德。因此,对于圆善问题的解决,无须"三大设准"来做保障。

(一)对"自由意志"、"灵魂不灭"的消解

康德以"自由意志"、"灵魂不灭"保证圆善中德的一面,其前提是人没有智的直觉,人作为有限的理性存在无法超越现象界而对自在界有所认识。但"自由意志"作为先天的道德法则是属于上帝的,人类祖先犯了罪,已丧失了善的能力。人之所以会行善,是因为上帝在人那里做了工。"自由意志"的设准从一开始就决定了人不可能完全地符顺于道德法则,实现那纯粹的善,"灵魂不灭"的设准亦不能保证之。牟宗三认为人可有智的直觉,即道德本心、无限智心。人作为有限的理性存在凭借无限智心"虽有限而可无限",即在此生此世便可以实现那作为实践之对象与目的的善,而"灵魂不灭"的设准亦无必要。

(二)对"上帝存在"的消解

牟宗三并不反对康德以超验的无限存有作为圆善真实可能之条件,但反对将其进一步人格化为虚幻的上帝来保证德福一致,认为这并非理性之决定,而是情识之决定。牟宗三认为,保证圆善真实可能,只一个无限存有即可,而依中国传统哲学,只一个无限智心即可。无限智心,在儒教即道德本心、仁心,在道教,即道心、玄智,在佛教,即为般若智、如来藏自性清净心。儒释道三教都未将无限智心个体化为一人格神,但都能够保住一切法而呈现一整全圆满之境界。无限智心即是德之根据,亦是存在之根据,实无必要有一"上帝"做保证。牟宗三以无限智心消解了康德的三大设准,实现了对康德圆善问题的扭转。

二、以无限智心保证"德福一致"

牟宗三认为:"吾人若不能证立三教无限智心既是成德之根据,亦是存在之根

据，则必不能预规圆教之规模，因而圆善之可能亦不可得而期矣。”①儒释道三家之无限智心，虽因教路不通而有不同意蕴，但作为无限之存有，皆由实践理性处说，与思辨理性之虚构无关。因此，以无限智心肯定圆善的真实可能，皆为理性所决定，而毫无情识作用的参与。牟宗三分别从儒释道三家言无限智心之意蕴，以说明无限智心即为圆善真实可能之依据。

（一）儒家之“本心”、“仁心”

儒家的无限智心以孔子之“仁”为开端，即以不安、不忍、愤悱不容已之指点来开启人的纯粹的德性生命，中经孟子的“以心言性”，《中庸》、《易传》透显主观之德性生命与客观之天道天命相贯通而为一，下届宋明儒明道之“识仁与一本”，象山之善绍孟子重言“本心”，以及阳明之“至良知”，刘蕺山之“慎独”而最终得以确立，完全由实践理性入，不涉及思辨理性之虚幻。仁心人人皆有，唯大人能操存践履。本心仁体与天地万物为一体，具有无限性和绝对的普遍性，是超越的“义理之性”，而非“生之谓性”、“气质之性”、“才性”，由此而发的道德实践必能保其纯亦不已，此谓保住了德的一面。仁心之感通无隔、觉润无方，既是一切德的来源，亦为一切存在的根源。仁综摄一切德目，而不为德目所限，既具有遍润义，亦具有创生义，遍润之即创生之。由此，仁心之确立可创生天地万物之存在，并使其存在与德相谐和，以保证德福一致。

（二）道家之“道心”、“玄智”

道家的无限智心，即道心、玄智。有、无融一谓之玄。无为天地之始，有为万物之母。有、无之融一，即为天地万物之合一，此即是玄智无限之妙用。融合一切，即成全一切。道心、玄智一旦呈现，则人的生命即进入“虚一而静”之状态，和光同尘而朗现一切，天地万物归根复命，得其天常。天地万物相生相合，浑然一体，即可保住玄德之纯粹性，自然也保证了万物之存在与秉承天道的玄德之谐和。

（三）佛家之“般若智”、“如来藏自性清净心”

佛家的无限智心，即般若智、如来藏自性清净心。众生因“缘起性空”一法理起而修行，既而转识成智，呈现无限智心。牟宗三认为，一切智、道种智、一切种智，乃至根本智、后得智、无分别智，皆为无限智心。通过佛性一观念，竖说如来藏自性清净心，并由此一心开二门，即生灭门与真如门。如此，无量无漏功德之纯粹性得以保证，一切法之存在亦得以保证，转识成智后一切清净法亦能够谐和于佛家意义

① 牟宗三：《圆善论》，见《牟宗三先生全集》第22卷，台湾联经出版事业公司2003年版，序言。

的德。

牟宗三认为，儒释道三家之无限智心皆由实践理性言，不涉及思辨理性之虚幻，以之为圆善可能之根据是纯由理性决定而非情识决定。然佛道两家之无限智心只具有遍润义，不具有创生义，乃是“纵者横讲”之系统，皆因不是从道德意识入之故，不具有积极义。道家之道心、玄智是从“无”之意识入，不具有“作用层”与“实有层”之分，故由此无限智心所成之圆满“纯为境界形态之圆满”。而佛家之“转识成智”亦非从道德意识入，而是从苦业意识入，虽有竖说之一心开二门，然生灭门之一切染污法由业识起现，而真如门之一切清净法直就着生灭门而还灭之，因此仍是一“纵者横讲”之系统。而儒家之仁体、仁心，起于“天道性命相贯通”的道德意识，不仅具有“解心无染”之佛智和“无为无执”之玄智的妙用，且既能够朗现、遍润一切，作为一切存在之根源，亦能够创生一切，遍润之，即创生之。

二、本心仁体：无限智心之创生性宗骨

牟宗三以无限智心保证圆善的真实可能，尤以儒家之仁体仁心，亦即智的直觉为基石建立圆教，认为儒家的成德之教能够启发人依理性原则进行道德实践，而达到最高理想之圆满境界。就圆教处理德福关系问题而言，必要求仁体创生性之宗骨的挺立。

（一）仁体、仁心在理论上的肯定

道德乃是“依无条件定然命令而行之谓”①。能够发此无条件定然命令者，康德称之为自由意志，而在中国儒者那里，则称之为本心仁体，即道德行为出于人先天具有的道德本心、仁体，抑或说是良知，牟宗三亦称之为性体。这与西方哲学意义上的自然之性不同，儒家言性，是指具有体义上的道德本性，它是道德行为的超越根据。

1.“本心仁体或性体在本质上就是无限的，这里没有任何曲折，乃是在其自身即绝对自体挺立的”②

（1）无论是康德的自由意志，还是儒家所说的本心仁体，作为无条件定然命令的发出者，其本身都应是绝对的、无限的、普遍的。牟宗三认为，儒家所讲的本心、

① 牟宗三：《智的直觉与中国哲学》，见《牟宗三先生全集》第20卷，台湾联经出版事业公司2003年版，第245页。

② 牟宗三：《智的直觉与中国哲学》，见《牟宗三先生全集》第20卷，台湾联经出版事业公司2003年版，第247页。

良知都是因孔子所开创的仁而说的，这种仁心的感通原则是与天地万物合而为一的，因此称之为“仁体”。仁即是体，“仁心体物而不遗”。因此主观所讲的本心、仁体必与客观所讲的道体、性体同一而为一实体。在牟宗三看来，只有这样，由本心仁体或自由意志所发出的命令才能是无条件的定然命令。

(2)反过来讲，倘若作为无条件定然命令的发出者是有限的，性体作为一有限的概念即表明了本心仁体本身的有限性，则其发布的命令如何能是无条件的定然命令？因此性体本身非一类概念，性即体，是绝对而无限的、普遍的。“虽特显于人类而不为人类所限，虽特彰显于成吾人之道德行为而不为道德界所限。”[①]若本心仁体在具体的表现中为“特殊机缘”所限，则本心已为感性见闻所累变成“习心”而非真正的本心，不再具有自律性；同样倘若仁体受限而为有限的，则仁心的感通性必受到限制，仁心不再具有体义，仁体不复是仁体。

2.“只有一实体，并无两实体”[②]

牟宗三又讲到，当我们就无条件的定然命令而说自由意志的自由自律时，说明了自由意志只能为因，不能为果，即自由意志只能是第一因，是绝对而无限的。自由意志是自在的，不依赖于任何因素，只制约别的而不被别的所制约。

而在西方哲学尤其是基督教中，绝对完满的第一因乃是上帝。显然上帝与自由意志之间产生了矛盾。第一因是绝对无限的，自由意志亦是绝对无限的。因此，要么有上帝，而本心仁体或性体或自由意志必与之为同一，或者只此本心仁体、性体或自由意志即上帝，“只有一实体，并无两实体”。

总之，作为体义的本心仁体在本质上是绝对的、普遍的、无限的，尽管特显于人类，却不为人类所限，它是一切万物存在之源；尽管它是道德行为的超越根据，但却不为道德界所限，它超出道德界范围涉及存在界而为其体，是“创造性原则”。本心仁体既已推出是绝对而无限的，则由绝对而无限的本心仁体所发出的直觉必是智的直觉。通过以上内容，可得出在道德上智的直觉理论必被肯定的结论。

(二)本心仁体之“创生性”

可以说，无论是儒家所讲的本心、仁体还是自由意志在理论上的肯定，都并不成问题，问题在于康德的智的直觉在实际的呈现上无法实现，智的直觉只能是一种

---

① 牟宗三:《智的直觉与中国哲学》，见《牟宗三先生全集》第 20 卷，台湾联经出版事业公司 2003 年版，第 248 页。

② 牟宗三:《智的直觉与中国哲学》，见《牟宗三先生全集》第 20 卷，台湾联经出版事业公司 2003 年版，第 248 页。

设准而无法为人类这有限的存在所拥有且实现对物自体的认识。牟宗三沿着这一思路,认为康德道德形而上的构建并没有真正地完成。他认为,儒家的本心仁体恰恰弥补了这一点,即由本心仁体所发出的智的直觉不仅在理论上必被肯定,而且在实际上必被呈现,这个关节即在本心仁体的诚明、明觉、良知,或张载所说的虚明照鉴。

1."本心仁体是一呈现"①

牟宗三认为,儒家所讲的本心仁体并不是"孤悬的"、假设的、绝对而无限的物摆在那里,而是随时都在跃动的呈现活动(Activity)。当我们提到本心时,那是就其具体的呈现而说之,或者说,正是这时时的跃动、具体的呈现,恰恰证明了本心仁体的真实存在。

孟子认为,人皆先天地具有良知、良能,见父自然知孝,见兄自然知悌。所谓恻隐之心、羞恶之心并非要求我们去直觉它,而是当恻隐即恻隐,当羞恶则羞恶,当下的活动便是本心之呈现,恰如时雨感通周流而遍润一切。总之,本心即是一呈现,而不仅仅是理论上的设准,由其产生的智的直觉自然是一呈现而为人类所实有,呈现之即直觉之,直觉之即呈现之。

牟宗三进一步认为,道德感即是本心的具体表现。"本心仁体之自悦自给之理义即是它自身悦此理义",即孟子的"理义悦心"。② 在康德那里,自由意志作为理论上的设准无法被实际地呈现。原因就在于,自由意志被剥去道德感仅成为一种抽象的理性体 ,不再是真实存在的本心明觉活动。可以说在牟宗三的这种分析之下,康德的道德实践同样成为一种理论设准,而无法得到实实在在的支持与论证。因此,只有恢复道德感的形上义,自由意志才可能作为心能具体地呈现,而非仅具有抽象意义的设准。同理,道德才能成为一事实。道德成为一事实,则智的直觉必然既在理论上被肯定,也在实际上被呈现。

2.本心、仁体的自我挺立

"本心仁体自悦自觉自立之法则即是自知自证其自己。"③本心仁体是绝对无限而普遍的,是时时都在跃动的呈现。在这种实际上的呈现过程中,既无真正的对

① 牟宗三:《智的直觉与中国哲学》,见《牟宗三先生全集》第20卷,台湾联经出版事业公司2003年版,第249页。

② 牟宗三:《智的直觉与中国哲学》,见《牟宗三先生全集》第20卷,台湾联经出版事业公司2003年版,第251页。

③ 牟宗三:《智的直觉与中国哲学》,见《牟宗三先生全集》第20卷,台湾联经出版事业公司2003年版,第252页。

象，也无真正的认识主体，实乃是一种遍润一切而无遗的朗照，“物在其自己”，这种认知实无一知。本心仁体之明觉活动，自悦自觉自立之法则，这种对本心仁体自身之感情即为道德感，这种道德感并非来自于感性经验，所悦的也并非感性的有条件之原则，而是本质上最为真实的道德自身的原则，自悦自觉之即实际地呈现之，自悦自觉之即是在自知自证其自己，即康德所说的“其自身就能给出它的对象之存在”，而真正是智的直觉“创造性原则的体现”。

（三）本心、仁体对“德福一致”的保证

儒家之无限智心，即本心仁体，作为最高无限存有不仅保证了“德福一致”的真实性，其创生性亦使圆善能够真正实现，具体可从三个层次来进行理解。

1. 本心仁体自身成为一对象——逆觉体证

本心仁体自知自证其自己，如同本心仁体对一“自在其自己”之物的知之证之，牟宗三名之曰“逆觉体证”。此种逆觉并非感性下的自我影响，而是来自本心仁体，亦是一种智的直觉，牟称之为“内部的直觉”。

这一直觉的对象是本心仁体之自身，但这对象只有名言义，并无实义。发出智的直觉的本心仁体与作为对象（尽管是一虚指）的本心仁体之间并无真正的能所关系，前者并非能知，后者亦非所知，明觉活动之反觉无“能”义，而反觉之本心仁体亦无“所”义，明觉活动反觉其自己即消融自己而只为一体之“朗现”。所以说，逆觉体证说到底乃是本心仁体之自我呈现。此正如康德所说，如果主体的直觉只是自我之活动，即只是智的，则那主体必只判断它自己，“即表象它自己”。逆觉体证，即本心仁体自觉其自己，自证其自己，这种直觉愈彻底，本心仁体愈能够具体呈现，毫无遮蔽，愈加挺立。

2. 逆觉体证——本心仁体愈加生发道德之力量

本心仁体愈加自觉自证其自己的具体呈现，愈能不断生发道德之力量以成就道德行为。此道德行为并非受感性因素影响而来，而是性体的自然流露，是本心仁体不断创生的具体呈现。孟子讲人先天地具有良知良能，所以“不学而能”，“不虑而知”，见父自然知孝，见兄自然知悌。复求本心而使本心仁体全部呈现，毫无遮蔽处，故所发之德行能够至纯至善。

本心仁体反觉其自己，不断生发道德之力量，以成就道德行为之纯亦不已。此时之明觉活动已不仅仅是自知自证其自己，而是要不容已地“见诸行事”，即实际具体地促成道德之实践。这里的道德行为并非是被动而感性的，而是主动地自觉遵从于发自本心仁体的无条件的定然命令，即无条件的最为纯粹之道德法则。此

明觉活动之创造即为智的直觉之不断创造，智的直觉之创造即为本心仁体之创造。尽管由其所生发的道德行为显现于现象界，但其统摄于智的直觉之下，而非在感触直觉和思想所成之认知关系中的对象。

3. 本心仁体超越道德界——涉及存在界，遍润一切存在而为其体

具有绝对普遍性的本心仁体，不但特显于道德以成就吾人之道德行为，亦能超出道德界涉及存在界，遍润万物而为一切存在之源。牟宗三将前者称为本心仁体的道德实践意义，后者则为存有论意义。前者为道德创造，后者则引发宇宙万物的生生不息。总之，本心仁体是个“创造性原则”，只能是“一本”，是主观与客观的统一、性体与道体的统一、心与理的统一。牟宗三认为，儒家之本心仁体通过逆觉体证，一方面不断生发道德之力量以进行纯粹的道德实践，另一方面超越道德界，为一切存在之体，从而保证了道德与涉及存在的福的统一。在牟宗三看来，本心仁体之创生性，亦是圆教问题得以最终证成的依据。此在后文将有进一步说明。

无限智心使实践动力具足，从而保证了圆善的真实可能。然而这只是一可能性之保证，并不能保证必然实现“德福一致”。无限智心亦为圆教之基，此是东方宗教与西方宗教之根本区别。圆教之证成，抑或圆善问题的真实解决，皆有赖于无限智心，尤其是儒家具有创生性之本心仁体的挺立。依牟宗三所言，圆善问题之真实解决必在圆教中方能完成，而且是非如此不可。

第三节　圆教：路径的突破与创新

圆教本是佛家之观念，是判教的最高境界，与权教相对。牟宗三由圆教问题之解决而引入西方哲学之最高善问题。他认为，在西方哲学之为最高善问题，在中国则为圆教问题。康德将圆善问题之真实证成的保证归结于上帝这无限存有之人格神，这在牟宗三看来，依西方哲学是合法的，但因上帝这一设准具有虚幻性而为中国哲学所不取。牟宗三由佛家之判教确立圆教之真正意义与特殊模式，并超越一教之局限，使之成为解决哲学究极问题之唯一路径。

一、圆教的意蕴

（一）从表达涅槃的方式说圆教

圆教是佛教发展至中国时所提出的新观念，西方哲学中并没有这一观念，也没有关于圆教的问题。然而西方哲学不乏“圆满”的观念，如柏拉图的 idea、宗教里的

上帝等都具有圆满、真实义。但牟宗三认为这并非佛家圆教所说之意义,佛教所说的圆教,并非就圆满本身说圆教,而是就表达圆满的方式说圆教,即并非从涅槃本身说圆教,而是从表达涅槃的方式说圆教。以上帝之圆满为例,并非从上帝本身说圆教,而是从"上帝本身圆满"的教义来说圆教。上帝是圆满的,而基督教却不一定是圆满的。所以光说上帝本身的圆满并不能说是圆教,必须从对上帝的表达方式上来判定。

同时牟宗三强调:"任何透过语言文字的表达方式的系统,都不是圆教。"[①]系统乃是通过分解的路子,分解地表示、确定一个概念之可能与不可能,且都坚守自己所证之 first cause 而排斥其他系统。系统互相对立,便不能说是圆教。假定说圆教是一个系统,则它本身即陷入自我否定。但圆教仍是一种教训(teaching),是可以用文字明白说明的,这应当作一个哲学问题来思考。圆教的意义可以依照一个路数、一个方式被确切地表达出来。

(二)由佛性之"圆满无尽,主伴具足"确定圆教的意义

西方人对圆教有两种译法:round teaching 和 perfect teaching。在牟宗三看来,"圆"有两个意义,般若的"圆通无碍"和华严宗的"圆满无尽,主伴具足"。前者说圆教,是就般若的意义而说圆教,即圆通无碍之意义,但这只是圆教之横的意义,还有纵的意义没有表达出来。而后者,即 perfect teaching,则可以恰当地表达圆教之完整意义,即圆满无尽,主伴具足。圆教之所以被称为圆教,是从圆满无尽、主伴具足上说的,因为般若精神是共法,小乘有般若,大乘亦有般若,大小乘之分,并非取决于般若,而是由佛性所决定的,即如来藏恒沙佛法佛性。

佛性之圆满无尽、主伴具足,并不是由分解的方式得来的,"无始时来界,一切法等依"。从如来藏恒沙佛法佛性而来的无限,是现实的无限,并非假定。所谓人人皆有佛性,只要如来藏恒沙佛法佛性呈现,就有可能成佛。

二、圆教的模式

牟宗三认为佛教之判教判得最详尽、最彻底者当属天台宗。"圆教之所以为圆教必有其必然性,那就是说,必有其所依以为圆教的独特模式。"[②]而天台宗判教所显之圆教是真能把圆教之所依以为圆教的独特模式表达出来者。这个模式是不可

① 牟宗三:《中国哲学十九讲》,见《牟宗三先生全集》第29卷,台湾联经出版事业公司2003年版,第320页。

② 牟宗三:《圆善论》,见《牟宗三先生全集》第22卷,台湾联经出版事业公司2003年版,序言。

变更、不可替代的，若非如此，则不能称之为圆教。天台宗对圆教解说得最为明确，然若要理解天台宗所说的圆教的意义，必先要了解《般若经》的特殊性格，这需要从“分别说与非分别说”说起，须正视分别说与非分别说的理境分际，以期使圆教问题充分地展示出来。

（一）《般若经》之“融通淘汰”

1. 分别说与非分别说

分别说与非分别说亦是佛教用语，也称为差别说与非差别说，若用现代西方之词汇，即为分解的说与非分解的说。牟宗三认为这个说法可以涵盖人类整个思考历程。以西方哲学为例，从古代到现代，大体走的都是分解的路子，而黑格尔的辩证的方式和神秘主义的方式则属于非分解的方式，但就一概念而言，他可以是分解的，也可以是非分解的。“任何事物都可以透过分别说与非分别说加以表示。”①用分解的方式，就是告诉我们“……是什么”，而用非分解的方式，则是把道理、意境呈现出来，即表示这些道理、意境。

2. 非分解的不可诤法

凡有所立教，就有分别说。释迦牟尼之说三法印、苦集灭道四圣谛、五蕴以及八正道等，皆为分别说。而释氏亦有非分别说，在他的五时说法中，第一时、第二时、第三时及第五时说法都是分别说，而在第四时说般若时，用的是非分别说。分别说的法都是可诤法，是权法、方便法，属于第一层序，而《般若经》所说之法是无诤法，无可争辩，因此具有必然性，属于第二层序。

般若的特殊性格即是“融通淘汰”，化去封限，去掉执着，也可以说荡相遣执，令归诸法实相。实相一相，所谓无相，即是如相。般若以融通淘汰之作用，把对于法的执着化除，使每一法当体即如，皆为实相。无所说，亦无所建立，所以无一法可得。虽无一法可得，但佛用非分别说的方式把真实的般若展示出来，即“实相般若”。

然般若虽保住了一切法，却只是“作用的具足一切法”，只能说是作用的圆。般若之圆通无碍只是个共法，若以此为圆教之意义，则无论大小乘都可以是圆教。天台宗在般若空宗以外另分判一圆教，可见般若之圆满尚非究极之圆满，天台宗所判之圆教，正是前面所说的“圆满无尽，主伴具足”之圆教。天台宗的圆教并非从主观的般若上说的，而是从客观的法上说的，即顺着佛性的观念，说明一切法的存

① 牟宗三：《中国哲学十九讲》，见《牟宗三先生全集》第29卷，台湾联经出版事业公司2003年版，第337页。

在问题。

(二)《法华经》之“开权显实”、“发迹显本”

1. 判教

佛教本有大乘、小乘之争,大乘之中亦有空宗、有宗之争。成佛之教路有大小,依以所成之佛必有较圆满者与不圆满者,成佛之规格较小,即是不究竟,即是不圆满。教路大者所成之佛虽较为圆满,但因有空有之争,则必有所偏执,所以虽属大乘,然亦不必能成圆满之教。争是主观的说,各种教路本都是佛所说,既为佛所说,则所说者不能有错,客观地说,都是对的。只是佛不能一时说尽一切话,有时是权说,有时是实说。而修行者对此一说或彼一说有所执着,就会起争辩。尽管有主观之争,佛家弟子亦能取客观态度,对佛所说之各种法门以及说法之方式予以合理的安排,即为判教。“判者,分判义,判教者分判佛所说之教法而定其高下或权实之价值谓也。”①

2.“大小之争为偏执,开权显实为通达”②

牟宗三认为,依天台判教,小乘之教“智不穷源,恩不及物”,即除般若外,关于法的存在有一定的限制。“智不穷源”,即所说之法只限于三界之内,即仅限于第六识,而未涉及第七识、第八识。“恩不及物”,即慈心不足,不能普度众生,而只得个人之解脱。而大乘之教是以一切众生得度为条件,大乘之佛必不离一切众生的一切法。

但唯识宗虽为大乘,通至界外之无限界,却只通入第八识阿赖耶识,即无明识心,而对于无漏种只承认后天熏习而成渐教者,则只能圆满说明生死流转法,对于清净心,则采用“心理分析”的方式来说明。用分解的方式说,即非圆说,虽已进止界外,仍为别教,且只是界外之一途法门,非真正了义之通方别教。

依天台,真正了义之通方别教在“如来藏自性之清净心”之系统。依《起信论》言一心开二门,即生灭门与真如门,则一切染净法皆得有根源性之说明,较唯识宗更为圆满。然而,天台宗仍判其为别教而非圆教,原因在于这一系统乃是分解的路子,使成佛之可能有一超越的根据。一旦用分解的方式说一切法,就不是圆教。同理,依真心系统,通过一顿教而至华严毗卢遮那佛法身法界缘起之华严宗,判教仍有不尽之处,终非究竟之圆教,而是“别教一乘圆教”。盖因以真心为准,不能即染成净,必断九法界而成佛。且通过一超越的分解立一真心统摄一切法,随缘起而现

① 牟宗三:《圆善论》,见《牟宗三先生全集》第22卷,台湾联经出版事业公司2003年版,第259页。
② 牟宗三:《圆善论》,见《牟宗三先生全集》第22卷,台湾联经出版事业公司2003年版,第261页。

一切法,而非“一念无明法心”当下圆具一切法,是“性起”系统,而非“性具”系统。“性起”系统是分解之圆教,而非“诡谲的相即”之圆教。此问题在“即”之原则下有进一步说明。

由以上天台之判教可知,圆教之所以为圆教,必须用非分解的方式表示,凡是分解的方式,即是不圆满。但这并不同于佛用非分解的方式说般若。就法的存在而言,圆教是有所说,因此仍是一个系统,但用的是非分解的方式,因此无限定性,是一无限之呈现。此意义之圆教是就《法华经》而确立的。《法华经》的主要问题即在于处理权实、迹本问题,即“开权显实”,“发迹显本”。“凡是分解说的都是权,而非分解说的才是实”,开权显实即是要化除执着的封闭与限定,则当下即是佛法。① “佛之本怀与佛自身即是迹,非神通变化才是迹。”②这似乎与般若之作用相同,实则不然。般若为诸教路之共法,是从主观说圆通无碍,即荡相遣执,令归诸法实相。而《法华经》之开权显实是从客观说,就法的存在而说,以小乘为例,若执着于此便会停滞不前,只一个阿罗汉了事。但若能开决畅通,则“低头举手皆成佛道”。

天台宗用非分别的方式开决了分别说的一切法,以“一念三千”说明一切法之存在。如此,一切法得以保住,无一法可以去掉,成佛必即于九法界而成佛,而不可离开任何一界而成佛。以非分别的方式说一切法,即是“系统而无系统相”,无系统相,不可争辩,必然保住了一切法之存在,此成其为真实之圆教。此真实之圆教以《般若经》为纬,以《法华经》为经,一横一纵,构成圆教依以为圆教之独特模式,“不可移易”。

三、诡谲的“即”之原则

(一)非分解的“即”

依天台宗之判教,真实之圆教必须顺着佛性的观念来说明一切法的存在,并以“即”的说明方式为基本原则。即说“生死即涅槃,烦恼即菩提”方是圆说,此“即”既非综合的“即”,亦不是分析的“即”,而是非分解方式下的“即”,即诡谲的“即”。不是依同一律而言“A 是 A”, 非分解的“即”是就两物相关联着说的。但这并不是说“两物相合”或“背面翻转而言”,因为这亦是用分解的方式,“但有即名,而无即

① 牟宗三:《中国哲学十九讲》,见《牟宗三先生全集》第 29 卷,台湾联经出版事业公司 2003 年版,第 362 页。

② 牟宗三:《圆善论》,见《牟宗三先生全集》第 22 卷,台湾联经出版事业公司 2003 年版,第 270 页。

义”。

（二）“同体”而非“异体”

非分解的“即”，虽是就两物之相关联来说的，但却是“同体”而非“异体”。“同体者，同一事体之谓。”①同体者，纯依他住，并无自住，依而复即，若为异体，犹各自住，依而不即。无明法性即以同体、异体来判定圆教还是别教。二者若是异体，则虽有依待关系，却是有“自住”的依待，非纯“依他住”的依待，即是“依而不即”，此为别教。若为同体，无明即法性，法性即无明，二者无自住，纯依他住，依而复即，此为圆教。

（三）华严宗——别教一乘圆教

天台依“即”之原则判华严仍为“别教一乘圆教”，以其“性起系统”未能经历一辩证的发展，开权显实而真正达至“色心不二”也。未经辩证的发展即是说，华严宗只就佛自身说，而未能经历“五时”之第二时说小乘、第三时说方等、第四时说般若、第五时说法华涅槃这一辩证过程。因此，在华严这里，“色心不二”仅是一分解的综合命题，而非诡谲的相即之命题。

华严宗以真心之随缘起现一切法，真心即为一独立体，一切法即无明，亦有自住的独立意义，二者虽有所依待，却非纯“依他住”，实为异体。真心必待破无明始能显，然华严只就佛自身说，未能经历“破无明”而说佛之辩证过程，“依而不即”，因此为别教。

（四）天台宗——同教一乘圆教

天台宗以《法华经》确立“究竟了义”之圆满之教，即无明法性同体复即之纯依他住而非自住之圆教。圆教依“同体之依而复即”立“一念无明法性心”之观念，以说明一切法之存在，“一念无明法性心即具三千世界法”。三千世界法穷尽界内外一切法，为无量法。依同体复即之方式，每一法皆得到了根源性的说明，无论净染秽恶法，无一法可去，必即九法界而成佛，而不能离开六道众生、声闻、缘觉、菩萨而成佛。可见，只有在圆教里，佛性才能够使一切法之存在具有必然性。从这一点来讲，牟宗三将其称为“佛教式的存有论”。一念无明法性心即具三千世界法，即是法之存在之“存有论的圆满教”，如依四谛说，即为无量无作四谛。

一念无明法性心，由《法华经》开权显实，以明佛之本怀，并非唯识系统之阿赖耶识或是其中某一识，亦不是真心系统之唯真心，而是开决了这一切权教而说者。

---

① 牟宗三：《圆善论》，见《牟宗三先生全集》第22卷，台湾联经出版事业公司2003年版，第267页。

一念心即具三千世界法，是非分解的、诡谲的圆实之教，不与分解说的权教为同一层次，因此不与任何权教相对立。圆教是一，是绝对的圆实，因为仍是一种教训，故仍为一系统，但由于是非分解的方式，因此无系统相，无系统相，即无争辩，无限定相，亦是无诤法。既已开决，法法皆通，低头举手皆是佛道。由《法华经》开出的圆教，是就法之存在而说的存有论的圆，此为竖说，作用的圆是横说，竖说为圆之所以为圆之根本。

至此，天台之判教得以最终完成。存有论的圆满教即为究竟了义之圆满之教。圆教之问题即为判教的问题，且判教不是只一次，而是需要多次的判教，时时的判教。在这一过程中，一念无明法性心以非分解的方式，开决了一切权教，呈现一必然、绝对的圆满。

牟宗三认为，德、福间的必然联系只有在圆教中才能实现。而康德依基督教传统对圆善的处理是别教中的解决，不是真解决。牟宗三立基于无限智心，由佛家确定圆教之“圆满无尽，主伴具足”的意义，由天台判教而显圆教之所以为圆教之特有模式，依“诡谲的相即”原则建立圆教。儒释道三家，在牟宗三看来，皆可凭无限智心成一圆教体系，在“诡谲的相即”原则下实现对圆善问题的真实解决。

第四节　圆善的证成

牟宗三对“教”的理解超越了一般宗教的形式，而就其精神言之，“凡圣人之所说者为教。凡能启发人之理性，使人运用其理性从事于道德的实践，或解脱的实践，或纯洁化或圣洁化其生命的实践，以达至理想之最高境者为教”①。依判教之标准，圆教为修行的最高境界。儒释道三教在自身的发展中，皆有一圆教体系的建立，即在多次的判教过程中，以非分别说消化分别说，由不圆必然走向究竟了义之圆满境界。达至圆教，圆善观念始得以明朗展现。圆教问题的解决亦含有圆善问题之解决，且按牟宗三的理解，圆善问题必在圆教中才能得到真实之解决，二者是同时进行的。

一、解脱之圆教与圆善

牟宗三依无限智心之创生性，对儒释道三家之圆教模式仍有进一步的判定。佛道两家之圆教虽能实现德福一致，但因无创生义，实只是“纵者横讲”之系统，牟

---

① 牟宗三：《圆善论》，见《牟宗三先生全集》第22卷，台湾联经出版事业公司2003年版，序言。

宗三判其为“解脱之圆教”；而儒家由道德意识入手，有一仁体创生性之宗骨，能够保证道德实践之真正完成，属纵贯纵讲，牟宗三判其为最终之“大中至正之圆教”。圆善问题的解决在儒家之圆教模式中才算真正完成，但这仍需从佛道两家说起才能有一彻底明了之贯通。

（一）佛教式的“德福一致”之圆善

在前一章里，牟宗三通过天台判教，已确定圆教所以为圆教之特有模式及基本原则。随着佛家之圆教即《法华经》所说的存有论的圆教的确立，即可对圆善问题有一佛教式的真实解决。

此种解决，是就“三道即三德”，在“圆修下，达至“德福一致”之圆善。惑、业、苦三道即般若、解脱、法身三德，此皆为德的一面，但虽为德的一面，却是就三千世界法而为德。德的一面与客观之法的存在须臾不可离也。而福属于“法之存在”者，所以亦未曾须臾离。在这一圆教中，生命之德呈现，属于法之存在的福必随之。与上帝所创造之存在不同，一切法之存在皆无定性，当德呈现时，一切存在即随之而转，一切净染秽恶法门皆成佛法，虽地狱饿鬼亦为佛也，三千果成，即是福。因此，德福必一致，福必谐和于德。此必然性，不是斯多葛与伊壁鸠鲁所说的分析的必然，亦不是康德所说的综合的必然，而是诡谲的必然。佛非坏九断九而成佛，而是就一切法之必然存在而成佛，成佛即成德，亦是成福。德与福同体复即，德当体即是福，福当体即是德。

（二）道家“迹本圆融”之圆境与圆善

道家之圆教虽未如佛家天台宗那样明确，但基本义理已经具备。此义理自老庄始，由魏晋时期的王弼、郭象完全展现。无为无执，玄德呈现，万物皆各归根复命而自得。此在佛家为般若之妙用，在道家则为玄智之妙用，乃一融通淘汰之精神。“无”之成全是作用上的成全，而非存有上的成全。玄智以“无为无执”之方式成全了一切德（道家意义的德），亦成全了天地万物之存在。此为“作用的成全”、“作用的保存”，牟宗三称其为道家式的圆教中之存有论。

“失道而后德，失德而后仁，失仁而后义，失义而后礼。”（《道德经》第三十八章）牟宗三认为依此可略显道家之判教义，即以道为最高。道法自然，无为而无不为，无为便无所执，无所执则无所限，遂展现一圆满之境。然老庄亦有所区别，“老子尚实质，而庄子则玄微矣”，“庄子重在无言之化境”，“而老子则重在明‘道生万物'之妙用"。[①]王弼以庄子之"自无适有以至于三"注老子之"道生一,一生二,二生三",牟宗三认为这一做法与立言精神不合。老子之有无先对,是对于道之分解的表象,此"无"与庄子无言化境之"无"不同。庄子强调"忽漠无形,变化无常"、万变"不离于宗"之"浑化境界",此即最高圆满之境界。此"浑化之境"亦可由一"判教"来理解,即《庄子·应帝王》篇中记载的"壶子以四门示相":无门,妙本虚凝,寂而不动;有门,垂迹应感,动而不寂;亦有亦无门,本迹相即,动寂一时;非有非无门,本寂两忘,动寂双遣。庄子以"无"之"化境"为最高圆满,不化则有局限,为权教也,化则荡相遣执,"本迹两忘",方为圆教。牟宗三又由王弼之圣人"体无"进一步言明此境界。圣人即"解心无染"者,非脱离实际生活而至浑化之圆境,而是应待一切生活之"迹"而顺乎万物,"应物而无累于物者"。圣人不言无而自有无之用,老子言无却未能达到真正"体无"之境界,因此老子之分解的有无,必归向庄子诡谲的玄境之圆满。

由老子"无为而无不为"、庄子之"无言之化境"、王弼之圣人"体无"进至向、郭注《庄》,以"迹冥论"明"浑化之境界"为最圆满之境界。此亦是在"诡谲的即"中显示,即"即"于迹以明道,不执于迹则不失其宗,即为化境。亦无有,亦无无,即谓"冥"。"迹冥即于本,本冥即于迹",有无之相即冥,则万物当体即如,而得独化之自在。[②] 至此,道家之"迹本圆融"之圆教义理完全展现。且依王弼、向、郭之意,此迹本圆融之境界当托于尧舜或孔子,老、庄虽知本,但未能体之而至于圣人之境。此一迹本论,牟宗三评其为"自魏晋开始直贯至南北朝,乃四百余年玄言之最高原则"[③]。然此迹本圆融之境界是就玄智这一无限智心"体化应物,与物无对"而成全一切迹亦即成全一切存在而说,对于一切存在之根源性并未说明。"无"只是一冲虚的无限智心之境界,并非客观的存在。因此,道家之圆境只是一"境界形态"之圆境,而非"实有形态"之圆境。亦如佛家般若智之成全一切法,是作用的圆,而非实有的圆。

道家之圆教体系既已明了,则圆善问题亦可依此有一真实解决。"生而不有,为而不恃,长而不宰,是谓玄德",生、为、长皆指"道"言。[④] 无执于迹,任凭"道"生之、为之、长之,是谓有德(玄德)。在此玄德中,天地万物皆归根复命而得自在。一切存在(天地万物)皆随玄德转,无不顺适调畅,此即为圆善之"德福一致",且具

---

① 牟宗三:《圆善论》,见《牟宗三先生全集》第22卷,台湾联经出版事业公司2003年版,第277页。
② 牟宗三:《圆善论》,见《牟宗三先生全集》第22卷,台湾联经出版事业公司2003年版,第279页。
③ 牟宗三:《圆善论》,见《牟宗三先生全集》第22卷,台湾联经出版事业公司2003年版,第280页。
④ 牟宗三:《圆善论》,见《牟宗三先生全集》第22卷,台湾联经出版事业公司2003年版,第281页。

有必然性。在道家之圆境里,主观的生命之"体冲和以通无"即是"德",客观的"体化合变顺物无对"即是"福"。迹本圆之"德福一致",不仅是德福外部间有一配称之必然关系,内部亦能从根本上说明德之所在即是福之所在,二者"纯依他住,并无自住"。此非斯多葛与伊壁鸠鲁之分析的一致,亦非康德之综合的一致,乃是迹本圆所具之诡谲的相即关系,此为儒释道三家圆教体系之共法。

牟宗三判佛道两家之圆教为"解脱之圆教",是作用层的圆满而非实有层的圆满。佛家由苦业意识入之自性清净心,道家由"无"之意识入之玄心、玄智,虽保证了德行之纯粹性,然所具有的德(清净德、玄德)皆为消极意义的德,非真正道德意义之德;虽成全了一切存在必随德至,然都未能对其有一根源性的说明。皆因其无限智心不从道德意识入,只具有作用层的横的遍润,而不能在实有层竖的创生。因此两家对于圆善问题之解决,亦属于作用层之解决,而非实有层之证成。尽管如此,牟宗三以为"若不能洞晓道家'无'之性格,与佛家般若之性格之共通性,则不能解除后世儒者对于佛老之忌讳,此一忌讳是儒家义理开发之大障碍"①。牟宗三进而由佛道两家之圆教进入儒家之圆教与圆善,最终以儒家之圆教为"大中至正"之圆教,在存有层面真实地解决圆善问题。

二、大中至正之圆教与圆善

牟宗三对于儒家圆教体系之架构,可谓"体大周至"。在《圆善论》里,开篇即以三章之阵容,对基本的义理,隐含德、福的性、命关系以及所欲、所性、所乐之逐步提升直至圆满做了一个详细的梳理和现代性诠释。这既是以中国哲学资源对西方之最高善问题即圆善问题做出的积极回应,亦是为儒家圆教体系建立所做的必要准备。且在之后对于康德圆善问题处理的篇章里,牟宗三对于儒家义理的运用亦随处可见,足见其对于儒家圆教的推崇。

与佛道两家之圆教不同,儒家不可以直接地由诡谲的即,通过"解心无染"或"无为无执"之作用而表明。儒家之圆教,从道德意识入,"有一'敬以直内,义以方外'之道德创造之纵贯的骨干——竖立的宗骨"②。本论固然可用于儒圣,但其"本"不只是"解心无染"或"无为无执",其无限智心亦不只是般若智或玄心、玄智之妙用,而应进一步,相当于佛家所言之"如来藏佛法恒沙佛法佛性",即有一道德创造的宗骨,即"仁心之不容已"。所以,儒家之无限智心必紧扣"仁"来讲,大人之

---

① 牟宗三:《圆善论》,见《牟宗三先生全集》第22卷,台湾联经出版事业公司2003年版,序言。

② 牟宗三:《圆善论》,见《牟宗三先生全集》第22卷,台湾联经出版事业公司2003年版,第296页。

迹本圆融之圆境必须通过仁体之遍润性与创生性来建立。此所以不能直接由诡谲的即来表明，它必须由仁体创生性这一宗骨来表明，是纵贯纵讲之圆教。

（一）儒家圆教之“义理纲维”

凡圣人所说为教。依儒圣之教而言，“那能启发人之理性，使人依照理性之所命令而行动以达至最高理性之境界者为教”。理性之所命令而行动，即为纯粹的道德实践，而道德实践必涉及存在，或是改善存在之状态，或是创生新的存在。道德实践之使命在于“革故生新”，既是德行之“纯亦不已”，亦是一切存在之改善、创生。此理性，即是“无限的理性，无限的智心”，它必须被首先确立，但却不可如康德那样将其对象化而为人格神。欲了解牟宗三对于儒家圆教之建构，首先要从“圆顿体现之可能”处说。儒家的无限智心之遍润乃是一“存有论”的遍润，无此无限智心，一切皆为虚幻。依牟宗三言，此无限智心“是一存有论的原理，或亦曰本体宇宙论的原理”，它使一切存在真实存在且生生不息。此无限智心人皆有之，唯大人能操存，但一般人亦可通过“逆觉体证”而体现之，直至完全体现，此为“圆顿体现之可能”，牟宗三视其为圆教之“义理纲维”。

（二）儒家圆教之体系的发展、完成

牟宗三对于儒家圆教体系的发展脉络做了较为全面的诠释，并作诗总结之，即：“儒圣冥寂得天常，孟轲重开日月光；周张明道皆弗违，朱子伊川反渺茫；象山读孟而自得，阳明新归亦通方；四有四无方圆备，圆教有待龙溪扬；一本同体是真圆，明道五峰不寻常。”①现亦可反其道而行之，以诗为纲，对这一内容进行把握。

1. 儒圣冥寂得天常，孟轲重开日月光

牟宗三认为孔子之“践仁知天”略启圆教之规模。践仁，即成德；知天，则是生命之上达而通至绝对，即通至形而上之道体。践仁成德必契合于道体，这涉及一切存在的存有论原理，抑或说本体宇宙论原理。性与天道皆是一切存在之存有论的原理，“天道笼综一切存在而为其存有论的原理，性是分别地就个体而为其存有论的原理”②。性与天道，主观上说是仁，客观上说是道体，结果只是一个无限的智心、无限的理性。践仁而至仁体、道体之挺立，此为大人之生命。一切存在皆在这大人之生命中保持，即为“地载”。若离开大人之践仁空谈天道，便是偏虚之教；若隔离天道、道体与存在之关系，则不懂得仁心之无限性即是道体，便是小教。总之

① 牟宗三：《圆善论》，见《牟宗三先生全集》第22卷，台湾联经出版事业公司2003年版，第325页。
② 牟宗三：《圆善论》，见《牟宗三先生全集》第22卷，台湾联经出版事业公司2003年版，第299页。

二者皆非圆盈之教之规模。

在牟宗三看来，孔子“践仁知天”所示之圆教规模，后人没有能超过的，后世儒家义理之发展皆可以此标准评判。孟子尽心、知性、知天、存心养性事天，即是相应于孔子所示之圆教规模而做出的充分展现。《中庸》之从性体言慎独，《易传》之乾坤并建，尊乾而法坤，皆相应于孔子原有之规模而言。

2. 周张明道皆弗违，朱子伊川反渺茫

牟宗三在这里首先提到了五位儒者，即周濂溪、张横渠、程明道、程伊川和朱子。周濂溪默契道妙，明实践功夫之切要；张横渠盛言太和太虚，但归本于“圣人尽道其间兼体而无累者，存神其至矣”。此二人大体皆是顺孔孟之路言大人之实践，立说、词语虽有出入，但仍相应于原有规模而无违。至程明道，于践仁中盛言“一本”之论，乃是真相应于孔孟圆教之规模者。周、张、明道言功夫，皆遵循“逆觉体证”之路，与孔孟相应。而程伊川、朱子就《大学》之格物穷理言功夫，始不自觉走上歧出之路，与孔孟原有规模不相应。牟宗三名之曰“顺取之路”，认为这一路向使无限智心不能言，空谈形而上之性、理，遂导致孟子所言性善之道德性的减杀，彻底违背孔孟无限智心纵贯系统原有之圆教规模。对此，陆象山直接继承孟子重言本心以扭转此歧出。

3. 象山读孟而自得，阳明新归亦通方

对于朱子之歧出，陆象山直承孟子以扭转之，复相应于孔孟原有之规模，亦有王阳明顺朱子讲《大学》之路而扭转之。王阳明关联着心、意、知、物四者而言良知，“无善无恶心之体。有善有恶意之动。知善知恶是良知。为善去恶是格物”①，此“四句教”将心、意、知、物做了超越层和经验层的区分，在此分别中，实践之功夫始可能。实践之功夫即是“致知格物”，“致吾心良知之天理于事事物物，事事物物皆得其理”。此意显然与朱子之所说者不同，但经此扭转，亦可确立无限智心，相应于孔孟之原有规模。牟宗三视其为功夫论上的大发展，大贡献。但在他看来，“四句教”实为“四有”也，尚不是究竟圆教。真正的究竟圆教，乃体现在王龙溪的“四无”句中。

4. 四有四无方圆备，圆教有待龙溪扬

儒家之究竟圆教至王龙溪提出“四无”，始有充分展现。所谓“四无”是王龙溪针对他的老师王阳明的“四有”提出的，即：“无心之心则藏密。无意之意则应圆。

① 王阳明：《传习录》卷三，见《王阳明全集》，上海古籍出版社 1992 年版。

无知之知则体寂。无物之物则用神。”[①]四无者，心、意、知、物皆非分别说的各有自体相，而是在浑化之境中无相的呈现。此中之“无”，并非存有层上的无，而是作用层上的无。即在存有层上肯定其存在，而在作用层上，则以“无”的方式来表达。如此，则一切浑然天成，如如呈现。心意知物即是那藏密、应圆、体寂、用神之心意知物，亦可理解为迹本圆融之心意知物。心、知即是本，意、物即是迹。无心、无意、无知、无物，则“全本是迹，全迹是本”。牟宗三认为：阳明之“四有”皆有自体相而未能至此浑化神圣之境，依佛家之判教，仅为别教；而王龙溪之“四无”，虽已将儒家之圆教发展至极，但依天台宗之“一念无明法性心”来说，“四无”仍属“别教一乘圆教”。真正之同教一乘圆教当以胡五峰之“天理人欲同体而异用，同行而异情”之模式建立。

5. 一本同体是真圆，明道五峰不寻常

牟宗三以胡五峰之“天理人欲同体而异用，同行而异情”应对天台宗之“一念无明法性心，即具三千世界法”，判其为“同教一乘圆教”。同样是“一念无明法性心”所具之三千法体，然“在理同名无明”，若解心无染，三千法体随即而转，十界皆佛，“三千果成咸称常乐”。同一世间一切事，无非是同一“心意知物”之事，若执着停滞于此即是人欲，则心不正，意不诚，知只是识知，非智知，物只是现象之物，非无物之物。若能通化，即是天理。则世间事不变，能践行，统是天理，不能践行，皆是人欲。亦如佛家语，法体不变只争顺理不顺理。顺理，则迹本圆融，不顺理则迹本皆失，一团混沌。顺理则通透“四无”之浑化神圣之境，亦是明道所谓的“天地之化”之境，如此，方是圆实教。圆实教必须就那些非圆实教而予以开决，方能显圆实。

（三）儒家之圆教对圆善的真正实现

牟宗三由孔子之“践仁知天”始，至孟子“尽心知性知天”相应于孔子之原有规模而充分展现，至周濂溪、张横渠、程明道皆以“逆觉体证”之路相应于孔孟言功夫，象山承孟子重言本心，经阳明之“四有”，王龙溪之“四无”直至胡五峰之“天理人欲同体而异用，同行而异情”，方彻底完成儒家之圆实教的建立。在这一内容完成后，牟宗三重申儒家无限智心之创生性。“心意知物浑是一事”，看似非纵贯纵讲之系统，此皆因圆顿而纵向“相”不显也。心意知皆是创生一切存在之心意知，皆由“敬以直内，义以方外”之根基而来，并非只是佛家“解心无染”之般若智，道家

---

① 王畿：《天泉证道记》，见《王畿集》，凤凰出版社2007年版。

"无为无执"之玄心、玄智。佛道两家之圆教只具有作用层,而皆无道德创造之存有层,般若智之成全一切法是由十界互具之法身保全一切法之存在,而非创生一切法之存在,道家之玄智亦是成全一切,而非创生一切。儒家由道德意识入,既具备"解心无染"、"无为无执"之作用层,亦具备创生义之存有层。佛道两家之圆教只具备作用层,是偏虚之教,牟宗三称之为团团转之圆教,而儒家之圆教两层皆备,乃是大中至正之圆教。

随儒家圆教的确立,圆善问题亦得以明朗,且在牟宗三看来,圆善问题只有在儒家之圆实之教中才真正可能。"因为在神感神应之中,心意知物是一事。吾人之依心意知之自律天理而行即是德,而明觉之感应为物,物随心转,亦在天理中呈现,故物边顺心即是福。此亦可说,德与福浑是一事。"①依"心意知自律天理而行"即可保住道德的纯粹性,而实际存在的福的一面亦因"物随心转"而随德至,顺理即是福,遂德福一致。在这里,德属于理性之超越层面,而福是存在之事,属于存在层面,或者说感触界,德福一致是理性与存在的统一;德即是本,福即是迹,德福一致必在迹本圆融之圆满境界呈现,德福浑是一事。这里的"德福浑是一事",不是如斯多葛与伊壁鸠鲁所说的分析的德福一致,亦不是像康德所说的需要上帝来保障的综合的必然。"这德福浑是一事是在圆圣中之诡谲的相即。"②

康德言圆善,必涉及目的王国与自然王国之统一,此问题自然由无限存有成全之。但康德依基督教传统,以人格神上帝代替无限存有。由此,上帝的存在虽非思辨理性能够证明的,但它作为意欲之对象的客体条件,是需要被存在的。牟宗三依判教理论,证得圆善问题必在圆教中得以真解决。但康德之道德哲学因实践理性未能充其极而至圆教,仅为一实践理性之别教也,因此圆善问题并非在圆教中解决,德福一致之圆善不具有真实可能性。

牟宗三以无限智心代替起于情识之上帝,则一切皆由理性决定。无限智心未被人格神化,始能落实而为人这有限理性存在所体现,体现至于圆极,则为圆圣。在圆圣之理境,圆圣依无限智心之自律而行即是德,属于目的王国;无限智心遍润创生万物,使物随心转,即是福,属于自然王国。目的王国与自然王国因无限智心之保证而统一,两国"同体相即"即为德福一致之圆善。圆教证成圆善,圆善必由圆圣体现方为真可能。

牟宗三将圆善问题的解决视为哲学系统之究极完成的标志,这显然是对于它

---

① 牟宗三:《圆善论》,见《牟宗三先生全集》第22卷,台湾联经出版事业公司2003年版,第316页。

② 牟宗三:《圆善论》,见《牟宗三先生全集》第22卷,台湾联经出版事业公司2003年版,第316页。

的历史地位与价值给予极高的评价。由此也可以说，任何圆善问题能够借以得到圆满解决的内容本身也将具有极高的地位与价值。牟宗三凭借中国哲学资源对康德之最高善问题进行扭转，以中国特有之圆教问题实现圆善问题的解决，其实质既是要解决圆善问题，也是要借此彰显中国传统哲学之价值，这是与整个牟宗三哲学体系之宗旨相统一的。然而牟宗三所进行的理论建构究竟能否将这目标实现，尚需后来之研究者对其做出评价。近年来，诸多学者对这一问题进行了多层次、多角度的考虑，所得结论也因立场、知识背景的差异有所侧重。笔者学识尚浅，仅通过对《圆善论》的学习与思考，从以下几个方面试做分析。

牟宗三对于康德的最高善论既有批判也有继承。在道德与幸福的关系上，二人认同处颇多。康德认为，道德涉及自在界层面，属于目的王国，而幸福是现象层面的事，属于自然王国。“德福一致”即是要寻求目的王国与自然王国的合一。而牟宗三进一步表述为，道德属于价值层面，而幸福属于事实层面，道德与幸福是“异质异层”的关系。

道德与幸福，作为实践理性之对象，皆是人类追寻并欲以实现之目标，但二者之间如何保持必然的统一却是一个悬而未决的难题。仅就现实层面而言，“幸福隶属于道德”很难得到认同，有道德而没有幸福的例子不在少数。而道德哲学家，立足于先天的道德律令，强调德行的纯粹性，因此绝不可能让步于幸福而为幸福所隶属，因为“道德隶属于幸福”为真，必推出“道德依先天的道德律令而行”为假。因此道德与幸福的一致性必是以二者之“异质异层”的关系为前提的。

对于个体而言，幸福感的获得也许是容易的，可能是精神上的愉悦，也可能是物质上的满足。但对于生命而言，或是对社会之整体而言，必要求在一种更为深刻、更有广度的层面来理解幸福的含义。而道德之路径恰恰相反，道德实践要求落于现实层面，落于人的身上，如此才具备可能性，因此是一个自上而下，由应然层面下至实然层面的过程。这与幸福不同，幸福首先是现实层面个体上的事，然后上升至超然层面，是自下而上的过程。牟宗三与康德认为道德和幸福是“异质异层”之关系，显然对这一点做了极为深刻的探究，任何以单一层面来讨论道德或是幸福都是值得商榷的。

牟宗三凭借中国哲学资源对康德之最高善问题进行扭转，以中国特有之圆教问题实现圆善，其关键在于无限智心的引入。无限智心并非人、神相隔离，而是天道、性命相贯通。无限智心之妙用，即为智的直觉。人拥有智的直觉，“虽有限而可无限”，由此，人可在此生此世就有一圆满的善的实现，而无须“三大设准”的保障。

在判教过程中，牟宗三首先以无限智心之有无判别盈教（儒、释、道）、离教

(耶),又以无限智心之有无创生义区分儒、释、道,认为佛家与道家之圆教只具有圆满义而不具有创生性,因此只是解脱之圆教,而儒家之圆教因从道德意识入,有一本心、仁体之宗骨的挺立,因此既具有圆满义,又能够遍润、创生万物,为一切存在之根源,为究竟了义之圆教,牟宗三称之为"大中至正"之圆教。而圆善问题只有在儒家之圆教中才有一圆满真实之解决。

可见,无限智心对于圆教与圆善问题的解决都有决定性作用。牟宗三以无限智心代替无限存有,是对中国传统哲学尤其是儒家义理的运用。儒家所讲之无限智心,即是指道德本心,对于道德实践而言显然具有积极意义,但本心、仁体能否突破道德哲学之界限,为一切存在之根源有待讨论。牟宗三以无限智心实现两层存有论的合一亦未免过于渺茫。

牟宗三认为,一切教皆有分解的说与非分解的说,分解的说皆为权说,而非分解的说才是实说、圆说。圆教的独特模式即是以非分解的方式确立,并遵循诡谲的"即"之原则。依牟宗三,圆教问题的解决必含有圆善问题的解决,即道德与幸福在圆教中同体相即,"浑是一事"。无限智心既可保住道德的纯粹性,而涉及存在的福的一面亦因"物随心转"而随德至,顺天理即是福,遂有德福一致之实现。在这里,牟宗三似乎取消了幸福所具有的物质层面的意义,而仅强调一种精神层面的顺畅,这与康德之幸福含义相比已有所偏差,此亦为学者颇多争议之处。此外就牟宗三所实现之德福一致而言,仅在圆圣那里得以体现。圆圣者,将无限智心体现之至于圆极者。试问古往今来,圆圣者有几人?此种圆善之"实现"于芸芸众生又有何益?或有一方向的指引,但对于现实生活之纷繁复杂,此意义上的圆善之实现毋宁说只是一种理想化的构想。

道德形上学之圆善与圆教乃是在开权显实、发迹显本中体现其"圆"的。如此儒教之价值也只有在对所有大教的"融通裁汰"中彰显自身的意义。如此一来,可以豁显儒家圆教之广大包容之义,因为它必将一切有真实价值的离教、盈教等作为权教而开之、发之,并由此而显其圆,显其本。真实之圆教乃是无教相的不谛法,但由此可能引发的悖谬在于:儒教可涵此一切教为权教而显其圆,但作为具体有教相的儒家或儒学,儒教将如何以其不圆之教面对其他教化形式?通俗地说,儒门之圆圣固然可以涵此一切而成就自由无限心之随机遍润万物,创生万物,而普通依儒教义理而修行者将如何面对其他教化对生命的提撕与感动?此尚需进一步思索。

第六章　牟宗三《政道与治道》的研究

道德形上学的玄思和中国哲学生命的疏通，并不是牟宗三致思的全部，他的哲学思考着眼于中国现代社会的命运，这具体表现在《政道与治道》、《历史哲学》等著作中。本章及下一章，我们将此二部著作给予较为翔实的分疏，以见其强烈的现实关怀。

第一节　政道与治道的分疏

政道、治道的界定是牟宗三政治哲学的概念基础，建立在他对中国传统政治现状的概括和对西方民主政治的认知基础之上。在全面梳理其致思理路之前，首先应该明确"政"与"治"之间的概念关系和牟宗三在中国语境下对此问题的整体理解。

一、"政"与"治"之间

"政治"一词的概念本身即含有长久的历史沿革性和特殊的民族个体性。"政"、"治"在中国古代语境下的含义显然区别于西方对于政治概念的界定。牟宗三对于政道与治道的理解，即是对此冲突的反思和回应。

（一）"政"、"治"词源探析

现代语义上的"政治"实系孙中山先生为与英文"Politics"一词相对而译，意在说明"政就是众人之事，治就是管理，管理众人之事，就是政治"①。这是近代以来，"政治"作为名词，在现代语境下的第一个定义。在中国先秦诸子的著述中，"政"、"治"多数是被独立使用的，并不为一体。在中国古代典籍中，"政"包含了下述四种释义：一是指统治制度和社会秩序，如"臣也不唯其宗室是暴，大乱宋国之政"②；

① 张金玲：《另一种"政治"》，载《四川文学》2001 年第 12 期。

② 李梦生：《左传译注（下）》，上海古籍出版社 2004 年版，第 735 页。

二是指与“礼”、“乐”、“刑”相并行的一种施政手段；三是指遵从礼仪规范的道德修养或品德高尚的人，如“政者，正也。子帅以正，孰敢不正？”[①]；四是指治理国家的政务活动，如众所周知的辅政大臣。而“治”则包含了两种含义：一作为形容词，指和谐安定的统治秩序，如与“乱世”相对的“治世”；一作为动词，是统治、治理之义，如“古之欲明明德于天下者，先治其国”[②]。

尽管中国古代典籍中对“政”与“治”都赋予了诸多意义，但并没有完全从本质上区分“政”与“治”。“治”往往作为“政”的一种效果，体现着道德意义上的和谐。“治”虽然也包含着统治、管理的含义，却囊括在“政”的概念之中，全然不像西方明确地将政治上的统治权力与政府管理的执行权力区分开。在西方语境中，“政治”一词源自希腊语“πολιζ”，最早出现在《荷马史诗》中，意为城堡或卫城。公元前8世纪，由于迈锡尼文明覆灭，氏族内部迅速解体，人们产生了对统一权力的需要，加之希腊半岛平原少、谷地多等原因，城邦成为人群生活的主要方式。平民力量的加大，争取参政权利的渴望使以城市为中心的小国寡民式的民主政治被推崇。雅典人将山巅卫城“阿克罗波里”简称为“波里”，用其指代具有政治意义的城邦，后又赋予其“邦”或“国”的意义，并将土地、人民及其政治生活综合纳入其中。后在亚里士多德的《政治学》中，“波里”又衍生出公民、政治生活、政治制度、政体、政治家等词。简而言之，“政治”一词在西方伊始便是在公共生活层面上的界定，它本身即蕴含着政权独立之意义，并赋予了城邦公民参与政治的行为权利。

（二）牟宗三所谓“政道”、“治道”

“政道是相应政权而言，治道是相应治权而言”[③]，牟宗三在全书的开篇就鲜明地提出“中国在以往只有治道而无政道，亦如只有吏治而无政治”[④]。在此意义上，政道存在的语境即是从政治形态上规定。牟宗三从社会的政治形态出发，将人类国家政治分为封建贵族政治、君主专制政治和立宪民主政治。牟宗三力图贴近中国现实的文化历史背景，以说明中国政道之问题。牟宗三所谓政道者，即是在政权处给予其定义，是关于政权的道理。而治道则是在政权的架构基础上，处理人间公共事务的运行之道。“政道是一架子，即维持政权与产生治权之宪法轨道，故是一‘理性之体’；而治道则是一种运用，故是一‘智慧之明’。”[⑤]

---

① 钱穆：《论语新解》，三联书店2002年版，第319页。

② 杨天宇：《礼记译注》（下），上海古籍出版社2004年版，第800页。

③ 牟宗三：《牟宗三先生全集》第10卷，台湾联经出版事业公司2003年版，第1页。

④ 牟宗三：《牟宗三先生全集》第10卷，台湾联经出版事业公司2003年版，第1页。

⑤ 牟宗三：《牟宗三先生全集》第10卷，台湾联经出版事业公司2003年版，第26～27页。

进一步说，牟宗三认为政权是一种对应全集团、非寄托在个人或氏族部落上的，有客观法律保障其定常性的、不可变灭的“静态实有”、“形式的实有”，只要民族能够独立存在，政权即客观外在地存在着，且定常不断。而要做到这些，首先得保证政权与治权分离。政权与治权分离，政权与治权才能各属其道，各尽其道。否则两者胶着相顾，空有政道而无治道，政道无从疏通。空有治道而无政道，治道无从规约与理范。如此，集权必落在个体或氏族部落之上。因为治权为动态变项，今天寄托在甲某身上，明天又寄托在乙某身上，不必客观外在。一旦政权与治权合，则政权也变得流动不居，遂成一物，靠武力或争斗拿得去，取得来，难以保证其客观的静态属性。同时，政权与治权合，难以保证常有有德、有能之君，更难保证治权之继承的客观、合法。其次，政权需靠法律维系。在谈到古代世袭问题的时候，牟宗三认为维持政权的根本在于法度，而非亲情。只有“尊尊之义”才能成就客观之精神，超越形限之私、具体之情，以建立客观之法度，保障政权之继续。

牟宗三认为，“治权者，措施或处理公共事务之运用权也”①。治权持有者的产生必须在政权与治权分离的前提下，由政权机关依照法律选举产生。只有这样才能使其真实且客观化，成就真正的治权之动态的变项。并且，牟宗三强调治权的施行必须依照一定制度，公务机关的设置和公共事务的运行都须依照此执行。但此制度是政权制度下的从属物，政权制度是国家的最高原则，是根源的法，定常不变，即宪法。而治权制度是政权制度的衍生物，是具体运行之法，因事制宜之法，即法案。对于中国古代的政治现实，牟宗三认为中国古代实现了治权的民主，但真正的民主终归在政权上，要实现真正的民主，还得从政道上入手。

二、“治道至极而无政道”：牟宗三对中国传统政治现实的定位

政治是伴随着国家的出现而逐步形成体系并发展完善的，强制性的公共政治权力逐渐影响并最终取代传统的以血缘关系为基础的天然权威。西方最早的国家形式是城邦，公元前 8 世纪至公元前 6 世纪，希腊人就开始进行以“立法”或“创制”为主要内容的政治改革。公元前 5 世纪，智者们已经开始对政治进行“有规律的和自觉的探讨”。在城邦时代，法律和民主制度规范了政治权利，政府和法律代表着政治性的权威，社会关系的主要构成已经从血缘关系转变成政治关系。民主制度的建立使社会管理的权利从君主手中剥离出来，部分委员机构采取轮值的方法，多数官员抽签选举产生，公民通过公民大会或陪审法庭等机构参与城邦重大事

① 牟宗三：《牟宗三先生全集》第 10 卷，台湾联经出版事业公司 2003 年版，第 24 页。

务的讨论和决策。

而在中国,宗族制度长时期地作为社会主要组织形式,巩固着以分封制为基础的政治格局。宗族制度所蕴含的血缘关系、伦理原则等极大程度地塑造了华夏文明的政治形态。“传统中国的国家制度是家族制度的扩大。家国一体化成为传统中国社会结构性特征。”①天下以主为独尊,然后再以亲亲的原则分封亲戚,使诸侯立家。政治权利是家长式的特权,掌握在个别贵族阶层的手中,人民按照“编户其民”的方式组织起来,被动地划入到政治权利的实践当中,成为枯瘪的被统治的“物”。政权为统治者所有的专属权利,国家为统治者的私有财产。纵然是儒家所崇尚的“三代政治”,政权也只系在圣王一人手中,只不过三代的统治者系纯然清澈的道德理性化身,将权散开、让开为万民而谋福。“三代政治”的成功在于统治者自身德性的修养,并不涉及政权之独立。时至秦汉之际,政治权利进一步集中和强化到一人之上,普天之下莫非王土,宗族亲亲的原则逐渐丧失其合法性,但随之替代的是更为紧密的、家族式的政权形式,大一统的政治模式使政权集中到极致,全系在一人之上,与个体生命联系在一起,乃独有之物。这是中国古代政治区别于西方的地方,也系儒家所倡内圣外王的现实政治背景。儒家认为国家的产生过程,多是圣人拯万民于水火、为万世开太平的过程。在这一问题上,法家跟儒家的看法也颇为一致。《韩非子》中载:“上古之世人民少而禽兽众,人民不胜禽兽虫蛇,有圣人作,构木为巢以避群害,而民悦之,使王天下,号之曰有巢氏。”②进一步说,中国古代政治是一种王权政治,“权”是天命赋予的,而政治就是为“王”服务的,主要探讨的都是“君王将相”之治术,所谓“国家”的概念也都是家庭概念的延伸。简而言之,中国古代长久以来都处在“家”、“国”难以区分,政治法制与家庭伦理混淆不清的状态。

在此问题上,牟宗三分析说,政权之取得必靠武力以冲之,否则旧的物化势力盘根胶固难以冲散,民怨疾苦难以解除。这种政权获得的方式,牟宗三称之为“马上得天下”或曰“打天下”,即“革命”。“革命”在中国古代政治中有两种样态。其一:汉以前,以氏族部落为主体争夺政权;其二:汉以来,个人为主导争夺政权,且可以布衣夺天下。牟宗三说:“‘革命’者,变更其所受于天之命也。……德足以服众,力足以驭众……其自身便成一实际上之无限,顿觉其生命遥与天接。”③由此,

① 张立文:《圣境——儒学与中国文化》,人民出版社2005年版,第185页。

② 国学整理社:《新诸子集成》(第五册),中华书局2006年版,第339页。

③ 牟宗三:《牟宗三先生全集》第10卷,台湾联经出版事业公司2003年版,第4页。

在理论上,其受天命而治;在现实中,是理性与权利的无限。但此无限只是一时之圆足,德与力衰散时,新的革命又起而代之。由此,“革命”一词的本质即靠德与力之争夺,而政权便由此寄托在个人或氏族部落上,全无法度以客观之。政权之取得,没有定常。但维系政权的方法,却是在世袭,即继之以主体之间的传递。牟宗三接着分析到,起商时以亲亲为主,靠骨肉亲情之私。及周则强调尊尊之义,靠客观法度延以继体,可以说是理性自觉的一大进步。但牟宗三认为它非真实意义的政道,因为它非“静态的实有”,政权可取,亦可拿得去。另外,君主是一切政治权力的绝对集合体,国家的法律、政策都出自于他,政权寄托在个人或家族身上,虽有世袭法度可以沿袭,但政权始终不能成为恒定之物,由此,治道始终不能终其所用。而如此“治道至极而无政道”的局面,也使现代意义的民主政治难以在中国实现。

通过阐述“政”与“治”在中国古代语境下的含义和西方城邦政治概念的由来,力图呈现牟宗三对于政治概念的理解,即政道为政权之道理,治道为治理天下之道,为政治者,两者缺一不可,并由此进一步说明了其在西方民主政治语境下,对中国古代已有之政治格局的认知,即只有治道运行之理,而无政道所以独立之意义,致使政权常落于个体或氏族部落之处,从而在现实层面上,分析了民主政治难以在中国实现的原因。

第二节　政治与神话的内在关联和历史形态

神话的出现,或者确切地说政治神话的出现,意味着在政治上出现了某种被他人所赞同的、无法用理性的标准来考究的信念或力量。尽管绝大多数政治学家都相信政治可以通过理性得以支配,但在理性政治发展的主线中,政治神话却从未消失,它只是潜藏在某处。当人类面对现实的动荡却无法用正常理性加以判断和解决时,政治神话便以其摧枯拉朽的魄力造就政治上非理性的变革,甚至是灾难。牟宗三认为,政治神话产生的起始处为理性的无奈和绝望,而个体生命非自觉德性的迫发和概念凌空的立理限事则滋生极权与专制。人在政治神话的蒙蔽下,以一种被动的方式匍匐在英雄主义或概念主义的刺激中,充满了力量和使命感的幻觉。而走出政治神话的方法则是引入道德理性,通过自觉的德性调畅英雄的情欲生命,使之成为圣王;通过道德根源理性的确立,在政治实践方面实现德治。

一、政治神话的源起

传统意义上,“神话”往往给予人们这样的印象:首先,在时间上,神话多发生在人类的远古时期;其次,神话具有幻想性和艺术性,多神化自然和英雄人物;最后,神话惯常以单一的事件出现。这是人们对于"神话"一词最为常识性的理解,而牟宗三要讨论的"政治神话"的概念与传统意义不同,更显示出哲学和政治学的丰富内涵。

(一)理性的无奈

卡西勒在《国家之神话》一书中阐述到:"在人必须面临一个不寻常而危险的情形下,神话达到了它的完全的力量。"[①]"如果理性失败了,总会留着最后的一项奇迹和神秘的力量。"[②]对卡西勒来说,政治从来没有固定的均衡,人们总是生活在变动不居处。他把这比喻成火山土地,而人们必须时刻准备抵御不期而至的震动、爆发。当理性代替远古神话构建社会的平静和安宁时,在某个角落仍然潜伏着理性尚未或无法触及的角落。社会危机爆发的瞬间,理性也显得茫然无措,于是,神话再次到来。

(二)立体力量之生发

牟宗三的政治神话概念除了理清理性和神话的关系之外,还涉及到政治神话的构建主体——人。因为"神话究是人创造出来的,它必与人分上有某种线索的连接,勾引出人类生命中超乎寻常的力量"[③]。他在书中引用了法国学者都特对于神话的定义,即"神话,是人格化的集体欲望"[④]。当集体愿望产生之时,现实处必然有不合理之地界。然此地界又是现实处存在的平面理性与技术无法改变和阻挡的,由此便需要一种超乎现实的、平面理性与技术之上的、无限量的、创造的立体力量。而这力量,正是产生神话之根源。

立体力量产生于生命。圣贤的生命力量配之以自觉的德性,英雄则只有其生命强度迫不得已要发出时,才产生不自觉的、自然的德性。圣贤的德性是"所存者神,所过者化"[⑤],其生命力量没有限定。而英雄的生命力量则常是在一个定向中,有所限制。但不论是英雄还是圣贤,其生命强度的立体力量总有超乎想象的能量,这正是所谓立体力量之创造性。它具体表现在,打散既成、旧的局面,创造出新局面。当生命之立体力量凸现时,那些外在对象、理性与技术、与物质工具做平面性

---

① 牟宗三:《牟宗三先生全集》第10卷,台湾联经出版事业公司2003年版,第69页。
② 牟宗三:《牟宗三先生全集》第10卷,台湾联经出版事业公司2003年版,第70页。
③ 牟宗三:《牟宗三先生全集》第10卷,台湾联经出版事业公司2003年版,第71页。
④ 牟宗三:《牟宗三先生全集》第10卷,台湾联经出版事业公司2003年版,第71页。
⑤ 焦循:《孟子正义》(下),中华书局1987年版,第895页。

连接的生命都被冲散,生命立体力量的创造性与理想性联系在一起。当破旧出新之时,它的理想性就在这过程中彰显,只要普遍人心觉识到旧局面的不足,共同形成创造新局面的愿望,那这愿望便会发出一种客观的、强大的、具有摧毁性和创造性的力量。只是在这过程中,英雄的生命立体力量是对现实局面的不满而显,并无精纯湛然莹澈之德性,而圣贤往往有此德性以润之生命强度的理想性。正因为政治上的生命的立体力量一发动便是客观的、普接群机的,所以在这种群体的基础上,立体力量顿时有了"神性"。神性有隔绝于世的、超越的相契,也有存在于每个人心中的,千万人心同、理同的机应。通过千万人的媒介相契,产生那忘我的、客观的、大公的精神,政治上的立体力量最容易与神性相契,也最容易产生政治上之神话。

上一段提到,圣贤和英雄都具有创造性、理想性、神性的立体力量。但圣贤人格的生命立体力量纯净化地向上超越是在印证纯粹的神性,它没有世俗的夹杂,更不是要解决某一问题,所以他的个体生命是纯然德性的自身,展开的生命附有全幅的神性。表现在感觉界中,则是"与人为徒",表现神性的爱,唤醒其心灵上的觉悟。至此,它纯净向上超越的过程便成就了宗教。在这过程中,世俗对圣贤人格或宗教人格的叹许自然会产生神话,而此时的神话只是附在本体纯然德性生命上的一些具体的姿态。英雄人物或者说政治活动的立体力量,因其客观性和普接群机,也有向上的超越性。但政治上情欲生命的立体力量不是纯然德性的,他自始就在感觉界上发挥,其原则总是定在其所要解决的事情上或群体的共同愿望上,并不基于德性生命。此神性化是抽象的、限定的,由感觉界返至超感觉、超限定,是比宗教上的纯然德性生命之神性化低一层次的。它的神性来源于普接群机和群体愿望的客观性,然基于生命本身非纯然精湛之德性,他的情欲生命中,总有魔性在其中。"魔,撒旦的本质,就是纯否定,这是总持地、抽象地说。若具体地说、作用地说,则对任何正面肯定的、有价值的东西,无论真、美或善,它都向纯否定的方向施以种种的引诱、迷惑,而归于拆散。"①英雄的情欲生命中,就含有魔性。此魔性是推倒一切旧局的浪漫情调,这似乎是必须的。但如果没有更高的德性在其中,则上述之浪漫精神,本身即是魔。英雄是神性与魔性混杂的主体,他的魔性不是纯魔性,是定向上的行动力,只限于英雄人格的层次。这里不似宗教或圣贤的生命之立体力量,只在印证那纯粹的神性,而非要在现实平面领域解决某问题。

① 牟宗三:《牟宗三先生全集》第10卷,台湾联经出版事业公司2003年版,第84页。

二、政治神话表现的历史形态

(一)古代英雄主义的形态

在牟宗三看来,古代英雄主义的形态是个人英雄式的生命在政治活动中的表现,领导者靠着自身强烈的生命力和普接群机的立体力量打开新的社会局面,为的是"伸大义于天下,拯人民于水火"。但此种形态并没有特定内容的限定概念,对人民的物质生活和精神生活的最高原则也没有什么影响,只是恢复社会的正常秩序。在中国,英雄主义的政治神话总是假托一些宗教或祯祥、符瑞之类的神秘色彩来吸引民众,构成其合法性。待革命成功,便转为一个更为抽象的神话,即"天命所归"。然而,在这超越于现实的"神秘力量"之下,牟宗三认为,其本体还是"生命之立体力量","天命所归,在中国,虽可以作神话观,然亦不完全是神话,这里亦可透视出一个庄严的超越的道德感与道德实体"①。

在古代英雄主义的形态中,政治是由英雄生命之立体力量所直接自然产生的政治形态,简单地说即是生命力强的人,通过比武的方式,借"力"获得统治权,并无概念可显。这里的人民并没有参与这场比武的角逐,对结果只是无奈地默许。经济上同样如此,政治上的样态往往直接投射到经济中,所以土地主要以"占有"为主。社会生活层面,则是顺乎情、合乎理的伦理纲常。总体上说,一切都是自然而然的,并无概念上的加工和曲折。

对于上述政治神话的形态,牟宗三这样评价:"当政权是由生命的立体力量之'力',打来的时候,人在此是无话可说的,这里没有概念,'力'是一个最后的真实。"②

(二)近代集体主义的形态

牟宗三明确指出,"近代政治神话,是概念的神话"③。这里引出一个定义即"概念"。"首先是改变了政治形态,后来又改变了经济形态,牵连影响及已改变了的政治形态与最合天理的伦理形态。这些改变,就是我所谓'概念的途径'。"④"概念"发生在由力直接产生的自然政治状态之后,存在两种使用层面。一种层面是"实"的层面,经验的、顺事的,"即事以穷理";一种层面是"虚"的层面,形式的、先

① 牟宗三:《牟宗三先生全集》第10卷,台湾联经出版事业公司2003年版,第88页。
② 牟宗三:《牟宗三先生全集》第10卷,台湾联经出版事业公司2003年版,第91页。
③ 牟宗三:《牟宗三先生全集》第10卷,台湾联经出版事业公司2003年版,第92页。
④ 牟宗三:《牟宗三先生全集》第10卷,台湾联经出版事业公司2003年版,第91页。

在的,非“事”层面上的内容,属凌空架起的,是实际层面上活转自由的保障。在“实”的层面,主要是向经济形态方面用。而虚的方面,则正好符合民主政体之要求,它是一个形式的架子,保证人的自由,并正是为保障人的自由而设。实的层面,是经验的层面,如果非“立理以限事”,则滋生极权专制和骚扰,这便是近代政治神话的特点。

完成神话的概念机能有两层,“高的一层是主义,低的一层是技术”①。牟宗三认为近代的政治人物利用其现世的科学成就是无可厚非的事,这只是平面的力量,是技术层次。真正导之以行的还是高一层的概念机能,那就是“主义”。“主义”是产生立体力量之所在,产生近代神话之所在。

希特勒是近代政治神话的代表人物之一,他的神话创造在极强的生命力、概念、主义、科学技术中得到实现。“他凭借概念、党,造成他们自己是个神、神性化的独裁者;概念是神话的概念,党是神话的党,领袖是神话的领袖。”②他虽有概念的机能,却不把其视作自身的重要。他是一个疯狂的生命力量的爆发,应劫而生。纵然极权得以维系,也终会失败,“因他在高一层方面的概念魔术性与概念持续性都不够坚强”③。而卢梭虽遭到部分学者的批判,在牟宗三看来却是概念机能之“虚用”的代表,因他主张的自由民主对传统政体发出了立体、理想的力量。虽有拿破仑称帝以歪曲之,但毕竟是向着民主政体前进。最后一个突出的代表便是马克思,牟宗三肯定了马克思紧握住客观历史事实的能力,即无产阶级的问题不能求助于道德宗教等理想层面的途径,而是“客观地根据社会形态之发展转变之法则以及历史之必然而发动的革命”④,但却不赞同他从理论上否定全幅价值世界、人文世界之真理性与真实性。他说:“这里的‘天理’不是截然二分那样的抽象所能表现。在这里作意,起概念,施以思想上的人工曲折,只有顺经验,‘即事以穷理’,不能先天的硬来,‘立理以限事’,否则所伤必多。”⑤

近代政治神话是概念的神话。技术概念无所谓好坏,只是生产的工具;而主义概念则有好坏之分,“好处是确定,有理则;坏处则是限定,不圆通,有虚幻,亦有骚扰”⑥。能正视概念,知其虚实,不为其所累,行走于概念与非概念之间,完成顺适

① 牟宗三:《牟宗三先生全集》第10卷,台湾联经出版事业公司2003年版,第92页。
② 牟宗三:《牟宗三先生全集》第10卷,台湾联经出版事业公司2003年版,第93~94页。
③ 牟宗三:《牟宗三先生全集》第10卷,台湾联经出版事业公司2003年版,第95页。
④ 牟宗三:《牟宗三先生全集》第10卷,台湾联经出版事业公司2003年版,第97页。
⑤ 牟宗三:《牟宗三先生全集》第10卷,台湾联经出版事业公司2003年版,第99页。
⑥ 牟宗三:《牟宗三先生全集》第10卷,台湾联经出版事业公司2003年版,第99页。

条畅的生命,则政治的理性与智慧出矣,亦是走出政治神话的要义。

三、逃离政治神话:现代政道建设的应然前提

(一)政治实践活动的主体——英雄、圣贤与圣王

政治是人的政治,故伟大人物在政治中的角色和作用往往影响着政治的特征和属性。是英雄,是圣贤,还是圣王?他们的使命有何区分?

在牟宗三看来,使命是自上而下的,绝对性的担负。“使命感就是直透到超越的最后的真实,由这最后的真实所兴发的一种内在的责任感,其实也就是‘承体起用’。”①

英雄和圣贤人物都有使命感,但英雄的使命感在于他情欲生命的强烈,算不上承体起用。时代的大任发动了他生命的立体力量,使他拥有了使命感,但他尚和神有层隔阂,没有德性生命内在的通契,他的全幅情欲生命都用在了“事”上。也正是由此,他的使命转而降为命运。一方面在内在的角度上说,他发动了立体的力量,实现了情欲生命在现实中的机括性,当所定之事完结的时候,生命也随之完结;另一方面在超越的角度上说,他的情欲生命之上,还有一个命运在支配着他,他被这命运捉弄着,不能自主。另外,当他强烈的情欲生命之立体力量专注于事上的完成时,在外在使命感的催化下,命定的预言应然而生。在共同愿望构成的虚幻、庞大的立体力量带领下,他盲目地将自身神性化,以至于要像上帝那样创造万物了。由此,他在外在使命的催促下,投射于未来的预言变成了虚妄的“点”,而立体之力量在无缰束缚中最终将转为其自身毁灭的力量,重蹈机括性的悲情。

圣贤的生命是德性的,他与神的本质不隔,所以圣贤的使命感非命运,而是承体起用的。圣贤的使命感就是尽性以至命,穷尽其生命之理,将天命全幅实现之。但圣贤也有命运,他的命运只在定向上解决某一事,或在某件事上表现“道”时,才有体现。圣贤人格本身也会像英雄人格一样通过其使命感而产生预言,但正如儒家式的预言,因其仁心之感通、文化生命之贯通而使预言不虚悬而为一个点,它是在文化生命的具体展开上成为一条线索的。它与现实相连,与未来相连,亦与天地相连。儒家式的预言,在政治上容易成为理性。

历史需要圣贤,亦需要英雄。历史需要圣贤人格内在生命所展现的天命之纯德,亦需要英雄定向上所付外在生命的机括性的命定主义。依儒家的定义,圣王乃

① 牟宗三:《牟宗三先生全集》第10卷,台湾联经出版事业公司2003年版,第102页。

系圣贤与英雄之上政治上的最高格。其在政治上具有承体起用的使命感,而非悲剧色彩的机括性的命定主义,既有圣贤人格的天命之纯德,又有定向上解决某事的立体力量,是圣贤与英雄的完美结合。

(二)政治实践活动的根基——道德理性

在牟宗三看来,政治是人的政治,脱离人的存在而单纯看政治现象不能完全寻找到使政治成为科学的理性的方法。政治从神话走向理性这一问题是从人的政治实践方面说,不是在既成政体下,就政治制度、权力关系做科学的研究方面说。

那么如何使政治从神话转为理性呢?牟宗三认为,儒家所谓"圣王"的路径是从根本上开启了"政治上为理性的"大门,是根源的理性,是从生命之立体力量出发,能够从根本上反对神话的、力的、非理性的路数。所以由此,"理性"应首先表现为"德","以德取天下,并以德治天下"①。

以德治天下,圣王是由万民推荐、拥护而立,并无理性外延层面上的限定,实从具体的事上见民心向背而如此。这内容上的表现,虽有不足,但能从具体而实际的人生处把握社会世界的律则。德治天下的最高律则是"直接以主观服从客观",视人民如"存在的生命个体"而客观地视之,"如其为已存在的生命个体而还之,全幅让开,顺此存在的生命个体所固有之人性人情而成全之以至达乎人道"②。此非强迫人民无奈地服从虚幻的概念或主义,而是尊重存在的生命个体,人民是主,治者是宾。没有任何外力可以限制存在的生命个体,它是衡量治者真实为德或为力的标准。尊"存在的生命个体"是发乎仁,是儒家政治实践和理想所立的最高律则。"主观敞开,服从客观,则客观方面即全散开而落在'存在的生命个体'之'各适其性,各遂其生'之'各正性命'上,无骚扰,无矫揉,无悬隔,无设计,个体落实地还其为个体,此为儒者'理性之内容的表现'之德治之极致。"③而道家的"物各付物"亦是这个道理。政治的最高理性由此而发,社会的最高律则亦是从这里出发,最终实现"个体而顺成"的最高政治原则。

牟宗三对政治神话的阐述,事实上是对非理性政治,如英雄主义形态和集体主义形态政治的一种批判,并由此引出其对理性政治的认知。这里的理性是儒家所谓的道德理性,而非西方近代意义上的知识理性。他认为最高的政治原则、完善的政治样态,应以社会个体充分实现其道德价值生命,统治者圣与王的统一为评价标准。

① 牟宗三:《牟宗三先生全集》第10卷,台湾联经出版事业公司2003年版,第124页。
② 牟宗三:《牟宗三先生全集》第10卷,台湾联经出版事业公司2003年版,第129页。
③ 牟宗三:《牟宗三先生全集》第10卷,台湾联经出版事业公司2003年版,第132页。

第三节　政道与理性

牟宗三认为儒家的道德理性可把政治从神话中摆脱出来，从而实现政治内容上的民主。但为什么中国千年来都没有实现真正意义上的民主政治，而西方却建立了民主政治制度？本节即围绕此问题展开探讨。

一、理性背后的文化精神

这里我们首先对比一下中西方的传统文化生命。牟宗三认为，中国传统文化重在把握“生命”，向生命处用心，旨在如何调护安顿我们的生命，所以在个体修养上就要体现“正德”，在统治万民上则要“利用厚生”，整体来说是属于道德政治的观念形态。这里开辟出的精神领域是价值的世界、心灵的世界，这里的理性是道德的理性、实践的理性。但在这种道德政治的氛围内，仍然在政治的措施中体现着“智”的痕迹，“智”是道德政治的实用表现，所以牟宗三将之命名为“仁智合一”的观念形态，并以“仁”为笼罩。而西方文化生命重在把握“自然”，把握自然宇宙所以构成运行之理。区别于中国传统文化生命“由内向上”运用心灵，西方则是“由外向上”运用心灵。他将之称为“智的系统”，而这系统的全幅领域就是逻辑、数学和科学。

在这样的传统文化背景下，他将中国文化精神的特征归为“综合的尽理之精神”，将西方文化精神的特征归为“分解的尽理之精神”。

（一）综合的尽理之精神

“综合”：“上下通彻，内外贯通。”①天人之间相通彻，精神价值与礼仪规范相贯通。“尽理”：“荀子所说的‘圣人尽伦者也，王者尽制者也’，以及孟子所说的‘尽其心者知其性也’，《中庸》所说的‘尽己之性’‘尽人之性’‘尽物之性’等综摄以成的。尽心、尽性、尽伦、尽制，统概之以尽理。”②之所以可以统称之为“尽理”是因为尽心尽性与尽伦尽制虽分别属于仁义内在和社会礼制两方面，但二者相互渗透、相辅相成。尽心尽性在尽伦尽制之中，而尽伦尽制的本质也就是尽心尽性。说到底，无论是尽心尽性还是尽伦尽制，都属于道德理性，故将其统称为“尽理”。“综合的尽理之精神”最大的特征就是深刻的道德政治烙印和富于实践意义的价值世界。

---

① 牟宗三：《牟宗三先生全集》第9卷，台湾联经出版事业公司2003年版，第192页。

② 牟宗三：《牟宗三先生全集》第9卷，台湾联经出版事业公司2003年版，第192页。

“心性与天理”蕴含在礼乐文制之中，而天理、道德则在实践中得到实现与体悟。

（二）分解的尽理之精神

“分解”由智之观解而规定，包含三层意思：“一、含有抽象义。一有抽象，便须将具体物打开而破裂之；二、含有偏至义。一有抽象，便有舍象。抽出哪一面，舍去哪一面，便须偏至哪一面；三、含有使用‘概念’，遵循概念之路以前进之义。”①在这里，分解的精神是层层递进、方方正正的。牟宗三把它称为“方以智”，而把中国的“综合的尽理之精神”称为“圆而神”。“尽理”，从内容上说，主要是逻辑、数学、科学。而概括其本质，所尽之理大都是“外在之理”。这里即使包括价值观念，也是把它作为外在的客观对象而讨论。在牟宗三看来，西方的“宗教型”文化系统也是“分解的尽理之精神”。这里“分解”的精神正是对隔离、偏至的宗教精神而言。他认为，上帝为证实他的绝对性、纯粹性、精神性而将现实一切剔除净尽，他将“绝对的爱”、“普遍的爱”传达出去，并“将上帝的内容全幅彰著与人间”。这种抛除现实界、感觉界，将人与神分离开的精神是偏至的、隔离的。但正是这种精神，成就了“民主政治”。

二、理性差异的文化背景：理性之运用表现与架构表现

上一部分提到中国文化精神的特征为“综合的尽理之精神”，西方文化精神的特征为“分解的尽理之精神”。这两种文化精神通过文化生命的展开即彰显为“理性之运用表现”和“理性之架构表现”。牟宗三认为，中国古代正是缺少了这“架构表现”才没有产生近代意义上的民主、科学。

（一）理性之运用表现

1. 何谓理性之运用表现

“理性之运用表现”的“理性”是实践理性，处在生活的具体之中。更加确切地说，即是“人格中的德性”。“运用表现”中的运用，也可称作“作用”、“功能”，“‘运用表现’即禅宗所谓‘作用见性’之意，宋明儒者亦曰‘即用见体’，就《易经》说，则为‘于变易中见不易’”②。但不同的是，古人侧重于“见体”，而“理性之运用表现”则更重在“表现”。此处的表现颇具实践意义，用牟宗三的话说是“据体以成用”，“承体之起用”，在具体生活中牵连着事。总的来说，“理性之运用表现”是道德理

① 牟宗三：《牟宗三先生全集》第9卷，台湾联经出版事业公司2003年版，第196页。

② 牟宗三：《牟宗三先生全集》第10卷，台湾联经出版事业公司2003年版，第52页。

性或者说“德性之感召,或德性之智慧妙用”①,它存在于实践的层面上,总是与事联系在一起,非抽象的理性。它是生活的,也是德性的、智慧的。

2. 关联着文化问题的三方面解读

(1)就人格方面说,牟宗三认为圣贤人格之感召就是理性之运用表现。君子所存者神,所过者化。“所过者化”是由于“所存者神”,“化”本身也是神,其方式相当于“直通”,与“所过者”之间不需要任何媒介或桥梁,可以一下子即“化”、感召或者通解。在牟宗三看来,媒介或桥梁都是理性之架构表现。如果圣者之德需要理性之架构表现才得以感召或通解,那么它就是理性之架构表现了。

(2)就政治方面说,他认为理性之运用表现就是儒家德化的治道。牟宗三认为中国传统政治只有治道而无政道,政权在个人,故政权的更替就在于“马上取天下”。人民的生活全系在皇帝一人身上,德化皇帝就成为治道的重要内容,正所谓君相之德之妙用。

关于治道,他认为在以前共有三种形态:儒家德化的治道、道家道化的治道、法家物化的治道。德化治道的最高境界是乾道变化,各正性命,保合太和,乃利贞;道化治道则是各适其性,各遂其生。这两种思想相近,是治道的最高境界,即“人民忘掉政治,君主忘掉权位,个个皆撒手让开而守其‘独’,此为彻底散开之个体主义”②。事实上,牟宗三认为这种治道并不是今日所言之政治也,而是一种超政治,有类于“神治”的形态。但无论如何,这种治道皆系君相之德之妙用,依赖于圣贤人格的感召力量,而这种感召力量正是理性之运用表现。

由此,牟宗三又进一步分析了中国非政治意义之国家的单位,没有近代意义之国家、政治、法律出现的原因。在中国,国家是“天下”,政治是“吏治”,法律是“五伦”,它们并没有理性之架构形态,一切本应“客观外在”的律定,都随着“君相之德之妙用”而生、而落,由此体现出“理性之运用表现”的形态。牟宗三认为:“理性之作用表现,在圣贤人格方面是恰当的、正直的,而在政治方面则不恰当,而系委曲。”③

(3)就知识方面说,牟宗三认为“理性之作用表现便要道德心灵之‘智’一面收摄于仁而成为道心之观照或寂照,此则为智的直觉形态,而非知性形态”④。随后,他对“道心”做了剖析。在他看来,“道心”一方面是非经验的,另一方面是非逻辑

① 牟宗三:《牟宗三先生全集》第10卷,台湾联经出版事业公司2003年版,第52页。

② 牟宗三:《牟宗三先生全集》第10卷,台湾联经出版事业公司2003年版,第54页。

③ 牟宗三:《牟宗三先生全集》第10卷,台湾联经出版事业公司2003年版,第55页。

④ 牟宗三:《牟宗三先生全集》第10卷,台湾联经出版事业公司2003年版,第55页。

数字的。“中国以前讲学问即以德性为主,则心之智用即必然收摄于德性而转成一种德慧。德慧的表现必然是作用表现,而不能由之以成科学知识。”①

(二)理性之架构表现

1.何谓理性之架构表现

牟宗三认为,凡是理性之运用表现都是隶属关系,没有对立,或是将自己投到对象上去,或是把对象收进自己的主体里来,最终成为彻上彻下的绝对。“架构表现则相反,它的底子是对待关系,由对待关系而成一‘对列之局’。”②架构表现中的理性是“观解理性”或“理论理性”,不同于运用表现的实践理性或德性,是属知识层面的概念。民主和科学就是“理性之架构表现”的成就。

2.从政道、政治、国家、法律、科学知识五方面的解读

(1)政道:牟宗三认为,政权应由寄托在具体的个人身上转为寄托在抽象的制度上。而对于个人来讲,人民在政治上应有独立的个性,人民对于皇帝成一有独立个性之对立体,这也是政道出现的基础。政道出现,则民主政体就出现。就牟宗三的观点看来,人民与统治者之间的对待关系、人民在政治上的独立及抽象的制度正符合“理性之架构表现”的要求。所以,政道、民主政体皆是理性之架构表现。

(2)政治:牟宗三认为真正近代意义上的政治,是随民主政体而来的民主政治,非吏治。民主政体下的政权不可取,治权通过选举而暂时拥有。选举因人民在政治上有独立个性而使然。所以,民主政体下的政治也是理性之架构的表现。

(3)国家:国家的成立首先需要一个基本条件就是人民在政治上的独立个性,其次是有一客观、外化的政权和治权制度,所以这也是理性之架构表现。由此,中国以前只是文化单位,人民在政治上是被动的产物,对于家国的责任感只是停留在道德意义上,非国家意识。

(4)法律:古代中国的法律是伦常法,非政治法。近代意义上的法律是随政道而来,依靠人民在政治上的独立个性和自觉,客观、实效,具有永恒独立的意义,故亦是理性之架构的表现。

(5)科学知识:科学知识的形成依靠经验和逻辑数学,属于主客体间的认识关系。区别于道德、宗教的上下隶属关系,知识的成立首先就需要主客体间的对偶性,外界是认知的对象,主体即认知的主体。因而,科学知识是理性之架构的表现。

---

① 牟宗三:《牟宗三先生全集》第10卷,台湾联经出版事业公司2003年版,第56页。

② 牟宗三:《牟宗三先生全集》第10卷,台湾联经出版事业公司2003年版,第58页。

三、理性差异的政治表现:理性之内容的表现与外延的表现

就中西方的政治思想理路而言(这里所谓的中国的政治思想主要以儒家的政治思想为主),牟宗三做以“理性之内容的表现”与“理性之外延的表现”的区分和界定。

(一)理性之内容的表现

“理性之内容的表现”,“是说对政治这一概念本身既没有客观地表现其理性,以成就此概念之自性,复没有在具备客观的内容与外延之政治概念自性下以表现其理性,而单就生活实体上事理之当然,自‘仁者德治’之措施与运用上,以表现其理性”①。

牟宗三认为,中国儒家的政治思想中不包含主权、政权、人权、自由、平等等形式概念,只有对个体人格而言的道德意义上的价值概念,重视生命个体通畅其性命,全然是实际处的实践,没有形式上的追讨。在统治者层面,人格价值观念占有主导因素,“某人因才、能、德而有‘位’,即须在此位上而尽‘分’”②。这里抛除了政权、主权的观念,只是从切用的角度,只要有仁德精神,将此位之事处理得当即可,别的自不必多说。用牟宗三的话讲:“这是很实际的直觉心灵,而不是形式的概念心灵。”③在被统治者层面,人民各安其命、各适其性、各遂其生,视完成“个体之事理所应有者”为天经地义。凡是此中所需要、应有的,皆应该给予肯定和尊重。这里不涉及权利义务、自由平等、人权等阶级社会中的产物,人民亦不需要去争取、斗争以获得解放,这里“就实际生活一起全部敞开而承认之”④。只要是在实际生活中可以落实敞开的,都应给予肯定和尊重。

由此,他得出结论:“中国儒者的政治思想,全幅是由这‘实际的直觉心灵’而抒发,就实际的生活(存在的生命个体)上事理之当然,而为理性之内容的表现。”⑤它一方面具体而实际,靠实际的直觉心灵展现;另一方面又隐微、若有若无、相互渗透,难以把握和割断。但是它仍然有自然的厘清和界限,这主要依靠主观仁者的德性标准和客观生活实体上事理之当然。事实上,牟宗三对于这种理性在生活中的妙处是十分欣赏并感到骄傲的,但将其运用到政治上,他则认为不足之处甚多。

---

① 牟宗三:《牟宗三先生全集》第10卷,台湾联经出版事业公司2003年版,第158~159页。

② 牟宗三:《牟宗三先生全集》第10卷,台湾联经出版事业公司2003年版,第143~144页。

③ 牟宗三:《牟宗三先生全集》第10卷,台湾联经出版事业公司2003年版,第144页。

④ 牟宗三:《牟宗三先生全集》第10卷,台湾联经出版事业公司2003年版,第144页。

⑤ 牟宗三:《牟宗三先生全集》第10卷,台湾联经出版事业公司2003年版,第145页。

就此问题，他分别从“得天下”、“治天下”和统治者自身来说明“理性之内容的表现”在政治上所体现的不足。从“得天下”角度说，儒家政治思想似乎没有明确区分“天与”、“推荐”与“家天下”在概念和具体实际制度上的区别，而只是顺事地、实际地、内容地拖下去，不能正视政治制度，积极设想如何取共去私，这是“理性之内容的表现”的根本缺陷。从“治天下”角度说，一方面，治天下仰仗“仁者德治”，但“仁者”难求；另一方面，人存政举，人亡则政息。如果不在政治上设立一个客观制度，则政道无恒常，“仁者德治”亦无法真正实现。从统治者自身的角度说，治者负担过重。“仁者德治”要求“仁者用心如日月，仁者德量同天地”[①]，对其要求高，负担也重。但对于被统治者而言，中国人民以生活为第一，很知争事理之当然，但无所谓人权。牟宗三认为，中国并无特权、阶级限制的不自由，人民不必后天去争取权利和自由，故中国有革命、造反，却没有争人权。但这样就造成革命、造反循环往复，而无法真正建立恒常的“政道”。

（二）理性之外延的表现

“说外延的表现，则内容即限在一定界域中，能使一概念本身之自性因客观的内容与外延之确定而被建立，虽不能尽其具体之牵连与出入，然而可以使人正视每一概念之自性。”[②]牟宗三将其称为“概念的心灵”，并认为是政治上所必需的抽象。

牟宗三认为，西方之所以形成“理性之外延的表现”，“本质的因缘是他们形成智的文化系统之‘概念的心灵’，而现实的因缘则是他们历史现实中的‘阶级’”[③]。如果阶级斗争为的是公道和正义，而非私利，则其是为了解放人为一“灵的存在”、“精神的存在”和“人为一实际权力的存在、政治的存在，每一个人是一权利之主体”[④]。除此以外，因上帝面前人人平等，每个人皆因宗教的原因而成为独立自足的精神存在，这抛除了阶级的限制、世俗的地位而实现了“超越的平等性”，“超越的平等性”投射到现实的社会中，直照出每个个体所遵循的“普遍理性”。“人，当作一个为普遍理性所规定的存在看，大家都是一样的，无分贵贱，都可度其合理的生活。”[⑤]人们按照上帝的旨意争取权利上的平等、人性的自由、个体的解放，这些在牟宗三看来都是“理性之外延的表现”。“理性之外延的表现”构建了一系列诸如法律、契约、架构等概念框架，并将权利、自由、平等外在客观化，建立民主政体，

---

① 牟宗三：《牟宗三先生全集》第 10 卷，台湾联经出版事业公司 2003 年版，第 153 页。
② 牟宗三：《牟宗三先生全集》第 10 卷，台湾联经出版事业公司 2003 年版，第 159 页。
③ 牟宗三：《牟宗三先生全集》第 10 卷，台湾联经出版事业公司 2003 年版，第 160 页。
④ 牟宗三：《牟宗三先生全集》第 10 卷，台湾联经出版事业公司 2003 年版，第 163 页。
⑤ 牟宗三：《牟宗三先生全集》第 10 卷，台湾联经出版事业公司 2003 年版，第 168 页。

成就政治之自性。但这种法律、契约、架构等概念是靠阶级的集团力量争取而来的，因而落实在现实的利害纠结中，难保世事多变。又因理性自始向外施展架构，其落实处的概念网一旦形成，理性并无寄处。而且其施展形式一直向外，故主体内在的个人主观生命难以调适顺畅，世界“一方面外在地极端技巧与文明，一方面内在地又极端虚无与野蛮”①，政治学亦难找到坚实可靠的基础。

在文化精神方面，中国系“综合的尽理之精神”，而西方系“分解的尽理之精神”。两者分别在各自的文化生命上开显出“理性之运用表现”和“理性之架构表现”，前者主张把握生命道德，实现个体道德理性的最高境界，整体特征是“圆而神”的“仁的系统”；后者重视智力观解，主要是逻辑、数学、科学等客观内容，整体特征是“方以智”的“智的系统”。两者在政治理路上表现为“理性之内容的表现”和“理性之外延的表现”。“理性之内容的表现”在道德上建树，虽境界上较高，但易令政道失常。“理性之外延的表现”在政权上有所成就，但道德生命难以调畅，故亦缺乏坚实基础。由此，中国古代政治因缺乏“理性之外延的表现”而使民主政治未开，但西方文明也同样非全善。

第四节　治道与理性规约

牟宗三对中国传统政治的评价是“治道之极而无政道”。事实上，这是对中国传统政治理论的评价，而非政治现实。总体上看，中国传统政治理论主要分为三大派，即儒、道、法。通过对它们的分析和比对，牟宗三试图勾勒出其对政治“外王”的最高理想。

一、中国传统治道的分疏

（一）儒家的德化治道

1. 以“德”为源点的治道

所谓德化治道，“德”在亲亲、尊尊、伦常、人之性情，乃至道德的心性上。追根溯源，成就在“礼乐”之上。礼乐受夏商周三代所成之伦理道德规范，本于人之性情，规范亲亲、尊尊之伦常，最终实现人道德心性的彰显。“礼乐之教即是性情之教，德化即是性情人格之完成。”②礼乐作为文法典制，其外在于文的内容可以与民

① 牟宗三：《牟宗三先生全集》第10卷，台湾联经出版事业公司2003年版，第174页。

② 牟宗三：《牟宗三先生全集》第10卷，台湾联经出版事业公司2003年版，第31页。

变革，然内在的性情、伦常、道德之心性，乃是不变之理，也是道德真实心之流露。儒家的德化治道，成就一个“德”，也正是在此。

以此为源，儒家在治道方面表现为以“亲亲、尊尊、尚贤”为体。亲亲和尊尊是伦常范畴，维系着社会的基本道德规范；尚贤属人格范畴，“是每一个体自己奋发向上完成其自身之德的事”①。由以上三目为体，又转出“正德、利用、厚生”三目为用。亲亲、尊尊、尚贤属正德范畴中事。正德是利用、厚生的必要条件，是厚生的根本，为人民谋幸福不能离开德的指引。而正德必含厚生，以开人民之幸福。因为德是道德的仁义之心、真实之心。从个人道德实践角度讲，律己要严；从治道上讲，则要宽、恕，从而让民各安其性、各遂其生。由此，牟宗三认为“正德、利用、厚生即是王道”②。

正因为儒家的治道从“德”的源点起发，所以其还有“德化”众人之精髓，正所谓“尊人尊生也”。“尊其德性人格的生，尊其有成为德性人格的可能的生”③，此乃教人以德性之觉醒，“故厚生必以正德为本，此是儒家言德治之大端”④。

2. 德治之宗极及目的

儒家的德，不同于道家，更不同于西方及现代意义所谓的抽象含义，它是一种性情人格的提升，关注道德的真实心。其终极一语以尽之为“乾道变化，各正性命，保合太和，乃利贞”⑤，即儒家德化治道的最高境界为“各正性命”。在儒家看来，每个人自身皆为一目的，每个人最高、最终将具有圆满具足的个体人格，而德治的最终目的在于通过教化觉醒之，使每一个人都向上奋发，实现其自身人格之站立和完成。“故此德化的治道，自始至终即是落足于具体的个人人格上。”⑥

3. 德化治道的政治意义

德化治道自孔子定其型范以来，后辈儒者在其基本理念上一直遵守不渝。自秦统一中国后，由于政权与治权的分离，君主专制使皇帝成为政权与治权合二为一的超越无限体，他的意志便是权力和标准，完全不依照客观行之有效的法律。由此，儒家唯有自治道方面以“德”化之，使其权力客观化。此德非空说，而是要落实到个体身上，归于自己做德性的觉醒，即“慎独”，令德性以纯之、以实之。如此，便

① 牟宗三：《牟宗三先生全集》第10卷，台湾联经出版事业公司2003年版，第31页。
② 牟宗三：《牟宗三先生全集》第10卷，台湾联经出版事业公司2003年版，第31页。
③ 牟宗三：《牟宗三先生全集》第10卷，台湾联经出版事业公司2003年版，第31~32页。
④ 牟宗三：《牟宗三先生全集》第10卷，台湾联经出版事业公司2003年版，第32页。
⑤ 牟宗三：《牟宗三先生全集》第10卷，台湾联经出版事业公司2003年版，第32页。
⑥ 牟宗三：《牟宗三先生全集》第10卷，台湾联经出版事业公司2003年版，第33页。

是“慎独上的大洒脱,大自在,全体放下的彻底推开”①。牟宗三认为,德化人格到此境地,便是绝对与无限的,但这种绝对与无限包含着各正性命的天地气象,“此绝对是由慎独而成德的绝对,其无限也是说其德之圆满自足而为无限”②。儒家讲德化的治道,正是通过使皇帝由德性的觉醒而成为纯德无限之人格以法天,最终疏离现实集权的把持与胶固,让开一步,使物各正性命。“故德化的治道,其结果反是集权独裁的否定。”③

(二)道家的道化治道

“等差之礼”在儒家那里是本于人之性情,在德性上亦有其根据。但在道家那里,周文是外在于人的形式,“等差之礼”只是人为的“虚妄分别”。由“分别”又引发人与人之间的计较、追逐,故人束缚于其中而不能自适其性。由此,道家认为于人生的幸福上,应该摆脱外在的形式,冲破这些人为的对待。道家所言的“道”,也正是从以上这两点中得以体现。当冲破了外在形式上的束缚,人生解脱而“自适其性”,此“性”非儒家所讲仁义道德的“德性”,而是自然之性、无自觉或超自觉的混沌。区别于儒家积极的德性兴发大用,道家更讲求“无为”。但道家只看到“私意私智”,根于下等欲望、纯然是习气的“为”,却没有看到正面本德性天理之“为”。这样的哲学基础,映照在治道上则为“叫人君归于自己之自适自化而让开一步,让物物各适其性,各化其化,各然其然,各可其可。这也是散开而落在各个体上,忘掉你权位的无限,进而成为道化人格的圆满自足之绝对与无限”④。其难免让人联想到儒家的德化治道,但其治道之极是“各然其然,各可其可,一体平铺,归于现成”⑤,这与儒家的“乾道变化,各正性命,保合太和,乃利贞”⑥不同。照牟宗三的说法,儒家看到了人性情中道德的属性,而道家只是任生命之自然而然,无价值意味。

(三)法家的物化治道

对于法家的物化治道,牟宗三首先肯定了其政治上的意义。

春秋战国时期正值历史转变之际,贵族集团的没落,使君成为超然而客观的一国之元首,士升上来以代贵族,获得客观地位;井田制的崩解,使民获得初步的自由,不复为封君贵族食地采邑下之私属,亦有其客观地位。整个政治格局都有向客

① 牟宗三:《牟宗三先生全集》第10卷,台湾联经出版事业公司2003年版,第34页。
② 牟宗三:《牟宗三先生全集》第10卷,台湾联经出版事业公司2003年版,第34页。
③ 牟宗三:《牟宗三先生全集》第10卷,台湾联经出版事业公司2003年版,第35页。
④ 牟宗三:《牟宗三先生全集》第10卷,台湾联经出版事业公司2003年版,第38页。
⑤ 牟宗三:《牟宗三先生全集》第10卷,台湾联经出版事业公司2003年版,第38页。
⑥ 牟宗三:《牟宗三先生全集》第10卷,台湾联经出版事业公司2003年版,第38页。

观化发展的趋势，此已不再是礼乐伦常所能尽，法家孕育而生。

事实上，牟宗三将法家治道分为两个阶段。前期法家只是事功家，单纯地研究法。这一阶段是"为政以法"的治道，这种治道区别于德化和道化的治道，非向主观个体用心，而是向客观方面的共同事务之领域用心，是普遍的、客观的，符合政治的意义，表现的是客观精神，而非独化。随着时间的发展，牟宗三将第二个阶段的法家治道称为"物化的治道"，以道家为体，发展韩非之所想。这其中有两个节点为转变的标志：一是抬高君权、君主专制，言君术、神秘莫测之术；一是取道家之道为体。"物化的治道"反贤、反德、反民智、反性善、反仁义礼智，人间光明被抹杀。借助道家之体，"物化的治道"使其成为一种神秘莫测之法。发展到此，则"一切皆死，什么也不能说——事功、政治意义、客观精神，俱不能说"①。

牟宗三认为法家的治道之所以发展成物化治道，究其原因在于其只是从治道方面用心，没有从政道方面用心。法的领域、政治意义、客观精神等内容，不但在治权、治道方面有所表现，亦在政权、政道方面表现。并且只有在政权、政道方面表现，治权、治道才能局守而不滥。

二、社会世界实体性的律则与政治世界规约性的律则的理论辨析——儒家"外王"之切义

牟宗三把"生活实体上事理之当然韵节"命名为"社会世界实体性的律则"。其具体的线索是亲亲、尊尊、长长、男女有别，属于实体层面。"这些律则，简括之，则曰伦常；再简括之，则曰天理人情；散之则曰礼仪三百，威仪三千；总之则曰礼义（除去政治者）；再总之，则皆本于人情，故曰性情之教。"②而对应"实体性的律则"所开出的政治世界中所必需的律则——不可变革的最高原则，牟宗三将其称为"政治世界规约性的律则"，"就'得天下'方面所说之'公天下'之最高原则，以及就'治天下'方面所说之'让开散开，物各付物'之最高精神与'就个体而顺成'之最高原则"③。此"政治世界规约性的律则"是儒家用以充实其内圣外王的最高理想。

在书中，牟宗三援引黄宗羲《明夷待访录》中的《原君》、《原法》、《学校》三文，王夫之《黄书》中的《原极》、《古仪》两文，以及顾炎武的《日知录》，以明儒家大儒之共同政治理想。我们先将上述三人的主要政治观点简要说明，以便后文接续。黄宗羲的主要观点在于他反对君权至上的君主专制，认为天下应为人民的天下，君

① 牟宗三：《牟宗三先生全集》第10卷，台湾联经出版事业公司2003年版，第46页。
② 牟宗三：《牟宗三先生全集》第10卷，台湾联经出版事业公司2003年版，第180页。
③ 牟宗三：《牟宗三先生全集》第10卷，台湾联经出版事业公司2003年版，第180页。

主的工作是为了服务人民，而不是尽享一己之私。由此，他也区别了“一家之法”和“天下之法”，认为三代以下的法，都是专制君主为了保持一己之私所设立的，非三代以上为天下人民生养教化的法。所以应该废除“一家之法”，恢复“天下之法”，改革法制，“有治法而后有治人”，并设立学校为议政机关，使政治上决定是非的最高权力都归于学校。王夫之则以文化意识为最高原则，要以公天下捍卫华夏中区，以挟持政权处之禅、继、革的“公”。由此，牟宗三也评价他为彻头彻尾的理性之内容表现者。顾炎武和黄宗羲观点类似，主张“以天下之权寄之天下之人”，反对独治，主张“众治”。

牟宗三认为，儒家思想本来是“内圣外王”的理想，但以往儒者往往只注重提炼“内圣”一面，注重道德意识修养，忽视了“内圣”必含“外王”的要求，即“含家国天下而为一，其极与天地万物为一体”①的道德实践最高目的，以致内敛过度，不能畅通于客观事业。明末的诸儒们正是弃其弊，开拓“外王”一面，而他们的政治理想，是真正能接续上儒家政治理想的本谛，重新光复儒家政治理想的“公天下”原则和“让开散开，物各付物”、“就个体而顺成”的精神。他们只是缺少“理性之外延表现”，不能正视政权与治权的区别，从而非就客观制度上实现公天下，但本质上是趋向民主政体之出现的。世俗总以为儒家有助于极权专制，这是不对的。儒家“以天下之权寄之天下之人”、“让开散开”之精神，“就个体而顺成”之原则而言正是民主政体的本质。

以“内圣”之精神成就“外王”之功业，牟宗三认为除注意普遍的德性、义理外，还有生命、才气这一路。他认为只知道道德意识的应用，对于政局本身是不中肯的。德性和义理是客观事业的必要条件，但不是充足条件。客观的事业必须有客观意识、客观大略和恢廓得开之才气。如果没有英雄的生命与才气，客观事业难以实现。“生命一范畴虽不是一最高者，然确有其独特之领域。”②“凡真能恢廓得开者……即以其生命之朗然，而自然合乎儒者外王之真义，自然合乎治道之最高原则。”③

牟宗三外王的最高理想是“就‘得天下’方面所说之‘公天下’之最高原则，以及就‘治天下’方面所说之‘让开散开，物各付物’之最高精神与‘就个体而顺成’之最高原则”④。这是建立在儒家政治哲学基础之上的追求与理想，也是本章中最重

① 牟宗三:《牟宗三先生全集》第 10 卷，台湾联经出版事业公司 2003 年版，第 220 页。
② 牟宗三:《牟宗三先生全集》第 10 卷，台湾联经出版事业公司 2003 年版，第 242 页。
③ 牟宗三:《牟宗三先生全集》第 10 卷，台湾联经出版事业公司 2003 年版，第 242 页。
④ 牟宗三:《牟宗三先生全集》第 10 卷，台湾联经出版事业公司 2003 年版，第 180 页。

要的观点之一，它对我们深刻理解牟宗三的政治哲学有着非常重要的意义。在下面的篇章中，我们也将由此阐发对牟宗三政治哲学的审视。

第五节　道与势：政治哲学与社会历史的矛盾与冲突

道是儒家哲学的中心概念，在政治哲学的意义上说，更是儒家致力于成就的最高目标。道的含义丰富，在本体论意义上，它是万事万物的根据和运行变化的规律；在政治社会意义上，它是符合宗法礼制、全幅道德实现的和谐大同社会；在个体意义上，它是主体成圣成贤的趋指和道德提升的内在要求。对于儒家来讲，道既是主体的实践，又是客观外在的本体。道本身要求着与现实的统一，以价值世界涵涉现实世界，即道与势的统一、圣与王的统一。关于此逻辑，最典型的即为儒家之"内圣外王"。个体正德修身，成为最高道德理性的载体，德对于个体的意义远超于其生存的本来价值。但仅此还不止，个体的德与道还要散开为万民开太平，将个体的价值理想转化为现实的安邦之道。于此，天下才真正实现了"道"，才能称为"有道"。但就儒家逻辑的现实历史来看，道与势很难契合，甚至本身就存在着冲突与矛盾。

一、由朱、陈之争谈起

"王霸"之辩，是中国哲学史上一个重要的学术脉络。历史上早期的儒家，如孔孟，提倡王道，反对霸道。孟子言："天子不仁，不保四海；诸侯不仁，不保社稷；卿大夫不仁，不保宗庙；士庶人不仁，不保四体。"①秦汉以后，许多儒家思想家又主张王霸并用；至宋代，"王霸"之辩更演变为社会历史观的争论。这其中，朱熹与陈同甫的"王霸义利"之辩，应该是最著名的，也是思想史上影响较为深远的一次论战。

朱熹认为夏商周三代是"行天理"、"以道治天下"，所谓"王道"。正如韩愈言，三代的"道"是儒家仁、义、道、德的实用法则，本着道德至上的规约性治理天下，好善而忘势。此"道"经由尧、舜、禹、汤传至文王、武王、周公、孔孟之后便不得其传，此为"道统"。在朱熹看来，"道"系独立存在于万物之外的抽象本体，充满公、义。三代以道治天下，以德行仁义，以礼安治天下，实现了"道"与"治"的统一。而汉唐"行人欲"，"智力把持天下"，"未免乎利欲之私"，即所谓"霸道"，呈现出"道"与

① 焦循：《孟子正义》（上），中华书局1987年版，第492页。

“治”的分离，仁义不施而私利盛行。陈同甫则认为道统万古长存，始终体现在万事万物之中，没有限定、横无涯际，不能将三代的“王道”和汉唐的“霸道”区分开，否则将导致道统的空白。同时，“道”也非朱熹所界定的道德至高无上性，它与日常生活联系在一起，就在解决实际世界的层面意义而言。故道德与事功统一在一起，功业得立则道德自然彰显，没有功业，便不能承认其德性。在此意义上，汉唐之主也体现了“王道”的真理，只不过在程度上不如三代那样彻底。在他看来，朱熹将陈亮的学说总结为“义利双行，王霸并用”八个字，而陈同甫则认为朱熹将道德与事功割裂开，才是“义利双行，王霸并用”。

牟宗三认为朱熹与陈同甫“王霸义利”之辩的中心意义是道德判断与历史判断如何综合的问题。在他看来，朱熹是理性主义，对历史的评判只停留在道德理性抽象阶段，因而对英雄的历史功业不能正视，不能引进历史判断以真实化历史。而陈同甫只能了解自然生命的原始价值，只是英雄的、直觉的，在生命上立根基，并不真能引进历史判断以真实化历史，如此而来容易使政治哲学丧失对现实政治的批判性，并且也不能为现实政治提供价值理想。

二、道德判断与历史判断的对立与冲突

对儒家而言，“道统”一方面是取得政治最高合法性的基础。孟子言：“以善养人，然后能服天下，天下不心服而王者，未之有也。”[①]只有德才能使民心真正归顺，政治真正得稳。另一方面，德也是保持国家长治久安的最终办法。《论语・为政》讲：“道之以政，齐之以刑，民免而无耻；道之以德，齐之以礼，有耻且格。”[②]禁百姓黎民于恶前，“是故谋闭而不兴，盗窃乱贼而不作，故外户而不闭。是谓大同”[③]。人人尊礼、守法、知德，王道也就真正得到流行，社会从而实现大同。“道统”关系着儒家本身对政治本质的理解，孟子言，“王何必曰利，亦有仁义而已矣”[④]。政治的最高目的在这里成为社会全体成员道德修养的整体提升和价值实现。而对于事功家而言，政治的本质更多要求国富民强，只要建立了霸业，“道”自然就实现，所谓德都是儒家空洞乏味的论教，于现实处并没有意义。

朱熹与陈同甫的争论反映了儒家政治哲学与现实社会历史的矛盾和冲突。一方面是以道德理性为标准判断，一方面是以现实功业为准则立命。而主观道德与

① 焦循：《孟子正义》（下），中华书局1987年版，第561页。

② 钱穆：《论语新解》，生活・读书・新知三联书店2002年版，第25页。

③ 杨天宇：《礼记译注》（下），上海古籍出版社2004年版，第265页。

④ 焦循：《孟子正义》（上），中华书局1987年版，第36页。

客观功业又常不能直接相含,就个人实然状态说,义利双行,实无所谓。但有更高之向往,则始有矛盾。

在牟宗三看来,因为主观道德和客观功业常不能直接相含,所以生命便在其中有"独立之作用"。从儒家政治哲学的角度说,道德理性首先应有主观之表现,即依附于个人,否则,道德理性便没有印证和实践处。但实践的结果是成圣成贤,成道成教,即便带出某些客观的德业,也不能是现实功业。因其主观德性愈强,原始生命的膨胀便愈弱,距客观功业也愈远。从现实社会历史的角度说,生命是成就国家政治客观功业的动力,客观功业常为英雄情欲生命所含,而非圣贤。生命的潜力与直觉在历史现实的推动下,常能发挥巨大的创造性,这里不依靠理性的安排与设计,也不经过德性的功化,其中有所夹杂也在所难免。但英雄有强烈的生命上的原始直觉,所为的虽是自己,却也是时代所需,天下所欲,故往往能成就客观功业。但这功业没有经过德性、理性的洗涤,依赖直觉的外冒,所以并没有真实的必然性。牟宗三在此处的论证十分切实,儒家"道"与"势"冲突的最直接表现便是在个体生命上的疏离。行道者无权势,而握权势者无道,由此"礼崩乐坏"、"乱世纷争"。但依照儒家的逻辑,"道"的生发流行又必须依仗"势"的致力应用,二者的矛盾唯有依靠"内圣外王"方可解决。但只有"三代"得以实现,此后便再无现迹。更深层次的问题是,"道"与"势"除了在个体层面难以契合外,在现实社会层面也难以融合。政治、经济、文化等诸多因素难以全部以"道"统摄,历史发展的不可跨越性和内在必然积累过程也无法实现"道"在全社会中的发用流行。于此,道德判断与历史判断更加无法统一。

三、道德判断与历史判断的综合

理想与现实的差距不是到今天才被挖掘,关于"道"与"势"的冲突,儒家一直尝试着去调试和综合。在现实处,儒者积极入世的精神和为天下万世开太平的期盼,始终是支撑其变革救世的动力,但往往最终演变成一种伟大的殉道精神,在政治处无法彰显其理论拳脚的儒者更多倾向于文化思想领域的建树。当政治意义上的"道"与"势"出现失衡的时候,儒者转向个体意义上的道德教化,开出了许多个体修身意义上的"外王",即从政治整体到道德个体,从道德全体的生发流行到道德个体的正德养性。这也是"道"不断内化、心性化的过程。

相对于传统儒者而言,牟宗三对于"道与势"、"道德判断与历史判断"相综合的理路似乎更具有开创意义。他认为一方面道德理性不能局限于个人,否则生命开不出,道德理性亦难实现;另一方面生命的外冒亦不能常处在非理性的实然状态中，要在道德理性上，从根本处反省天下，否则虽有成就客观之功业，但亦有夹杂。价值的实现将伴随着情欲罪恶的潜伏。在道德判断和历史判断对立与冲突的分析基础之上，牟宗三提出要通过以下途径实现二者的平衡与融合。

首先，在主观上要肯定理性为标准，并实现更高的理性智慧与心量、识量，即对英雄生命之客观创造给予公允的肯定。在客观上，英雄的确为民族国家、历史文化做出功德，使得人遂其性，物得其生，这种生命的独立性及价值应该得以承认。“进而复知英雄只是实现道之工具，其情欲之私总在其命运机括中相抵消，理性借之以实现其自己而终归消除之。”①

其次，在客观上须肯定理性一路为标准，将英雄一路与理性一路综合统一，以期待价值与理性的更高实现。就个人来说，即是圣雄；就儒者来说，即谓内圣外王。“就众志成城之共业说，此亦须先有作理性表现而能见得到之思想家，次须有能认识而承认此理性表现之行动家。”②“在运动方式下，于过程中求实现。”③

再次，从升举转化中真实化历史。陈同甫只看到了历史原始的、平铺的自然价值，在生命的立场上直下平铺，不能在步步升举转化中向高级趋近，看到其离乎原始自然而为精神的、人文的、理性的价值。事实上，在牟宗三看来，知性与直觉的对立需要做到肯定理性为本体，引入批判之鉴别，只有这样才能引发理性之更高的实现要求，在淘滤修炼的功夫过程中真实化历史。这过程是具体的、存在的、提炼的、价值化的，只有了解了这层，才能实现真正的“天地无弃物，四时无剩运”，才可真言历史矣。

最后，从客观政体架构处着想，将生命与理性相统一。牟宗三认为：“道德理性要作批判的表现，对于政治历史要作批判的鉴别，首先应在‘家天下’之大私处说话，而此大私乃是历史演进中客观的政体问题，鉴别此大私是‘天理之公’之客观表现之总纲。”④宋儒没有看到“家天下”政体之大私，只见主观之私。纵使对现实有批判的鉴别以要求理性更高的实现，但不能真实化历史，故只能立教，向内圣方向发展。而无论是英雄情欲生命之恢廓，还是圣贤德性生命之功化，都是在“作用”处想，终将落在直觉主义、主观主义和命定主义上。唯有从架构处想才是客观的，才能自觉地真实化历史，正视历史，创造历史。而何为架构？牟宗三将其定义为两层含义：一为自己让开，从主位推向客观方面想；二为公平合理地照顾到方方

① 牟宗三：《牟宗三先生全集》第10卷，台湾联经出版事业公司2003年版，第270页。
② 牟宗三：《牟宗三先生全集》第10卷，台湾联经出版事业公司2003年版，第271页。
③ 牟宗三：《牟宗三先生全集》第10卷，台湾联经出版事业公司2003年版，第271页。
④ 牟宗三：《牟宗三先生全集》第10卷，台湾联经出版事业公司2003年版，第287页。

面面，将推向客观方面称为架构。"在如此方式下表现道德理性与天理之公，亦可说是道德理性架构的表现，而重英雄之本领或圣贤之功化，则可说是理性之作用的表现。"[①]理性的架构表现可以直接跟理性本体来，暂让主位而为一曲。正是这一曲，客观遂成，亦可成就德性生命客观之形态，能积极地解决政治历史问题，并自觉地真实化历史，成就真正的事功。而宋儒大家对圣贤生命的德性作用认识虽高，却不能完成上述种种好处，谈及弊病，正是缺少架构表现之一环。

牟宗三认为，道德判断与历史判断之综合，需实现生命与理性之统一。从主观方面讲，这过程为肯定理性、提炼性体，摒弃感觉经验的缠绕，呈现性体本真；从客观方面讲，则是架构的表现过程。"从动的观点、升举转化的立场，引进历史判断以真实化历史，成济真正之事功。"[②]

道与势一直是儒家现实政治中的一对矛盾概念，道与势的错位在某种意义上也体现了儒家内圣外王思想的难契。牟宗三在此问题上的见解是独到的，且具有开创性的理论意义。道德判断与历史判断的综合，是生命与理性的统一，但同时更是政道与治道的统一。它的真正意义在于说明牟宗三如何在现实层面实现儒家"德治"的理想，将道与势统一起来，完成其对政治最高目标的追求。

第六节　"老内圣能否开出新外王"：兼论《政道与治道》的局限

传统"内圣外王"因其以期通过统治者伦理道德的实践修养，来实现政治上的长治久安，显然是失败和不通的。面对这样的理论纠结和西方民主政治的降临，牟宗三《政道与治道》一书的核心归根到底都是在讨论"老内圣开出新外王"的问题。但究竟能否实现，他的致思理路中又有哪些不足，我们将在本节进行探讨。

一、"内圣外王"溯源

"内圣外王"是传统儒家政治哲学的核心和主干，也是中国传统政治哲学的主要研究内容，其最早源自道家《庄子·天下篇》"圣有所生，王有所成，皆原于一（道）"[③]。所谓"内圣"为"不离于宗，谓之天人，不离于精，谓之神人；不离于真，谓

① 牟宗三：《牟宗三先生全集》第 10 卷，台湾联经出版事业公司 2003 年版，第 287 页。
② 牟宗三：《牟宗三先生全集》第 10 卷，台湾联经出版事业公司 2003 年版，第 291 页。
③ 杨柳桥：《庄子译诂》，上海古籍出版社 1991 年版，第 693 页。

之至人。以天为宗，以德为本，以道为门，兆于变化，谓之圣人，以仁为恩，以义为理，以礼为行，以乐为和，熏然慈仁，谓之君子"[①]。所谓"外王"为"以法为分，以名为表，以参为验，以稽为决，其数一二三四是也，百官以此相齿；以事为常，以衣食为主，蕃息畜藏，老弱孤寡为意，皆有以养，民之理也"[②]。由此可见，"内圣外王"之学是将个人修身养德与治国平天下结合在一起，可以说是一门为善求仁的政治哲学。直至宋儒，儒释道三教合流，理学家们发现"内圣外王"之学与儒家思想有很多相通之处，实能表现其积极入世的精神与尽伦尽制的追求，遂用其来阐释儒学。此后，"内圣外王"便成为儒家的代表思想和其政治哲学的最佳体现。

孔子言"为仁由己"、"克己复礼"，通过"仁"的道德实践，最后达到"以德配天"、"天人合一"的境界，从而成就品德高尚、具有高度历史责任感的伟大人格，这就是"内圣"。而内圣仅仅是起点，儒家以"立德修己"为基础，真正的目的在于"外王"。正所谓"修己以安百姓"，成仁成圣的统治者通过自己高尚的人格品质教化天下、治平天下、仁礼合一、尽伦尽制，达到这些，即是孔子所谓的"仁道"、"圣王之治"。由此，通过"外王"的政治实践，"内圣"也才算真正圆满实现。"内圣外王"的思想得孔子发端，到孟荀处继续发扬光大。孟子颂"王道"，反"霸道"，反对假仁义之名行武力之实；荀子主张"化性起伪"，用圣王礼法教化万民，从而达到道德对社会的制治作用；直至《中庸》、《易传》，盼天下至诚、至善，从而尽己之性、尽人之性、尽物之性，最后达到"与天地参"的境界，实是将"内圣外王"上升到具有普遍意义的道德形而上命题以实现其政治理想；而《大学》中通过"格物、致知、诚意、正心、修身"，"内求于己"的方法，以达到"修身，齐家，治国，平天下"的最终目的，则共同为"内圣外王"勾画了从理论到具体操作层面的根本方法。宋儒张载以"为天地立心，为生民立命，为往圣继绝学，为天下开太平"概括了为仁成圣的标准，事实上也提炼了"内圣外王"的要义。明儒王阳明更是从道德形而上的层面给予内圣与外王以逻辑的统一，从而实现了完善道德人格与事功治世之间的因果必然联系。但上述种种"内圣"与"外王"的统一都是儒家理论层面上的设想。事实上，尧、舜、禹常被儒家称为"圣王"，但却带有浓厚的托古理想主义色彩。孔子是千百年"为仁行礼"的贤人至圣，却只能美赞以"素王"之名。儒家有其两千年来在中国思想领域深刻的影响和无法撼动的主导地位，却空有"内圣外王"之理，而无力造就"内圣外王"之实。

---

① 杨柳桥：《庄子译诂》，上海古籍出版社 1991 年版，第 693 页。

② 杨柳桥：《庄子译诂》，上海古籍出版社 1991 年版，第 693 页。

二、牟宗三“老内圣与新外王”的致思理路

（一）护住一个本体——道德理性

牟宗三认为儒家的道德理性是政治的根源理性，也是最高理性，它是护住孔孟所开辟之人生宇宙之本源。其意义的崇高和重要地位主要表现在以下三个方面：

首先，就政治主体而言，道德理性是区分英雄和圣贤的根本所在。英雄和圣贤都有使命感，但英雄没有德性生命内在的通契，全幅的情欲生命都用在“事”上，终令使命降为命运。他的生命随情欲生命在现实中机括性的实现而消亡，不由自主地被命运所支配，立体力量之专注投射于未来的预言变成了虚妄的“点”。而圣贤尽性至命，穷尽生命之理，将天命全幅实现之，他的使命是承体起用的，仁心贯通的圣贤人格使其因使命感而产生的预言打破了时间、空间的界限，与现实、未来相连，亦与天地相连，现现世之真理仁心。

其次，就政治实践来说，道德理性是使政治从神话转为理性的关键。无论是古代个人英雄式的政治神话还是近代集体概念式的政治神话，都起源于理性的无奈和立体力量之生发。但英雄的生命立体力量仅在事上，并无清纯湛然的德性，其力量的本身是魔性和神性的混合。圣贤的生命立体力量是纯然的德性，展开的生命富有全幅的神性，表现在感觉世界中是神性的爱，神话仅仅是附着在纯然德性生命上的一些具体姿态。古代英雄式的政治神话靠英雄生命中的力而直接产生，近代概念式的政治神话因不能正视概念、知其虚实，最后徒增专制与骚扰。唯有道德理性是从生命立体力量出发，能够从根本上反对神话的、力的、非理性路数的。这样，便从政治的主体和出发点上截断了发生神话的可能。

最后，就政治目的来看，追求道德理性是政治的最高原则。“‘各适其性，各遂其生’之‘各正性命’上，无骚扰，无矫揉，无悬隔，无设计，个体落实地还其为个体，此为儒者‘理性之内容的表现’之德治之极致”①，亦为牟宗三政治哲学的最高理想和原则。事实上，牟宗三认为儒家已经在治道上实现了民主，这民主疏离了现实集权，使物各正性命，是最高级的民主。而之所以没有产生如西方之民主政治制度主要是由于外在的架构不足。

（二）良知坎陷与新外王

在第三节中，我们提到牟宗三认为中国近代之所以没有产生民主与科学，“主

---

① 牟宗三：《牟宗三先生全集》第10卷，台湾联经出版事业公司2003年版，第132页。

要是由于文化生命中‘理性之运用表现’的特征,它突出了道德理性和价值实践,却忽略了如西方社会‘理性之架构表现’的知识层面理性。‘理性之运用表现’背后的文化系统是‘综合的尽理之精神’。中国传统文化重在把握‘生命’,‘向生命处用心’,意在‘如何调护安顿我们的生命’,所以在个体修养上就要体现‘正德’,在统治万民上则要‘利用厚生’,整体来说是属于道德政治的观念形态。这里开辟出的精神领域是价值的世界、心灵的世界,这里的理性是道德的理性,是实践的理性。而‘理性之架构表现’背后的文化系统是‘分解的尽理之精神’,其心灵之光重在把握‘自然’,把握自然宇宙所以构成运行之理。区别于中国传统文化生命‘由内向上’运用心灵,西方则是‘由外向上’运用心灵。牟宗三将之称为‘智的系统’,而这系统的全幅领域就是逻辑、数学和科学。牟宗三说:‘架构表现之成就,概括言之,不外两项:一是科学,一是民主政治。……中国为什么不能出现科学与民主政治呢?我们的答复是:理性之架构表现不够。中国文化只有理性之运用表现……’但是,中国文化并不是不能产生这样‘智的系统’,而是由于其境界‘理性之运用表现’高于‘理性之架构表现’,即是‘超过的不能,不是不及的不能’。所以,为了解决这一问题,牟宗三提出了历史文化意义上的‘良知坎陷’说,从道德理性中‘自我坎陷’出民主与科学”①。

为了护住中学之体,引进西学之实,牟宗三首先建立了一套概念系统。在《现象与物自身》一书中,牟宗三提出了“执的存有论”和“无执的存有论”。受康德哲学中“现象”和“物自身”理论的影响,牟宗三也对事实世界和价值世界进行了划分。前者是认知意义上的知性概念,即“识心之执”,后者是道德意义上的“知体明觉”。西方在知性形态上成就了科学民主,而中国则在道德意义上成就了生命学问。在哲学意义上,这即为“一心开二门”。一心是良知,是自由无限心;二门是真如门和生灭门,即德性之无执的境界。中国所擅长之地界和主客两分之有执的境界,即涵盖西方所谓科学民主等。上述二者都是“一心”之妙用,都涵盖在自由无限心之中。如此,民主、科学成为天下之共法,而中国已经在真如门之层面有所成就,现在只需开出知性主体,便可完成自由无限心的朗现。

“‘良知’在中国古代哲学中,并不是一个陌生的词语,在某种意义上,它甚至代表了中国古代哲人治学的一种态度和方向。关于‘良知’,最著名的哲人当属王守仁。在认识论和修养论上,王守仁提出了‘致良知’的学说,这里的良知是心的本质,是人生来固有的关于道德真理的认识;是天理,包含一切事事物物和规律,达

① 王淑桢,周晓莹:《牟宗三“良知坎陷”说的文化现代化意义》,载《理论探讨》2009年第4期。

到了本心的良知,也就达到了对一切真理的认识。牟宗三这里的'良知'继承了王守仁对于它普遍意义上的界定,但在某种程度上,似乎并不那样绝对地把它认作天理,更多的是倾向于道德理性的含义。"①

"'坎陷'一词相对于'良知'似乎有些生疏。追溯到古代,《周易》、《说卦》言'坎,陷也'"②,是八卦之一,阳爻陷于上下阴爻之中,代表着水、险。"坎卦"象征着重重险阻,并重在阐释突破险阻的原则。盛大时应省察,不可陷入险阻中;既已陷入其中,则应步步为营,谨慎自保,虚以待变。"坎"为水,可曲直矫揉。遇险阻时,应不拘常理,运用智慧突破创新。在《说文》中"陷"意为高下也。这里,牟宗三所谓的"坎陷"应为曲折、转变、陷落的意思,用牟宗三自己的话讲是"转折上的突变"。

在牟宗三的哲学体系中,"良知坎陷"说经历了认识论意义、历史文化意义和存在意义三个不同的发展时期。本书就历史文化意义上的"良知坎陷"说进行讨论。20 世纪 50 年代,牟先生在《理性之运用表现和架构表现》一书中,将"良知坎陷"从认识论领域引入历史文化领域,把它作为开出"新外王"的桥梁。他说:"从内圣之运用表现中直接推不出科学来,亦直接推不出民主政治来。外王是由内圣通出去,这不错,但通有直通与曲通。直通是以前的讲法,曲通是我们现在关联着科学与民主政治的讲法。"③这里的曲通关联着《中庸》中致曲的功夫,良知迂回而终归本来。传统儒学讲究内圣外王,强调的是一种积累与呈现、内涵与外扬的过程。但是在牟宗三这里,"新外王"与道德理性的关系似乎非"直接"那么简单,而是需要一种"转折的突变","而转折之所以为转折,则因有一种'逆'的意义存在。这'逆'的意义之形成是这样的:德性,在其直接的道德意义中,在其作用表现中,虽不含有架构表现中的科学与民主,但道德理性,就其本性而言之,却不能不要求代表知识的科学与表现正义公道的民主政治。"④在这里,道德理性即相当于黑格尔哲学中的绝对理念,牟宗三受黑格尔历史哲学影响,试图借助绝对理念的自我否定与外化实现道德与民主、科学之间的必然内含关系。黑格尔认为,自然、人类社会和人类思维史都是绝对理念外化和复归的历史,而绝对理念外化和复归的内在动力正是精神自身的不断异化与扬弃,不断否定以树立对立面的一分为二的过程。在此意义上,绝对理念是人类社会和历史发展的最高基础,人类历史的过程就是绝

① 王淑桢,周晓莹:《牟宗三"良知坎陷"说的文化现代化意义》,载《理论探讨》2009 年第 4 期。
② 王淑桢,周晓莹:《牟宗三"良知坎陷"说的文化现代化意义》,载《理论探讨》2009 年第 4 期。
③ 牟宗三:《牟宗三先生全集》第 10 卷,台湾联经出版事业公司 2003 年版,第 61 ~62 页。
④ 牟宗三:《牟宗三先生全集》第 10 卷,台湾联经出版事业公司 2003 年版,第 62 ~63 页。

对理念不断异化与扬弃,不断外化与复归的过程。每个民族的文化生命都含有"普遍的精神实体",中华民族的"普遍的精神实体"即为道德理性,它可以不断异化、外化,从而衍生出各种具体形态,表现为科学与民主等。简而言之,道德理性在本质上即要求包含有科学与民主,这是一种内在的、终级意义上的统一。"而内在于科学与民主而言,成就这二者的'理性之架构表现',其本性却又与德性之道德意义与作用表现相违反,即观解理性与实践理性相违反。即在此违反上遂显出一个'逆'的意义……它所要求的东西必须由其自己之否定转而为逆其自性之反对物始成立。"[①]此"逆"是黑格尔理性自我否定、不断异化与扬弃、不断树立对立面的一分为二的过程,是辩证发展的过程。

但就现实的路径而言,道德理性须否定自身,从实践理性转折出观解理性,以成就科学与民主。"可是'诚心求知'这一行为却必须为道德理性所要求,所意欲。既要求此行为,而若落下来真的去做此行为,则从'主体活动之能'方面说,却必须转为'观解理性',即由动态的成德之道德理性转为静态的成知识之观解理性。这一步转,我们可以说是道德理性之自我坎陷。……在此一转中,观解理性之自性是与道德不相干的,它的架构表现以及其成果亦是与道德不相干的。"[②]在此,科学被赋予了独立的意义,与现实意义上的道德不相干。但牟宗三又在后面强调"或以为只要有观解理性即可处理一切,而不承认有超观解理性的道德理性之特殊义用,则是错误的"[③]。"科学之独立性是由理性之架构表现而定,其与道德理性之关系则以曲通而明。"[④]由此看来,牟宗三一方面赋予科学以独立的意义,另一方面仍然强调道德理性的崇高地位及道德理性和科学之间曲通而明的关系。在牟宗三看来,科学的独立性是在一定范围之内的独立,但凡涉及到人性活动或文化理想,就必须将科学与道德理性贯通起来。

三、"新外王"的歧途

(一)"良知坎陷"的诡辩

对牟宗三而言,"老内圣"开出"新外王"的关键点就在于"良知坎陷"。然而所谓"坎陷"是在"良知"中的"坎陷",也就是"道德理性"的突变,"民主与科学是'道

① 牟宗三:《牟宗三先生全集》第10卷,台湾联经出版事业公司2003年版,第63页。
② 牟宗三:《牟宗三先生全集》第10卷,台湾联经出版事业公司2003年版,第64页。
③ 牟宗三:《牟宗三先生全集》第10卷,台湾联经出版事业公司2003年版,第64页。
④ 牟宗三:《牟宗三先生全集》第10卷,台湾联经出版事业公司2003年版,第64页。

德理性’否定自身,转折性的突变所产生。道德理性是民主、科学的必要条件,在某种程度上高于民主、科学。科学即使独立,也是在一定范围内的独立”①。

这里便存在着三个质疑:首先,“道德理性是否能够真的开显出民主与科学?显而易见,道德理性是主观的价值层面,体现在个体修养和社会伦理方面。民主与科学则是客观的知识层面,其精神的全幅领域属于逻辑、数学和科学。两者之间的性质可以说是南辕北辙,发生机制也完全不同”②,突变转化何以成为可能?进一步说,从良知坎陷突变出民主与科学即是相当于从道德突变出政治与科学。在前面,我们已经探讨过道德与政治的关系,二者相辅相成,互相影响,绝不会产生与突变的关系。如一味强调政治从道德中突变出来,只能将民主政治重新退回到专制时代,有碍民主进程。因为政治的道德化在某种程度上是在弥补人治、专制的不足,以道德束缚主体的情欲生命,它无法可依、无制度可循,只能寻求原始伦理的安慰,是专制时代的必然产物。然而,牟宗三及当代新儒家所追求的民主政治绝非如此,新时代的政治需要独立意义和客观价值,而非实现普世道德的附属品。此外,科学的世界是用事实说话,这里来不得半点虚假,更由不得人主观臆断,数字和技术掌握着绝对的话语权,科学在某种意义上比政治更具有独立性,它绝不是道德突变的产物,其本身更没有伦理上的对错,科学所展示的只是客观世界的真实。“如果它不能完全的独立,在某些范围是否就失去了科学‘求真’的含义,而变成了‘求道’?我们应该给科学‘求真’的客观发展空间,这既符合科学本身的客观属性,也符合人类社会发展的客观需要。毕竟科学本身只是研究自然之理,至于怎样运用自然之理则不再属于科学范畴,而是道德伦理范畴。”③

其次,“所谓‘坎陷’的转折性突变是何种力量促成的?道德理性又是经过怎样的突变、转折?由此产生出的民主与科学是否面临着再次‘坎陷’的路程?而这些问题在牟宗三那里没有答案。先生只是告诉大家民主和科学是由‘良知坎陷’产生的,至于这过程如何,并没有详细说明”④。而这一神秘过程,多少令人联想起中国传统哲学的“体悟”精神,让人觉得有些神秘和牵强。事实上,当代新儒家已经看到传统“内圣”与西方民主科学的差距。他们或求之于西方哲学,或返归于佛儒,目的就在于极力从传统儒家的“内圣”中挖掘出适应时代潮流、能够捍卫儒家地位的“新外王”。如熊十力立基于体用不二的哲学基础,主张以儒学为主流,将

① 王淑桢,周晓莹:《牟宗三“良知坎陷”说的文化现代化意义》,载《理论探讨》2009年第4期。

② 王淑桢,周晓莹:《牟宗三“良知坎陷”说的文化现代化意义》,载《理论探讨》2009年第4期。

③ 王淑桢,周晓莹:《牟宗三“良知坎陷”说的文化现代化意义》,载《理论探讨》2009年第4期。

④ 王淑桢,周晓莹:《牟宗三“良知坎陷”说的文化现代化意义》,载《理论探讨》2009年第4期。

民主、科学等现代文明与之融通。徐复观以儒家性善论为根据，为自由民主寻找儒家文化根基，以求通过对其不足之处的反省，开创出儒家文化适应时代的新活力。在这过程中，“老内圣”开显出“新外王”的方式各不相同，但“老内圣”都开显出了“新外王”。此时“新外王”的意义似乎不在于它本身是什么，而在于它是由“老内圣”开显出来的。

（二）“新外王”的“老开显”——道德理性本位

我们在之前曾谈到，传统儒家“内圣”与“外王”本身就存在着难以开显的矛盾。然传统儒家的弊病在牟宗三处仍然没有被克服。

首先，政治与道德的关系在“新外王”处仍旧没有理清。牟宗三在《政道与治道》一书开篇就强调中国古代社会只有“吏治”而无“政治”，并分析了中国古代“治道至极而无政治”的原因，强调要将“私天下”变成“公天下”。然而问题就在这里，“公天下”的最终期待是存在个体的“各正性命”，这个性命是道德理性意义上的性命，是儒家所讲“以德配天”的性命，不是政治学意义上的生命，牟宗三始终没有分清伦理和政治的界限在哪里，终混为一谈。从政治主体的德性要求，再到政治实践的德性保障，最后到政治目的的德性实现，“新外王”敞开的是全幅道德理性的世界，道德成为政治与科学的逻辑前提，所谓的民主与科学终落为道德理性突变的产物。传统儒家的“内圣外王”旨在通过个体精英的道德升华最终实现普世道德的升华，牟宗三“内圣新外王”的治学路径在本质上与传统儒家相一致，只不过在过程中将政权独立出来，用架构保护着，使其不落于私。

其次，就对政治完美主体——圣王的期待而言，牟宗三始终停留在传统儒家“内圣外王”所勾画的理想主义中。他认为圣王是政治上的最高格，既有圣贤人格的纯然通透莹澈的德性，又有英雄般在定向上解决某事的命运感，但却没有悲剧性的机括性命定主义。这样的王，几乎接近于神。这样的王，是摆在桌子上经人精雕细琢的手工艺品，不是现实领域赋有情欲生命的人。这样的王，是来源于专制社会，政权落于私的产物。要知道民主政治存在的意义就在于通过契约达到群体之间的平衡，这种政治制度越完善，对统治者“圣王”的期待就越低。因为社会依照法律在运行，不是依靠个人决断。所以“圣王”的治学理路本身与民主政治就存在着差异，这个差异就在于社会的公平与正义是求诸“人”还是求诸“法”。

牟宗三试图通过“良知坎陷”来疏通“内圣外王”之道，显然只能是理论意义层面上的探讨，现实处不具备实践的可能性。一方面，他始终从儒家传统的道德理性出发，祈望护住儒家的根本。另一方面，又不得不开显出民主政治。所以只能成就

"诡辩"现实的"良知坎陷"。更为关键的是,他对政治本质的理解始终还统摄在道德理性之下,最终又以道德理性的标准来作为判断政治的最高原则。

第七节　牟宗三《政道与治道》的积极意义

中国的现代性问题一直为近现代儒者所关注。何为现代性,怎样实现现代性,似乎关切着中华民族未来的盛衰与发展。我们在对《政道与治道》一书进行研究时,发现其致思理路与中国的现代性建设十分契合,特在本节中予以探讨。

一、中国现代性建设的理论背景

在全球意义上,现代性的建设早在启蒙运动时便已在欧洲大陆生根萌芽。而中国的现代性建设应该始于清末科举之废除,"废科举,设学校"使中国的思想领域、政治领域都发生了重大的变化。而后的一百多年当中,洋务运动、维新变法、五四运动等政治改良思潮和文化运动都促进了中国现代性建设的步伐。1911 年辛亥革命,民主共和观念激荡着中国千年的封建政治体制。1949 年中华人民共和国的成立完成了中国社会、政治体制的全面转型。然而,上述种种变革并没有使中国真正踏上现代性的大陆。新中国成立后,中华民族致力于"国富民强"的现代化建设,半个多世纪的跨越使中国经济实力实现了质的飞跃。从全球 GDP 的总量来看,中国仅次于美国、日本和德国,位列世界第四,也有数据认为已经超越德国,位列世界第三,且这种经济实力还正在以一种突飞猛进的持续势头不断超越其自身。可以说,在现代性的建设中,中国已经初步实现了现代化,但这一判断标准仅是在物质和经济层面。至于社会核心价值体系和政治体制的建设,实与经济发展不相协调,坦白地说,是滞后的。时至今日,我们可以看到当经济体制改革获得物质意义上的成功后,留下的灰烬是政治体制改革的落后和社会核心价值体系的模糊。所以,对当代中国而言,现代性的核心问题就在于政治体制的民主化和思想文化的现代化。本节也主要是想在此方面对中国的现代性问题进行讨论。

中国的现代性建设起初是以一种仓促且暴力的方式登上历史舞台的,救亡的意义大于启蒙,现实的意义大于价值。之所以如此,是因为一方面面对西方的船坚炮利,中国人被迫反思图存的方式;另一方面是因为民族传统文化与西方现代性的断裂。在社会主流思想意外地坍塌后,自由主义、保守主义、马克思主义思潮纷至沓来,中国的思想家们在仓皇中为现代性的建设寻找可能性道路。以陈独秀、胡适、李大钊等人为代表的自由主义者认为中华文明处处不如人,相对于西方文明而言,中华文明是旧的、落后的,应被彻底地批判和抛弃,应去追求西方的民主与科学,采纳西方的议会民主制度,相信科学的权威力量,将"时代性"作为理解现代性的唯一尺度,以"西"字为先。自由主义者对中国文化采取了一种极端的、全盘否定的态度。然而伴随着第一次世界大战的爆发,西方文明自身的疏漏也渐渐外显,启蒙思想家们逐渐从激进中冷静下来,出现了以梁漱溟、熊十力、冯友兰等人为代表的保守主义者,他们认为西方近代民主政治和苏联的共产主义道路对中国而言都是行不通的,只有走中国自己的道路,将东方精神文明与西方物质文明结合起来,坚守本民族文化的根基,才能使民族得到自救。19 世纪末 20 世纪初,马克思主义伴随着俄国十月革命的胜利踏入中华大地,一时间思想界、教育界都迅速形成了讨论共产主义、社会主义的热潮。陈独秀、李大钊等人也都由自由主义转向了马克思主义,主张中国应该走俄国的道路,发动无产阶级最广泛的力量进行革命,力图达到西方现代性和本民族文化之间的一种辩证平衡。至此,关于中国现代性建设思路的三大阵营也基本形成。

二、牟宗三政治哲学与中国现代性问题的契合

(一)牟宗三政治哲学于政治民主化的积极意义

在《政道与治道》一书中,牟宗三的政治哲学观点可以概括为:第一,中国古代的政治文明缺少公权建设、制度建设和法制建设,即无政道;第二,道德文明建设对政治文明建设起到巨大的、难以替代的重要作用,甚至在某种意义上是政治文明的高级状态。

从第一点来说,牟宗三看到了中国古代政治文明的弱点和儒家政治哲学的不足,通过分析西方"分解的尽理之精神"和"理性之架构表现",主张从"良知"坎陷出"民主政治",暂且不论"良知"是否能够坎陷出"民主政治",单就对中国古代政治状况的思考而言就具有巨大的时代意义,即便在今天也能够对政治文明建设起到积极的促进作用。反思我国政治文明建设的历程,虽然正逐步向现代性方向发展,并已经取得了巨大成就,但仍存在着很多问题。其一,公民的公权意识、主体意识不强,仍然存在着官本位思想,群众参与政治的热情不高。这主要表现在部分为官者视公权为己有,以权谋私,置群众利益不顾;部分群众受传统儒家臣民文化影响严重,视为官者为上等阶级,怕官、惧官,消极服从,参与政治的热情不高。其二,权利意识薄弱,重视人情文化。尤其在经济不发达地区,关系政治仍在流行,严重阻碍了民主政治的进一步发展,在某种程度上已造成了古代传统政治"家天下"的

事实。上述问题证明我国现阶段的民主政治制度还需要不断完善,政治文明建设还需要进一步推进。牟宗三提出的人权分离、以法维权的思想,对于今天仍然具有时代意义。今后政治文明建设应首先加大法律在公共权力中的作用,加强监督作用、指导作用,用法律和公共意志规范公共权力的行使,加大公共权力的透明程度,并通过市场经济的发展不断促进公民意识的加强,壮大公民社会,提高公民的权利意识、公共精神,使政治文明向现代化迈出新的一步。

从第二点来说,传统儒家政治哲学的弱点在于把政治道德化,模糊了政治本身的概念和属性。《政道与治道》一书虽然提出了"政权"、"架构表现"的思路,但终其本身还是追求政治在道德领域的最高实现。这本身是有失偏颇的,是不符合当代民主政治精神的,然我们却不能因此忽视道德建设在政治文明建设中的地位和作用,就我国目前的情况来说,道德建设还存在很大的提升空间。

反观中国古代历史,我们不禁有这样一个疑问,即为什么道德理性被儒家推崇到那样一个神圣的地位?显然它不是离开社会生活的横空出世,也不是为了迎合某种理论的天马行空。我们甚至可以说正是因为儒家推崇道德理性,才会获得在中国文化领域长达千年的霸主地位和政治上的合法性。建元五年,汉武帝"罢黜百家,表章六经"。元朔五年,又兴办太学,将儒家思想变成官方主体思想,将其制度化、法律化,成为教育、选官、礼制等重大活动的主要遵循原则,明确确立了儒家思想在中国思想史上的重要地位。汉朝以后,孔子思想的原貌已随朝代的更替而有所损益,如儒学在魏晋时期演变成玄学,在唐朝时期与道教、佛教合流,宋明时期又发展为理学,但无论如何,儒学道德理性至上的精神不会改变。在唐朝,统治者以儒学为指导思想,"纳礼入律",将儒家伦理思想与法律结合在一起。宋朝更是将儒学道德理性上升到"天不变,道亦不变"的地位,"三纲五常"是治国的根本,"存天理,灭人欲"一时成为维护封建统治最有力的理论支持。为什么儒家思想被统治者如此热忱地追随着?答案在于他们看到了道德理性在维护社会秩序方面的作用,尤其是在古代中国法制并不健全的前提下,道德是统治者最有力的行为规范工具。那么在努力建设民主政治文明的今天,道德建设又意味着什么呢?

诚然,在我国加快政治文明建设的今天,法制建设是重要且有力的一环,没有客观的制度保障,就谈不上民主政治。但道德建设的作用依然重要,道德建设与法制建设二者相辅相成,相互补充,缺一不可。法制建设的意义在于为公众设立最低的社会行为准则,并有客观性、强制性、普众性和权威性。可以说,法的出现是人类文明史上的一次重大进步,是当今社会不可或缺的重要保障。在这里,法律的角色是道德无法代替的。相对法制建设的"硬保障"来说,道德建设则是从"软保障"入手。道德建设的意义在于提高公民整体的思想道德觉悟和行为标准,如果公民整体的道德水平上升了,社会的法制水平自然而然也会随之上升,因为法律是道德的最低标准。同时,道德也可以影响到法律无法涉及的领域,并在那里为人们提供行为参考标准。在这一点上,儒家思想可以说看到了社会稳定的最根本所在,只是忽略了过程的意义,让人不免觉得遗憾。

近年来,我国加快了法制建设的进程,并取得了一定的成效,但在道德建设领域还存在着诸多不足。市场经济的洪流,带来了巨大的经济利益,也带了社会道德水准的滑坡。"三聚氰胺"事件威胁着人们基本的食品安全,"豆腐渣"工程威胁着人们基本的生存安全,类似事件比比皆是。法律不是万能的,不能彻底解决所有问题,当罪犯得到制裁时,危害可能已经产生。除此以外,还有很多的社会伦理问题,有人不违反法律,却危害社会的和谐稳定。这些领域都需要道德建设的持续加强,问题方能得以解决。在这里,我们不妨多借鉴儒家伦理思想的精华之处,结合时代特征加以整合改造,建立符合中国民族文化传统的道德和谐社会,以"德"补"法"之不足。

(二)牟宗三政治哲学于文化现代化建设的积极意义

"老内圣开出新外王"在政治学实践的意义上显然是徒劳的,也不具备现实意义上的操作性,但其反躬求己的治学理路对中国文化现代化的建设却有着积极的意义。这意义主要体现在两个方面:

一方面,牟宗三较早地为中国文化现代化引入了理性概念。马克思·韦伯曾指出:"'现代化'的基本精神就是'理性化',现代化的各个方面,都不过是社会生活'理性化'的不同方面。现代化社会的许多特点如专业化、标准化、同步化、集中化、规模化、系统化、控制化等都是社会生活全面'理性化'的条件与结果。现代化说到底依赖于人类借助(工具)理性来实现的对自然界和人类社会生活本身的控制能力的增长。"①"由此可见,文化的现代化最重要的基础就是理性精神的突显。纵观西方文明的发展历程,我们能够看到理性精神是其内在的发展动力和基本的文化特性。启蒙运动后,人类的理性精神得到大大的突显和肯定,现代民主政治的兴起也是以公民具有对于自身作为独立政治主体的理性自觉为前提的。所以,在某种程度上,正是理性精神造就了民主与科学。由此,理性精神也成为文化现代性的一个突出标志。而这里的理性非儒家所崇尚的道德理性,而是牟宗三……以一

① 谢立中,孙立平:《二十世纪西方现代化理论文选》,上海三联书店 2002 年版,前言。

个当代儒家的道德责任感反躬自身，冷静地分析与解析了中国传统文化，通过对中西文化的对比，深入剖析自身文化的弊病……而提出的‘分解的尽理之精神’、‘理性之架构表现’、‘理性外延之表现’。即智的系统，把握自然宇宙所以构成运行之理；概念的心灵，能使一概念本身之自性因客观的内容与外延之确定而被建立；观解理性，主客关系是对待关系，而非将对象收进自己的主体中去。由此，可以说，牟先生较早地强调了文化现代化建构的基础——理性精神，为文化现代化提供了重要的理论基石。”①

另一方面，牟宗三的治学理路为中国文化现代化建设提供了借鉴意义。“文化的现代化建设问题是近十年来中国学术界较为关注的话题。但事实上，中国文化的现代化建设早在鸦片战争时就已经拉开了序幕，这一序幕的关节点就在于‘师夷长技以制夷’，而它也代表了近百年中国文化的发展态势和价值选择。即近代中国文化现代化的建设心态一直存在着贬斥传统文化，过于崇尚西方文化的误区。牟宗三视民主与科学为天下共有进步之产物，而不是西方独有的专属。……敏锐地看到民主与科学同西方文化的关系，而不是盲目地崇尚西方文化。暂不论文化保守主义的问题，仅就思考方式来看，这种将民主与科学外延化的理路”②，不舍弃本民族文化的坚韧，在当时绝对是一种进步，其进步的意义对今天文化现代化的建设仍然有借鉴作用——应当坚持中国传统民族文化精神在文化现代化建设中起到的核心和支撑作用，同时批判辩证地看待西方文化，在立足自身基础上开创出新的形态和内涵。

事实上，“对当今世界任何一个国家来说，‘全球化’都是不可逆转和回避的政治、经济乃至文化发展的态势。在这一过程中，我们一方面需要以‘全球性’为参照，‘睁开眼睛看世界’，了解世界各国的政治文化发展情况；一方面也必须格外重视民族文化应有的地位和作用，并从本民族文化入手，寻找与外部文化相通的、与时俱进的文化样态和带有民族符号的文化新式。这样一方面开拓了民族文化的外部视角，一方面也保证了民族文化的传承性，从而最终构建出‘和而不同’的，带有强烈民族特色的中国现代文化”③。

因此，面临以西方文化为主导的现代语境，文化的现代化建设首先就“应该学习牟宗三视民主、科学为天下共有之物，视‘现代性’为天下共有之物，‘平和、客

---

① 王淑桢，周晓莹：《牟宗三“良知坎陷”说的文化现代化意义》，载《理论探讨》2009 年第 4 期。

② 王淑桢，周晓莹：《牟宗三“良知坎陷”说的文化现代化意义》，载《理论探讨》2009 年第 4 期。

③ 王淑桢，周晓莹：《牟宗三“良知坎陷”说的文化现代化意义》，载《理论探讨》2009 年第 4 期。

观、冷静'的文化心态。在前面，我们已经提到，在文化现代化的建设中，往往伴随着'西化'的脚步，在某种程度上，中国文化的现代化建设历程也是向西方学习的历程。面对中西文化在现代性建设上的落差，如果不能清醒地弘扬和支撑民族文化精神，中国文化现代化的建设历程很容易陷入盲目跟从或模仿的境地，很多人容易陷入一种否定自身、崇洋媚外的不平衡心态。而理智、正确的做法是，保持客观冷静的心态，反思中西文化与现状渊源，摆正心态。其次，在文化现代化建设上应当遵循这样的思路：一是中国民族传统文化精神必须在文化现代化建设中起到基础和支撑作用"[①]。经过五千年历史积淀下来的中国民族传统文化影响和塑造着华夏儿女的精神气质和人文性格。在文化现代化建设的过程中，首先应该固守中华民族文化的根基，只有这样才能真正建设出属于自己民族的现代性文化。二是对于外来文化的态度，一方面，要有所甄别地批判吸收，切勿持有"外来的和尚会念经"的思想，但同时也不能固守旧有文化，不吸取外来文明因素；另一方面，也要摒弃"二元对立"的文化思维模式，即视本民族文化与以西方文化为代表的现代性文化为对立之物，要通过文化的基本对话，达到文化精神的融合与发展，从而创造性地发展出新的文化样态。三是中国文化现代化建设必须立足自身开创出新的形态和内涵。一种文化要生存，要发展，要立足于世界文化之林，就必须有自身丰富的内涵和鲜明的特色。近代以来，中国文化的现代化建设经历了"外在冲击"的过程，正逐步向"内在转化"。这就要求我们联系时代，联系世界，发现自身，从而创造出符合时代意义和价值的现代中国文化。相信未来的中国文化应是具备民族特色的、与时俱进的、与世界相连的现代性文化。

显而易见，中国已经初步实现了物质经济层面上的现代化。摆在国人面前的问题是，如何实现政治体制的民主化和思想文化的现代化。应该说，在这两个问题上牟宗三为当代人提供了一些致思方向。在政治体制建设方面，应注重公民的公权意识培养，加大法制建设力度。在思想文化层面则应用平和、冷静、客观的心态视"现代性"为天下共有之物。一方面应积极与世界文化潮流接轨，一方面也要固守本民族的文化精髓。这是牟宗三《政道与治道》一书为当代人提供的有价值的思考。

在《政道与治道》一书中，牟宗三构建了一个理想政治体系。政权首先是客观外在的定常恒有，非落于私的现实之物。治权在政权客观外在前提下，始作为政权的附属之物运行于公。理想政治的追求目标是在西方理性的架构表现之上，通过

① 王淑桢，周晓莹：《牟宗三"良知坎陷"说的文化现代化意义》，载《理论探讨》2009 年第 4 期。

理性之外延的政治理路，保障政权的“公天下”原则，实现社会每个个体的道德生命，即道德原则的最高化。这是他认为的政治的本质，也是他政治哲学所追求的最高价值。

在牟宗三看来，“良知坎陷”是解决儒家内圣外王难以相契的途径。传统儒家道德理性转折性的突变，使其自身开显出民主与科学，从而实现内圣与新外王的沟通、实践理性与观解理性的沟通、道德理性与民主政治的沟通，最终达到生命与理性的统一、道与势的统一。但“良知坎陷”的疏通在现实处显然不具备可能性，虽体现了他强烈的护儒情节，最终将政治统摄于道德理性之下，但纵观牟宗三整体的致思理路，我们不难发现其思想与中国现代性问题的契合之处。牟氏哲学为中国当今社会政治体制的民主化和思想文化的现代化都提供了有价值的借鉴。在政治体制民主化的进程中，我们应注重公权建设、法制建设以及道德素质提升对政治文明的积极作用。在思想文化现代化的进程中，我们应以平和、冷静、客观的心态面对涌进来的现代化浪潮，在积极主动地与世界文化潮流接轨的同时，注重坚守本民族的文化精髓，从而使中华民族真正屹立于世界民族之林。

第七章　历史与文化生命
——牟宗三《历史哲学》疏释

第一节　牟宗三《历史哲学》中的“历史”与“文化生命”

作为现代新儒家学者，牟宗三的哲学思想必然是既“现代”又“传统”的。时代的原因使他大量接触西方学术思想，民族文化又使他脑中的“传统”中国学术思想根深蒂固。二者的结合造就了牟宗三宽阔的学术视域。牟宗三的《历史哲学》中，中西学术思想做到了完美合璧，以西学视角解读中国历史文化，牟宗三让我们了解了不一样的中国。对牟宗三《历史哲学》影响最为明显直接的，是康德、黑格尔和王船山的历史哲学理论。我们很容易在牟宗三的《历史哲学》中看到这三人的历史哲学理论痕迹。但不能忽视也更为重要的是，牟宗三对康德、黑格尔、王船山历史哲学理论的吸收借鉴是批判的吸收借鉴，而非照搬全抄。

一、牟宗三《历史哲学》的构论模式

(一)“康德式”的道德哲学

康德的道德哲学又被称为理性主义道德哲学，“实践理性”、“道德”、“自由意志”等是康德哲学体系中的重要范畴。这些范畴构成了康德的道德哲学。康德通过对人类理性的批判，将理性区分为理论理性和实践理性，继而在将世界二元化和人自身二重化的基础上，在实践理性的领域内证实了自由意志、善的意志、道德律等的存在，从而在理性和自由的基础上重建了区别于传统道德哲学的人类道德的理想王国。

很多新儒家学者都将康德的道德哲学和儒学联系在一起，虽然产生于不同的时代和文化系统中，康德哲学与儒学在人类道德、自由、理智等方面的研究上确有很多关联甚至相一致处，且都把目光投向人的潜在本性并对人类未来做出了各自

的解答。

作为现代新儒家学者之一的牟宗三同样也看到了康德道德哲学与儒学的联系,并将康德哲学看作中西文化沟通的桥梁进行了研究。牟宗三在早年求学时期就接触过康德哲学,而站在中国哲学的视角去翻译、批判康德哲学则占据了他学术生涯的后半部分。康德哲学对牟宗三的整个哲学体系的构建有很深远的影响,甚至牟宗三自己也认为他这一生"是配合着康德的思考来了解人类理性的问题"①。牟宗三正是基于对康德哲学的研究,将康德哲学的义理吸收到中国哲学中予以消化和充实自己,从而开出自己的"道德的形上学"。牟宗三所要构建的"道德的形上学"不是一种知性的道德哲学,而是一种主张自"道德的进路"入,通过道德实践达到形上学本体的形而上学理论。其突出特点在于强调存在与价值、内在与超越的统一。牟宗三认为他所要建构的"道德的形上学"其实在儒学中已经有了义理方面的圆满表达,而他要做的就是寻找到一种"今天的语言"将这一"道德的形上学"明确地表述出来。牟宗三所寻找到的这一"今天的语言"就是康德哲学。康德哲学有着与儒学关于道德形上学的义理相通的思想,其采用以道德进入本界的进路与方法,通过意志的自由自律接近物自身,由美学判断沟通道德界与存在界,从而在实际上提出了一套道德形上学的规划。牟宗三认为要重建儒家道德形上学,只需用康德道德哲学的这种进路对儒学加以诠释和梳理,就会使蕴含在其道德哲学中的道德形上学因素充分地显露出来。

基于上述原因,可以说牟宗三的《历史哲学》所内蕴的是一"康德式"的道德哲学,牟宗三将康德道德哲学与中国传统文化(特别是其中处于主导地位的儒学)进行了调和,在批判分析的基础上将康德道德哲学体系套用于中国传统文化体系中。他借用康德的概念与方法来解释中国文化中的现象与思想,例如以康德的"自律道德"来解释孟子—陆王一系的、强调自我的儒家道德等,从而用"今天的语言"对中国之文化生命进行了阐释。与此同时,牟宗三还用儒家学说对康德哲学进行了改造。例如他用宋明儒学有关本性、本心的观念诠释和改造了康德的"自由意志"概念,使之本体化、实体化;他用儒家"德性之知"重新诠释了康德的"智的直觉",使之人间化。这种种对康德道德哲学的借鉴与改造表现在牟宗三的《历史哲学》中,即是一"康德式"的却又绝非"康德的"道德哲学。

(二)"黑格尔式"的精神历史

牟宗三的《历史哲学》虽为中国之历史哲学,但其构论模式与所用之概念范畴

① 王岳川:见《牟宗三学术文化随笔》,中国青年出版1996年版,第4页。

受黑格尔《历史哲学》影响颇深。

黑格尔在其《历史哲学》中构筑了一个哲学的世界历史体系,可谓"精神"的世界史体系。黑格尔声明他所研究的世界历史是属于"精神"领域的。在黑格尔看来,"精神世界"是实体世界,物质世界隶属于精神世界。精神"如像一粒萌芽中已经含有树木的全部性质和果实的滋味色相,所以'精神'在最初迹象中已经含有'历史'的全体"[①]。而对于"精神",黑格尔对其进行了这样的规定:他从精神的对立面物质入手,通过逻辑推理来规定精神的本质。他说,物质由于地心的吸引具有重力,所以它的对立面精神的本质就是自由,在于能够挣脱这一吸引力,因此,自由就是精神的本质。既然精神的本质是自由,那么精神的世界历史的发展也就是人类自由观念由隐到显,最终成为完全的自我意识的过程。

若说黑格尔在其《历史哲学》中建构了一个"精神"的世界历史体系,牟宗三则在其《历史哲学》中建构了一个"精神"的中国历史体系。牟宗三借鉴了黑格尔《历史哲学》的方法与概念范畴构筑他的中国历史体系,在他的《历史哲学》中,中国的历史体系同样是一个以精神世界为实体世界的历史体系,物质世界隶属于精神世界。一切的历史事件、经验事实都是"精神"映射下的产物。牟宗三认为一个民族自其最初观念形态产生之时,其民族历史走向就已注定,其后的整个民族历史都是顺这一个观念发展并不断丰富之并最终实现之的历程。牟宗三从黑格尔处引入了"主体自由"、"普遍自由"、"精神实体"等概念用于中国历史中,并对这些概念给予了"中国化"的全新阐释,从观念处说起,经由精神实体在不同时期呈现的不同形态的发展历程,探讨了中国历史与文化生命的发展脉象以及处于中国历史中的个体们的主体自由如何可能。牟宗三借鉴黑格尔《历史哲学》的构论方法以及概念范畴构筑起精神的中国历史体系,此为称牟宗三《历史哲学》所构筑之历史为"黑格尔式"的精神历史原因之一。

黑格尔认为,世界历史的发展就是人类自由观念由隐到显,最终成为完全的自我意识的过程,而每个民族自身的历史发展都处于世界历史发展中的某一阶段,不同的民族以其独特的具体的表现形式体现出世界历史的不同的实现程度。正如太阳从东边升起自西边落下,黑格尔认为世界的历史亦是以东方世界为起点,西方世界为终点。因此,东方历史是世界历史的初期阶段,其所实现的自由只有一个人的自由,其他所有人都还没意识到自己是自由的。而在希腊人那里,自由意识开始在一小部分人群中生长,这部分人就是奴隶主,所以希腊人中只有少数人拥有

① 黑格尔:《历史哲学》,王造时译,上海书店出版社 2001 年版,第 7 页。

自由；到了罗马，则产生了能赋予公民普遍自由的“国家”形态，它比希腊“城邦”要好，但自由仍只惠及“公民”，个体自由和普遍自由还没有找到最后的结合形式；只有到了日尔曼世界，基督教缔造了一个普遍的精神世界，整体人类的自由才能成为自觉意识。而对于东方世界的代表——中国，黑格尔认为“在中国，组成大帝国的一切个体一律平等，结果，各级政府皆吸摄于其中心，即皇帝，依此，各个分子皆不能得到其独立性及‘主体之自由’”[①]。

对于黑格尔“亚洲是世界的起点，欧洲是世界的终点”的观点，牟宗三很不认同。对于黑格尔“中国人无独立性及主体自由”的观点，牟宗三更是极力予以反驳。牟宗三认为：“彼即言世界历史，亦当承认各民族即各文化源泉之各自的发展以及其未来之前途，由此期得一精神之大汇通，不当以空间上之从东到西之空间次序代替时间次序。”[②]在牟宗三的《历史哲学》中他也力证中国既是世界历史之起点，亦是世界历史之终点。而要驳倒黑格尔的观点，最好的办法莫过于“以其人之道还治其人之身”，即用黑格尔《历史哲学》的构论方法重新构筑中国历史体系，以此驳斥黑格尔的理论。以黑格尔的《历史哲学》中对于中国历史之阐释为参照，借鉴黑格尔历史哲学体系的构论方式筑论起自己的中国历史理论体系，从而证实中国之历史终将是世界历史之终点，中国人亦有主体之自由。此为称牟宗三《历史哲学》所构筑之历史为“黑格尔式”精神历史原因之二。

（三）“王船山式”的文化内核

王船山的史论主要集中于唐宋一段历史，而牟宗三《历史哲学》所论及之历史则为夏商周至东汉一段，然牟宗三却于其书中多处引用王船山之史论资料及观点，何故？虽二者所论及之历史非同一时段，然剥去其历史现象等外部因素，牟宗三与王船山之史论，实含一相通之文化内核。

王船山的历史哲学思想主要集结在其《读通鉴论》和《宋论》中。这两部史论著作都与宋代有关。这是因为王船山认为中国文化生命之衰竭始自宋代。由于宋代理学一反中国儒学“内圣外王”之道，于“内圣”处无法外张出“外王”，以儒学为主流之中国文化生命遂呈一衰败之象，历史亦随之步入一黑暗时代。面对华夏文明薪火无传的文化危机，王船山对中国文化生命进行了反思，并希冀能够探寻出中国文化生命之前景与整个人类文明之未来。他将目光落向原始儒家，意图托古改制，返本而开新，接续儒学之命脉，重振华族文化生命。文化是王船山反思历史的

---

① 黑格尔：《历史哲学》，王造时译，上海书店出版社 2001 年版，第 147 页。

② 牟宗三：《历史哲学》，见《牟宗三先生全集》第 9 卷，台湾联经出版事业公司 2003 年版，第 73 页。

出发点与落脚点。因此王船山之历史哲学亦由文化生命处而说开,并始终洋溢着对中华民族文化的挚爱之情,其历史哲学实内蕴着一以儒学为主轴的文化内核。王船山站在儒家德性之学的立场上,将历史判断与道德判断恰到好处地结合在其史论中,牟宗三评王船山之论史:"直洋溢着'精神之实体',其以悲悯之仁心通彻于整个之历史而荡涤腥蘵。"[①]而王船山史论中所洋溢之"精神之实体",所通彻之悲悯之仁心,即为中华民族文化生命之内核所在。此文化内核亦可由牟宗三《历史哲学》中见得。此即牟宗三对王船山历史哲学之继承。

王船山的《读通鉴论》和《宋论》是牟宗三《历史哲学》的重要的史料来源。而在《历史哲学》的第2部第3章《秦之发展与申韩》、第3部第3章《综合的尽气之精神之历史文化的意义》中,牟宗三着重讨论了王船山的历史哲学思想,书中的其他章节也有关于王船山的散论。牟宗三与王船山于中国文化生命背后之精神处取得一认同,所不同处唯在于王船山囿于儒学视角而论述,而牟宗三则在儒学视角之外尚有一开阔之西学视角。故王船山论仁心,牟宗三则论综合的尽理之精神;王船山论慈俭简精神,牟宗三则论综合的尽气之精神。而二者之理论实相贯通,皆因二者之论史秉承同一文化内核。

牟宗三对王船山之历史哲学在继承的基础上,还有一发展。王船山论史"治之所资,唯在一心,心之驭政,唯在活用"[②]。因中国以往只有治道而无政道,故王船山作为一儒家代表者,其思想所及亦只关乎治道一面,因而其思想"必收缩于一心,由慎独以清贞而安稳天下,所谓圣君贤相也"[③]。其论史始终未能正视问题之所在为一客观的政道的缺失,因而只能将历史之光明寄希望于圣君贤相,而并未寻得一根治之法。而牟宗三则没有将其思想止于"一心"之中,其由"一心"进而论精神表现之常轨,由治道处转入政道,所论及处为一"政治格局",从而为历史之转进寻得一根本解决之道。此为对王船山历史哲学之发展。

牟宗三《历史哲学》继承了王船山历史哲学思想之文化内核,然此一继承并非全盘照搬,而是于继承基础上又给予其一发展,因而我们称其《历史哲学》内蕴一"王船山式"的而非"王船山"的文化内核。

---

① 牟宗三:《历史哲学》,见《牟宗三先生全集》第9卷,台湾联经出版事业公司2003年版,第263页。
② 牟宗三:《历史哲学》,见《牟宗三先生全集》第9卷,台湾联经出版事业公司2003年版,第263页。
③ 牟宗三:《历史哲学》,见《牟宗三先生全集》第9卷,台湾联经出版事业公司2003年版,第264页。

二、"历史"与"文化生命"

(一)关于"历史"

1. 何谓"历史"

像中国大多数现代人文社会科学的名词一样,"历史"一词也是被借鉴而来的外来语,中国本没有"历史"这一名词。日本明治维新以后,引入大量西方科学概念,其中西方概念"history"便被日本译为"历史","历史"一词后被游历日本的中国人介绍回国,中国始有"历史"一词。

作为外来语的"历史"一词有多种含义,既指人类过去各种活动的全体,也指人们对其过去的各种活动的叙述与说明。用哲学术语来说,前者称其为"历史的本体",后者称其为"历史的认识"。

尽管"历史"一词是舶来的,但"历"与"史"二字却是本来就存在于中国文字中并在中国用了几千年。牟宗三的《历史哲学》所阐释的对象是中国的历史与文化,因此我们不妨站在中国传统文化的角度,分别从中国古有的"历"与"史"二字说开来以更加确切深入地了解"历史"的含义。

汉代许慎《说文解字》里讲:"历,过也,传也。"其中"过"是指空间上的移动,"传"是指时间上的移动。《大戴礼记·曾子天圆》又写道:"圣人慎守日月之数,以察星辰之行,以序四时之顺逆,谓之历。"根据日月星辰的周期循环运动来定四季,因此"历"又有"历法"的意思,而肩负这一职能的职位则被称为"历官"。牟宗三正是抓住了"历"的这一层含义而认为"中国天文律历算数之知识皆由此出"①,从而指出中国文化系统中,自始便有"智"的一面。"史"字最早用于表示一种特殊身份的人或职位。《说文解字》对"史"的释义为:"史,记事者也,从又持中。中,正也。"即保持中正的态度用右手记事。"史"字后来主要是指史官,一种以记言、记事为主要职能的职位。史官肩负着记录国家政事的职责,地位崇高。牟宗三更是认为史官是"推动政事之灵魂"。

由此可见,在中国文化中,"历"与"史"原是各司其职的两个系统,历官记天象,史官记事。但二者其实并没有严格分之,往往两种职能由同一人担任,即史官除记事外,还要观测天象、制定历法,其肩负着"本天叙以定伦常,法天时以行政事"②的职能。在牟宗三的《历史哲学》中,史官的这一职能被认为对国家政事亦即

---

① 牟宗三:《历史哲学》,见《牟宗三先生全集》第9卷,台湾联经出版事业公司2003年版,第15页。

② 柳诒徵:《国史要义》,上海古籍出版社2007年版,第11页。

历史的发展具有重要的导向作用。

2. 牟宗三《历史哲学》中的"历史"

上述分别从作为一个舶来词的"历史"以及在中国固有文化系统中的"历"与"史"二字的含义两方面对"历史"进行了阐释。牟宗三在其《历史哲学》一书中,对"历史"也做出了他的解释。

(1)"事理之事"是构成历史的要素。历史哲学是对历史的哲学阐释,牟宗三则指出"历史哲学是直接面对历史上有历史性的事理之事做一哲学的解释,即如其为一有历史性的事理之事而哲学的地释之"①。由此可见,在牟宗三的历史哲学中,只有事理之事才可纳入历史的范畴,历史的内容即事理之事,历史由事理之事构成。"事理"这一概念是牟宗三对刘邵《人物志》中事理与情理二观念的融合。《人物志》中写道:"夫理有四部,明有四家……若夫天地气化,盈虚损益,道之理也。法制正事,事之理也。礼教宜适,义之理也。人情枢机,情之理也。"(《人物志·材理篇》)牟宗三认为其中"法制正事之理"的事理是就客观或外部而说,"人情枢机之理"的情理是就主观或内部而说。事理之事是由情理之情发出的,而情理又需要事理才能体现出来,故"吾人可以把情理统摄于事理之中,通内事外事合而为一,统名曰事理"②。依这种事理而行的事即为"事理之事",这种"事理之事"具有动态且不可重复的特点,因而具有历史性。牟宗三的历史哲学就是以这些"事理之事"为研究对象的。

(2)历史是"精神实体"的实践过程史。尽管事理之事是构成历史的要素,但事理之事并非历史的本质所在,而只是历史的承载者。牟宗三认为历史是"一个民族的实践过程史",而"就民族言,在实践中,一个民族的生命就是一个普遍的精神生命,此中含着一个普遍的精神实体"。③ 由此可见,这一普遍的"精神实体"才是历史的本质所在,一个民族的实践过程,其实质就是一个民族的"精神实体"的实践过程,历史实是"精神实体"的实践过程史。

在牟宗三《历史哲学》中,历史的本质是属于精神层面的。为此他首先对他的历史哲学理论系统做出了一个预设,即"道德的心"的存在。牟宗三认为人类有着一颗"道德的向上的心",他并不否认人有动物性的一面,但他认为人之所以为人,

---

① 牟宗三:《历史哲学·三版自序》,见《牟宗三先生全集》第9卷,台湾联经出版事业公司2003年版,第7页。

② 牟宗三:《历史哲学·三版自序》,见《牟宗三先生全集》第9卷,台湾联经出版事业公司2003年版,第6页。

③ 牟宗三:《历史哲学》,见《牟宗三先生全集》第9卷,台湾联经出版事业公司2003年版,第4页。

就是因为"人虽有动物性,而他的本愿总是向上。人总是以好善恶恶、为善去恶为本愿,这是人人所首肯的"①。这颗"道德的心"是人之本,它抒发出向上向善的理想来指引着人类的实践活动。这样的一个预设也正契合了儒家学说有关"仁义内在"的思想,从而使儒家学说成为了他整个历史哲学的理论基石。在这样一个预设下,我们不难发现,牟宗三所说的一个民族的普遍的"精神实体",并非是外在而高悬于人类之上的,它就存在于人心中,存在于人所拥有的那颗"道德的向上的心"中,它的本质就是那颗"道德的心"。"道德的心"抒发出向上向善的理想,但由于抒发理想的"道德的心"其内容极其丰富,不能一时全部体现,因而"道德的心"在不同的民族发展之初会产生不同的观念形态,不同民族在不同的观念形态引导下发展其文化生命。这也就解释了为什么不同的民族会产生不同的历史文化系统。但牟宗三认为各民族不同的历史最终会朝同一方向发展、汇合并最终践行人类所共有的那颗"道德的心"。

(二)关于"文化生命"

1."文化"与"文化生命"的概念区别

关于"文化",历来有不同的理解,从宏观方面看,"文化"包括了自然生态与人类社会及其相互间的作用与影响,是人类所创造的所有物质文明和精神文明的总和。但对"文化"的这一宏观界定比较宽泛,随着对"文化"的研究的精深发展,现在我们所说的"文化",更偏重指向人类精神文明的领域。英国著名文化学家泰勒在其《原始文化》一书中,给文化下了一个著名的定义:"文化是一个复杂的总体,包括知识、信仰、艺术、道德、法律、风俗,以及人类在社会里所得到的一切能力和习惯。"这个定义所强调的也是文化的精神方面。文化具有巨大价值,这不仅是指在其自身所涉及的精神领域,文化同时对政治、经济的发展影响重大,文化本身的发展方向对其同一系统内的政治、经济会产生相应的影响。

与"历史"一概念一样,"文化"这一个概念同样是由国外引入中国的,作为一外来语的"文化",其概念不同于中国古已有之的"文化"一词。在中国本土语言体系中,"文化"一词的意思是由"文"与"化"两个字的含义组合而成。"文"字最初为"纹理"之意,后经发展被引申为精神修养、德行美善之意。"化"字则指事物动态的变化过程,后引申为对伦理道德、社会文明的化成等教育过程。西汉时"文"、"化"二字联为一词,指以文德教化天下,这一意义上的"文化",既有政治主张,又

① 牟宗三:《历史哲学》,见《牟宗三先生全集》第9卷,台湾联经出版事业公司2003年版,第5页。

有伦理意义。由此可以看出，在中国语言体系中的“文化”是一种对人的教化过程，表现了一种对生命的内在关注。而作为外来语的“文化”这一概念，则强调人类精神领域的成就，更多地表现为外在于生命的历史绵延的沉淀。统观牟宗三之《历史哲学》不难发现，其中之“文化”概念其实更偏向于中国固有的“文化”一词之含义。牟宗三也因此在他的《历史哲学》中使用了“文化生命”一概念，以区别于西方趋于固化的“文化”概念。牟宗三反对将文化看作以往各时代所表现出的那些静态、凝固的文化现象、文化业绩，认为这种静态文化观易使国人抱着“数家珍”的心态去看待中国文化，把中国文化看作过去某一阶段所表现出的一堆典章制度、风俗习惯、现象业绩等的总集、总和，从而流于对过去的留恋，而无心于文化之于生命的意义，亦无心于文化之于现代的意义。牟宗三认为文化是有生命的，“生命是一条流，有过去、有现在、有未来，过去、现在、未来是一条连续的流”，因此我们应将文化收摄进来而内在于人的生命，内在于人的精神活动，这样，就会“视文化为古今圣贤豪杰诸伟大人格的精神表现”，是“生命人格之精神表现的方式”。[①] 我们对民族文化应保持尊敬的态度，不能视其为“死”的，因为“我们的文化是个活的文化，还要继续生长的”，此即牟宗三在其《历史哲学》中使用“文化生命”一概念之故。

“文化生命”是贯穿牟宗三《历史哲学》中的一个核心范畴，亦是牟宗三审视中国历史的一个立论角度。它代表着一种具有时空性的、动态的、变化发展的、关注生命并内在于民族生命之中的文化系统。

2. 牟宗三《历史哲学》中的“文化生命”

(1)以道德的心为精髓的“文化生命”。牟宗三认为一个民族的历史走向是由这个民族的观念形态决定的，同样，“这个观念形态就是这个民族的‘文化形态’之根”[②]。观念产生于抒发理想的道德的心，因而文化亦根源于道德的心。道德的心从来不是一个静态的存在，它需经由民族动态的实践历程而得以表现出来，它是一种精神的存在，亦是一种目的性的存在。根源于道德的心的文化只不过是道德的心引导下民族实践历程的精神化表现而已，因而文化同样不可能是静止、孤立存在着的表面现象，它表现为一个民族的精神实践过程，这种处于动态的精神形态的文化牟宗三称之为“文化生命”。这一“文化生命”是民族的精神所在，以道德的心为出发点，亦以道德的心为其归宿。

---

① 牟宗三：《关于文化与中国文化》，见《道德理想主义的重建》，郑家栋编，中国广播电视出版社 1992 年版，第 67 页。

② 牟宗三：《历史哲学》，见《牟宗三先生全集》第 9 卷，台湾联经出版事业公司 2003 年版，第 4 页。

(2)以儒学为主流的中国“文化生命”。牟宗三认为“道德的心,浅显言之,就是一种道德感;经典的言之就是一种生动活泼怵惕恻隐的仁心”①。这是对道德的心所做的儒学式的阐释。可见道德的心即中国儒学中的仁心。因而牟宗三认为中国文化“乃是以儒家作主流所决定的那个文化生命的方向及文化生命的形态”。之所以称中国文化为一“文化生命”,也正是因为以儒家为主流的中国文化是“内在于人的生命”的,它向生命处用心,其源头即表现为对生命的把握。其最根源的观念形态即为“正德利用厚生”。因而“中国之文化系统,则自始即握住生命之中心,归本落实而显亲和性。此则一往为内在的、仁的系统。摄智归仁,仁以统智。以仁为体为中心,故曰仁的系统也”②。可见牟宗三《历史哲学》中的中国“文化生命”实是一以儒学为主流而显出对生命的内在关怀的仁的文化系统。

(三)历史是文化生命的曲折发展历程

道德的心若隐而不显,则人类历史无光明可寻,只是“一大串平铺的事实”。正是因为道德的心始终活跃并贯穿着人类的实践,历史才区别于自然而表现为一追求理想的精神实践过程。一个民族的文化生命的充实过程,正是道德的心在实践理想的过程中的逐渐显现过程。换言之,文化生命就是道德的心的显性形态。而民族根源于道德的心而趋向理想的实践活动,体现在其精神领域上,就成为一民族的文化意识,这种文化意识与实践活动同溯其根于道德的心,但不同于实践活动总处于光明与黑暗间的曲折宛转,文化意识一直是指向光明的,它同质于其民族的观念形态,因此牟宗三称其为“观念形态的真理”。然而意识并不能左右实践活动永远顺其发展,它只能引导实践活动“在潜移默化之中,在曲折宛转之中”“向它自身固有目的而趋”。

文化意识的这种曲折前行,放之于历史中,即转化为历史精神。历史精神正是产生于人的动物性与人的向上的本愿的合力作用。“本愿与‘动物性的发作及本愿之提不住’这两方面合起来,就形成现实发展中的历史精神。”③因而一个民族的历史精神,就是其文化意识在历史中的曲折发展。民族的文化意识是其历史精神的轴心,历史精神围绕着这一轴心上下往复变化发展,但其最终的走向是趋向文化意识的。

---

① 牟宗三:《道德的理想主义》,见《牟宗三先生全集》第9卷,台湾联经出版事业公司2003年版,第18页。

② 牟宗三:《历史哲学》,见《牟宗三先生全集》第9卷,台湾联经出版事业公司2003年版,第44页。

③ 牟宗三:《历史哲学》,见《牟宗三先生全集》第9卷,台湾联经出版事业公司2003年版,第5页。

历史精神是文化意识的曲折发展，由此可见，关照于历史精神之下的历史实践活动，就必然是关照于文化意识下的文化生命的曲折发展历程。

这就是牟宗三《历史哲学》中所展现的历史与文化生命。一民族的历史实是其普遍的精神实体在观念引导下去实践那颗道德的心的过程，文化生命则是道德的心的显性形态，因而文化生命在历史与道德的心之间架起了桥梁，使作为一精神实体而存在的历史成为了可能。历史随文化生命的发端而发端，随文化生命的发展而发展，最终也会借由文化生命而践行那颗道德的心。而文化生命亦在历史中成长并丰富其自己。历史即文化生命，文化生命即历史。历史就是文化生命的曲折发展史，文化生命根源于道德的心又以道德的心为目的发展其自己，因而德性便成了历史的前进动力与目的。这样的历史，是精神的历史、道德的历史，亦必然是光明的历史。

第二节　牟宗三哲学视域下中国文化生命之形态特征

一、中国文化生命之根源与脉象

（一）“正德、利用、厚生”——中国文化生命之初始观念形态

牟宗三认为人类历史实是人类所拥有的那颗道德的心由隐到显逐步实践其自身的过程，而“抒发理想的道德的心，其内容与方面非常丰富，而其本身又带创造性，而人受动物性的限制（广言之，即物质性或古人所谓气质的限制），所以他不能一时全体表现。既然不能一时全体表现，则自有各种方向。其首先出现哪个方向，具备何种形态，这是没有逻辑的必然理由的，只有集团实践中历史的理由”①。这一道德的心在各民族的发展方向取决于这一民族最初所具有的观念形态。这一最初的观念形态决定了一个民族的历史走向，亦决定了一个民族的文化生命形态。

一个民族的历史开端于氏族社会，因此中国民族之历史即开端于尧舜之时代，而决定中华民族之历史与文化生命走向之初始观念亦产生于这一时代。对于尧舜时代之华族初始观念为何这一问题，在春秋战国时代即有不同观点。或有法家称其“逆诈”，或有儒家赞其“德”。牟宗三自然取“德”舍“诈”，站在儒家一面，认同尧舜时期实依一“修德爱民”之观念而行。对此牟宗三给予这样的论证：首先他认

① 牟宗三：《历史哲学》，见《牟宗三先生全集》第9卷，台湾联经出版事业公司2003年版，第5～6页。

为人性正，固观念亦正。基于“道德的心”之预设，牟宗三认为人性必正，因而根于人性之正所呈现之观念不可能是“逆诈”的。其次，他认为夏商德固尧舜亦德。牟宗三指出随着时代的发展虽然新观念层出不穷，但必都套于意识系统中，顺民族文化意识之轨迹趋之而表现为一传承性。夏商接续了尧舜时代之文化意识，固其时代之观念形态亦传承自尧舜之时。虽尧舜时期之华族初始观念无从详考，然接续其后有历史实证之夏商则切切实实透显出一“修德爱民”之观念，因而由夏商逆推而知，尧舜时期之华族初始观念同为一“修德爱民”之观念。何谓“修德爱民”？牟宗三引《尚书·大禹谟》释之：“禹曰：‘於，帝念哉！德惟善政，政在养民。水、火、金、木、土、谷，惟修，正德、利用、厚生，惟和，九功惟叙，九叙惟歌。……帝曰：‘俞！地平天成，六府三事允治。万世永赖，时乃功。’”据此牟宗三将决定中华民族文化生命形态之初始观念进一步规定为“六府三事”。而“六府”亦可包含于“三事”——“正德、利用、厚生”中，固中华民族之初始观念形态实为“正德、利用、厚生”之观念。

“正德、利用、厚生”为一向生命处用心之观念形态。《尚书·皋陶谟》认为德有九种，即“宽而栗、柔而立、愿而恭、乱而敬、扰而毅、直而温、简而廉、刚而塞、强而义”。将这些内容纳入现代道德规范中来考察，几乎都是属于道德品质范畴的。这是君王应具有的品质，君王也只有具有这些道德品质才能治理政事、教养人民，因此“正德”即要求君王“正身之德”，修养其道德品质。“正德”为“利用”、“厚生”之前提，“利用”则是指合理地利用自然资源，“厚生”意指经世济民，使人民生活富足充裕。“正德”方可“利用”，“利用”的最终目标在于“养民”。由此可看出，“正德、利用、厚生”一观念，实为一向生命处用心之观念。即便可由“利用”寻出些向“自然”处用心之端倪，然“利用”之目的却是为了服务于“厚生”，终得不到自生空间。固中国的文化生命为何终未散出自然科学之智的一枝，由此可寻得其根。

“正德、利用、厚生”为一内圣外王之道德政治的初始观念形态。“正德、利用、厚生”出自《尚书·大禹谟》，这里我们有必要对《大禹谟》稍做关注。《大禹谟》为后世托古述今的伪造之文，实非《尚书》真文，其文体现有儒家以德治世之思想。而牟宗三从《大禹谟》中取“正德、利用、厚生”为华族之初始观念，可见其用意之所在。与《尚书·皋陶谟》对德所做道德品质范畴之阐释不同，牟宗三并没有简单地将“正德、利用、厚生”限制于道德品质一域，他对其进行了更深层次地“儒学式”解读。牟宗三认为“德”是“以亲亲、尊尊、伦常、性情、道德的心性(仁义礼智)来规定，它既不是道家的‘德’，亦不是西方所讲的抽象的义务”，而是“道德的真实心、仁义心”。牟宗三对“德”进行了伦理学的阐释。因此，“亲亲、尊尊与尚贤皆正德中事”,而“利用”、“厚生”则表现为在“正德”基础上对人民幸福的重视。“正德、利用、厚生即是王道。利用、厚生是人民生活的幸福,而讲幸福不能离开德,不能一往是功利主义、唯物主义。当然王道亦不能只是德,必含重视人民的幸福,所以内圣必含外王,外王就须正德以开幸福。从王道方面讲,正德必含厚生。”①“正德”是“利用”、“厚生”之本,“正德求诸己,利用、厚生归诸人,而亦必教之一德性的觉醒”②。可见此中所含一内圣外王之道德政治端倪。而中国为何无西方之法治由此可寻得其根。

观念既成,文化生命之走向即定。由“正德、利用、厚生”这一中华民族之初始观念形态便可清晰见得中华民族文化生命之脉象。然正如道德的心之丰富而无法一时全现,一民族之观念形态亦是如此,“正德、利用、厚生”仅为一初始观念,在中华民族其后的历史实践中,这一观念被不断丰富且得以形式化、客观化,而中华民族之文化生命亦随之而丰满起来。

(二)周礼——中华民族文化生命之形式化

牟宗三认为中华民族之历史发展至周出现一大进步,此历史进步即由周之前的笃母弟之亲亲发展为周代笃世子之尊尊。不同于亲亲“立嗣予子,笃母弟”,尊尊“立嗣予孙,笃世子”。由此而有周文。周文是相对于商质而论。“何以言周文?传子不传弟,尊尊多礼文。”③而周文之出现是由于周公制礼作乐。《尚书·大传》:“周公摄政,一年救乱,二年克殷,三年践奄,四年建侯卫,五年营成周,六年制礼作乐,七年致政成王。”历史发展至周代本有一向经济特权之阶级社会转向之趋势,然其却制礼作乐而形成宗法之家庭制、等级之政治制,以此来维护刚刚建立起来的统治秩序。周礼的出现虽是社会发展之需要,然亦是文化生命发展之必然。不同于夏商之生活的直接而无群体格局之状态,周代封侯建国而显现一群体之格局,此格局一显,则“调度运用之义显,心思之总持作用遂不期而涌发。总持之作用涌发,超越当下限制之‘形式’,亦不得不随之而呈现。形式者心之所创发”④。根源于道德的心之文化生命亦随心之总持作用之涌发,而由一内隐而主观之观念形态转而为一外化的形式。周礼即中华民族文化生命之形式化。

周礼定而“公德私德之辨显”。周礼本于亲亲之杀、尊尊之等,而顺亲亲、尊尊

① 牟宗三:《政道与治道》,见《牟宗三先生全集》第10卷,台湾联经出版事业公司2003年版,第31页。

② 牟宗三:《政道与治道》,见《牟宗三先生全集》第10卷,台湾联经出版事业公司2003年版,第31页。

③ 牟宗三:《历史哲学》,见《牟宗三先生全集》第9卷,台湾联经出版事业公司2003年版,第36页。

④ 牟宗三:《历史哲学》,见《牟宗三先生全集》第9卷,台湾联经出版事业公司2003年版,第37页。

深探之,周礼之根实为人之性情。周礼本于人之性情而为其立一法度,此法度即伦常。法度立则人与人之间不只是个体间的一段关系。王位之继承不再只依舐犊之私,而是就法度之公而笃世子,公德私德之辩显。“由私转公,乃人格之开扩,生命之客观化。”①周礼定而公德显,此对中国文化生命之意义非常,文化生命亦由此而得一开扩向外之发展。

周礼定而“分位之等”价值观念现。“分位之等差,以形成人格之德才能而套于政治形式中而成者也。”②尊尊之周礼定,义道得以表现,遂使人的生物生命转而为一道德生命。人格亦凸显而为一德的存在。人格以德统才能,亦以德定层级。是以中国之贵贱观念,自始便为一价值观念,而没有形成西方阶级之物质观念。是以人无生而贵者,必由文化系统中之分位之等始能见其贵贱,而就人之生物之性言,皆一律平等。由分位之等的价值观念,中国文化生命展现出其道德一面之独特性。

(三)仁义——中国文化生命超越之安立

尽管周礼使中国文化生命得以形式化而表现之,然周公制礼作乐是出于政治统治之需要,并没用心于文化生命处,因此周文对于中国文化生命仅为一形下之形式。仅有形式的文化生命,空洞而无以安立。中国文化生命既根源于道德的心,其安立处亦必为一形上之原理,此形上之原理与周礼相结合,方可透显一实实在在之文化生命。周公没有为周礼寻得其形上之原理。牟宗三认为能把握此形上之原理者,需为一“通体是文化生命,满腔是文化理想”之人,这人便是孔子。子曰:“仁者人也,亲亲为大。义者宜也,尊贤为大。亲亲之杀,尊贤之等,礼所生也。”(《中庸》)此经由孔子所点出之周礼的形上原理即“仁义”。周礼本亲亲之杀、尊尊之等而定人伦,这人伦必合于人情人性始能普遍于全社会,可见此亲亲尊尊之周礼尽体现一本于人情人性之合理性。孔子据此合理性,反观透视周礼,由此点出其仁义之形上原理。仁者亲亲,义者尊尊。此仁义一经点出,周文遂得其形而上之原理。周文之形上原理显,中国之文化生命方饱满起来。而此仁义之形式原理的点出,亦为中国之文化生命寻得其超越之安立,由此开辟出中国文化生命的全幅精神领域。

(四)仁义内在——中国文化生命之内在安立

中国文化生命因孔子点出其仁义之形上原理而得到超越之安立。然中国文化

---

① 牟宗三:《历史哲学》,见《牟宗三先生全集》第9卷,台湾联经出版事业公司2003年版,第38页。

② 牟宗三:《历史哲学》,见《牟宗三先生全集》第9卷,台湾联经出版事业公司2003年版,第38页。

生命为一向生命处用心之系统，因而需向内于生命处寻得一安立之根源，方可发展成为一健全之文化生命系统。牟宗三认为中国文化生命内在之安立由孟子处完成。

孟子从内在一面发展了孔子的仁学。孔子言仁主要是指血缘宗法下的孝悌，即“亲亲，仁之端也”。孟子则认为“恻隐之心，仁之端也”，这一对仁的界定不再以维护宗法血缘为重，更多地表现为对民众疾苦的同情与关注，仁被赋予了更广泛的社会内容。除此恻隐之心意义上的仁，孟子对仁还做了一个广义的界定，即“仁者，人心也”。心是孟子的一个重要概念，含义比较复杂，既指羞恶、恻隐等具体的心，亦指良心、本心等道德的心。牟宗三显然将孟子的心这一概念理解为一道德的心。由此，仁就和心统一起来。相对于“仁者，人心也”，孟子认为“义，人路也”。义是心的外在表现，作为“人路”的义来源于作为“人心”的仁，因此义也内归于道德的心。由此，孟子将仁义等同于道德的心而提出了“仁义内在”之说。仁义内在，则中国文化生命亦由此得一内在之安立。亦因仁义内在，道德精神主体由之确立，此主体一经确立，则“道德的主体自由”可言。中国之文化生命至此方脉象全显。

二、中国文化生命之主流——儒家

由上述中国文化生命之根源与脉象不难看出，中国文化生命从发端到发展，所体现的皆是儒家之仁的思想。与其说中国文化生命契合了儒家思想，不如说是儒家参透出了中国文化生命之要脉，将之予以思想化的彰显。中国文化生命“乃是以儒家作为主流所决定的那个文化生命的方向以及文化生命的形态”。然中国文化生命作为一曲折的发展过程，不可能一路皆顺儒家之主流而发展，亦有偏离其生命之正轨之时。因此牟宗三认为中国历史中只有顺儒家思想之主流而发展的那段历史才可视为是光明的、上升的时期，而那些偏离儒家之思想主流的历史时段则是黑暗、下坠的时期。中国之历史与文化生命正是在黑暗与光明的沉浮交替中曲折发展的。

结合中国文化生命的发展历程，牟宗三提出了儒学三期说。儒学的第一阶段是先秦到东汉末年，包括先秦儒学和两汉经学。这一时段，儒学作为中国文化生命之主流尽了其时代之责任、使命，这一时期的中国文化生命处于光明的上升期。这一光明上升时期一直持续到东汉末年。到了东汉末年，中国之文化生命于主流之儒学处岔出，流向道、释两家。儒学失去了中国文化生命之主导地位，中国文化生命亦因此经历了魏晋南北朝至隋唐一段时期的下沉乃至黑暗期。释、道两家作为中国文化生命之“旁支”，虽于此期间亦对中国文化生命有所贡献，然其虽努力提携、充实中国文化生命，到了唐末，中国历史还是出现了一最为黑暗之时期。儒家之主流文化的丧失，使这个时代的人丧尽了廉耻，民族之文化生命亦遭到摧残。

黑暗之极处亦是光明转出处，唐末中国历史的黑暗时期随着宋明理学这一儒学发展的第二阶段的到来而结束。牟宗三认为儒家学术发展的第二阶段是宋明理学。宋明理学是对魏晋隋唐时期中国文化偏离传统儒学心性哲学主干这一现象的纠正，使儒家的道德心性学说重新成为学术的主流从而主导中国文化生命。宋明理学的本质意义在于道德意识的复苏。理学的出现结束了唐末五代的无廉耻的生命状态，儒家学说再次回到其主流地位，道德意识得以复苏。中国之文化生命由此走出黑暗而重返光明，呈现出前进式的、上升式的发展。但儒家学问原讲"内圣外王"，而宋明理学独于"内圣"处用心，而于"外王"处虽有照顾但不够。此一特点反映在中国文化生命处，即造成于个人处道德人格得以重新挺立，于政治处却无王道之开出。此一时期之中国文化生命亦因其主流文化之"外王"的缺失而呈现为政道之缺失。而如何开出新外王，牟宗三认为这正是儒学发展第三期的责任。

牟宗三所说的儒家学术第三期，即熊十力、梁漱溟等开创的现代新儒学。牟宗三认为，现代新儒学所应负的责任是开出新外王，这既是中国文化生命发展的必然要求，亦是中国文化生命之现代意义所在。正如前文所述，只有过去的文化是无生命的文化，能延伸向未来的文化才可称之为文化生命，中国之文化生命以儒家为主流一路明暗曲折地发展而来，亦会顺儒家之主流开出其现代意义之生命，此即新外王。于此也正是牟宗三写作《历史哲学》的目的。

三、中国文化生命之"智的直觉"形态的认识形式

牟宗三认为中国文化生命之所以发展至今日之形态，其"智的直觉"的认识形式是一个重要关节点。而智的直觉亦是理解牟宗三《历史哲学》关于中国文化生命论说的一个关节点。

（一）康德：智的直觉只属于神智的无限心

康德认为在作为主体的人之外有物的存在，而人的认识与物之间的通连是由直觉完成的。这种直觉是一种感性的认识活动，它以时间、空间为形式，以外物对人的感官刺激而产生的表现为质料，结合而成对物的认识。这种直觉是感性直觉，受其形式的限制，其所产生的对物的认识只是一种"现象"的认识。"现象"这一概念是相对于"物自体"概念而说的。所谓物自体即"对于主体没有任何关系，而回归于其自身，此即是'在其自己'"，"在其自己"就是"脱离主观条件而与主体无任

何关系”,“物物都可以是‘在其自己’,此即名曰‘物自身’”。[①] 与物自身相对,当物“与主体发生关系,而显现到我的主体上,此即名曰‘现象’”。物自身与现象实是“同一对象”,物自身“只是关于同一对象的表象之另一面”,即“不与主体发生关系而回归于其自己”,而同一对象的另一面便是“对着主体而现”之现象。

康德认为人类作为一有限的存在,只能拥有感性直觉,感性直觉是唯一一种人类可能拥有的直觉。因此人类对物的认识只能是现象的,无法认识物自身。康德认为要认识物自身,需要有一智的直觉,这一智的直觉其“理解作用是直觉的,而不是辩解的,即不使用概念”,它又是“纯智的,而不是感触的”,是“灵魂心体之自我活动而单表象或判断灵魂心体自己者”,且智的直觉是具有创造性的,它“自身就能把它的对象之存在给予我们,直觉活动自身就能实现存在,直觉之即是实现之”。[②] 这样的智的直觉,康德认为是人所不能拥有的。因此康德设定了“上帝存在”,将智的直觉归于上帝,认为只有上帝才能超越时间、空间的限制而拥有这一非感性的、创造性的直觉。

(二)牟宗三将智的直觉归还人间

若顺康德哲学而将智的直觉归于上帝,而认为人类只有一感性直觉,则对于这个世界的存在人类便不可能有任何切实的认识,而牟宗三所设定之人类历史之本源——道德的心亦无从转出。这无疑从根基上动摇了牟宗三的历史哲学体系。于是牟宗三立足中国文化对智的直觉进行了中国化的阐释与界说,将智的直觉归还人间。

牟宗三认为智的直觉并非只有上帝才能拥有,人类亦有智的直觉。智的直觉在中国儒释道三家之义理中皆有表述。在儒家,智的直觉即为“德性之知”;在道家,智的直觉即为“无知之知”;在佛教,智的直觉即为“般若智”。儒释道三家皆对智的直觉有论说,皆认为人类有智的直觉。而三家中尤以儒家智辩说最胜,牟宗三在其《历史哲学》中所论及之中国文化生命之智的直觉,亦主要指儒家的德性之知。所谓“德性之知”,是相对于“见闻之知”而讲的。“德性之知”与“见闻之知”两个概念最早是由张载提出的。张载在他的《正蒙·大心》中写道:“大其心则能体天下物,物有未体,则心为有外。世人之心,止于闻见之狭,圣人尽性,不以见闻梏其心,其视天下无一物非我,孟子谓尽心则知性知天,以此。天大无外,故有外之心,不足以合天心。见闻之知,乃物交而知,非德性所知;德性所知,不萌于见闻。”

---

① 牟宗三:《智的直觉与中国哲学》,台湾商务印书馆2000年版,第91页。

② 牟宗三:《智的直觉与中国哲学》,台湾商务印书馆2000年版,第102页。

见闻之知“乃物交而知”，是通过耳目等感觉器官与事物接触而得来的知识，此即感性直觉，这种见闻之知是世人普有的。而德性之知“不萌于见闻”，不是通过耳目等感觉器官与外物接触而得来的，是人通过道德修养而达到天人合一的境界后，由诚明之德性而发出。对于“德性”朱熹解释为“吾所受于天之正理”，“德性”即人人具有的以“理”为内容的本性。牟宗三认为此发于诚明之德性的德性之知即康德所说之智的直觉。这种德性之知，潜藏于人心之中，是对世界的根本认识，这种认识不为外物所累，只需向心内探求。但这潜藏于心中的天德天道之认识必须经过德性修养而达到“天人合一”的境界方可得到，所以并非人人都能将此德性之知彰显出来。因此与其说德性之知在告诉我们能认识什么，不如说德性之知在告诉我们该做什么，我们该做的就是修养道德。修养道德方能“体天下物”，达到“视天下无一物非我”之境界，由此可以看出，德性之知不仅表现为一种知识，更是一种理想的道德境界。

康德认为人类无法拥有智的直觉，方设一上帝存在，将智的直觉归于上帝。牟宗三则认为智的直觉实存人间，他以中国哲学消解了康德智的直觉，将智的直觉从上帝处归还人间。此智的直觉的可能性一经证成，中国文化生命的认识形式随之亦显。牟宗三认为与西方文化生命之感性直觉的认识形式不同，智的直觉才是中国文化生命的认识形式。

第三节 中国文化生命系统背后之精神

一、综合的尽理之精神

黑格尔认为精神是这个世界的实体，而精神的本质是自由，因此世界历史就是人类自由观念由隐到显的过程，最终成为完全的自我意识的过程。在这一精神的世界历史历程中，精神最初沉入自然之中，以一实体精神的形态为原则，这种形态乃是缺乏对立的、同一性的形态，作为个体的个人其个性淹没在这一实体中，没有独立存在的权利。但随着历史的发展，个人意志得到苏醒，人类开始产生自由意识，从而意识到其为一自由的存在。这种自由意识起初只为少数人所拥有，渐渐发展为全人类的普遍意识，普遍的自由一经产生，“国家”的形态亦随之出现。在国家的范围之内，个人的意志与普遍的精神获得了统一。与此同时，各个体作为国家中特殊性的存在，其经过反省自觉表现出的“主体的自由”又与那实体的精神形成一分离之对反，代表客观精神之法律便在此对反中产生。国家通过法律给自由以保障,国家是自由的实现。因此黑格尔在他的《历史哲学》中对“国家”做了这样的论述:“国家”作为“一种有机的生命第一需要‘一个灵魂’,第二才需要分化区别,而且各在它的特殊性里发展为一个完整的系统;但是它们的活动使它们再组成上述的一个灵魂”[①]。而在中国,黑格尔认为其精神历史之进程还处于那种缺乏对立的、同一性的实体精神形态,生存在这个国家中的各个体其个性沉没在实体精神中,并没意识到其是自由的存在,主体意志对实体精神只维持一种信仰、确信、服从的关系,并未与那种实体的精神形成一对反而开出国家政治、法律一面。在中国只有一人的自由,人们皆服从于皇帝一人的意志,却没有得到其独立性及“主体之自由”。

对于黑格尔的上述关于精神表现之普遍理路、主体自由及国家的观点,牟宗三表示认同,但对黑格尔所说中国无“主体之自由”的观点,牟宗三提出了反对观点。他认为中国并非一国家单位,而是一文化单位,因而中国之主体自由亦不表现于国家政治法律一面,而表现于社会、个人一面,这是中国作为一文化单位所表现出的独特性,而这独特性则根源于中国文化系统背后之“综合的尽理之精神”。在中国文化系统背后有着与西方“分解的尽理之精神”不同的“综合的尽理之精神”——这是黑格尔所不了解的。

(一)牟宗三“综合的尽理之精神”的概念分析

牟宗三认为中国文化生命系统背后之基本精神为一“综合的尽理之精神”。对于这一概念牟宗三给予了这样的解释:“综合”即指“上下通彻,内外贯通”,“尽理”一词,即根据荀子“圣人尽伦者也,王者尽制者也”,孟子“尽其心者知其性也”,《中庸》中的“尽己之性”、“尽人之性”、“尽物之性”等综摄而成。因此尽理即“尽心、尽性、尽伦、尽制”,尽心尽性是从仁义内在之心性一面说,尽伦尽制则是从社会礼制一面说,其实是一事。而无论心、性、伦、制,皆是理性生命、道德生命之所发,固皆可曰“理”。因而“综合的尽理精神”其所尽之理“是道德政治的,不是自然外物的;是实践的,不是认识的或‘观解的’。这完全属于价值世界的事,不属于‘实然世界”的事”[②]。

牟宗三又进一步就客观的礼乐文制与主观的心性之学对”综合的尽理之精神”给予了说明。心性与天道作为道德价值之源,是礼乐文制之本,讲礼乐文制不

---

① 黑格尔:《历史哲学》,王造时译,上海书店出版社 2001 年版,第 133 页。

② 牟宗三:《历史哲学》,见《牟宗三先生全集》第 9 卷,台湾联经出版事业公司 2003 年版,第 192 ~ 193 页。

能不通于心性与天道；而心性与天道又借礼乐文制以体现，其存在于礼乐文制之中。由此可见，礼乐文制与心性天道两者上下通彻、内外贯通。

“综合的尽理之精神”还可以儒家思想中的“践形”概念来说明。“践形”即实践其形，就是“有耳当该善用其耳，有目当该善用其目，有四肢百体当该善用其四肢百体。善用之，则天理尽在此中表现，而四肢百体亦尽为载道之器矣”①。由此，于现实中即可求得天理。此种精神唯存在于中国之文化生命中。牟宗三称此种“综合的尽理之精神”为“圆而神”的精神。而中国之文化生命也因有此精神而呈现一充实饱满之形态，牟宗三称之曰“圆盈的形态”。

（二）“综合的尽理之精神”下“理性之运用表现”

“综合的尽理之精神”作为中国文化生命的内在基本精神，其要表现出来就必定要通过一定的方式，牟宗三称此种方式为“理性的运用表现”。此“运用表现”中的“理性”不同于西方那种干枯的抽象理性，而是浑融的、不破裂的“实践理性”，亦即“人格中的德性”，“而其运用表现就是此德性之感召，或德性之智慧妙用。说感召或智慧妙用就表示一种作用，必然牵连着事，所以是运用表现”②。“理性的运用表现是生活、是智慧、亦是德性，才情性理一起都在内。”③

“综合的尽理之精神”下的“理性之运用表现”从人格方面说，即是圣贤人格之感召。这种感召由圣人的圣德直接发出，不需要任何媒介、桥梁。而将这种圣贤人格之感召应用于政治上，就是儒家德化的治道。牟宗三认为中国传统政治只有治道而无政道，在君主专制的政治形态下，政权在皇帝，这是一不合理现象。而对于此不合理的政治形态儒家并无法提供一妥善解决之办法，因而只能在治道上加以完善，即“德化此代表政权之皇帝”。因此君主专制之形态即圣君贤相之形态。“国家政治法律皆未以架构形态而出现，而自理上言之，君相实可越过这一套而直接自其德或道以化行天下，是即表示亦可不通过国家、政治、法律这些架构而即可安稳天下也。”④由此“综合的尽理之精神”下中国之文化生命形态便在客观实践层面上呈现出一政道的缺失。政道方面一旦缺失，则近代意义的国家、政治、法律皆无从转出，是以中国在政治方面只有吏治，而法律则只是维持道德伦常之工具，无客观、独立之意义。

① 牟宗三：《历史哲学》，见《牟宗三先生全集》第9卷，台湾联经出版事业公司2003年版，第193页。
② 牟宗三：《政道与治道》，见《牟宗三先生全集》第10卷，台湾联经出版事业公司2003年版，第52页。
③ 牟宗三：《政道与治道》，见《牟宗三先生全集》第10卷，台湾联经出版事业公司2003年版，第52页。
④ 牟宗三：《政道与治道》，见《牟宗三先生全集》第10卷，台湾联经出版事业公司2003年版，第55页。

“综合的尽理之精神”下的“理性之运用表现”从知识方面说，即为“智的直觉”。此“智的直觉”于前文中已提到，牟宗三认为中国文化生命中之“智的直觉”主要表现为儒家的德性之知。此德性之知是发自仁心的圆智，其顺尽心尽性尽伦尽制这一路而透至“超知性境”，“以‘仁’为主，唯在显‘德性’”。故此智的直觉是一种德慧，其既非经验的，又非逻辑数字的，因而不可能成为科学知识。由此“综合的尽理之精神”下中国之文化生命形态便在知性层面上呈现出一逻辑数学科学的缺失。

“综合的尽理之精神”下“理性之运用表现”因其圆融通达而显出了超越的智慧，然换一角度看其亦可谓“混沌，拖泥带水，而且易于混假成真，落于情识而自以为妙道，违背禽兽不远而自以为得性情之真”。也正因此，“综合的尽理之精神”下中国之文化生命尽管有其圆融而智慧的独特性，但其在“理性之作用表现”下，于形态上缺失了国家政治法律与逻辑数学科学一域，因而难以形成体系完备的自然科学与现代的民主政治，这不能不说是一种遗憾。

（三）“综合的尽理之精神”下所实现之“道德的主体自由”

如上所述，中国文化生命在形态上缺失了国家政治法律与逻辑数学科学一域，黑格尔正是基于此而认为中国无主体之自由。而牟宗三认为中国于此只是缺失了国家政治法律一面的政治的主体自由以及逻辑数学科学一面的思想的主体自由，但同时却在社会及个人方面确立起了“道德的主体自由”。

“综合的尽理之精神”下的中国文化生命具有一种生命的亲和感，各个体在其中皆体现为一有生命力的存在，而并非黑格尔所说停滞于一种对社会的习惯的混沌而无反省状态。各个体在此社会里各有所“尽”，或尽情尽理，或尽伦尽制，“在此‘尽’上，各个体取得了反省的自觉，表现了‘主体的自由’，而成就其为‘独体’。主体的自由表现了一个‘对反’，此对反不是因缘于集团之对立，而是即在各个体之自身”，“在此一对反中，一方面作为‘主体’的精神澄清而上露，一方面作为‘客体’的自然即被刺出而下浊。这个‘自然’不必是外在的自然界，即自身内‘物质的成分’亦是自然”。在西方文化中，各个体处于其所在的阶级中而借由阶级表现出一向外向“他”的对反，而由于中国的文化系统自始便是一向生命内处用心之系统，各个体处于平等地位而无阶级形成，故其必于生活原理处用心，其用心必不向“他”而向“自”，故其于自身内形成一向“自”的对反。经此一个体自身内的对反，主体精神完成了与那普遍的精神生命、道德实体的遥契对照，内在道德性得到彰显，此即确立一绝对的主体，此主体为一道德的主体。而此主体一经确立，即有“道德的主体自由”可言。

二、综合的尽气之精神

在“综合的尽气之精神”之笼罩下，处于中国文化生命系统中之各个体各有其“尽”，其皆向生命处用心，强调的是个人内在心性的修养，则自然以成就圣贤人格为目的，而这一目的表现于政治上则为对统治者圣贤人格的追求，此即圣君贤相之政治形态。在此一圣君贤相之政治形态中，各个人尽其所能尽，于其自身内而起对反，则民为自由民而无阶级姿态，无阶级姿态则阶级对立不显而订定权利与义务之客观的政治法律无从产生，君亦因此而无一政治法律形态的限制，处于一超然而客观之地位，成为一权利上的无限体。君成了权利上的无限体，且没有政治法律以限制之，则唯以修德来期盼其成为圣君贤相。然修德完全靠自律以达成，若君不能以德自律，便对他毫无办法，可见圣君贤相实为可遇而不可求。“人统之正，托始文王”，文王、周公可以说是将尽伦尽制合而为一，此即儒家理想之圣王、尽王道之王者。然此后能将尽伦尽制合而为一之王者再未见得，尽伦尽制自唯寄于儒者士人处，而为君者若能顺尽伦尽制之儒者士人之意而行治国之道，亦可谓其尽伦尽制，此尽伦尽制之君虽不可谓圣君，谓之明君却不为过。而若当此明君亦无之时，君作为权利上的无限体便可肆意践踏人间，暴乱之局随之而来。而历史每到此时，必有打天下式的革命者出现以争夺政权。牟宗三将这些打天下的革命者们称为天才人物，其时代便为天才时代，而其背后亦有一精神以笼罩之，此一精神不同于“综合的尽理之精神”，牟宗三名之曰“综合的尽气之精神”。

（一）牟宗三“综合的尽气之精神”的概念分析

中国文化生命除尽心、尽性、尽伦、尽制一串之笼统形态外，尚有尽情、尽才、尽气一串之形态，“情、才、气皆为精神之气质者”，故谓此串为“综合的尽气之精神”。“综合的尽气之精神”是与“综合的尽理之精神”相对的一种中国文化生命之基本精神。“综合的尽理之精神”从道德政治出发强调由内在心性到伦理立法的统一，“综合的尽气之精神”从个人才、情、气出发强调个体的自由和个性的舒展；“综合的尽理之精神”下个人于自身内而起一对反，从感触、自然中提炼出一精神并由之确立道德的主体，体现为一道德的主体自由，“综合的尽气之精神”下个人未经自身内之对反，而浑融于感触状态中确立一艺术性的主体，体现为一美的自由；“综合的尽理之精神”者其尽心、尽性、尽伦、尽制是依其内在道德性而得以尽之，“综合的尽气之精神”者其尽情、尽才、尽气者则赖生命之充沛而得以尽之；“综合的尽理之精神”者依理而为无限,“综合的尽气之精神”者则依气而为无限。可见,“综合的尽气之精神”是一种个体生命力的呈现。

(二)“综合的尽气之精神”下打天下之天才人物

“综合的尽气之精神,自政治上言,即所谓打天下。”[①]综观中国历史之各朝各代不难发现,王朝的更替大多是靠天才人物的崛起、打天下来实现的,所谓天才人物者“其天资足以解物,其风姿足以感众,其气象足以摄人……全以气盖天地,无有足以超越之者。以是,其自身之气,即为无限”[②]。天才人物之打天下,唯赖个体生命之充沛以尽情、尽才、尽气而实现之,亦因如此,一旦“生命枯,则露才者必物化于才而为不才,过情者必物化于情而为不情,使气者必物化于气而为无气”[③]。

天才人物以其生命力之充沛而尽情、尽才、尽气,赖才、情、气之发挥来打天下。天下既定,则必期世袭,然才、情、气又皆依个体生命力而存在,当生命力消失之时,其必随之消亡而无法流传下来成为一定常,“定常”不立则世袭必不久矣。固天才人物虽依才、情、气而打天下,却不能依其来守天下。当生命力消失之时,若不能建立起客观的政治法律制度之定常,则无法解决世袭问题。历史势必重蹈覆辙诞生新的天才人物来夺政权打天下,一治一乱之循环往复无止境矣。

三、综合的尽理、尽气精神下中国文化生命之停滞

“综合的尽理之精神”与“综合的尽气之精神”是中国文化生命的两种不同形态,天才人物秉“综合的尽气之精神”打天下,儒者士人秉“综合的尽理之精神”治天下。然无论打天下之天才人物抑或修德而成之圣贤人格,均为一无限体,客观之政治法律无从产生,民主制无从产生,则政治上必停滞于君主制的一乱一治之无限循环中无从发展。然须知历史是文化生命的曲折发展,治乱之循环只是一外部观之的历史现象,而其内深处之实质则是中国文化生命之停滞。

(一)被动的潜存状态中无回应之人民

“综合的尽理之精神”下之中国文化生命,自始便透出一种生命的亲和力,各个体于其中以情理相通,并未形成抽象概念之此疆彼界。故中国自始即无固定之阶级,王者以下,一切平等,而平等是一抽象概念,其底下之万民实际是处于各个体的散立状态。本该由阶级对立而产生的订定权利义务之客观法律,在中国之文化

① 牟宗三:《历史哲学》,见《牟宗三先生全集》第9卷,台湾联经出版事业公司2003年版,第221页。
② 牟宗三:《历史哲学》,见《牟宗三先生全集》第9卷,台湾联经出版事业公司2003年版,第222页。
③ 牟宗三:《历史哲学》,见《牟宗三先生全集》第9卷,台湾联经出版事业公司2003年版,第91页。

系统中则为王者尽制而表现出的文制系统所取代。此一文制系统根植于人性，自有其合理性。故各个体处于其中虽不能有其真实之权利与义务，亦不觉强迫，反而对其绝对服从、确信。然此一文制系统中，实只有王者“一人”之自由，无各个体之“主体的自由”，万民只能是一潜存状态。此处所说个体所缺失的“主体的自由”，为一政治的主体自由。

正如前文提到，综合的尽理、尽气之精神下的中国文化生命中，各个体体现为一道德的主体自由、艺术性的主体自由。然而这两种主体自由都只体现于个人自身之内，而政治的主体自由则需要通过一集团的、外在的对立方能实现，这在中国是没有的。个体若无政治的主体自由，纵使其在道德自由、艺术性自由处表现得再积极，其于政治处也只能是被动的潜存状态。政治的主体自由不立，客观之政治法律制度亦不立，政道无法由此转出，治道不能得其客观化，就只能永远系于君相一心之中而为自上而下的广被作用。“总之一句话：‘君子之德风，小人之德草。’如是，人民永远是在被动的潜伏状态中，而为上面的风所披靡，所吹拂，永远是在不自觉的睡眠状态中。”①人民不能作为一政治上的存在，而起来对王者有一政治法律上的限制，则其命运必被动，若人间逢一能尽伦尽制之圣君，万民方可于睡眠状态中暂得一安定，若逢一无德之君，则只能被任意践踏，践踏之极则民起暴动，而此也只是被动的反抗，政治的主体自由不立虽有反抗却并不能改变其潜存状态，反抗后重被催眠，而后再反抗再催眠，遂成一治一乱停滞不前的境地。

(二)渐趋窒息之道德理性

中国文化生命背后之“综合的尽理之精神”，其由尽心、尽性、尽伦、尽制一串所尽之“理”不同于西方文化生命之自然外物的、观解的理，而是一道德政治的、实践的理。这一理由内在于心灵之道德生命、理性生命所发，体现为一道德理性。此道德理性为人所固有，先天内在于人的心灵之中，依个人之尽理之道德实践而实现，而个人亦因尽理而确立其道德的主体自由。然道德的主体自由只体现于个人自身之内，道德理性亦因此吞没于个人主体中而无法弘通其大用。且道德主体其本性虽不可能停滞而流于孤明，然因人本为有限，则为其形气所累，道德主体随时可以停住而干枯，道德理性若始终吞没于个人主体中，亦必然随其干枯而窒息。因此道德理性必须要寻一途径由个人处通出去，披露于个人以外之社会及天地万物而客观化其自己方可得一全幅彰显，而这一通出去的途径就是客观的政治法律制

① 牟宗三：《历史哲学》，见《牟宗三先生全集》第9卷，台湾联经出版事业公司2003年版，第214页。

度。道德理性唯有通过近代化的国家政治法律才能得以广被地、积极实现。然而在综合的尽气、尽理之精神下，中国文化生命系统中的各个人皆处于被动的潜存状态，正如上文所述，万民处于潜存状态，则没有政治的主体自由，没有政治的主体自由，近代化的国家政治法律皆无从转出。因此，在综合的尽气、尽理之精神笼罩下的中国文化生命中，在陷入被动的潜存状态的人间，道德理性封闭于个人之道德实践中而无通气处，正渐趋窒息。

道德理性使中国文化生命呈现出不同于西方文化生命的独特性，本应是中国文化的生命力所在，但却因其不能得以积极地实现而渐趋窒息，中国之文化生命亦因之而停滞不前。

第四节　中国文化生命之活转

一、分解的尽理之精神

历史行进至君主制后必然会发展为一更高级的政治形态——民主制，然而中国之历史却自君主制产生后即陷入两千多年的治乱循环中无有发展，民主政治始终无从转出。对此牟宗三透过历史现象而于文化生命处发现了问题之根源所在，此即中国文化生命背后之基本精神——“综合的尽理之精神”与“综合的尽气之精神”，在这两种精神的笼罩下，民主政治无法产生，中国之文化生命亦停滞不前。如何才能使中国之文化生命有一活转？牟宗三将目光投向早已建立起成熟的民主政治的西方。西方文化不同于中国文化之首先把握生命，西方文化首先把握者为“自然”，“他们之运用其心灵，表现其心灵之光，是在观解‘自然’上……中国人之运用其心灵是内向的，由内而向上翻；而西方则是外向的，由外而向上翻。即就观解自然说，其由外而向上翻，即在把握自然宇宙所以形成之理。其所观解的是自然，而能观解方面的‘心灵之光’就是‘智’，因为智是表现观解的最恰当的机能”①。所以西方文化不同于中国仁的文化系统，牟宗三称西方文化是“智的系统”。在这一西方“智”的文化系统背后，有着异质于中国文化生命背后之综合的尽理、尽气精神的另一种精神，牟宗三称之为“分解的尽理之精神”。西方文化生命正是在“分解的尽理之精神”的笼罩下开出民主政治，牟宗三认为此即是活转中国文化生命之关节所在。

① 牟宗三：《历史哲学》，见《牟宗三先生全集》第9卷，台湾联经出版事业公司2003年版，第194页。

(一)"分解的尽理之精神"之概念解析

"分解的尽理之精神"中之"分解"一词"是由'智之观解'而规定。一、含有抽象义。一有抽象,便须将具体物打开而破解之。二、含有偏至义。一有抽象,便有舍象。抽出哪一面,舍去哪一面,便须偏至哪一面。三、含有使用'概念',遵循概念之路以前进之义。一有抽象而偏至于哪一面,则概念即形成确定,而且唯有遵循概念之路以前进,始彰分解之所以分解。分解之进行是在概念之内容与外延之限定中层层以前进"①。这种"分解的精神"表现出与"综合的精神"截然相反的特质,"综合的精神"以生命为把握对象而成一自上而下、由内自外的圆融贯通之认知,而"分解的精神"则以自然外物为把握对象而成一自下而上、层层递进之认知,主体对认识对象的认知从区别、分割出发,在对外物进行区别、判断后最终用概念来把握和理解。因此牟宗三将中国文化生命之"综合的精神"称为"圆而神"的精神,而相对的,则将西方文化生命之"分解的精神"称为"方以智"的精神。

"至于'分解的尽理'中之'尽理',从内容方面说,自以逻辑、数学、科学为主;若笼罩言之,则其所尽之理大体是超越而外在之理,或以观解之智所扑着之'是什么'之对象为主而特别彰著'有'之理。"②"分解的尽理之精神"所尽之理完全不同于中国"综合的尽理之精神"所尽之理。"综合的尽理"中之尽理,是一道德政治的范畴,而"分解的尽理"中之尽理则是自然外物之理。

可见"分解的尽理之精神"与"综合的尽理之精神"是完全不同的,而分别笼罩于其下的西方文化生命与中国文化生命则自然发展成为两种截然不同的形态。

(二)"分解的尽理之精神"下所实现之"政治的主体自由"

黑格尔在其《历史哲学·东方世界部》中写道:"在中国,组成大帝国的一切个体一律平等,结果,各级政府皆吸摄于其中心,即皇帝,依此,各个分子皆不能得到其独立性及'主体的自由'。"对此,牟宗三不能全部认同,他并不认为中国人无主体自由,中国人有精神的主体自由与美的自由,而黑格尔所说的"中国人没有主体自由",是从国家政治法律一面说中国人无"政治的主体自由",这是牟宗三所认同的。须知"政治的主体自由"只有于"分解的尽理之精神"下方能实现,这种精神却是中国文化生命中所不具备的。

在"分解的尽理之精神"下,人作为认识主体与认识对象相区别、相分离,成一

① 牟宗三:《历史哲学》,见《牟宗三先生全集》第9卷,台湾联经出版事业公司2003年版,第196页。
② 牟宗三:《历史哲学》,见《牟宗三先生全集》第9卷,台湾联经出版事业公司2003年版,第196页。

对立关系，这种对立不同于“综合的尽理之精神”下主体自身内部的对立，而是一外在的对立，人作为各个体在此一外在的对立限制中反省自觉而成其个性。而个体与个体之间亦是一对立关系，但个体间的对立并非散沙式的，而是由不同的利益趋向而结成不同的阶级集团，复以阶级的、集团的方式相对立。个体通过集团的阶段的对立方式争取公平正义，并通过制定客观有效的政治法律制度来规定并保障其权利与义务。而个体亦由阶级的集团的对外争取而反显透出个性的尊重。这种经过外在的对立限制、集团的阶级的争取而确立之个性不同于纯为内在的道德、艺术的人格个性，是一外在的政治法律的人格个性，个体亦因此成为一“政治的主体”，表现出“政治的主体自由”。

（三）“分解的尽理精神”下“理性的架构表现”

牟宗三将“综合的尽理之精神”的表现方式称为“理性的运用表现”，而对于“分解的尽理之精神”的表现方式则称之为“理性的架构表现”。运用表现中之“理性”是一有道德意义的“实践理性”，而架构表现中之“理性”则是一知性层面的“观解理性”或“理论理性”。运用表现中，主体或将对象收进自己内部，或将自己投到对象之中，主体与对象是一种无对立的“隶属关系”，而架构表现则相反，主体与对象相对待而成一“对列之局”。牟宗三认为这种成“对列之局”的“理性的架构表现”正是中国文化所缺的，科学与民主政治唯有在“分解的尽理之精神”下通过“理性的架构表现”方可实现。

1.“理性之架构表现”所成就之民主政治

若用“藏天下于筐箧”来概括君主专制政治之特点，则民主政治就是“藏天下于天下”。“藏天下于筐箧”就是“家天下，以天下为个人的私产”。在君主制中，天下是统治者一人的天下，政权、治权皆集于统治者一身。政权寄托于具体个人处，无政道可言。人民与统治者之间则是隶属关系，只能臣服之，而不能与之起一对反而限制之，统治者成为一权利上的无限体，天下之兴亡皆系于统治者一身。一个民族若处于君主制之政治形态而不能向一更高政治形态发展，则历史只能停滞于一治一乱的循环中。

“藏天下于天下”的民主政治则是高于君主制之政治形态。“藏天下于天下”之社会是一“开放的社会”，其政权非局限于个人，而为民族所共有。这一“开放的社会”之民主政治唯有在“分解的尽理之精神”下“理性的架构表现”中方可建立。

在“综合的尽理之精神”下各个体确立了其政治的主体自由，自觉其为一政治的存在，在政治上具有独立的个性。人民唯有确立为一政治的主体，才可摆脱政治中的潜存状态，自觉而成统治者之对立体。此对立关系一旦建立，则对统治者形成一外在的对立的限制，人民以集团的阶级的方式争取公平正义、订定法律以规定权利义务。此即在"理性的架构表现"下，将权力、权利与义务皆对等平列之。于是所谓权利上的无限体不再存在，政权被从统治者个人处拖下来，转而寄托于抽象制度上。政权成为一"不可打不可取"的定常，为民族所共有，与此始有政道可言。政权成为一定常，治权亦随之成为一客观形态之治权，民主政治由此建立。"人民一有其政治上的独立性，则对待关系与对立之局成。此即政道之所由来。政道出现，则民主政体出现。政道是民主政体所以出现之本质的关键，故政道与民主政体之成立皆是理性之架构表现。"①

民主政治建立，方可有一客观之政道取代君主制中打天下的夺取政权之方式，由此治乱循环的动荡社会局面方可结束。因此，要结束中国两千多年的治乱循环，就必须由君主专制政治转而建立起民主政治。这正是牟宗三在其《历史哲学》中所要传达的。

2."理性之架构表现"所成就之科学

除民主政治外，科学亦唯有在"理性之架构表现"下方可成就。

"科学知识之成，一则由于经验而限于经验，一则遵守逻辑数学。经验接触对象使知识有特殊的内容，思想遵守逻辑数学而了解对象使知识成一系统。"②科学知识的产生必须以主客体之对立为前提，主客体成一对立关系，主体方可将对象推出去做一外在的把握，由此主体才是一认知的主体，对象才是一知识的对象。而主体对客体还应概念地把握之，概念是主体认识客体的工具、途径和中介。"每一概念都是抽象的，都有所当于一面，因而亦是对于整全之破裂，即所谓分解，因此成系统。凡科学知识都是些有特殊内容的一定系统。"③无论主客体对立关系的成立还是概念的使用都必须在架构表现中方可实现，因此科学知识也只能于架构表现中方可成就。而架构表现恰恰是中国文化生命所不具备的，由此也解释了为何中国不出现科学之故。

二、中国文化生命的现代化走向

以上分别就中国文化生命背后之"综合的尽理之精神"、"综合的尽气之精神"

① 牟宗三:《政道与治道》，见《牟宗三先生全集》第10卷，台湾联经出版事业公司2003年版，第59页。
② 牟宗三:《政道与治道》，见《牟宗三先生全集》第10卷，台湾联经出版事业公司2003年版，第60页。
③ 牟宗三:《政道与治道》，见《牟宗三先生全集》第10卷，台湾联经出版事业公司2003年版，第61页。

以及西方文化生命背后之“分解的尽理之精神”进行了论述。在以民主与科学为代表的现代化的今天,显然西方之“分解的尽理之精神”更适合于这个时代。牟宗三也认为在当今时代仅以综合的尽理、尽气精神是无法维系中国文化生命之鲜活生命力的。中国文化生命必须开出民主与科学方能融入现代化的时代大潮中,否则将必然走向窒息。因此“分解的尽理之精神”下“理性的架构表现”是牟宗三为中国文化生命开出的一剂良药。

(一)牟宗三所理解的现代化

牟宗三具有很明显的现代意识,他对西方现代化的内在精神有着深刻的解悟,并对现代化表示认同。但同时作为一名现代新儒家学者,他又有着极深的中国传统文化情结。纠结于传统与现代的对峙中,牟宗三迫切需要寻找到一条中国传统文化的现代化道路。

对于现代化,很多人都只从科技的层面去理解之,但牟宗三认为现代化是西方自文艺复兴以后所创造出来的现代文明,其内容包括民主政治、事功、科学等,而民主政治才是其本质。牟宗三认为在现代化的这些内容背后,有一个共同的基本精神,即“理性的架构表现”下所成之“对列之局”,这种“对列之局”就是现代化最基本、最核心的精神,不同的价值在“对列之局”中共生共在、共同合作。而这种“对列之局”正是中国文化生命中所缺少的。中国文化在“理性的作用表现”下所开出的为一“隶属之局”,在“隶属之局”中只有一种价值居主位,即道德价值,其他都要服从于道德价值的需求。因此我们看到在中国之文化生命中,向来“只有一个人(皇帝)的自由”,其他人则缺乏“个体自觉”而为纯被动的潜伏体;只有仁的一面得到积极发展,智的一面才能服务于仁的需要而不独立发展。无论是民主政治还是科学都不能产生,现代化更无从说起,文化生命只能停滞于“过去”。而现代化是历史发展的必然要求,不论哪个民族的文化生命,若要发展就必须走向现代化。中国之文化生命要前进,亦必须由传统走向现代化。而居于中国文化生命之主导地位的儒家就必然地承担起这一中国文化现代化的使命。牟宗三认为儒家要完成这一使命,其方法只有一个,即“开新外王”。

(二)从外王到新外王

儒家学问原讲“内圣外王”,内圣即是“落在个人身上,每一个人都要通过道德的实践，建立自己的道德人格、挺立自己的道德人品”①。因此内圣是人在其精神向度内“反己为仁”的道德践履，强调的是个人在其有限的生命中取得一无限而圆满的意义，内圣的最高目标即是“成圣成仁”。牟宗三认为讲内圣则必通着外王，“外王即是外而在政治上行王道，王道则以夏商周三代的王为标准”②。如《大学》所说：“物格而后知至，知至而后意诚，意诚而后心正，心正而后身修，身修而后家齐，家齐而后国治，国治而后天下平。”正心、诚意是内圣，治国、平天下是外王，可见外王是内圣的通出去、是内圣的延长。内圣和外王是相互统一的，内圣是外王的基础，外王是内圣的目的。只有在内圣基础上，才能治国安邦，达到外王。儒家“内圣外王”这一学说从理论上看是没有问题的，儒家之学者两千多年来也正是本着这一“内圣外王”之道以治国，但纵观中国两千年来之历史，真正的“内圣外王”却从没实现过。牟宗三认为之所以这样，是因为以往之学者将外王视为内圣之直通。他认为外王是内圣的通出去、是内圣的延长这是不错的，但从内圣到外王实非一直通，而该为一曲通。

当外王被视为内圣之一直通，则外王只限于治国平天下，外王成了内圣的作用。由此圣君贤相直接以其德而化行天下，一国之政治全系于圣贤人格的“作用表现”。但正如前文所述，圣贤人格之感召直接运用于政治上，则政道无法产生，治道亦停留于主观状态，这是不合理的。如此一来必导致治乱循环之局，治国平天下之外王反而无法得以积极实现。内圣落不到外王上，则内圣所实现之道德理性生命也就失去了其现实的意义，禁锢于个人道德实践中逐渐窒息干枯。内圣与外王本应相通，于现实中却相互对立起来，牟宗三认为要消除内圣外王之对立，必须要由作用表现转为架构变现，转直通为曲通，由内圣而做一转折上的突变从而实现外王，而这一经曲通而实现之外王，牟宗三称之为“新外王”。

对于“新外王”牟宗三将其内涵概括为以下两个方面：“要求民主政治乃是‘新外王’的第一义，此乃新外王的形式意义、形式条件……科学是‘新外王’的材质条件，亦即新外王的材料、内容。”③可见“新外王”即是民主政治与科学，亦即现代化。

---

① 牟宗三：《政道与治道·新版序》，见《牟宗三先生全集》第10卷，台湾联经出版事业公司2003年版，第13页。

② 牟宗三：《政道与治道·新版序》，见《牟宗三先生全集》第10卷，台湾联经出版事业公司2003年版，第14页。

③ 牟宗三：《政道与治道·新版序》，见《牟宗三先生全集》第10卷，台湾联经出版事业公司2003年版，第18页。

既然新外王即现代化，而西方社会之现代化的实现并未通着一“内圣”，那为何在中国现代化的实现非要大费周章地由内圣曲通实现？直接模仿西方现代化之道路岂不更好？须知中国与西方自始就是两种不同形态的文化生命系统，其现代化之途径亦不可能相同。

西方文化生命所秉承的为一“分解的尽理之精神”，其社会自初便有阶级存在，不同阶级相互限制，构成一“对列之局”，继而实现现代化。西方之现代化是通过阶级斗争的方式实现的。而中国之文化生命所秉承为一“综合的尽理之精神”，其社会自始便无阶级出现，故不易形成“对列之局”。人民于其中是一散沙状态，下面越是散漫，则上面越是容易形成极权专制。故在中国虽早已有了治权之民主，而政权之民主却迟迟无法实现。政权无民主，则治权之民主亦不可靠。“所以我们现在再顺着这个基础往前推进一步，要求政权的民主，把理性的作用表现转成理性的架构表现，亦即转成对列格局的表现。这才是中国现代化的正当途径，不可拿西方阶级斗争的格式硬套在我们身上。”①因此牟宗三认为中国的现代化要走一条文化的、思想的道路，需要知识分子在思想上自觉发动文化的力量、教育的力量方可实现，此即“新外王”。

（三）道德理性与民主、科学

值得注意的是，中西之现代化不仅在实现途径上不同，其所实现的现代化亦有区别。牟宗三之所以坚持中国之现代化道路要由内圣开新外王而实现，并非仅仅因为中西不同的文化背景、历史背景，还因为牟宗三认为在民主与科学的背后实有着深刻的道德意义。

牟宗三认为人之所以为人，其本质不在那自然的生命，而在其道德的生命以及由道德的生命而产生的理性，故人的本质是一道德的、理性的存在。人的一切实践活动都原发于其那颗道德的心，而人类的一切实践活动也都是为了彰显那颗道德的心。但道德的心因其内容之丰富而无法一时得以全彰，遂不同的民族由那颗道德的心产生不同的初始观念形态，并由这不同的观念形态而表现出不同的理性精神，继而在其不同的理性精神的笼罩下发展成不同的文化生命体系，各自彰显着道德的心的不同面，而最终这些不同的文化生命体系会汇合在一起而彰显出道德的心之全部。西方之文化生命其初始之观念形态为一把握自然的观念，故其文化生命背后为一“分解的尽理之精神”，“分解的尽理之精神”其表现方式为“理性的架

① 牟宗三：《政道与治道·新版序》，见《牟宗三先生全集》第10卷，台湾联经出版事业公司2003年版，第28页。

构表现”，理性虽源发于道德的心，有着道德的意义，然而在架构表现下，理性顿时失去其人格中的德性意义，转而为一知性层面的“观解理性”、“理论理性”，道德的意义不复存在。而在此“理性的架构表现”下所成之民主政治，就自然而然地不具道德意义，而表现为法律、契约、架构、限制、自由等形式概念所编织而成的纲维网，理性自其中成为一虚空的无根之理性，民主政治也就成了一形式概念所搭建成的空架子。如此之民主虽实现了权利上的平等与形式上的自由，道德、理想、理性等生命之活力因素却皆于其中走失，极端的技巧与文明的背后是极端的虚无与野蛮。牟宗三认为这样的民主政治不是中国想要的，这样的现代化必然会窒息中国文化生命之道德理性，使中国文化迷失自我。

牟宗三认为中国之所以不出现民主政治与科学，皆因中国文化生命背后为一“综合的尽理之精神”。“综合的尽理之精神”其表现方式为“理性的作用表现”。此运用表现中的“理性”不同于西方那种干枯的抽象理性，而是浑融的、不破裂的“实践理性”、“道德理性”，亦即“人格中的德性”，“而其运用表现就是此德性之感召”，在“道德理性的运用表现”下，是不可能开出“对列之局”的，因此民主与科学很难产生。但牟宗三并不认为道德理性是民主、科学的死对头。相反，他认为道德理性是民主与科学产生的必要条件，“道德理性，依其本性而言之，却不能不要求代表知识的科学与表现正义公道的民主政治”①，无论是民主还是科学，其根源处皆是源于人的需求，因此必具有道德意义，其实现须经过人的行动，因此必与实践有关，如此可看出，科学与民主的产生皆是道德理性所要求、决定的。然而道德理性的运用表现却不能直接产生科学与民主。牟宗三认为这就需要从运用表现处有一“转折的突变”，转出架构表现以成就之。然而同样是由架构表现而成就现代化，牟宗三认为中国的现代化道路有着本质的不同，其是由道德理性处曲通而来的，故对列之局被赋予了深层的道德意义，文化生命亦不会因为对立之局的开出而使其生命力渐趋窒息。此即中国文化生命现代化一定要走由内圣开新外王的途径的深层原因。

（四）新外王的曲通之路

牟宗三认为儒家传统的“内圣外王”之说应用于现实中之所以不能成功，即因为其内圣通外王是一运用表现的直通，而直通之下外王缺乏制度性的保障，故无法长久。因此牟宗三认为外王应是“根据内圣方面之道德礼乐之本，再撑开逆之以建

① 牟宗三：《政道与治道》，见《牟宗三先生全集》第10卷，台湾联经出版事业公司2003年版，第63页。

立第一义之制度，下贯第二义之制度之‘事功之道’也（非圣功之道）”[1]。“第一义之制度”属于政道，“第二义之制度”则属于治道。旧有之外王，其由内圣直接通出，则直接落在第二义之制度上，故容易流于经验主义、功利主义、历史主义、现象主义、过激主义，转而与内圣对立起来，外王总不得成功。故中国只有治道而无政道，只有治权的民主而无政权的民主，政权缺乏客观的制度化的限制。牟宗三认为此中之关键就在于第一义之制度转不出。而第一义之制度唯有在“分解的尽理之精神”下、“理性的架构表现”中方可产生，因此要实现外王必须由中国文化生命中原有的“综合的尽理之精神”下、“理性的运用表现”处转出架构表现。运用表现与架构表现在本性上是对立的，因而“从理性之运用表现直接推不出架构表现来。然则，从运用表现转架构表现亦必不是直转，而是曲转。这曲转即表示一种转折上的突变”[2]。“曲通”才能尽外王之极致。所谓“曲转”，即道德理性之运用表现自我否定转而为逆其自行之反对物——观解理性之架构表现。虽然运用表现与架构表现相对立，但架构表现之成就——民主与政治却是运用表现所需要的，也正因此运用表现可以逆其自性来实现其需要。

基于此，牟宗三提出了他的道德理性自我坎陷学说。“自我坎陷”即“自我否定”，“即由动态的成德之道德理性转为静态的成知识之观解理性。这一步转，我们可以说是道德理性之自我坎陷（自我否定）；经此坎陷，从动态转为静态，从无对转为有对，从践履上的直贯转为理解上的横列”[3]。道德理性通过“自我坎陷”使观解理性获得了存在和发展的空间，民主政治与科学皆因此而获得了形成的可能。道德理性的自我坎陷说以其“坎陷”从根本上排除了具有逻辑蕴涵关系的“推理”。因此科学与民主之外王就不必从内圣的运用表现中推理而出，而是从道德理性之“自我坎陷”中“突变”而出。由此既保证了“内圣必通着外王”的前提性命题，又摆脱了内圣推不出外王的逻辑困境。

由此，牟宗三为中国文化生命之现代化证成了一条开新外王的道路。而其由内圣曲通而开出新外王，则定常之政道有之，客观之治道有之，科学有之；由内圣曲通而开出新外王，则中国文化生命之道德理性得以摆脱个人之局限得以广被之；由内圣曲通而开出新外王，则中国文化生命中之个体不单为一道德主体，知性主体、政治主体亦随之转出，如此，个体始有一健全之人格。传统与现代由此融合，中国

① 牟宗三:《政道与治道》，见《牟宗三先生全集》第10卷，台湾联经出版事业公司2003年版，第26页。
② 牟宗三:《政道与治道》，见《牟宗三先生全集》第10卷，台湾联经出版事业公司2003年版，第62页。
③ 牟宗三:《政道与治道》，见《牟宗三先生全集》第10卷，台湾联经出版事业公司2003年版，第64页。

文化之现代化由此完成。

牟宗三在其《历史哲学》中一再强调中国之文化生命是以儒家为主流的文化生命。儒家学问即是中国文化生命两千多年来之常道。既然是常道，则在每个时代都应有其表现。然而到了当今时代，儒学被认为是落伍之学，圣人之道被抛诸脑后，儒学之常道地位不保。须知儒学之所以居于中国文化之主流地位，这是“在历史上长期的摩荡中自然形成的”，是中国文化生命在其发展过程中自己的选择，因此儒学的主流地位不是能够随便被放弃或替换的，放弃了儒学之常道，中国文化还能称为“中国”文化吗？中国文化还能存在、发展吗？“常道不可弃。”两千多年来，中国文化生命以儒学为导向一直用心于生命的调养顺畅，关注生命、把握生命、为了生命是中国文化生命的特质所在。弃了儒学的常道，中国文化就失去了其沟通生命之桥梁，空为一无生命力之躯壳。如此，中国文化生命就没有了存在和发展的动力。牟宗三正是基于这样的思考，坚决认为中国之文化生命必须坚持儒学之常道。牟宗三的《历史哲学》正是他极力护住中国文化生命之常道的一次努力。《历史哲学》中牟宗三借历史言文化，复由对文化生命之发展历程的分析阐释完成了对儒学主流地位的正名。历史虽然停在过去，文化却还要向未来发展，因此牟宗三认为儒学要守住其中国文化生命之主流地位，就必须肩负起促进中国文化生命向前发展的使命，此即中国文化现代化的使命。而现代化之于儒家，其本身就是儒家的“内在目的”所要求、所发出的东西，儒家之所以要肩负起中国文化现代化的使命，并非单是为了守住其主流地位，而是儒家确有这个能力来实现之。由此牟宗三展开了他的新外王说，先回归儒家文化的根本，再从其中走出来实现现代化，意图由此重新找回儒家的主流地位，守住中国文化生命之常道。

“常道不可弃”，这是不错的，然而牟宗三似乎并没有真正找到在当今时代守住中国文化生命之常道的正确方法。

由内圣开新外王虽然有完备的理论证成之，然其理论实缺乏现实的可操作性。内圣是儒家的核心理念，“内”意指“求之在我者”，强调自律；“圣”意味着通过道德实践工夫“成仁成圣”。内圣的基本意义就是“每一个人都要通过道德的实践做足圣贤的工夫”。可以看出内圣是只属于个人内在的道德世界的事情，在传统的中国文化中，个人作为一独立存在的道德性的主体，内圣于个人空间内是可能成就的。然而到了近代以来之社会，随着多样价值体系的涌入，人亦开始世俗化、功利化，如此一来内圣之“成仁成圣”要求就显得过于严格且不切实际，也不会被众人所接受。相对于高悬的内圣，确立一条道德伦理的底线才是这个时代之所需。内圣不能被民众认同，由内圣通出去之外王，无论是直通还是曲通，都无从实现。

而在外王一面，还存在着对民主政治的误解。政治民主起源于古希腊，成熟于西方近代社会实践，其产生有着特殊的历史背景和理论基础。而其产生虽然本着争取自由与权利的名义，然自由与权利之争取却是源于人类自然本性所发出的欲望，这才是民主政治产生的真正动力。然而在新外王说中，民主政治被认为是儒学发展的必然要求与趋势，这就显得过于牵强。民主政治若由内圣开出，则人的自然本性、现实诉求就被遮蔽起来，民主政治被笼罩在道德主体下，丢失了其内核和精神，其完整内涵亦不得彰显。如此外王，且不说能不能由内圣处通出，即便真通出了，也扭曲变样了。新外王的道路也许守不住中国文化生命之“常道”。

后 记

我对牟宗三哲学虽十分关注却未曾给予过多的笔墨,关注他是因为牟的哲学是中国现代哲学中最具创造性的,而未曾给予过多的笔墨则是因为我一直无暇将自己的问题域停留在一个具体人物的思想研究上。但我未曾忘怀牟氏的哲学。呈现在读者眼前的这部著作是我与我的学生们共同思考与劳作的成果。

全书由我做结构性思考并拟写具体的写作提纲,从前言至最后,各章节的执笔人依次为:樊志辉、郭荣丽、赵奕英、王秋、苏磊、李红红、周晓莹、汪滢。初稿完成后,由我做全面的统稿,个别章节还做了增删和改写,王秋、郭荣丽在全书的整理、编排、文字校对等方面做了大量具体、细致的工作。本书虽是由大家合作完成,却体现了我目前对于牟宗三哲学的整体性把握。作为牟宗三哲学研究的阶段性成果,本书主要集中阐述了对牟氏哲学的客观理解,其间虽亦有些批判性的分析但毕竟着墨不多,窃以为对牟氏哲学做哲学式的系统性的批判(而非一般哲学史性的把握)应是今后牟宗三哲学研究的重点所在。我与我的合作者们愿在此方向做进一步努力。

拙作的顺利出版承蒙黑龙江省社科联、黑龙江大学鼎力支持,亦得益于责任编辑张怀宇先生所做的大量细致入微的工作,感激之情难以言表,唯有以更多更好的学术著作以飨学界同人,以报答诸位帮助之万一。

樊志辉

二〇一二年十月二十六日